Procedimento Sumário

Lei 9.245, de 26.12.1995

Dados Internacionais de Catalogação na Publicação (CIP)
(Câmara Brasileira do Livro, SP, Brasil)

Figueira Júnior, Joel Dias
Procedimento sumário : Lei 9.245, de 26.12.1995 / Joel Dias Figueira Júnior. – 3. ed. rev. atual. e ampl. – São Paulo : Editora Revista dos Tribunais, 2012.

Bibliografia.
ISBN 978-85-203-4353-1

1. Procedimentos sumários – Brasil 2. Procedimentos sumários – Leis e legislação – Brasil I. Título.

12-02939 CDU-347.919.7(81)(094)

Índices para catálogo sistemático: 1. Brasil : Leis : Procedimentos sumários : Processo civil 347.919.7(81)(094) 2. Leis : Procedimentos sumários : Brasil : Processo civil 347.919.7(81)(094)

Joel Dias Figueira Júnior

PROCEDIMENTO SUMÁRIO

Lei 9.245, de 26.12.1995

PREFÁCIO
SÁLVIO DE FIGUEIREDO TEIXEIRA

3.ª edição
revista, atualizada e ampliada

100 ANOS

EDITORA RT
REVISTA DOS TRIBUNAIS

PROCEDIMENTO SUMÁRIO

Lei 9.245, de 26.12.1995

3.ª edição revista, atualizada e ampliada

JOEL DIAS FIGUEIRA JÚNIOR

Prefácio

SÁLVIO DE FIGUEIREDO TEIXEIRA

1.ª edição: 1996 – *2.ª edição:* 2009.

EDITORA REVISTA DOS TRIBUNAIS LTDA.

ANTONIO BELINELO
Diretor Responsável

Rua do Bosque, 820 • Barra Funda
Tel. 11 3613-8400 • Fax 11 3613-8450
CEP 01136-000 – São Paulo, SP, Brasil

37

CENTRAL DE RELACIONAMENTO RT
(atendimento, em dias úteis, das 8 às 17 horas)
Tel. 0800-702-2433

e-mail de atendimento ao consumidor: sac@rt.com.br

Visite nosso *site*: www.rt.com.br

Impresso no Brasil [04 - 2012]

Profissional

Fechamento desta edição [29.03.2012]

EDITORA AFILIADA

ISBN 978-85-203-4353-1

Para minha querida filha BEATRIZ,
encanto e alegria de minha vida.

Aos estimados mestres
SÁLVIO DE FIGUEIREDO TEIXEIRA
e Ministro ATHOS GUSMÃO CARNEIRO
idealizadores incansáveis das reformas implementadas em nosso Código Instrumental Civil, sempre voltadas à simplificação, rapidez e efetividade do processo, na tentativa de adequar o sistema aos novos tempos.

Meus agradecimentos a GABRIELA JENDIROBA PRADE,
pela qualificada colaboração jurídica voltada
à revisão, ampliação e atualização
desta nova edição.

PREFÁCIO À 1.ª EDIÇÃO

Realizou-se em Curitiba, em 1975, quando ainda não decorridos dois anos de vigência do Código de 1973, importante *Simpósio*, ao qual compareceram os processualistas civis brasileiros quase que em sua totalidade.

Destinou-se ele, principalmente, à inteligência do novo diploma, à compreensão do novo sistema e suas inovações, à exegese das suas normas. Paralelamente, no entanto, também serviu aquele conclave para a percepção do belo projeto arquitetônico que se elaborara e das suas numerosas deficiências, sobretudo de ordem prática, pois, como se evidenciou posteriormente, o projeto, preocupado prioritariamente com a técnica, não se ocupara, como seria desejável, dos escopos políticos e sociais do processo, nem com a sua efetividade.

Uma das suas falhas mais visíveis, como logo se notou, residia no procedimento rotulado de "sumaríssimo", tanto assim que na oportunidade se chegou a anunciar a realização de um segundo simpósio somente para dele se cuidar, tantas foram as sugestões e críticas a seu respeito.

O foro veio demonstrar, com o respaldo da doutrina, a ineficiência desse procedimento, que passou a ser qualificado, com ironia, como "o mais ordinário de todos" ou "o ordinaríssimo". Suas deficiências, com efeito, começavam pelo rótulo, passavam pelo elenco inadequado das causas a ele submetidas *ratione materiae* e desaguavam em sua sistemática, que não priorizava a conciliação e sequer contemplava o julgamento antecipado da lide, a melhor das inovações do texto de 1973. Frustravam-se, todavia, todas as tentativas de seu aprimoramento.

A *Reforma* setorial em curso, no entanto, atuando consensualmente e envolvendo os diversos segmentos da comunidade jurídica, logrou ver aprovada a Lei 9.245/95, ao lado de outras nove, que, inclusive em relação ao referido procedimento, mudaram significativamente o perfil do Código, buscando dar-lhe mais agilidade e eficiência.

A *Reforma*, todavia, não serviu apenas para corrigir falhas, suprir carências e situar a nossa legislação processual civil na vanguarda dos sistemas contemporâneos. Está a ensejar também novos estudos, debates e pesquisas, um novo surto editorial e o surgimento de novos talentos na área processual.

O livro que a *Editora Revista dos Tribunais* ora está a lançar, sob o prestígio da sua tradição e o nome do jovem jurista que o escreveu, atesta com eloquência este momento de mudanças e fermentação cultural.

Cuida-se de trabalho que, não tivesse outros méritos – e os tem, e muitos –, se justificaria pela temática, pela oportunidade do seu lançamento e pela abordagem séria e fundamentada dos mais variados aspectos do novo modelo de procedimento sumário. Indo além, porém, impõe-se pela riqueza dos comentários, pela vigorosa e amadurecida apreciação crítica, pelo acervo de dados, pela sua bela formulação e pelo esmerado trato que lhe deu o seu Autor, o magistrado e professor Joel Dias Figueira Júnior, que vem se mostrando, em admiráveis livros e monografias, ser processualista de fôlego e saber, dominando com maestria os caminhos da ciência jurídica, que versa com segurança, objetividade e estilo agradável.

É estudo que se recomenda prazerosamente: pela qualidade do texto e pela autoridade de quem o escreveu.

Brasília, 22 de fevereiro de 1996.

Sálvio de Figueiredo Teixeira

NOTA DO AUTOR À 3.ª EDIÇÃO

O fechamento editorial da segunda edição desta obra ocorreu em 27 de julho de 2009 e, naquele mesmo ano, logo após, tivemos a edição de diversas normas que, dando prosseguimento ao "movimento reformista", alteraram o Código de Processo Civil, notadamente a Lei 12.122, de 15 de dezembro de 2009, que acrescentou ao rol das demandas previstas no art. 275, inciso II, as *ações sobre revogação de doação* (alínea "g"), bem como a publicação de leis extravagantes, em especial a Lei 12.016, de 7 de agosto, que versa sobre o mandado de segurança, e, em 22 de dezembro do mesmo ano, o advento da Lei 12.153, que dispõe sobre o procedimento sumaríssimo em sede de Juizados Especiais da Fazenda Pública, normas que refletem direta ou indiretamente no estudo sistemático do *procedimento sumário*.

Da mesma forma, diante da disposição contida na Lei 12.122/2009, inserimos no Capítulo III ("Procedimento sumário e competência") um novo item (3.8) para abordar aspectos procedimentais acerca das ações de revogação de doação, e, por conseguinte, renumeramos o item 3.9, em que tratamos "das outras causas de rito sumário".

A edição que ora vem a lume encontra-se, portanto, atualizada em face da nova legislação correlata, procedendo-se as devidas análises ou referências diante dos temas propostos, assim como os índices alfabético remissivo, onomástico e legislativo.

A obra foi também totalmente revista e ampliada, tanto em sede doutrinária quanto jurisprudencial, mantendo-se, contudo, a mesma sistematização.

Por último, complementamos o título do item 1.7 do Capítulo VIII ("Das audiências"), que passou a denominar-se "Ausência dos litigantes e seus efeitos: revelia e contumácia", refletindo, assim, com maior nitidez, o conteúdo do ponto de estudo, somando-se ao fato de que a análise doutrinária sobre esse tema foi também substancialmente atualizada e ampliada.

Esperamos que esta nova edição, assim como as anteriores, atinja os seus fins, sempre voltados ao esclarecimento dos estudantes e profissionais do foro, em tudo aquilo que se fizer necessário para a boa compreensão do processo de conhecimento que tramite sob a égide do procedimento sumário.

Florença, 4 de março de 2012.

NOTA DO AUTOR À 3ª EDIÇÃO

NOTA DO AUTOR À 2.ª EDIÇÃO

Após o advento da Lei 9.245, de 26 de dezembro de 1995, que introduziu o novo procedimento sumário em substituição ao obsoleto "procedimento sumaríssimo", seguiram-se inúmeras e substanciais modificações ao Código de Processo Civil, refletindo diretamente sobre o tema em exame.

Na segunda metade da década de 90 e na atual, dezenas de anteprojetos de lei estavam em fase de elaboração, a maioria capitaneada pelo Instituto Brasileiro de Direito Processual – IBDP, assim como diversos projetos já tramitavam no Congresso Nacional versando sobre a modificação de dezenas de importantes dispositivos do CPC, razão pela qual decidimos aguardar o desfecho desta imprescindível ebulição legislativa para, então, lançarmos a 2.ª edição desta obra, que permaneceu esgotada por mais de 12 anos.

Finalmente trazemos a lume a segunda edição do *procedimento sumário* devidamente revista, atualizada e ampliada, em que procuramos abordar, com profundidade e análise crítica, todos os aspectos de ordem material e instrumental referentes ao tema proposto, de maneira a fornecer ao estudioso e ao profissional do foro subsídios necessários à solução dos inúmeros problemas instrumentais, não raramente inçados de complexidade.

A obra está sistematizada em dez capítulos, anexo e índices, assim dispostos: Capítulo I – Desenvolvimento histórico, sociojurídico e legislativo da sumarização das formas; Capítulo II – Noções fundamentais: ação, processo e procedimento; Capítulo III – Procedimento sumário e competência; Capítulo IV – Das partes e seus procuradores; Capítulo V – Do juiz e dos conciliadores; Capítulo VI – Da propositura da ação; Capítulo VII – Fases procedimentais, citação e provas; Capítulo VIII – Das audiências; Capítulo IX – Da sentença, da liquidação e do cumprimento do julgado; Capítulo X – Recursos e meios de impugnação. Em seguida, apresentamos ao leitor um interessante fluxograma de todo o procedimento sumário, cuja visualização facilita, em muito, a compreensão da "movimentação" do procedimento em questão. Por último, fornecemos ao leitor mais três índices (além do sistemático) que ajudarão às suas consultas: os índices alfabético remissivo, onomástico e legislativo.

Esperamos que esta edição, assim como a anterior, atinja os seus fins voltados aos esclarecimentos que se fizerem necessários para a boa compreensão do processo de conhecimento que tramite sob a égide do procedimento sumário.

Florianópolis, 23 de abril de 2009.

NOTA DO AUTOR À 1.ª EDIÇÃO

Ao longo dos tempos, a busca pela sumarização das formas processuais tornou-se uma constante preocupação dos legisladores, estudiosos e aplicadores do direito, via de regra relacionada às questões com matérias ou temas jurídicos mais simples e demandas de valores não muito significativos.

Existe, na verdade, uma tendência universal que gravita em torno de um eixo centralizado que pode ser decomposto através dos elementos *rapidez, segurança e efetividade do processo*, trinômio propulsor da busca pelo resultado da difícil equação da *decisão justa*.

A *simplificação das formas* em combinação com a maior *rapidez do processo*, a observância do princípio *due process of law* e a *efetividade* do instrumento à consecução material das pretensões resistidas ou insatisfeitas dos jurisdicionados, passaram a representar a essência do movimento gerador de tantas e profundas modificações no sistema processual civil, o qual estamos vivenciando intensamente nestes últimos tempos.

No espectro da justa composição do litígio, encontra-se inquestionavelmente o requisito temporal consubstanciado na rapidez da prestação da tutela jurisdicional, e como expectativa no plano subjetivo de ambos os litigantes, à medida que o autor deseja obter êxito em sua pretensão no menor espaço de tempo possível, e, por outro lado, objetiva o réu, via de regra, livrar-se daquela situação incômoda de sujeito passivo na demanda.

É propriamente nos fatores tempo *x* rapidez que o jurisdicionado defronta-se com o maior obstáculo à consecução de suas pretensões, porquanto é esse talvez o principal ponto de estrangulamento do Poder Judiciário brasileiro, seja em âmbito federal ou estadual, em que pese não se tratar de um fenômeno nacional, mas igualmente encontrado, no chamado primeiro mundo.

Temos também verificado outra inclinação natural dos últimos tempos, sobretudo nos países de origem legislativa romana, canônica e germânica, de se formarem "núcleos de convergência" para três pontos essenciais: *publicização, oralidade* e *socialização do processo*. De maneira não muito diversa, verifica-se o mesmo nos países do sistema da *common law*, em particular nos Estados Unidos, cuja tendência é pelo abandono do chamado *adversary system*, em prol de ritos mais simplificados e céleres, tipo inquisitorial e administrativo, sobretudo para afrontar questões de natureza eminentemente social.

A Lei que ora nos propomos comentar apresenta-se com qualidade técnica e metodológica muito superior ao antigo sumaríssimo, porquanto afinada com o espírito da reforma no diapasão da oralidade e socialização do processo.

Por outro lado, como todo resultado do esforço humano, não consegue atingir um patamar capaz de colocá-la imune a algumas críticas. Assim, encontraremos no decorrer deste trabalho alguns senões – e os mais graves talvez sejam a *exclusão de alguns tipos de demandas do rol do sumário*, a questão atinente ao *valor da causa* e o *fracionamento das audiências de conciliação, instrução e julgamento* – que por certo serão objeto de nossos comentários, críticas e modestas sugestões, na tentativa de, um dia, podermos nos aproximar da inatingível perfeição das formas.

Contudo, não podemos deixar de lançar um importante alerta a respeito da impossibilidade de se imaginar que o complexo problema em que se encontra mergulhado o Judiciário brasileiro, resolver-se-á com a simples edição de algumas boas leis. Sem dúvida, as normas instrumentais há muito estavam a exigir grandes reestruturações e adaptações das formas às necessidades cotidianas dos operadores do direito e dos jurisdicionados, sendo que a metodologia utilizada pelos ilustres membros da comissão revisora e os resultados obtidos são indubitavelmente dignos de louvor.

Mas, como dissemos alhures, talvez seja um dos males do nosso povo, quedado pelo raciocínio lusitano e agravado pela cultura brasileira, achar que os problemas cotidianos, não raras vezes de enorme complexidade, possam ser solucionados através da edição de novas, satisfatórias e não raramente milagrosas leis.

Sem dúvida, precisamos de boas leis; mas com o passar do tempo e o aumento de nossa experiência no dia a dia forense, cada vez mais nos convencemos de que, acima de tudo, necessitamos mesmo é de bons operadores do direito, *homens de boa vontade*.

Uma vez mais, a sorte está lançada...

Joinville, 10 de fevereiro de 1996.

SUMÁRIO

Capítulo III
PROCEDIMENTO SUMÁRIO E COMPETÊNCIA

Capítulo VII

FASES PROCEDIMENTAIS, CITAÇÃO E PROVAS

Capítulo VIII

DAS AUDIÊNCIAS

Capítulo IX

DA SENTENÇA, DA LIQUIDAÇÃO
E DO CUMPRIMENTO DO JULGADO

Capítulo X

RECURSOS E MEIOS DE IMPUGNAÇÃO

Capítulo I

DESENVOLVIMENTO HISTÓRICO, SOCIOJURÍDICO E LEGISLATIVO DA SUMARIZAÇÃO DAS FORMAS

1. Breves considerações históricas

Sabe-se que o processo de cognição se afirma propriamente a partir de AUGUSTO e permanece aplicado em Roma durante toda a idade clássica, o que se verifica, portanto, na terceira forma processual (*cognitio extra ordinem*).[1]

---

1. É interessante observarmos, mesmo que de passagem, os três sistemas diversos de processo civil conhecidos pelo direito romano (*legis actiones* – ações das leis, *per formulas* – formulário e *cognitio extra ordinem* – extraordinário) para melhor compreendermos os institutos da *jurisdição privada* e da *pública*, bem como do *processo* como *instrumento imprescindível de realização do direito material posto em conflito*.

   A primeira das formas processuais conhecidas na antiga Roma (*legis actiones*) já aparecia desenvolvida na época da Lei das XII Tábuas, conservando-se por toda a idade republicana, não obstante ter sofrido algumas modificações. Apresentava ainda traços do primitivo recurso da autodefesa privada e influências arcaicas dos elementos de natureza religiosa, caracterizando-se pelo uso de um rígido formalismo, resultante de uma estilização ou esquematização ritual, em gestos e formulários fixos, de atos de defesa privada.

   A partir das XII Tábuas, apresentam-se as formas com bipartição do processo, quais sejam *in iure*, isto é, o que se desenvolvia perante um tribunal, com a presença de magistrado, e outro, *apud iudicem*, desenvolvido diante de um cidadão privado. Na primeira fase, as partes praticavam os atos preliminares do processo sob o controle do magistrado, ocasião em que se fixavam os pontos da controvérsia; na segunda, o juiz privado analisava as razões das partes e proferia a sentença.

   Em idade republicana avançada e estendendo-se até o século II a.C., afirma-se um novo tipo de processo, concorrentemente com o já existente, *per formulas*, inicialmente

Juntamente com o procedimento comum de cognição, coexistiam os especiais, em que vamos encontrar a *per rescriptum principis*[2] e a *summaria cognitio* ou *summatim cognoscere*.

Esse *processo sumário* tinha cabimento apenas para determinados tipos de matéria ou quando demonstrada a necessidade de facilitação do rápido desenvolvimento processual, através da inobservância de regras próprias do processo comum.[3]

---

aplicado às pessoas não legitimadas ao uso das *legis actiones* ou em face de matéria que não encontrava tutela jurisdicional por intermédio dos trâmites daquele outro, tornando-se tipo processual civil normal com a eliminação do anterior, no início do Principado.

Nesse tipo de processo, supera-se o rígido formalismo e ameniza-se a utilização da autodefesa, diante da consolidação da autoridade estatal; continua existindo um formalismo, porém mais aberto, consistindo na necessidade de articular as pretensões com base em determinadas fórmulas. De outro lado, conservava-se ainda a separação do processo em duas fases – *in iure* e *apud iudicem* –, o que adquire o valor de atribuição do poder de decidir a controvérsia por parte de uma pessoa livremente escolhida pelas partes em comum acordo.

Ao iniciar-se o período do Principado, aparece um novo tipo de processo, chamado *cognitio extra ordinem*, diferenciando-se das anteriores formas de processo ordinário, denominadas *ordo iudiciorum privatorum*; tornou-se após a idade pós-clássica a única forma de processo civil romano.

Suas principais características são o abandono do formalismo residual do processo formular e o incremento à participação estatal, com relativa abolição da separação das duas fases, diminuição da intervenção das partes e redução da defesa privada. Desenvolve-se o processo do início ao fim perante órgão estatal, o qual impulsiona o feito e ao qual é também reservada a emanação da sentença (Cf. Joel Dias Figueira Júnior, *Comentários ao Código de Processo Civil*, vol. 4, t. I, art. 270, item 1).

2. Segundo Moreira Alves, esse tipo de processo especial, também chamado de *per libellum principi oblatum*, surgiu no tempo em que ainda vigorava o processo formulário:

"Nele, resolviam-se questões que não estavam bem disciplinadas no direito vigente, ou que diziam respeito a normas locais.

"O interessado se dirigia diretamente ao imperador, expondo a controvérsia e solicitando sua solução. Em face disso, o imperador podia assumir uma das duas seguintes atitudes: a) ou, com a assistência do *consistorium*, decidia o litígio com rescrito cuja eficácia se subordinava à veracidade das alegações do suplicante (o rescrito obtido graças à exposição de fatos falsos se denominava *obrepticium*; e o que se conseguia com a omissão de parte da verdade, *subrepticium* – ambos eram nulos); b) ou dava instruções sobre certos pontos de direito, relativos à controvérsia, a um magistrado, a fim de que este, com base nelas, decidisse a questão" (*Direito romano*, vol. 1, 136, p. 254).

3. Cf. Alberto Burdese, ob. cit., n. 15, p. 133.

Lembra ainda o insigne professor da Universidade de Padova que, no direito justinianeu, o sumário passa a ser o procedimento que substitui o antigo procedimento interdital (*idem, ibidem*).

Não foi por menos que já se ouviu dizer que, "no direito romano, a vinculação entre o direito subjetivo e a ação é ainda mais evidente do que no direito moderno. Hoje temos um conceito genérico de ação; em Roma, elas eram típicas, isto é, a cada direito correspondia uma ação específica. Por isso, é certa a afirmação de que, em Roma, não se conheceu a *actio* (ação), mas sim as *actiones* (ações). Por outro lado, os romanos, ao contrário do que sucede com os modernos, encaravam os direitos antes pelo aspecto processual do que pelo lado material. Em virtude disso, é comum dizer-se que o direito romano era antes um *sistema de ações* do que um *sistema de direitos subjetivos*".[4]

Tudo faz crer que essa tenha sido a *origem* mais remota do *procedimento sumário*, em que pese alguns abalizados estudiosos da matéria entenderem inexistir no direito romano indícios seguros a respeito do seu aparecimento, de maneira tal que pudesse vir a ser inserido na genealogia dos atuais ritos, preferindo acreditar que só tenha ocorrido o seu surgimento durante a Idade Média, no chamado *processo comum*, influenciado pelo direito canônico.[5]

Parece-nos que o recurso da *sumarização das formas processuais* não surgiu na referida terceira fase do direito romano, mas certamente muito antes, em época antiga, em que vigoravam as *legis actiones*, em que já se encontravam os *interdicta*, que consistiam em comandos diretamente emanados do magistrado julgador, dirigidos a uma ou ambas as partes, com o escopo de favorecer uma *rápida definição da controvérsia*.[6]

Essa providência era requerida pela parte interessada e consistia na determinação pertinente à efetiva subsistência de uma situação fática e, de acordo com o seu conteúdo, se distinguiam, respectivamente, em *interdicta restitutoria*, *exhibitoria* e *prohibitoria*.[7] Ademais, não se pode esquecer do

---

Para maior aprofundamento a respeito desse tipo de procedimento, v., na obra citada, ns. 14 e 15, p. 126-133.

4. Moreira Alves, *Direito romano*, vol. 1, n. 115, p. 182.

5. Nesse sentido v. Adroaldo Furtado Fabrício, *Doutrina e prática do procedimento sumaríssimo*, n. 5, p. 26; Milton Sanseverino, *Procedimento sumaríssimo*, n. 2.1, p. 16-17; Cézar Santos, *O procedimento sumaríssimo*, n. 2, p. 4; contrariamente, além do nosso entendimento já esboçado, v. Severino Muniz, *Procedimento sumaríssimo*, n. 20, p. 49; Francisco Jorge da Cunha Bastone, *O procedimento sumaríssimo*, p. 12 (*apud* Severino Muniz, *Procedimento sumaríssimo*, nota de rodapé n. 1).

6. Para maior aprofundamento a respeito do procedimento interdital, v. Jorge Adame Goddard ("El procedimiento *ex interdicto* en el derecho romano clásico", *Revista de Direito Civil*, vol. 11/119-126).

7. Cf. Burdese, ob. cit., n. 13, p. 124.

Assinala-se ainda que, na fase do processo por fórmulas, os magistrados podiam realizar uma cognição relativamente sumária (*causae cognitio*) à tutela dos interesses dos litigan-

principal campo de aplicação dos procedimentos interditais nas primeiras fases do processo romano, como forma sumária de prestação da proteção jurisdicional, em que se verificava a defesa da posse, inclusive com viabilidade de antecipação da tutela.[8]

Ao realizarmos um estudo histórico-dogmático dos institutos jurídicos em geral, não podemos nos apegar excessivamente a expressões ou denominações deste ou daquele fenômeno atribuídas em determinada época do direito; ao contrário, devemos, sim, atentar para o aspecto ontológico do instituto analisado, tendo em vista ser a maneira mais adequada para encontrar a sua verdadeira natureza, conteúdo e finalidade. Por isso, podemos afirmar, sem qualquer receio de incidir em algum equívoco, que a sumarização das formas processuais remonta ao direito romano antigo, em que, em causas específicas, já se buscava uma simplificação do rito destinada à obtenção de uma solução mais rápida do conflito *sub iudice*.

Durante a Idade Média, no direito comum,[9] vamos encontrar a origem mais próxima do procedimento sumário, que existia ao lado do processo ordinário (*sollemnis ordo iudiciarius*). Foi o Papa Clemente V, em 1306, que, através da célebre constituição que terminou por ficar conhecida como *Clementina saepe*, regulou o modo de proceder mais simplificado a ser observado em determinados casos (*simpliciter et de plano ac sine strepitu et figura iudicii*).

Nesse rito a parte era dispensada do libelo, da contestação da lide, das rigorosas sucessões de termos, concentrando-se todas as deduções dos litigantes numa única audiência, o que reforçava o poder do juiz na direção do processo. Em síntese, incrementou-se o contato pessoal entre as partes e o julgador e, portanto, da oralidade à causa, bem como se admitiu um juízo próprio e verdadeiro baseado na revelia.

---

tes, não só através dos *interdicta*, mas também através das *missiones in possessionem*, das *stipulationes praetorie* e das *restitutiones in integrum* (*idem*, p. 123-124).

8. A respeito do tema tutela antecipatória nas lides possessórias, v. Joel Dias Figueira Júnior, *Liminares nas ações possessórias*.

9. Denomina-se direito comum o sistema normativo que vigia no continente europeu durante a Idade Média (1º período dos glosadores, de 1100 até 1271; 2º período dos pós-glosadores, de 1271 a 1400; 3º período da jurisprudência culta, do início de 1400 até 1500 – cf. Arruda Alvim, *Manual*..., vol. 1, ns. 11-14, p. 35-36), que resultou das influências e associações de institutos do direito romano, germânico, usos e costumes de cada localidade e direito canônico.

Segundo Chiovenda, trata-se de uma derivação que resultou num processo misto, "porque se aplicava enquanto não fosse derrogado por leis especiais locais, onde viviam ainda numerosas formas e institutos do processo germânico e sobretudo o espírito formalístico deste processo" (*Istituzioni*..., vol. 1, n. 31, p. 98).

Segundo CHIOVENDA, "ao lado deste processo *sumário indeterminado* (cuja sumariedade é entendida como *simplificação* de atos judiciais), a mesma necessidade de evitar a longa tramitação do processo comum favorece o desenvolvimento de uma forma mais enérgica de processo *sumário determinado*, qual seja o *executivo* (entendendo-se a sumariedade como *redução da cognição* do juiz).[10]

Desde então, as expressões sumário ou sumaríssimo, como indicativos de um rito mais rápido e simplificado ("especial") em relação ao ordinário, passou a integrar inúmeros sistemas normativos de origem romana, canônica e germânica, não deixando de estar presente, portanto, no antigo direito luso-brasileiro, seja nas Ordenações do Reino (Afonsinas, Manuelinas e Filipinas), no Regulamento 737, de 1850, assim como em diversos Códigos estaduais de processo.

As Ordenações Afonsinas (1446 ou 1447 até 1521)[11] já previam expressamente o procedimento sumário, no Livro III, Títulos XXIII e XXIV, conforme o valor da causa (até "trezentos reis branquos, que são dez mil e quinhentas libras" ou de "três onças de prata, ou seu valor") ou da matéria (demanda movida "sobre força, roubo, guarda, ou codisilho, ou soldadas"), respectivamente, hipóteses em que os autores poderiam formular pedido oralmente.[12]

---

10. *Istituzioni*..., vol. 1, n. 31, p. 98-99.

11. Segundo CÂNDIDO MENDES DE ALMEIDA, "do reinado de D. Diniz em diante continuarão as cousas no mesmo pé em matéria de Legislação, mas sempre crescendo de importância o Direito Romano do *Corpus Juris*, e a influência dos que á elle se applicavão; então já em crescido numero por haver na Pátria uma Universidade.

"Cumpre notar que o empenho de vervar-se á effeito o Código Nacional era de longa data, pois no prefacio das mesmas Ordenações se diz, que ellas não forão acabadas em tempo de D. João I, a causa forão 'alguns empachos, que se seguirom'.

"O Código Affonsino, publicado em 1446 ou 1447, he por si só um acontecimento notável na Legislação dos Povos Christãos. Foi um incontestável progresso, e revela os adiantamentos que Portugal tinha feito em Jurisprudência, como á outros respeitos" (*Prefácio do Código Philippino ou Ordenações e Leis do Reino de Portugal anotadas*, 14. ed., p. XIX e XX, respectivamente).

Assinala ainda que o padrão ou modelo absorvido pelas Ordenações foi a doutrina do *Corpus Juris* e, quanto ao método e disposição das matérias, as Decretaes do Papa Gregório IX. Por ter sido elaborada quase dois séculos antes da Lei das Partilhas, foi tido pelos jurisconsultos da época como um trabalho diferenciado e muito superior (idem, p. XX).

Com referência ao desenvolvimento histórico das três Ordenações do Reino de Portugal, em suas várias edições, v. o estudo assim denominado, de IGNÁCIO M. POVEDA VELASCO (*Revista de Direito Civil, Imobiliário, Agrário e Empresarial*, vol. 69/57-75).

12. Cf. Títulos XXIII e XXIV.

O mesmo se diga das Ordenações Manuelinas (1521 a 1603)[13] e Filipinas (1603 em diante[14]),[15] sendo que estas últimas regulavam a forma procedimental sumarizada no Livro I, Título LXV, ns. 7 e 8, e no Livro III, em bases assemelhadas às precedentes e ancoradas também nos critérios do valor e da matéria.

Por sua vez, o Decreto 143, de 15 de março de 1842, no art. 1º, § 2º, derrogou o Código Filipino no tocante ao rito sumário, ao dispor que competia aos Juízes de Fora "conhecer verbal e sumarissimamente, e julgar definitivamente as pequenas demandas, cujo valor não exceder a sua alçada, ouvindo as partes, e à vista das provas apresentadas por elas, reduzindo-se tudo a termo, que deverá conter a sua decisão, e ser assinado por ele, pelas partes, e pelo Escrivão".[16]

De outra parte, o Regulamento (ou Decreto) 737, de 1850, previa também para as contendas de natureza comercial o rito sumário (e não o sumaríssimo), observando, da mesma maneira, os critérios do valor e da matéria, ao lado do ordinário, do especial e do executivo.

Observa Milton Sanseverino que a expressão "processo" (*rectius:* procedimento) *sumaríssimo* "teria despontado no direito processual civil brasileiro, pela primeira vez, com a Lei 261, de 03.12.1841 (arts. 114 a 124), regulamentada pelo Decreto 143, de 15.03.1842 (art. 1º, § 2º); e repetida, num segundo momento, pela Lei 2.033, de 20.09.1871 (art. 27), regulamentada pelo Decreto 4.824, de 22 de novembro do mesmo ano (art. 63)".[17]

---

13. Assinalamos que as Ordenações Manoelinas tiveram pouco tempo de vigência, além de serem fundamentalmente uma repetição das Afonsinas, tratando-se de codificação intermediária e que serviu de fonte às Ordenações Filipinas.

14. Propositalmente omitimos o prazo de vigência das Ordenações Filipinas no Brasil em face das variações legislativas advindas em matéria civil, comercial, processual e penal, especificamente após a Independência e, mais tarde, a Proclamação da República. Nada obstante, há que se observar que as Ordenações Filipinas, através da Consolidação de Ribas (adotada em 1876 como lei processual, a qual consolidava as Ordenações e as leis extravagantes advindas durante o governo imperial), continuaram a reger o processo civil até a Proclamação da República e, notadamente, até a edição do Decreto 763, de 1890, o qual determinava a aplicação do Regulamento 737 – que regia o processo comercial – também ao processo civil (cf. Arruda Alvim, *Manual*..., vol. 1, n. 19, p. 40).

15. Ressalta Cândido Mendes de Almeida que "a Codificação da Legislação Portugueza em 1603 creou uma nova epocha para a Jurisprudência dessa nação, á que o Brazil estava ligado por vínculos mui fortes" (*Prefácio do Código Philippino*..., p. XXVIII).

    Para maiores detalhes sobre o desenvolvimento da legislação portuguesa depois de 1603 até a Independência do Brasil, v. o festejado autor e citada obra, p. XXVIII-XXXVI.

16. Cf. Fernando H. Mendes de Almeida, *Ordenações Filipinas*, p. 135.

    Sobre a ordem normal dos processos ou, mais especificamente, sobre o rito ordinário, v. o Título XX das Ordenações Filipinas.

17. *Procedimento sumaríssimo*, n. 2.3.3, p. 25.

O Decreto 763, de 1890, que determinava também a aplicação do Regulamento 737 – que regia o processo comercial – ao processo civil, manteve-se em vigor em vários Estados, como assinala MOACYR LOBO DA COSTA, mesmo após o advento da Constituição republicana de 1891, que instituiu o regime federativo e atribuiu aos Estados a competência para legislar sobre processo civil. Assim, "em São Paulo e na Paraíba, os dois últimos Estados a editar seus próprios Códigos de Processo, o Regulamento teve vida longa, até janeiro e dezembro de 1930, respectivamente. Em Goiás, Alagoas, Amazonas, que não promulgaram seus Códigos, esteve em vigor até março de 1940".[18]

Nesse mesmo molde, alguns Códigos estaduais adotaram a forma processual simplificada denominando-a *sumário* ou *sumaríssimo*.

Por último, anotamos que o Código de Processo Civil de 1939 abandonou a nossa tradição secular, deixando de insculpir um procedimento sumário ou sumaríssimo com base na oralidade e simplicidade das formas, limitando-se a dispor sobre o "processo" ordinário, no Livro III,[19] os especiais no Livro IV e os acessórios, no Livro V.[20]

2. A sumarização das formas na evolução do processo. Uma tendência universal

Sem maiores dificuldades, pudemos constatar, através do breve relato histórico que realizamos no item anterior, que, desde a primeira fase do direito romano, já se vislumbrava alguma tentativa na implementação de formas processuais mais simplificadas em relação ao tipo comum ordinário, com o escopo sempre voltado à celeridade e à obtenção de uma sentença de mérito, hábil a solucionar a lide.

Existe, na verdade, uma tendência universal que gravita em torno da sumarização das formas, e, mais recentemente (há quatro décadas), os italianos esboçaram grande preocupação com o fenômeno da lentidão dos processos em face da complexidade dos ritos, razão pela qual lançaram os olhos para o sistema

---

18. *Breve notícia histórica do direito processual civil brasileiro e de sua literatura*, n. 9, p. 31. Lembra ainda que o Estado do Mato Grosso não chegou a ter um Código de Processo Civil, mas apenas uma Consolidação do Direito Judiciário, em 1926, e em 1928 um Projeto de Código de Processo Civil e Comercial (idem, n. 21, p. 69) (MILTON SANSEVERINO, *Procedimento sumaríssimo*, notas de rodapé ns. 121-122, p. 24).

19. Dispunha o art. 291: "O processo ordinário regulará as ações para as quais este Código não prescreva rito especial".

20. Em geral, sobre o desenvolvimento histórico do processo civil até o Código de 1939, v. GASTÃO GROSSÉ SARAIVA, "Histórico do processo, até o atual Código de Processo Civil", *RT* 172/14-22.

germânico, o qual denominaram *modello di Stoccarda*,[21] posto em relevo pelo Professor FRITZ BAUR, em palestra proferida em 1965.[22]

Outra não é a realidade que se tem verificado como inclinação natural dos últimos tempos, sobretudo nos países de origem legislativa romana, canônica e germânica, de se formarem "núcleos de convergência" para três pontos essenciais: *publicização*, *oralidade* e *socialização do processo*.[23] De maneira não muito diversa, verifica-se o mesmo nos países do sistema do *common law*, em particular nos Estados Unidos, cuja tendência é pelo abandono do chamado *adversary system*, em prol de ritos mais simplificados e céleres, tipo inquisitorial e administrativo, sobretudo para afrontar questões de natureza eminentemente social,[24] com ênfase às formas alternativas de resolução de controvérsias (*alternative dispute resolution – ADRs*).[25]

---

21. No *Landgericht* (= tribunal de primeira instância) de Stoccarda, apenas a 20ª Câmara Civil operava no modelo ora referido.

22. A esse respeito, relata-nos WOLFGANG GRUNSKY que o tema central da conferência era a "consideração de que no processo penal era possível conduzir a termo todo o processo em um único debate oral e que deveria ser possível atingir o mesmo resultado também no processo civil. Nesse caso, se eliminaria a causa principal da longa duração processual. De fato, a longuidão dos processos – ao menos no que concerne à Alemanha – não deriva apenas do fato que passa muito tempo entre o início da lide e o primeiro debate oral, mas sobretudo do fato que têm lugar muitos pequenos debates, os quais não servem para fazer avançar o processo. Continua-se formulando pedidos, a dar vista às partes, e, enfim, pedindo designação de nova data para audiência. Nesta situação, é necessário antes de tudo esforçar-se em fazer chegar ao grau de decidir a lide num único debate, o qual será naturalmente muito mais rico do que se verifica hoje" ("Il cosiddetto 'modello di Stoccarda' e l'accelerazione del processo civile tedesco", *Rivista di Diritto Processuale*, vol. 26/354, 1971).

    Fato mais recente que merece registro é a grande revisão da *Zivilprozessordnung*, da República Federal da Alemanha, ocorrida em 1976, e lembrada pelo Professor BARBOSA MOREIRA num de seus excelentes estudos, em que, por meio da denominada *Vereinfachungsnovelle*, objetivou-se de maneira precípua a efetivação da concentração, numa única audiência oral – atividade de instrução, debate e decisão da causa ("Tendências contemporâneas do direito processual civil", *RePro*, vol. 31/202, n. 2).

23. CARLOS ALBERTO NOGUEIRA, *La justicia entre dos épocas – Las transformaciones del proceso civil y la política procesal*, p. 24.

24. A esse respeito, v. MICHELE TARUFFO, "La ricerca della verità nell'*adversary system* anglo-americano", *Rivista di Diritto Processuale*, vol. 32/596-634.

    Diz ainda o mestre italiano que "isso implica uma forte redução do campo de aplicação do *adversary system* tradicional, que apresenta índices de insatisfação, com tendência a privilegiar um modo diverso de oferecimento de justiça, como alternativa às regras e às estruturas processuais ordinárias" (*idem*, p. 602).

    V. também CARLOS A. CARMONA, "A crise do processo e os meios alternativos para a solução de controvérsias", *RePro*, vol. 56/91.

25. Sobre o tema, v. JOEL DIAS FIGUEIRA JÚNIOR, *Arbitragem, jurisdição e execução*, 2. ed.

Por outro lado, o tema da sumarização das formas está intimamente ligado com outros dois assuntos não menos relevantes para o processo civil moderno – *o pleno acesso à ordem jurídica justa* e *a efetividade do processo* –, tendo-se em mente que não satisfaz em nada ao jurisdicionado o singelo permissivo chancelado pelo Código instrumental e pela Lei Maior de amplo e irrestrito acesso à jurisdição, fazendo-se mister e indispensável que obtenha a *satisfação perseguida* por intermédio de uma decisão hábil, proferida em tempo adequado, fundada em processo seguro.

No espectro da justa composição do litígio, encontra-se, inquestionavelmente, o requisito temporal, consubstanciado na rapidez da prestação da tutela jurisdicional, e como expectativa no plano subjetivo de ambos os litigantes, na medida em que o autor deseja obter êxito em sua pretensão no menor espaço de tempo possível e, por outro lado, objetiva o réu, em regra, livrar-se daquela situação incômoda de sujeito passivo na demanda. É propriamente no fator tempo (rapidez) que o jurisdicionado se defronta com o maior obstáculo à consecução de suas pretensões, porquanto é esse talvez o principal ponto de estrangulamento do Poder Judiciário brasileiro (seja em âmbito federal ou estadual).[26]

Se, por um lado, é animadora a constatação da procura cada vez maior ao Judiciário pelas pessoas das mais diversas classes sociais, com o escopo de solucionarem os seus conflitos intersubjetivos, como demonstração cabal de amadurecimento e conscientização quanto à existência dos seus prováveis direitos (pretensão ou direito alegado), somados à necessidade de vê-los sanados pela atuação concreta e efetiva do Estado-juiz, contra qualquer lesão ou ameaça a direito, numa espécie de manifesta afirmação de cidadania, além de representar confiança no Poder legalmente constituído, em contrapartida, diante da carência de estrutura material, instrumental, tecnológica e de pessoal, na qual se encontra mergulhado o nosso Poder Judiciário, é inegável que se verifica um comprometimento parcial do direito ao amplo acesso aos tribunais e à ordem jurídica justa.[27]

---

26. Todavia, observa-se que a morosidade da justiça não é um fenômeno apenas brasileiro, mas de proporções mundiais, inclusive nos países do chamado Primeiro Mundo, notadamente de origem legislativa romano-canônica. Assinala-se ainda, *en passant*, que diversos são os fatores que acarretam o retardamento da prolação de uma decisão de mérito, sendo, talvez, os principais: a) o número elevado e sempre crescente de causas em desproporção assustadora com os órgãos da justiça e seus respectivos auxiliares; b) o desajuste da legislação processual e da organização judiciária à realidade social; c) recursos tecnológicos e pessoal insuficientes.

27. Não foi por menos que já ressaltamos em outra oportunidade: "No momento em que o Judiciário se tornar enfraquecido e desestruturado a ponto de influenciar indiretamente no espírito de seus jurisdicionados a renúncia do direito, resultando na dificuldade de acesso aos tribunais por múltiplos fatores de ordem interna e externa, estará, antes de mais nada, renunciando a si mesmo, à estabilização do Estado de Direito e à paz social" ("O acesso ao Poder Judiciário", *RT*, vol. 686; *JB*, vol. 166; e *JC*, vol. 68).

Também, há praticamente meio século, afirmou RENÉ MOREL que é "inútil ter boas leis de processo se se tem uma má organização judiciária ou juízes insuficientes, enquanto juízes de largo conhecimento jurídico podem acomodar-se a um processo medíocre".[28] Por sua vez, dizia ASTOLPHO REZENDE, lembrando os ensinamentos do processualista JOÃO MONTEIRO, que "as condições fundamentais do melhor systema judiciário são: 'promptidão, simplicidade e garantia', mormente esta, porque do momento em que as formulas pre-estabelecidas deixassem de offerecer ao direito individual lesado as garantias e seguranças de que elle é credor, seria legitimo o appello á defesa privada, segundo o pensamento autorizado de CARRARA".[29]

Diante do exposto, constata-se a importância da sumarização das formas no complexo contexto sociojurídico do acesso à Justiça, como elemento indispensável desse movimento, cuja filosofia reflete exatamente, nos dizeres de MAURO CAPPELLETTI, "a tentativa de adicionar uma dimensão 'social' ao Estado de Direito, de passar do *Rechtsstaat* ao *sozialer Rechtsstaat*, consoante proclamam as mais avançadas Constituições europeias, inclusive a francesa, a alemã e, mais recentemente, a espanhola; na verdade, consoante proclamam também declarações de direitos transnacionais, como a Convenção Europeia dos Direitos do Homem, interpretada pela Corte Europeia de Estrasburgo".[30]

Todavia, não se pode ter a doce e ingênua ilusão de que a reformulação legislativa em sede procedimental de redução, simplificação e sumarização das formas, por si só, solucione ou minimize sensivelmente os graves problemas que afligem os jurisdicionados acerca de efetividade do processo (obtenção da satisfação perseguida em juízo).[31] Essa questão transcende o plano legislativo instrumental e adentra na problemática crise em que se encontra mergulhada a prestação da tutela jurisdicional – crise da jurisdição.

---

28. *Traité élémentaire de procédure civil*, p. 3.

Também, há duzentos e cinquenta anos MONTESQUIEU já salientava, no seu célebre estudo *O espírito das leis*, o seguinte pensamento: "Quando vou a um país, não examino se há boas leis, mas se as que lá existem são executadas, pois boas leis há por toda parte".

29. *Manual do Código Civil brasileiro*, vol. 7, n. 222, p. 544-545.

30. "Os métodos alternativos de solução de conflitos no quadro do movimento universal de acesso à justiça", *RePro*, vol. 74/96. Ainda explicando esse movimento teórico e reformador do acesso à Justiça e como valorá-lo, assim escreve o mestre *fiorentino*: "A valoração, devo acrescentar, sempre foi componente de toda análise comparativa; não, porém, valoração baseada em valores postulados *a priori*, mas valoração à luz da necessidade, do problema ou da exigência de que se originaram as instituições, processos e regras jurídicas em questão" (p. 95).

31. Sobre o tema "la delega per la riduzione e semplificazione dei riti", v. estudo assim intitulado, de GIAMPIERO BALENA (*Il Foro italiano*, n. 9, vol. V, p. 351-354, set. 2009.

Especificamente no que concerne ao *procedimento sumário* que veio a lume por intermédio da Lei 9.245, de 26 de dezembro de 1995, alterando substancialmente o antigo e erroneamente chamado *procedimento "sumaríssimo"*, havemos de assinalar, em linhas gerais, que não passa de um procedimento diversificado ou, mais precisamente, um plenário rápido, que não se apresenta como redentor dos "males forenses", em face do complexo problema em que se encontra mergulhado o Judiciário brasileiro e o próprio sistema instrumental, em que pesem as reformas já instituídas que buscam, dentro do possível, minimizar o que se denomina "crise do processo". Como dissemos alhures, talvez seja um dos males do nosso povo, quedado pelo raciocínio lusitano e agravado pela cultura brasileira, crer que os problemas cotidianos, não raras vezes de enorme complexidade, possam ser solucionados através da edição de novas, satisfatórias e não raramente milagrosas leis.

Lembremos o que ocorreu com a edição do Código de 1973 e as expectativas nele depositadas, a começar pelo entusiasmo do seu artífice, ALFREDO BUZAID, que, ao reintroduzir no sistema codificado o rito "sumaríssimo", já acenava freneticamente, na sua Exposição de Motivos, às "virtudes" do procedimento, as quais, segundo ele, residiam no fato de se desenvolver *simpliciter et de plano ac sine screpto*. Não deixou ainda de frisar que a característica do sumaríssimo era a "simplificação de atos, de modo que as demandas sejam processadas e decididas em curto espaço de tempo e com o mínimo de despesas".[32] Naquela época, a doutrina não tardou a prever o que o mundo empírico em breve iria confirmar, isto é, o fracasso do malsinado rito, que comumente levava tanto ou até mais tempo de tramitação do que o próprio ordinário, passando a ser conhecido por procedimento "ordinaríssimo", em razão de ser o mais "ordinário", o pior dentre todas as formas.

Nada obstante, em que pese muitas críticas encontrarem ressonância e terem servido inclusive positivamente para a sua reestruturação (agora sob a denominação de sumário), o cerne do problema não residia ou não reside na eficiência ou deficiência da norma, mas sim na inadequação das leis de organização judiciária dos Estados e na carência sempre notória e cada vez maior de magistrados e serventuários, assim como na precariedade do reaparelhamento da máquina administrativa. A respeito do funcionamento da máquina da Justiça e o seu descompasso em relação às normas processuais, ALCIDES DE MENDONÇA LIMA já observava que "seria necessário instituir juízes e tribunais com competência específica para as causas sob procedimento sumaríssimo. Mas esta solução oneraria muito os cofres dos Estados-membros. É, como sempre, entre os encargos financeiros e o ideal de fazer justiça – breve e simples –, aqueles prevalecem com

32. Cf. Exposição de Motivos, Capítulo VI – Do procedimento sumaríssimo.

o sacrifício do último. Nega-se a concessão de recursos financeiros ainda que se negue a concessão de justiça".[33] O alerta serve perfeitamente para os dias de hoje...

Por outro lado, não se pode deixar de ressaltar que o procedimento sumário apresenta-se com qualidade técnica e metodológica muito superior ao antigo "sumaríssimo", porquanto afinado com o espírito da reforma, no diapasão da oralidade e socialização do processo.

3. O movimento reformista do CPC e suas influências

Em que pese a boa técnica e cientificidade empregada na elaboração do Código de 1973, de autoria do Professor Alfredo Buzaid[34] o que por si só já o deixa na posição privilegiada de ser um dos códigos mais bem arquitetados e avançados do mundo atual, não ficou imune a inúmeras críticas, desde os primeiros tempos de sua vigência, muitas inclusive veementes e, sem dúvida, de absoluta procedência.

Em duas décadas de existência, o Código sofreu diversas modificações, mas nenhuma delas foi tão profunda como as que ocorreram entre 1994 e 2007.

Há muito se afirmava, sobretudo nos conclaves de processualistas, que o processo civil estava em crise, e que existia um enorme descompasso entre o instrumento e a rápida, segura e cabal prestação da tutela jurisdicional do Estado.

O renomado jurista, então Ministro Sálvio de Figueiredo Teixeira, na qualidade de Coordenador (Presidente) da Comissão de notáveis especialistas,[35]

---

33. "Inovações do Código de Processo Civil brasileiro", *RF*, vol. 294/303, n. 15.

34. Sobre a trajetória do saudoso Ministro no mundo jurídico e político, v. o nosso trabalho elaborado em homenagem póstuma, intitulado "Alfredo Buzaid – O grande processualista, Mestre e chefe de escola", *RePro*, vol. 71/372; *JC*, vol. 70/51.

35. Faziam parte da Comissão que realizou os primeiros trabalhos, Athos Gusmão Carneiro (também Coordenador), Fátima Nancy Andrighi, Kazuo Watanabe, Sídnei Beneti, Donaldo Armelin, Arruda Alvim, Walter Ceneviva e Mauro Ferraz. Atuaram também Thereza Alvim, José de Castro Bigi, Humberto Martins e Marcelo Lavenère, dentre outros.

Após a conclusão do texto básico, divulgação e recebimento de contribuições de diversos segmentos da comunidade jurídica, foi criada uma Comissão Revisora, assim constituída: Min. Sálvio Teixeira; então Des. Fátima Nancy Andrighi, Min. Athos Carneiro, Celso Agrícola Barbi, Humberto Theodoro Jr., José Carlos Barbosa Moreira, José Eduardo Carreira Alvim, Kazuo Watanabe e Sérgio Sahione Fadel. Essa comissão reuniu-se para discutir a matéria durante os dias 09 a 12 de outubro de 1992, em Belo Horizonte.

O Min. Sálvio assim registra o que denominou de *evolução dos fatos* da reforma: "Estava a Seção do Distrito Federal do Instituto Brasileiro de Direito Processual promovendo os primeiros estudos de simplificação e agilização do processo civil, autorizada pela Direção nacional, quando a Associação dos Magistrados Brasileiros se ofereceu ao Ministro da Justiça para o encaminhamento de propostas à desburocratização do nosso processo. Aceito o oferecimento, uma Comissão, com o apoio da referida Seção, passou a reunir-se

encarregada da reforma do Código de Processo Civil, observou muito bem que a deficiência do nosso Código residia exatamente na circunstância de sua disciplina estar divorciada da realidade, refletindo "(...) o hermetismo com que foi elaborado, sem a participação dos diversos segmentos da comunidade jurídica nacional. Daí as notórias deficiências de sua aplicação na prática forense do dia a dia, de que é exemplo o procedimento sumaríssimo."[36]

O Professor Barbosa Moreira, há muito já fazia oportuna e precisa observação a respeito da dissociação das normas de processo à realidade forense, no tópico que denominou *do abstrato ao concreto*, utilizando-se de primorosa linguagem, o que aliás, é uma característica marcante de todos os seus escritos: "(...) O trabalho empreendido por espíritos agudíssimos levou a requintes de refinamento a técnica do direito processual e executou sobre fundações sólidas projetos arquitetônicos de impressionante majestade. Nem sempre conjurou, todavia, o risco inerente a todo labor do gênero, o de deixar-se aprisionar na teia das observações e perder o contato com a realidade cotidiana. A fascinante sutileza de certas elaborações parecia ter contrapartida menos admirável no ocasional esquecimento de que nem tudo devia resumir-se num exercício intelectual realizado sob o signo da 'arte pela arte' – ou, se se preferir, da 'ciência pela ciência'.

"Não há menoscabar os frutos de tão nobre fadiga. Sente-se, porém, a precisão de aplicar com maior eficácia à modelagem do real as ferramentas pacien-

---

em 1991 e a elaborar anteprojetos, quatro dos quais foram encaminhados ao Congresso Nacional e ali apresentados, a saber: da prova pericial, da citação e intimação pelo correio, do agravo e da liquidação.

"A comissão designada não chegou a funcionar com a sua composição original. Mas, por outro lado, teve a participação de outros nomes da Magistratura, da Advocacia e do Ministério Público, o que se mostrou de uma muita valia.

"Ao findar-se o prazo previsto, ainda inconclusos os demais estudos, o Ministério da Justiça houve por bem atribuir ao Presidente da Escola Nacional da Magistratura, nessa condição, a missão de presidir a Comissão de Juristas encarregada de promover estudos e propor soluções com vistas à simplificação dos Códigos de Processo Civil e de Processo Penal.

"A primeira providência, após a conclusão do texto básico, foi divulgá-lo, tanto quanto possível, com solicitação de críticas e sugestões, fixando prazo, até meados de agosto de 1992, para recebimento das mesmas.

"Recebidas importantes contribuições, individuais (enumerá-las ensejaria o risco de injustas omissões) e coletivas (de Tribunais, OAB, Ministério Público, Escolas Judiciais, Universidades, Institutos, Associações etc.), uma Comissão Revisora foi constituída." (*Estatuto da Magistratura e reforma do processo civil*, p. 113-114).

36. "Processo civil – evolução – 20 anos de vigência (coletânea de estudos coordenada por José Rogério Cruz e Tucci). A efetividade do processo e a reforma processual", *RePro*, vol. 78/88, n.4.

temente temperadas e polidas pelo engenho dos estudiosos. Noutras palavras: toma-se consciência cada vez mais clara da função instrumental do processo e da necessidade de fazê-lo desempenhar de maneira *efetiva* o papel que lhe toca."

E, mais adiante, prossegue o mestre carioca: "(...) Se o processo é instrumento de realização do direito material, o resultado do seu funcionamento deve situar-se a uma distância mínima daquele que produziria a atuação espontânea das normas substantivas, e já constitui uma desgraça a impossibilidade de fazer coincidir precisamente um e outro."[37]

Objetivou-se com a reforma, em síntese, após a identificação dos pontos críticos e de estrangulamento da prestação da tutela jurisdicional, o oferecimento de projetos de lei *desburocratizantes*, fulcrado no trinômio *simplificação, agilização* e *efetividade* do processo.

Inicialmente foram aprovados os Projetos que dispunham sobre a *prova pericial* (Lei 8.455/1992), a *citação e intimação pelo correio* (Lei 8.710/1993), a *liquidação de sentença* (Lei 8.898/1994). No final do ano de 1994, o Código sofreu enorme reformulação, com a alteração de nada menos do que oitenta e quatro dispositivos,[38] com o advento das Leis 8.950/1994 (*recursos*), 8.951/1994 (*ações de consignação e pagamento e usucapião*), 8.952/1994 (*processo de conhecimento e cautelar*)[39] e 8.953/1994 (*processo de execução*); em seguida, tivemos a introdução da *ação monitória* (Lei 9.079, de 14.07.95)[40] e do *agravo* (Lei 9.139, de

---

37. José Carlos Barbosa Moreira, "Tendências contemporâneas do direito processual civil", *RePro*, vol. 31/200, n. 2.

38. Sobre a reforma implementada no CPC, v. as seguintes monografias: Cândido R. Dinamarco, *A reforma do Código de Processo Civil*; Nelson Nery Junior, *Atualidades sobre o processo civil*; J. J. Calmon de Passos, *Inovações no código de processo civil;* Humberto Theodoro Jr., *As inovações do Código de Processo Civil;* Antônio Cláudio da Costa Machado, *A reforma do processo civil interpretada*; J. E. Carreira Alvim, *Código de Processo Civil reformado;* Sérgio Bermudes, *A reforma do Código de Processo Civil*; Adriano de Paula, Celso Agrícola Barbi, Humberto Theodoro Jr., Sálvio Teixeira e J. E. Carreira Alvim, *Modificações do CPC;* Manoel A. Teixeira Filho, *As alterações no CPC e suas repercussões no processo do trabalho*; Carlos A. S. Lenzi, *Comentários às alterações do Código de Processo Civil*; Roberto E. Schmidt Jr., *O novo processo civil*; Cézar Santos, *Comentários às novas alterações ao CPC;* Tomás B. de Castro Silva, *Inovações recursais no CPC.*

39. Dentre as modificações introduzidas pela referida Lei, parece-nos que a mais significativa tenha sido aquela pertinente a alteração do sistema procedimental da ordinariedade, a qual rompeu definitivamente com o ultrapassado regime romano-canônico enraizado na tradição do Direito luso-brasileiro e com o princípio milenar da *nulla executio sine titulo*. Estamos falando dos institutos da antecipação da tutela genérica e específica, inseridos no processo de conhecimento de rito comum.

40. Sobre a *Ação monitória,* v. as monografias assim denominadas, de Rogério L. Tucci; J. E. Carreira Alvim; Orlando de Assis Corrêa e de José Rubens Costa.

30.11.95),[41] além da criação do novo microssistema dos *juizados especiais cíveis e criminais* (Lei 9.099, de 26.09.95).[42]

Com o advento da Lei 9.245, de 26 de dezembro de 1995, o "novo" *procedimento sumário*, dentre outras inovações, além da titulação adequada que lhe foi conferida, entre outras inovações, reduziu-se o elenco das causas que tramitarão por este rito, incorporou em seu bojo o instituto do julgamento antecipado da lide e da ação dúplice, além de atribuir importância maior à composição amigável. Por último, a Lei 10.444, de 07.05.2002, dentre tantas outras modificações trazidas ao Código de Processo Civil, em sede de procedimento sumário elevou o valor da causa para sessenta salários mínimos (art. 275, I), adequando-o com a limitação valorativa das demandas de competência dos Juizados Especiais Cíveis (40 salários mínimos), assim como suprimiu os incisos II e III do art. 280 do CPC, que versavam sobre o prazo de apresentação do laudo pelo perito e do recurso de agravo, e, ao final, passou a admitir a intervenção de terceiros fundada em contrato de seguro.

4. A tramitação parlamentar do Projeto de Lei 3.811/1993

Estando na posse do material elaborado pela Comissão de reforma do CPC, especificamente, do Projeto de Lei 3.811/1993, do Poder Executivo (Mensagem 238/93), o então Ministro da Justiça Maurício Corrêa, em abril de 1993, fez o devido encaminhamento à apreciação do Presidente da República, acompanhada de Exposição de Motivos, cujo teor é o seguinte:

"(...) 2. A proposta resulta de estudos efetuados pelo Instituto Brasileiro de Direito Processual e pela Escola Nacional de Magistratura, com amplo apoio do Ministério da Justiça, que, buscando democratizar a reforma do ordenamento codificado, realizou numerosos encontros e simpósios. Seu texto básico, amplamente divulgado, mereceu análise de advogados, magistrados, representantes do Ministério Público e professores.

"3. A redação final do projeto foi elaborada por uma comissão de especialistas na matéria, sob a coordenação dos Ministros Sálvio de Figueiredo Teixeira (presidente) e Athos Gusmão Carneiro, secretariada pela Desembargadora Fátima Nancy Andrighi, e contou com a participação dos professores Ada Pellegrini Grinover, Celso Agrícola Barbi, Humberto Theodoro Jr., José Carlos Barbosa Moreira,

41. Sobre a citada Lei, v. J. E. Carreira Alvim, *Novo agravo*.

42. A respeito do tema, v. Joel Dias Figueira Júnior e Fernando da Costa Tourinho Neto, *Juizados especiais estaduais cíveis e criminais*. 5. ed. e, especificamente sobre a parte penal, v. Ada Pellegrini Grinover, Antônio Magalhães Gomes Filho, Antônio Scarance Fernandes e Luiz F. Gomes, *Juizados especiais criminais*.

José Eduardo Carreira Alvim, Kazuo Watanabe e Sérgio Sahione Fadel, levadas em consideração as inúmeras críticas e sugestões recebidas em amplo debate.

"4. A proposta ora encaminhada diz respeito ao procedimento que o Código de Processo Civil denominou, impropriamente, de 'sumaríssimo', máxime ante a adoção de um procedimento realmente sumariíssimo para as causas processadas perante os Juizados Especiais previstos no art. 98 da Constituição Federal.

"5. Embora as normas vigentes possam, à primeira vista, realizar o ideal de concentração e oralidade, na aplicação revelam defeitos de tal monta que advogados militantes e a própria doutrina estão a exigir urgente reformulação.

"6. Os maiores defeitos da atual sistemática residem na impossibilidade do julgamento antecipado da lide – quiçá a maior conquista do Código de Processo Civil em vigor –, e na inclusão, no rol das causas que autorizam o procedimento sumaríssimo, de ações que demandam provas complexas e demoradas. Outrossim, a intervenção de terceiros se tem revelado como causa frequentíssima de procrastinação do processo, descaracterizando totalmente suas pretendidas sumariedade e simplicidade.

"7. Dentre as alternativas propostas, merecem destaque:

a) o procedimento passa a denominar-se 'procedimento sumário';

b) é racionalizado o elenco das causas sujeitas a esse procedimento, afastando aquelas que normalmente exigem um contraditório de maior amplitude (art. 275, II);

c) a possibilidade de realização de prova pericial é mantida, mas com sugestões simplificadoras e a previsão de conversão do procedimento sumário em ordinário nos casos em que é necessário prova técnica de maior complexidade (arts. 276, 277, § 5º; 278, 280, letra *b* [artigo 280 foi modificado pela Lei 10.444/2002, que excluiu as suas alíneas]);

d) para permitir maior eficiência ao rito sumário, é prevista uma audiência inicial de conciliação, para a qual será o réu previamente citado. Com a adoção de prática cuja eficiência foi comprovada nos Juizados de Pequenas Causas, o juiz 'poderá' ser auxiliado por conciliador (art. 277, §§);

e) não obtida a conciliação nessa audiência preliminar, será a defesa oferecida de imediato, possibilitando-se, na oportunidade, a extinção do processo (art. 329) e o julgamento antecipado da lide (art. 330). Se necessário, designará o juiz audiência de instrução e julgamento (art. 278 e § 2º);

f) pelo código vigente, é proibida a reconvenção no procedimento dito sumaríssimo (art. 315, § 2º), o que motiva, com extrema frequência, o julgamento de ações conexas, v.g., nos acidentes de trânsito por colisão de veículos e danos recíprocos; o projeto resolve o problema permitindo, em ação 'dúplice', que o réu, na contestação, formule pedido em seu favor, desde que fundado nos mesmos fatos (art. 278, § 1º);

g) o projeto incorpora os modernos métodos de documentação processual (art. 279);

h) afastando, como já foi referido, a maior causa de lentidão e 'ordinarização' do procedimento sumário, o projeto veda a intervenção de terceiro, exceto nos casos de assistência e de recurso de terceiro prejudicado (art. 280, letra *a* [art. 280 foi modificado pela Lei 10.444/2002, que excluiu as suas alíneas]). Evidente que eventuais pretensões regressivas serão exercidas em demanda autônoma;

i) o projeto, em atitude realista, estabelece que a sentença será proferida na audiência, ou no subsequente decênio (art. 281).[43]

"8. Acreditamos que o projeto, resultante de longo debate, contribuirá para uma melhor distribuição da justiça, como exigem os jurisdicionados, tendo a honra de apresentá-lo ao descortino de Vossa Excelência."

A partir de 31 de maio de 1993, nos termos do art. 119, *caput*, I, do Regimento Interno da Câmara dos Deputados (alterado pelo art. 1º, I, da Resolução 10/1991), foi aberto o prazo, por cinco sessões, para o recebimento de possíveis emendas, o que se verificou, em número de quatro, sendo todas da autoria do Deputado Roberto Magalhães.

A primeira delas trazia por emenda a supressão do art. 278, a fim de que fosse mantido o rito procedimental com uma única audiência de instrução e julgamento, em atenção ao princípio da concentração. Outra justificativa era pertinente a não admissibilidade de reconvenção, que, segundo o nobre Deputado, seria inadequada ao procedimento em questão e afrontaria o princípio do contraditório.

A segunda emenda é praticamente uma continuação e complementação da anterior, à medida que sugere a supressão do art. 277 e seu § 1º, relativa à cisão da audiência de conciliação, instrução e julgamento.

Por sua vez, a terceira emenda formula a supressão do art. 275 (nova redação) sob a justificativa de que a alteração terminológica do rito não resultará em aperfeiçoamento do sumaríssimo, assim como a restrição das hipóteses de causas à tramitação por este novo procedimento, não traria alguma solução para o problema de acúmulo de processos judiciais.

Finalmente, a quarta emenda traz em seu bojo a supressão do art. 2º do Projeto, que tinha por objeto a revogação do § 2º do art. 315. O fundamento apresentado aparece como complementação do item n. 3, da emenda n. 1, que trata da reconvenção.

Ainda na Comissão de Constituição, Justiça e de Redação, o Projeto recebeu do Relator Deputado Nelson Jobim, na data de 14 de junho de 1994, o voto pela

---

43. Observa-se que no texto original da Mensagem, por manifesto equívoco, foi assinalado o "art. 231", quando a referência correta seria ao art. 281.

constitucionalidade, juridicidade, boa técnica legislativa e rejeição das quatro emendas referidas. Na mesma ocasião, constatando equívoco na ementa do Projeto, que fazia menção à alteração dos dispositivos do Código de Processo Civil, relativas ao procedimento "sumário", ao invés de sumaríssimo, o Relator formulou emenda propondo a correção, terminando por ser aprovada. No dia 14 de dezembro de 1994, a Comissão de Constituição, Justiça e de Redação, presidida pelo Deputado José Thomaz Nonô, opinou unanimemente pela sua aprovação.[44]

Em conclusão, foi o Projeto 3.811/1993 (no Parlamento recebeu o número 78/95) aprovado na íntegra (com exceção feita à aludida emenda do Deputado Jobim, a título de mera correção), decretado pelo Congresso Nacional, e sancionado nos mesmos termos pelo Presidente da República, em data de 26 de dezembro de 1995, recebendo a nova Lei o número 9.245, que foi objeto de duas publicações na Imprensa Oficial; a primeira verificou-se no dia 27 (*DOU* 247/95) e, diante de erros substanciais constatados, procedeu-se à segunda publicação, em data de 04 de janeiro de 1996 (*DOU*, 3/96).

5. A vontade do legislador e a Lei 9.245/1995. Expectativas e frustrações. Uma análise crítica do novo procedimento

Os dois tópicos antecedentes deixam aflorar com meridiana clareza a vontade do legislador, que reflete com nitidez o pensamento da nossa melhor doutrina e, em particular, dos membros integrantes das Comissões de reforma do Código de Processo Civil.

A simplificação das formas em combinação com a maior rapidez do processo, convergindo para um ponto único – a *efetividade* do instrumento à consecução material das pretensões resistidas ou insatisfeitas dos jurisdicionados, representam a verdadeira essência do movimento gerador de tantas e profundas modificações no sistema processual civil.

Contudo, o alerta que lançamos aos aplicadores do direito, em nossa obra intitulada *Juizados especiais cíveis e criminais*, serve perfeitamente também para

44. Nessa Sessão estiveram presentes, além do citado Presidente, os Deputados José Dutra e Vilmar Rocha (Vice-Presidentes), Ary Kara, Felipe Néri, José Luiz Clerot, Mendes Ribeiro, Nestor Duarte, Valter Pereira, Antônio dos Santos, Ivan Burity, Maurício Najar, Ney Lopes, Roberto Magalhães, Gerson Peres, Ibrahim Abi-Ackel, José Burnett, José Maria Eymael, Prisco Viana, Vasco Furlan, Edmundo Galdino, Benedito Domingos, Benedito de Figueiredo, Paulo Ramos, Edésio Passos, Hélio Bicudo, Helvécio Castello, José Genoino, Bonifácio de Andrada, Gastone Righi, Robson Tuma, Irani Barbosa, Roberto Franca, Sérgio Miranda, Fernando Diniz, Gilvan Borges, João Henrique, Michel Temer, Nícias Ribeiro, Jesus Tajra, Armando Pinheiro, Adroaldo Streck, Deni Schwartz, Paulo Silva, Mário Chermont, Carrion Júnior, Liberato Caboclo e Agostinho Valente.

este nosso trabalho, não sendo demais repetir que não podemos imaginar que o complexo problema em que se encontra mergulhado o Judiciário brasileiro, resolver-se-á com a simples edição de algumas boas leis. Sem dúvida, as normas instrumentais há muito estavam a exigir grandes reestruturações e adaptações das formas às necessidades cotidianas dos operadores do direito e jurisdicionados, sendo que a metodologia utilizada pelos ilustres membros da comissão revisora e os resultados obtidos são indubitavelmente dignos de louvor.

Deixamos apenas o nosso alerta e a preocupação de que muito ainda temos pela frente a fazer, seja em nível legislativo federal, como estadual e, sobretudo, encontrar uma *via di uscita* para melhor funcionamento e racionalização do sistema processual civil, em toda a sua estrutura, a começar pela mudança de mentalidade dos operadores do direito.

Os primeiros e largos passos já foram dados em direção a um novo processo civil brasileiro, menos formalista e muito mais instrumental, voltado à realização do direito material, sem perder de vista a efetividade e a efetivação do processo – a consecução da pretensão no plano fatual.

A Lei que ora comentamos apresenta-se com qualidade técnica e metodológica muito superior ao antigo "sumaríssimo", porquanto afinada com o espírito da reforma no diapasão da oralidade e socialização do processo. Por outro lado, apesar de todo o esforço humano, não se consegue atingir um patamar capaz de colocá-la imune a algumas críticas.

Destarte, encontraremos no decorrer deste trabalho alguns senões – e os mais graves talvez sejam a exclusão de alguns tipos de demandas do rol do procedimento sumário e o fracionamento da audiência de conciliação, instrução e julgamento – que por certo serão objeto de nossos comentários, críticas e modestas sugestões, na tentativa de, um dia, podermos nos aproximar da inatingível perfeição das formas.

6. Eficácia e vigência da Lei 9.245/1995

A Lei 9.245 foi sancionada em 26 de dezembro de 1995 e publicada no dia seguinte, no *DOU* 247, que circulou numa quarta-feira. Ocorre que o texto primitivo apresentou dois equívocos, ou, mais precisamente, duas omissões, quais sejam: no art. 275, II, não fazia menção à expressão "qualquer que seja o valor" e art. 277, *caput*, à partícula "no" (lia-se: "(...) sob a advertência prevista § 2º deste artigo [...]").

Em face destes equívocos, procedeu-se à segunda publicação, para fins de *retificação* dos artigos mencionados, o que se verificou através do *DOU* 3, datado de 04 de janeiro de 1996 (quinta-feira). Todavia, como a retificação restringia-se apenas a dois dispositivos do Código de Processo Civil, ambos integrantes do art. 1º da Lei 9.245, a nova publicação abrangeu tão somente o dispositivo viciado.

Em outros termos, a segunda publicação não repisou o texto legal em sua íntegra, mas exclusivamente o artigo 1º e, de maneira mais específica, aludindo em retificação ao inciso II, do art. 275 e ao *caput*, do art. 277.

A questão que agora se põe e se faz merecedora de uma análise mais aprofundada reside na determinação da data de sua eficácia e vigência, diante do problema resultante da segunda publicação, senão vejamos.

Em princípio, a solução pode parecer simples e, dependendo do ponto de vista enfocado, poderemos obter duas respostas diferentes, isto é, se considerarmos isoladamente o preceito *in abstracto* contido no § 3º, do art. 1º da Lei de Introdução às Normas do Direito Brasileiro (Dec.-lei 4.657, de 4/9/42),[45] chegaremos fatalmente à conclusão que o *dies a quo* para a contagem do prazo de vacância da norma é 04 de janeiro de 1996, e, de maneira diversa, se tomarmos em consideração apenas a circunstância de que a segunda publicação não passou de mera correção ou retificação de uma parcela do texto legal, terminaremos por concluir que o dia inicial é 27 de dezembro de 1995.

As duas linhas de raciocínio são superficiais e simplistas, hábeis apenas a levar a uma conclusão precipitada, não obstante o resultado (e não necessariamente o fundamento) de uma das duas estar correto; aliás, a respeito disso não nos resta qualquer dúvida.

Inicialmente há que se dizer que a partir da primeira publicação, a Lei 9.245 passou a pertencer, em sentido amplo, ao ordenamento jurídico, porquanto pelo seu aspecto interno de produção, resulta emanada de um ato formal de órgão do sistema, ou seja, de órgão previsto direta ou indiretamente no núcleo normativo originário, nos termos colocados pela estrutura constitucional do Estado.[46] Em outras palavras, nos dizeres de Lourival Vilanova, "A proposição normativa universal é válida desde o momento que foi posta segundo o procedimento (normativamente) estabelecido pelo sistema jurídico – na lei, em sentido formal ou

---

45. Texto conforme alteração determinada pela Lei 12.376, de 30.12.2010, que conferiu nova redação a ementa do Decreto-lei 4.657, de 4 de setembro de 1942, passando a denominar-se "Lei de Introdução às normas do Direito Brasileiro" – LINDB.

Assim está redigido o art. 1º da LINDB *in verbis*: "Art. 1º Salvo disposição contrária, a lei começa a vigorar em todo o país 45 (quarenta e cinco) dias depois de oficialmente publicada. § 1º Nos Estados estrangeiros, a obrigatoriedade da lei brasileira, quando admitida, se inicia 3 (três) meses depois de oficialmente publicada. § 2º A vigência das leis, que os governos estaduais elaborem por autorização do Governo Federal, depende da aprovação deste e começará no prazo que a legislação estadual fixar. § 3º *Se, antes de entrar a lei em vigor, ocorrer nova publicação de seu texto, destinada a correção, o prazo deste artigo e dos parágrafos anteriores começará a correr da nova publicação.* § 4º As correções a texto de lei já em vigor consideram-se lei nova" (grifei).

46. Cf. Marcelo Neves, *Teoria da inconstitucionalidade das leis*, p. 43.

orgânico, depois da votação pelo órgão legislativo, e da sanção, promulgação e publicação pelo órgão executivo."[47] "Não se confunde, porém, a pertinência com a validade das normas jurídicas."[48]

A norma apresenta como propriedade inerente a *validade* e a correspondência do estado de coisas com o que está nela prescrito é a sua *eficácia*, com a validade necessariamente relacionada.[49] Em síntese, "há pertinência com validade quando são regularmente preenchidas todas as condições formais e substanciais estabelecidas nas 'regras de admissão' do sistema, e enquanto não há revogação".[50]

Por sua vez, a *eficácia* da norma representa a sua viabilidade de aplicação cabal, exigibilidade ou executoriedade,[51] o que na hipótese em exame ainda não se configurou plenamente em face do prazo de *vacatio* determinado no art. 2º da Lei do sumário. Assim, desde o dia 27 de dezembro, a Lei em questão passou a integrar (= *existência*) validamente (= *validade*) o nosso sistema jurídico, sem, contudo, ter qualquer *eficácia*, pelo mencionado motivo de suspensão, enquanto a sua *vigência* verificou-se somente após transcorrido o prazo de sessenta dias.[52]

Dito isso, devemos agora analisar a natureza e a amplitude do equívoco ou omissão que teria se verificado no desenrolar da primeira publicação da Lei e seus efeitos reflexos que se desencadeariam na hipótese de não ter ocorrido a retificação por intermédio da segunda publicação.

No tocante à omissão da partícula ("no") na redação do art. 1º da Lei, referente à nova redação a ser conferida ao art. 277, *caput*, do CPC, o equívoco aparece com grau mínimo de importância e sem qualquer possibilidade de acarretar reflexos indesejáveis ao sistema processual civil ou à compreensão, interpretação e aplicação do texto legal.

---

47. *As estruturas lógicas e o sistema do direito positivo*, p. 60.

48. Marcelo Neves, *Teoria da inconstitucionalidade das leis*, p. 39.

Ressalta o Professor pernambucano que "As normas jurídicas, por integrarem sistema nomoempírico *prescritivo*, caracterizam-se pela pretensão de validade, sendo destituídas da pretensão de verdade, própria das proposições nomoempíricas *descritivas*, inclusive as *descritivas* de normas jurídicas" (cf. nota de rodapé n. 1, p. 39).

49. Lourival Vilanova, *As estruturas lógicas e o sistema...*, p. 62.

50. Marcelo Neves, *Teoria da inconstitucionalidade das leis*, p. 45.

51. Cf. José A. da Silva, *Aplicabilidade das normas constitucionais*, pp. 55-56.

52. Pontes de Miranda entra em conflito conceitual do sentido jurídico de eficácia e vigência, como bem alertado pelo festejado Marcelo Neves. Para Pontes, "Entrada em vigor (– vigência), incidência e aplicação da lei são conceitos do plano da eficácia da lei. Já se penetrou, antes, no mundo jurídico: já se supõe o plano da existência. A lei existe e entra, agora, em vigor para que possa incidir e, se for preciso, ser aplicada." ("Incidência e aplicação da lei", *Rev. da Ordem dos Adv. de Pernambuco*, n. I, p. 53, 1956, apud Marcelo Neves, *Teoria da inconstitucionalidade das leis*, p. 52, nota de rodapé n. 40).

Caso não tivesse havido a retificação, a Lei permaneceria com a sua vontade bem estampada, assim como não haveria qualquer afronta à intenção do legislador com alguma (improvável) mudança de sentido ou, muito menos, resultaria um sem-sentido. Importa dizer que, diante da insignificância e irrelevância da omissão, o operador do direito não encontraria maiores dificuldades para integrar ou corrigir o contexto da proposição normativa.

Versando a espécie sobre simples erros tipográficos ou de digitação, facilmente perceptíveis, ou equívocos que não obstem à inteligência dos dispositivos legais, não aproveitarão a quem quer que os invoque; erros ou falhas desta natureza não impedem que o prazo da *vacatio legis* decorra da data da publicação maculada destes vícios.[53]

Fulcrado nos ensinamentos de Esposito[54] e de Zanobini[55] assim já se manifestou o Tribunal de Justiça de São Paulo, no sentido de que "a omissão de uma palavra na publicação da lei não lhe tira o caráter de obrigatoriedade, se não houve nisso nenhuma alteração substancial. É regra que as correções, que não inovam a lei, têm efeito retroativo."[56]

Situação totalmente diversa é aquela que resulta da omissão da parte final da proposição relativa ao inciso II, do art. 275. Nesse caso, estamos diante de um *erro substancial*, que exigia a necessária correção com conteúdo inovativo, sem o que estaria comprometida a vontade do legislador, patenteada desde o início da elaboração do Anteprojeto e, o que é ainda mais grave, a omissão do inc. II acarretaria a incompatibilidade entre o macrossistema do Código de Processo Civil, no que tange ao rito sumário, e o microssistema da Lei dos Juizados Especiais, hoje o hábitat natural de origem constitucional do rito sumaríssimo. Em outros termos, acabaríamos tendo a validade conjunta de normas contraditórias.[57]

---

53. Cf. Eduardo Espínola e Eduardo Espínola Filho, *Lei de Introdução ao Código Civil comentada*, p. 63-64, n. 26 (ed. de 1943). A mesma lição é repetida em edição mais recente, atualizada por Silva Pacheco, p. 51, n. 26.

    No mesmo sentido, v. Maria Helena Diniz, *Lei de Introdução ao Código Civil comentada*, p. 56-57 e Washington de Barros Monteiro, *Curso de direito civil, parte geral*, p. 25.

54. *La validità delle leggi*, p. 38 (apud Wilson Bussada, *Código Civil brasileiro interpretado*, vol. 1, t. I, n. 6, p. 13).

55. *Publicazione delle leggi*, n. 104 (apud idem, ibidem).

56. TJSP, Agr 8.349, 2ª Câm., j. 04.03.1940, *RT* 126/568 (cf. idem, ibidem).

57. Não é por menos que afirma categoricamente o Professor Vilanova que "Um sistema *S* não se desagrega juridicamente por conter normas de *valores simétricos* (opostos contraditoriamente), *N* e não-*N*, que conservam a relação-de-pertinência e, *eo ipso*, são juridicamente válidas, fazendo parte do todo que é o ordenamento positivo" (idem, p. 146).

A expressão omitida na primeira publicação – "qualquer que seja o valor" – resultava em alteração substancial não só do próprio art. 275 do CPC, como também implicava comprometimento do rito sumário que, no confronto com o sumaríssimo dos Juizados Especiais, estaria limitado ao valor da causa, nos termos do fixado no inciso I, do qual, curiosa e inexplicavelmente, a nova Lei manteve a redação anterior, isto é, nas demandas de valor não excedente a vinte vezes o maior salário mínimo vigente no País.

Por isso, e não por qualquer outro motivo, fazia-se mister a segunda publicação da Lei, retificando o grave erro apontado. Maria Helena Diniz afronta com maestria esse tema, através da seguinte lição: "Como o erro substancial poderá alterar total ou parcialmente o sentido legal, imprescindível será que se faça nova publicação. Urge distinguir, então, a correção desse erro dentro da *vacatio legis* da feita durante a vigência da lei. Se, durante a *vacatio legis*," – *assinalamos que este é o caso concreto da Lei 9.245* – "vier a norma a ser corrigida em seu texto, que contém erros substanciais, ensejando nova publicação, os prazos mencionados de quarenta e cinco dias e três meses" – *na hipótese vertente, a vacância era de sessenta dias* – "começam a correr da nova publicação" (art. 1º, § 3º, da LICC); portanto, nova *vacatio* iniciou-se a partir da data da correção, anulando-se o tempo decorrido.

E prossegue a ilustre Professora da Pontifícia Universidade Católica de São Paulo: "*Logo, se é publicação repetida, que visa corrigir a lei já publicada, mas ainda não vigente, por não ter ainda transcorrido o prazo da* vacatio legis, *terá o condão de anular os efeitos da primeira publicação, contando-se o prazo da última*" (grifei).[58]

Outro não é o ensinamento de Eduardo Espínola e Eduardo Espínola Filho, ao interpretarem o § 3º do art. 1º da LINDB: "(...) a publicação repetida, destinada à correção de lei já publicada, mas ainda não vigente, porque aquela se verificou no decurso da *vacatio legis*, terá a *consequência de anular totalmente os efeitos da primeira publicação, de sorte que é a última, exclusivamente, que se atende, para dela contar o prazo, decorrido o qual (nos termos do art. 1º e do § 1º daquela Lei), começará a obrigatoriedade da lei em questão*"[59] (grifei).

Em outros termos, "Lei que inova, altera, retifica, modifica, suprime ou supre omissão da lei anterior, para abranger situações novas não cuidadas por esta, não pode ser considerada como interpretativa, mesmo que se denomine a si mesma de interpretativa".[60]

---

58. *Lei de Introdução...*, p. 58.
59. Idem, p. 64 e p. 51, das respectivas e diversas edições.
60. Cf. Extinto TFR, Ap 577, 1ª T., j. 05.10.1948, rel. Min. Sampaio Costa, *Arquivo Judiciário*, vol. 93/453 (apud Wilson Bussada, *Código Civil brasileiro...*, n. 7).

De outra parte, o art. 4º da Lei 9.245 fixou um prazo de 60 dias para a sua vacância, isto é, o período fixado para a sua entrada em vigor, com força obrigatória. Desta feita, considerando-se a data da segunda publicação da Lei na Imprensa Oficial, ocorrida em 04 de janeiro de 1996 (quinta-feira), o septuagésimo dia foi 04 de março 1996 (segunda-feira).[61]

61. Lembramos que "Salvo disposição em contrário, computam-se os prazos, excluindo o dia do começo, e incluindo o do vencimento" (cf. art. 125, *caput*, do CC/1916, e art. 184, *caput*, do CPC).

Capítulo II

NOÇÕES FUNDAMENTAIS: AÇÃO, PROCESSO E PROCEDIMENTO

1. Ação, processo, autos do processo, procedimento, lide, mérito e pretensão[1]

Em que pese encontrarmo-nos em fase avançada da ciência processual, detentora de plena autonomia e, como ramo do direito público, portadora de institutos jurídicos bem definidos, constatamos não raramente o emprego terminológico equivocado dos institutos da *ação*, do *processo*, do *procedimento*, dos *autos do processo*, e, não raras vezes, confundidos ou mesclados equivocadamente com a concepção de *lide*, *pretensão* e *mérito*.

Parece-nos de bom alvitre que façamos a distinção desses institutos em fase preliminar deste trabalho, a fim de que o estudioso possa melhor situar-se no contexto da matéria e até mesmo assimilar com maior nitidez a terceira fase evolutiva da ciência processual, em que a instrumentalidade atinge níveis máximos de *publicização* e de *socialização*, na busca cada vez mais intensa da efetividade e efetivação do processo, o que se denominou de *processo de resultados*.

Havemos de assinalar, contudo, que a distinção a ser feita não é mera questão conceitual e de tecnicidade, divorciada de interesses práticos, e, muito menos, de

1. Extraído da nossa obra *Comentários ao Código de Processo Civil*, vol. 4, t. I.

puro tecnicismo jurídico. O direito, como ciência, exige aproximação e aprimoramento de sua linguagem para bem delinear os contornos de seus fenômenos, institutos e instituições, única forma de se evitarem ou minimizarem concepções equivocadas a respeito de determinada matéria.

Por outro lado, o assunto não é tão simples quanto possa parecer. Tanto é assim que, apesar do esforço, o legislador de 1973 não conseguiu escapar totalmente desse problemático cipoal terminológico, terminando por empregar algumas vezes no Código de Processo expressões distintas para designar o mesmo fenômeno ou, inversamente, significando fenômenos diversos, como se verifica, por exemplo, com *mérito* e *lide*, *ação* e *processo*, usadas como sinônimas.[2]

O *mérito da causa* é a matéria de fundo, ou, mais precisamente, a parte do conflito sociológico levado pelas partes ao conhecimento do Estado-juiz. Frisamos que não necessariamente o conflito sociológico corresponde à lide processual. A lide, como fenômeno ínsito ao processo, representa apenas a parcela do conflito que os litigantes apresentam ao juiz e que será objeto da decisão de mérito (procedência ou improcedência do pedido, conforme a demonstração mais satisfatória dos fatos e do direito alegado, feita pelas partes ao julgador).[3]

Ao ser provocada a jurisdição, os conflitos intersubjetivos de interesses, latentes numa relação de direito substancial, transmudam-se em *lide* que, por seu turno, espelha os contornos da *causa petendi*, formando então o *mérito da causa*. Assim, a *lide* nada mais é do que a totalidade ou a parcela do conflito sociológico

---

2. A respeito da questão terminológica, v. *Exposição de Motivos do Código de Processo Civil* (Cap. III, item II, Da terminologia do Projeto, nota 6).

3. Não se deve confundir o conceito jurídico de lide com o sociológico, como fez CARNELUTTI, cuja concepção está ultrapassada.

Dizia o mestre italiano que "o *genus proximum* da lide é o *conflito de interesses*. Mas cada conflito de interesses é uma lide. Até que se considere como tal que um dos dois interesses aspire à tutela jurídica mediante a pretensão e que o outro resista ou a contrarie.

"(...) Mais exatamente existe a lide quando alguém pretende a tutela de um seu interesse em contraste com o interesse de um outro e esse resiste à lesão do interesse ou mediante a contestação da pretensão.

"(...) *Lide* e *contradição* também não significam a mesma coisa. (...) A contradição pode ser um índice da lide; mas desta *não é condição necessária nem suficiente*" (*Studi di diritto processuale*, vol. 3, p. 27, 29 e 35, respectivamente).

Em outro estudo, complementava o festejado processualista: "Quando se opõe resistência à pretensão, o conflito se transforma em *lide*" (*Trattato del processo civile – Diritto e processo*, vol. 1, p. 34).

Vê-se, pois, sem maiores dificuldades, que a concepção carnelutiana de *lide* é fundamentalmente sociológica e não jurídica.

de interesses, levados pelo autor da demanda ao Estado-juiz para a obtenção da justa composição do litígio.[4]

O *objeto da cognição é o mérito da causa*, sendo que a decisão sobre o pedido dirá se a demanda proposta é fundada ou infundada e, consequentemente, se deve ser acolhida ou rejeitada.

Assim, nada obsta que tenhamos *processo sem lide*, ou seja, aqueles instrumentos em que não se verifica uma contenda, um conflito judicial, como ocorre, por exemplo, nas ditas cautelares não contenciosas (*v.g.*, justificação, notificação, protesto, interpelação, produção antecipada de provas) e nos chamados procedimentos de jurisdição voluntária (*v.g.*, separação e divórcio consensual). Nesses feitos, os interessados não formulam qualquer pretensão resistida ou insatisfeita e, por isso, a sentença não dirá jamais quem tem razão, a quem pertence o direito – limitar-se-á à análise das formalidades legais e a conferir os efeitos jurídicos pretendidos e autorizados por lei.

Lide, também, não é sinônimo de *ação* ou tampouco de *processo*. Não há lide jurídica sem processo (instrumento hábil à solução jurídica dos conflitos intersubjetivos), mas pode haver perfeitamente processo sem lide, nos termos que acabamos de demonstrar.

Ação e *processo* não designam também o mesmo instituto jurídico. Há que distinguir ainda a *ação* do *direito de ação*.

A autonomia do direito de ação[5] decorre do fato de poder ser exercitado sem qualquer dependência do direito material e, segundo a teoria preconizada por Liebman, trata-se de um direito condicionado e relativamente abstrato. Por outro lado, o chamado *direito aos tribunais* é que aparece totalmente abstrato, isto é, incondicional e pertencente a todas as pessoas, indistintamente.

A ideia de *direito abstrato de ação* deve ser assimilada como a desnecessidade de ter o autor a titularidade de um direito material ou de ter ocorrido alguma

---

4. No espectro da justa composição do litígio, encontra-se o requisito da rapidez na prestação da tutela jurisdicional, como expectativa inconteste no plano subjetivo de ambos os litigantes: o autor deseja obter êxito em sua pretensão formulada na inicial e o réu, por seu turno, livrar-se daquela situação incômoda e ver prosperar os seus articulados de resposta. Por isso, é muito simples compreender a necessidade de que a contrapartida na prestação da tutela pelo órgão estatal seja efetivada o mais rapidamente possível.

5. Para Liebman, em sua teoria a respeito do tema, o *direito de ação* se apresenta como o direito do autor a uma decisão de mérito, em nada importando se detém ou não a pretensão postulada, não obstante atrelado ao preenchimento de certas condições, sem as quais ficam inviabilizados o conhecimento e julgamento do mérito da causa (*petitum*) (cf. *Manuale di diritto processuale civile*, vol. 1).

   Acerca da teoria de Liebman, v. Egas D. Moniz de Aragão, em artigo intitulado "Hobbes, Montesquieu e a teoria da ação", *RePro*, vol. 108/9-22.

violação ou ameaça de seu direito subjetivo, porquanto a existência ou inexistência de direito será objeto de definição quando da prolação da sentença de mérito.

Seguindo o *sentiero* aberto por Liebman, Cândido Dinamarco, Ada Grinover e Araújo Cintra, a *ação* é um direito público subjetivo exercido pela parte para exigir do Estado a obrigação de tutela jurisdicional.[6] De acordo com essa teoria, a ação nada mais é do que o direito que tem o sujeito de requerer a proteção jurisdicional do Estado, com o escopo de ver decidido o mérito da causa. Dois corolários exsurgem então: 1º – a ação corresponde ao direito de agir para a persecução judicial da tutela de interesses (pretensão); 2º – a ação é direito subjetivo público, dirigido ao Estado para a obtenção de uma sentença de mérito.

Porém, existe distinção entre o *direito de ação* ou de *agir* e a *ação* propriamente dita. Liebman chamou de garantia da ação o direito assegurado a todos, constitucionalmente, de agir em juízo. Esse direito, dizia o mestre, poderá ser exercitado por todos que tenham razão ou não, existindo ou inexistindo lesão ou ameaça ao seu direito. Em outras palavras, enquanto o *direito de agir* pertence a todos os jurisdicionados, a *ação* somente pode ser exercida por aqueles que preencham determinadas condições, quais sejam: o pedido formulado deve ser juridicamente possível, existir interesse e legitimidade para fazê-lo (agir).[7]

Faltando algum desses elementos, o exercício válido da ação não será viável, resultando na *carência de ação* (causa de extinção do processo, sem resolução do mérito). Assim, no mesmo instante em que o direito de ação pertence a todos, incondicionalmente, o *exercício* deste direito está diretamente vinculado à presença dos três elementos acima referidos. Não há confundir, diante do exposto, *direito de ação* com o *exercício efetivo deste direito (agir)*.[8]

---

6. *Teoria geral do processo*, p. 219.

7. Observamos que essa garantia constitucional não equivale ao *direito de petição*, em que pese a proximidade existente entre eles, defendida por Eduardo Couture, que lançou também a tese de direito de ação enquadrado nos princípios constitucionais (cf. *Fundamentos del derecho procesal civil*, n. 45, p. 74-79).

   Ressaltamos também que a proximidade feita por Couture entre o direito de ação e o de petição não está pacificada ainda hoje na doutrina nacional e na estrangeira.

   Sobre o tema, v. Moniz de Aragão, "O estado de direito", *Revista Brasileira de Direito Processual*, vol. 16/71-73; Cândido Dinamarco, "Os institutos fundamentais do direito processual", *RF*, vol. 288/70.

8. É sempre bom lembrar que a origem de todas essas expressões remonta ao direito romano. Segundo Burdese, no processo *per formulas*, a parte que iniciava o processo era chamada como *is qui agit* (ou *petit*), ou, ainda, *actor* (ou *petitor*), donde o termo moderno de autor. A sua atividade era qualificada, de regra, como *agere* ou *actio*, termos que no sistema das *legis actiones* se referiam à atividade de ambas as partes. Normalmente a *actio* era exercitada por parte do autor contra um adversário, designado como *is cum quo agitur*

Assim sendo, conceituamos a *ação* como sendo o *exercício efetivo de um direito subjetivo público, de caráter autônomo, através do qual seu titular procura obter a consecução de suas pretensões por intermédio da prestação da tutela jurisdicional do Estado.*[9]

Devemos registrar também que boa parte da doutrina à qual nos filiamos faz ainda distinção entre a chamada *ação de direito material* e a *ação de direito processual*. Segundo PONTES DE MIRANDA, "a *ação* exerce-se principalmente por meio de 'ação' (remédio jurídico processual), isto é, exercendo-se a pretensão à tutela jurídica, que o Estado criou. A ação exerce-se, porém, de outros modos. Nem sempre é preciso ir-se contra o Estado para que ele, que prometeu a tutela jurídica, a preste; nem, portanto, estabelecer-se a relação jurídica processual, na qual o juiz haja de entregar, afinal, a prestação jurisdicional. A ação nada tem com a pretensão à tutela jurídica".[10]

A *ação*, como *remédio jurídico*, haverá sempre de fundar-se no direito material em que reside ontologicamente a tutela dos direitos subjetivos violados ou ameaçados. Assim, a todo direito subjetivo haverá de corresponder uma *ação de direito material* que o assegura através da qual o seu titular formulará a sua *pretensão* (direito material), por meio de ação processual, à obtenção da tutela jurisdicional do Estado-juiz (art. 5º, XXXV, da CF).[11]

Para não sermos repetitivos, enviamos o leitor ao item seguinte (n. 2), em que versamos acerca da distinção entre processo e procedimento.

---

ou *reus*, ou também *is qui convenitur* (ou *convenitus est*), donde o termo moderno de réu (cf. *Manuale di diritto privato romano*, n. 7, p. 103). Anotamos que na língua italiana, ainda hoje, se denomina de *convenuto* aquele contra quem se propõe uma ação e que é chamado a juízo para defender-se.

9. Cf. JOEL DIAS FIGUEIRA JÚNIOR, *Lições de teoria geral do processo*, n. 32, p. 103.

Semelhante é o conceito oferecido por COUTURE: "A ação é o poder jurídico que tem todo sujeito de direito de acorrer aos órgãos jurisdicionais para reclamar-lhes a satisfação de uma pretensão" (*Fundamentos del derecho procesal civil*, n. 34, p. 57).

10. *Tratado de direito privado*, vol. 5, § 622, n. 2, p. 478.

Seguindo a doutrina pontiana a respeito da *ação de direito material* no sistema jurídico, v. OVÍDIO A. BAPTISTA DA SILVA, *Curso de processo civil*, vol. 1, p. 93-101, e ARAKEN DE ASSIS, *Cumulação de ações*, p. 71-72.

11. Esse fenômeno é identificado por JAMES GOLDSCHMIDT como *direito processual (judicial) material*, e procura ele demonstrar em seus estudos que o conceito da exigência de proteção jurídica não é de índole processual, ainda que pública. Para ele, *direito processual* ou *judicial* "não é outra coisa senão o direito privado considerado e completado do ponto de vista jurídico-público. Detrás de cada preceito de direito privado se encontra a sua proteção num direito processual material. E por detrás dos direitos subjetivos privados encontram-se as ações correspondentes" (*Principios generales del proceso – Teoría general del proceso*, vol. 1, n. 11, p. 29, 1961).

É de boa técnica não confundir também *processo* com *autos do processo*, apesar de a praxe forense fazer uso corrente das duas expressões como se fossem sinônimas. Nesse particular, não há culpar o Código de Processo Civil por algum deslize, porquanto ele utiliza, praticamente, em todas as suas passagens, as expressões com fidelidade terminológica (*v.g.*, art. 113, § 1º; art. 155, parágrafo único; e art. 595, parágrafo único).

Os *autos do processo* são os *fascículos* que contêm os diversos atos processuais e os respectivos documentos que os instruem. São encadernados e a sua capa representa a primeira folha, sendo a seguinte a peça inaugural (petição, denúncia ou queixa-crime), e assim sucessivamente.

À medida que os atos processuais vão se realizando, formam-se concomitantemente tantos volumes quantos sejam necessários, o que se dá através da juntada de petições, documentos diversos etc., até a conclusão final do processo, que se verifica com a prolação da sentença, do acórdão ou aresto prolatado na instância *ad quem*, na hipótese de interposição de recursos.

2. Processo e procedimento: noções fundamentais

Os institutos jurídicos denominados *processo* e *procedimento* apresentam etimologicamente a mesma origem, qual seja do latim *processu*, que servia no direito romano para indicar a junção das palavras *pro* + *caedere*, significando o conjunto de atos, formas e maneiras que deveriam ser seguidos pelas partes para a obtenção de uma *sententia* ou *decisum*.

A concepção do *processo*, como instituto jurídico, envolve dimensões diversas a serem consideradas em sentido lato, restrito, intrínseco ou extrínseco. No sentido amplo, processo significa um todo, um conjunto complexo de atos, formas, sujeitos, direitos e ônus decorrentes do surgimento da relação jurídico-processual; em senso restrito e intrínseco, significa o instrumento hábil de que dispõe o jurisdicionado para satisfazer suas pretensões (simples, resistida ou insatisfeita), isto é, meio de obtenção da tutela jurisdicional do Estado (instrumento à jurisdição, via de acesso à justiça e à ordem jurídica) à realização do direito material lesado ou ameaçado; finalmente, em senso restrito e extrínseco, o processo é instrumento (via de acesso à justiça e à ordem jurídica) de pacificação social, de conotação sociopolítica, servindo para resolver conflitos de interesses qualificados, insatisfeitos ou simples.

Diversamente, para que as partes obtenham a tutela jurisdicional, é necessário que percorram um "caminho" processual previamente fixado por lei (*interprocedimental*), de acordo com o princípio do *due process of law*. O conjunto de atos formais e sucessivos que se desenvolvem dentro de um processo, rumo à obtenção de uma sentença (em regra, de mérito), chama-se *procedimento*, representando o que podemos chamar de *dinâmica do processo*.

Vê-se, portanto, que *processo* e *procedimento* não se confundem jamais, em que pese a íntima relação que se instaura entre os dois institutos jurídicos. De tal sorte é essa aproximação, que chegam a ponto de um figurar como pressuposto da existência do outro. Significa dizer que não haverá processo sem procedimento previamente estipulado por lei e, muito menos, procedimento judicial sem processo. Por sua vez, para cada espécie de processo haverá um ou diversos tipos de procedimentos a serem observados.

Ora, "se o processo é o instrumento de que se utiliza o Estado para dar a prestação jurisdicional (sentido lato) ou o complexo de atos tendentes à composição da lide (sentido estrito), o procedimento é a marcha dos atos processuais sob o enfoque da forma (escrita ou oral) e do modo (ritos)".[12]

Com a supressão e proibição quase que absoluta da autotutela pelo Estado organizado, essas questões passaram a ser por ele resolvidas, na exata medida em que conferiu aos jurisdicionados o direito subjetivo público abstrato de ação.

Nos dizeres de Andrea Proto Pisani, trata-se de noção comum a de que a jurisdição estatal e o correlato direito ou poder de ação representam a contrapartida da proibição da autotutela privada, não sendo difícil compreender como é necessária a efetividade na prestação da tutela pelo órgão estatal, isto é, "que através do processo o autor que entende ter razão possa obter, o quanto possível, praticamente tudo aquilo que ele tem direito de conseguir em nível substancial".[13] Na verdade, o Estado-juiz figura como uma espécie de substituto imparcial dos litigantes, que realiza função cognitiva ou executiva das pretensões, e, através da força contida no comando da sentença, diz e faz exercer o direito da parte vencedora, satisfazendo-a no plano material.

Seja perante a jurisdição privada ou a pública, os jurisdicionados portadores de conflitos de interesses somente poderão obter uma solução compatível com o Estado Democrático de Direito por intermédio da utilização de um instrumento de realização de suas pretensões, ou seja, o *processo*. Esse instituto jurídico denominado *processo* é nada mais nada menos do que *instrumento à jurisdição estatal ou parestatal*, como reflexo da cultura e sociedade de seu tempo.

---

12. Sálvio de Figueiredo Teixeira, *Código de Processo Civil anotado*, 6. ed., p. 195-196.
13. *La nuova disciplina del processo civile*, p. 294.

Assim também Rogério Lauria Tucci e José Rogério Cruz e Tucci: "Essa 'garantia' de acesso aos juízos e tribunais consiste, por sua vez, num 'direito público subjetivo', universalmente consagrado e decorrente da assunção, pelo Estado, do monopólio da administração da Justiça: é conferida ao membro da comunhão social (inclusive, à evidência, ao próprio Estado), em contrapartida, o direito de invocar a prestação jurisdicional, relativamente a determinado interesse em conflito com o de outrem" (*Constituição de 1988 e processo*, p. 10-11).

Nessa qualidade de *instrumento à realização do direito material*, equipara-se o processo a uma ponte imaginária que serve de ligação para todas as pessoas (naturais ou jurídicas) obterem a realização e satisfação dos seus direitos subjetivos ameaçados ou violados, diante da proibição estatal de utilização da autotutela.[14] Aliás, dispõe o inc. XXXV, art. 5º, da CF que "a lei não excluirá da apreciação do Poder Judiciário lesão ou ameaça a direito" (*princípio da inafastabilidade da jurisdição estatal*), sem prejuízo da utilização da jurisdição privada (arbitral).

Portanto, o processo não é fim em si mesmo – o seu único escopo é a pacificação social através do oferecimento de *instrumentos hábeis* à obtenção da tutela jurisdicional perseguida. Para tanto, reveste-se de princípios norteadores, de caráter informativo e geral, notadamente de origens constitucionais,[15] fundado no macroprincípio denominado *devido processo legal*, donde exsurgem os subprincípios conhecidos como *contraditório*, *ampla defesa*, *revisão das decisões*,

---

14. Algumas exceções a esse princípio aparecem em circunstâncias raras e justificáveis, cujos parâmetros de aplicação estão bem delineados pela norma específica. São as seguintes figuras jurídicas: legítima defesa, exercício regular de um direito reconhecido e estado de necessidade (art. 188, I e II, do CC/2002); desforço incontinenti ou legítima defesa da posse, na hipótese de esbulho (art. 1.210, do CC/2002); poda de raízes e ramos que ultrapassem a estrema dos prédios (art. 1.283, do CC/2002); penhor legal (arts. 1.467 a 1.472, do CC/2002).

15. Lembramos que o *direito processual constitucional* não vem a ser ou a formar um ramo próprio do direito – é uma colocação científica, abrangendo a tutela constitucional dos princípios fundamentais da organização judiciária e do processo, sendo distinto do direito constitucional processual, que cuida das normas de processo contidas na Lei Maior (cf. Ada Grinover, *Os princípios constitucionais e o Código de Processo Civil*, p. 8). Mais amplamente, v. Cândido Dinamarco, Ada Grinover e Araújo Cintra, *Teoria geral do processo*, p. 75-78. Ainda sobre esse tema, de maneira mais específica, v. Mauro Cappelletti, *Processo e ideologie*, e Vittorio Denti, *Processo civile e giustizia sociale*.

    Trata-se, portanto, de interligação metodológica e analítica entre os dois ramos do direito (o processual e o constitucional) para melhor compreensão desse tema, que é de suma importância para a moderna interpretação axiológica do processo, que, através de sua instrumentalidade, busca fixar por intermédio de critérios externos o seu verdadeiro objeto (cf. Joel Dias Figueira Júnior, *Lições de teoria geral do processo*, p. 30).

    "Assim também, e já agora de maneira implícita, ou seja, integradas na formação do sistema em que consubstanciado o ordenamento jurídico brasileiro, outras preceituações igualmente postas com a finalidade de plasmar as variegadas instituições e, correlatamente, estabelecer, completa e cientificamente, a normalidade do direito processual.

    "Tais regras, na essência de direito processual constitucional, firmando direitos subjetivos individuais e coletivos, as correspondentes garantias, são, exatamente, os por nós denominados 'regramentos constitucionais do processo', e podem ser alinhados a partir da concepção de direito processual como 'expressão de conteúdo próprio, em que se traduz a garantia da tutela jurisdicional do Estado através de procedimento demarcado formalmente em lei'" (Rogério Lauria Tucci e José R. Cruz e Tucci, *Constituição de 1988 e processo*, p. 10).

igualdade de tratamento etc. Nos dizeres de Dinamarco, "toda tessitura de princípios e garantias constitucionais do processo (com destaque para o *due process of law*) é predisposta à efetiva fidelidade aos desígnios do direito material".[16]

A contemporânea perspectiva de análise do processo civil distancia-se cada vez mais do chamado *processo civil clássico*, fundado por Chiovenda no início do século XX (teoria sistemática), para afrontar o tema através da relativização do binômio *direito e processo*. Para tanto, é imprescindível que se enfoque o instrumento pelo prisma das tutelas jurisdicionais perseguidas e se tente equacionar o trinômio axiológico *segurança*, *celeridade* e *justiça da decisão*.

Todavia, é justamente nessa difícil equação que reside o verdadeiro *collo di bottiglia* – como diriam os italianos – da processualística atual, notadamente quando analisada pela perspectiva dos *novos direitos* e, consequentemente, das *novas e mais rápidas formas de tutelas diferenciadas*.[17]

Por outro lado, não é de hoje que se ouve falar que o processo civil, notadamente nos sistemas legislativos de origem romano-canônica, está em crise e que existe um descompasso entre o instrumento e a rápida, segura e cabal prestação da tutela por parte do Estado-juiz.[18] Temos de reconhecer que, em nosso País, o modelo tal como se encontra ainda formulado no Código – sobretudo antes das últimas alterações introduzidas pelo "movimento reformista" iniciado na década de 90 – não atende satisfatoriamente às necessidades dos usuários e dos aplicadores do sistema nomoempírico prescritivo, como também não satisfaz a demanda de justiça dos cidadãos (consumidores do direito).

Sem dúvida, "há no Direito brasileiro dois vícios graves pedindo, já faz tempo, remédio urgente. Nossas regras de processo, antes de tudo, parecem não querer que o processo termine. Os recursos possíveis são muitos (creio não haver fora do Brasil trama recursiva tão grande e complicada), e pouca gente hoje crê que isso ajude mesmo a apurar melhor a verdade para melhor fazer justiça. (...) De outro lado, as regras de direito material que o legislador edita com fartura têm sido a matriz de processos em larga escala, sobretudo quando é o governo que legisla, sem o pressuposto do debate parlamentar".[19]

---

16. *A instrumentalidade do processo*, p. 455.

17. Acerca do tema, v. Andrea Proto Pisani, "Sulla tutela giurisdizionale differenziata", *Rivista di Diritto Processuale Civile*, vol. 34/536-591.

18. V. o interessante estudo da lavra de Ovídio Baptista da Silva, intitulado "Processo e ideologia", *Revista Genesis de Direito Processual Civil*, vol. 28/347-361.

19. Francisco Rezek, "O direito que atormenta", *Folha de S. Paulo*, 15.11.1998.

E arremata o juiz da Corte Internacional de Justiça, em Haia: "A situação que vivemos é patológica, e é puro cinismo pretender vendê-la ao público como normal, saudável, quem sabe como prova de vitalidade da democracia pluralista" (*idem, ibidem*).

Não foi por menos que já se disse que essa incômoda situação, sobretudo a dos juízes, e a insatisfação dos jurisdicionados, ofende gravemente a proteção estatal de natureza cível, com referência à norma ou ao modo pelo qual a tutela jurisdicional é assegurada, isto é, ao funcionamento do processo. Na verdade, "o problema da justiça civil e da sua crise envolve a justiça das normas e a justiça do processo".[20]

Em outras palavras, o processo não mais pode ser visto introspectivamente, mas sim pelo ângulo do *direito material*, a fim de estabelecer-se uma dialética ancorada em *efetividade, satisfatividade e instrumentalidade*, sem qualquer receio de se colocar em xeque a autonomia da ciência processual, seus elementos basilares e princípios norteadores.

Importa dizer que para os jurisdicionados não é suficiente a previsão constitucional de acesso à justiça – imprescindível se torna que esse ingresso seja concomitante à *ordem jurídica justa*, porquanto não basta conceder ao jurisdicionado o pleno acesso aos tribunais, sem a existência de condições mínimas satisfatórias à obtenção da justa composição do litígio levado para apreciação do Estado-juiz.

"Uma empreitada assim ambiciosa requer, antes de mais nada, uma nova *postura mental*. Deve-se pensar na ordem jurídica e nas respectivas instituições, pela *perspectiva do consumidor*, ou seja, do destinatário das normas jurídicas, que é o povo, de sorte que o problema do acesso à Justiça traz à tona não apenas um *programa de reforma*, como também um *método de pensamento*, como com acerto, acentua Mauro Cappelletti".[21]

Analisando a questão da *dimensão social do processo*, escreve Cappelletti: "Por isso, na concepção revolucionária do acesso à Justiça, a atenção do processualista se amplia para uma *visão tridimensional do direito*. Sob esta nova perspectiva, o direito não é encarado apenas do ponto de vista dos seus produtores e do seu produto (as normas gerais e especiais), mas é encarado, principalmente, pelo ângulo dos *consumidores* do direito e da Justiça, enfim, sob o ponto de vista dos usuários dos serviços processuais.

---

20. Carmine Punzi, "La giustizia civile: giustizia delle norme e giustizia del processo", *Rivista di Diritto Processuale*, vol. 39/47, 1974. Assinala ainda o professor da Universidade de Palermo que "justiça do processo significa, antes de mais nada, assegurar a todos os sujeitos a possibilidade de recorrerem à tutela jurisdicional e de exercitarem de modo livre e completo o direito de defesa, diante de um juiz natural, independente e imparcial. Isto comporta um tríplice empenho, de valor constitucional: a) garantir a independência e autonomia da magistratura; b) assegurar a todos os cidadãos o exercício da ação civil, removendo eventuais obstáculos de caráter econômico, que limitem ou impeçam o livre exercício desta ação; c) garantir o direito de defesa e, assim, o exercício mais pleno do contraditório" (idem, p. 66).

21. Kazuo Watanabe, "Acesso à justiça e sociedade moderna", *Participação e processo* (coletânea), p. 128.

"Segundo esta visão tridimensional, o jurista é instado a um exame quanto: a) à *necessidade* ou ao *problema social* que reclama por uma resposta no plano jurídico; b) à avaliação de tal resposta que, embora deva assumir, ordinariamente, natureza normativa, impele o jurista a realizar um exame sobre a aptidão das instituições e dos procedimentos responsáveis pela atuação daquela *resposta normativa*; c) ao *impacto* que a resposta jurídica ocasionará sobre a necessidade ou sobre o problema social – ocasião em que estar-se-á examinando a *eficácia* de tal resposta.

"É desta forma que o direito em geral (e o direito processual em particular) deve ser examinado: levando-se em conta a perspectiva dos *usuários* e não apenas a perspectiva dos *produtores* do direito."[22]

Não é por menos que, na atual fase (terceira) do movimento teórico e reformador do acesso à justiça, aparecem os métodos alternativos de solução de conflitos para ampliar o espectro do acesso à justiça e a composição das lides de forma menos conflituosa e gravosa para as partes. Assim, lembramos não só a edição do atual sistema arbitral brasileiro, por intermédio da Lei 9.307/1996, como também a prestigiosa inclusão no processo civil tradicional, nas reformas verificadas, das técnicas de autocomposição, revigorando-se o instituto da conciliação através da Lei 8.952/1994, que introduziu o inc. IV no art. 125 do CPC, autorizando o juiz, a qualquer tempo, a tentar conciliar as partes, além da criação de um momento processual específico destinado, entre outros objetivos, à tentativa de conciliação (audiência preliminar) nas causas que versarem sobre direitos que admitem transação (art. 331), e do art. 277, por intermédio da Lei 9.245/1995.

Assinala-se, ainda, o sucesso dos Juizados de Pequenas Causas (Lei 7.244/1984), que acarretou o encorajamento do legislador constitucional e infraconstitucional à criação, com sucesso, dos Juizados Especiais Cíveis estaduais (Lei 9.099/1995),[23] federais (Lei 10.259/2001) e da Fazenda Publica (Lei 12.153/2009).[24]

Ora, se o *processo civil* tem por escopo viabilizar ao jurisdicionado a obtenção da realização do direito material e, por conseguinte, a satisfação de suas pretensões, a aptidão desse instrumento requer a harmonização equacionada dos três valores acima referidos: *segurança* (devido processo legal), *tempo* (rapidez e efetividade) e *justiça da decisão* (relação entre o pedido e o pronunciado com fundamento no direito positivo vigente com interpretação teleológica e não de mera subsunção).

---

22. *Problemas de reforma do processo civil nas sociedades contemporâneas*, p. 15-16 (Coletânea O processo civil contemporâneo).
23. O art. 97 da Lei. 9.099/1995 revogou a Lei 7.244/1984.
24. Sobre o tema, v. Joel Dias Figueira Júnior, *Juizados especiais estaduais cíveis e criminais*, *Manual dos juizados especiais cíveis estaduais e federais* e *Juizados especiais federais cíveis e criminais* e, ainda, *Juizados especiais da Fazenda Publica*.

Vê-se, pois, que o *tempo* é um dos grandes adversários do tão almejado ideal de *efetividade do processo* (v. n. 3, *infra*). Contudo, não há que se permitir que ele sirva de empeço à realização do direito material, porquanto a adequada tutela jurisdicional depende de um *processo de resultados* que apenas se atinge quando se afigura suficientemente rápido a proporcionar a satisfação do jurisdicionado litigante.

É nesses termos, e fulcrado em Proto Pisani e Nicolò Trocker, que Luiz Guilherme Marinoni reforça o nosso entendimento: "O princípio da inafastabilidade não garante apenas uma resposta jurisdicional, mas a tutela que seja capaz de realizar, efetivamente, o direito afirmado pelo autor, pois o processo, por constituir a contrapartida que o Estado oferece ao cidadão diante da proibição da autotutela, deve chegar a resultados equivalentes aos que seriam obtidos se espontaneamente observados os preceitos legais. Dessa forma, o direito à adequada tutela jurisdicional garantido pelo princípio da inafastabilidade é o direito à tutela adequada à realidade de direito material e à realidade social".[25]

Assinala, também, Donaldo Armelin: "(...) é no tempo que se mede a eficácia da tutela jurisdicional satisfativa, vista pela ótica de sua própria atuação. Mais ainda, se o tempo é a dimensão fundamental da vida humana, no processo desempenha ele idêntico papel. Não somente porque, como diz Carnelutti, processo é vida, mas também porquanto, tendendo o processo a atingir seu fim moral com a máxima presteza, a demora na sua conclusão é sempre detrimental, máxime quando se cuida de evitar os empeços à sua própria eficácia na atuação do direito objetivo".[26]

Diante desse contexto, verifica-se a indelével necessidade de afirmação de um *novo processo* que sirva como verdadeiro instrumento de realização do direito material (e não mais um obstáculo), com aptidão para responder às necessidades contemporâneas, cuja civilização habituou-se, cotidianamente, a obter resultados com a rapidez de um *chip* de computador. O futuro sonhado tornou-se o dia de hoje: os anseios dos jurisdicionados, em sede processual, precisam ser correspondidos.

Portanto, faz-se mister e urgente que ocorra uma profunda *reforma endoprocessual*, voltada aos fins sociojurídicos do processo, ao acesso aos tribunais e à ordem jurídica justa, ou seja, para que tenhamos um verdadeiro instrumento de resultados materiais.

Além disso, para que o processo sirva como instrumento de realização do direito material ameaçado ou violado dos jurisdicionados que buscam a satisfatividade em suas pretensões através da atuação do Estado-juiz, necessita ele, por

25. "Efetividade do processo e tutela antecipatória", *RT* 706/56, n. 3; e *O processo civil contemporâneo* (coletânea de estudos apresentados no Congresso Brasileiro de Direito Processual Civil – Curitiba), n. 3, p. 116-11.

26. "A tutela jurisdicional cautelar", *Revista da Procuradoria do Estado de São Paulo*, vol. 23/115.

sua vez, estar revestido de mecanismos e técnicas diferenciadas que sejam hábeis à consecução deste escopo, que tem natureza pública.

A instrumentalização do processo, portanto, verifica-se de maneira prática (concreta), por intermédio dos procedimentos que nada mais são do que etapas previamente definidas em determinado sistema jurídico,[27] a serem paulatinamente cumpridas de maneira ritualista até o atingimento do seu término, que culmina com a manifestação definitiva do juiz, em decisão que aprecia o objeto da lide, ou, simplesmente, extingue a relação jurídico-processual, sem conhecimento do mérito.

Em outras palavras, o procedimento nada mais é do que o rito imprimido ou a forma de desenvolvimento dos atos processuais em fases específicas, desde o início (propositura da ação) até a conclusão do feito (sentença), distribuindo-se entre as partes, igualmente, durante todo o interprocedimental, direitos e ônus decorrentes da relação formada.

O procedimento, como instituto de direito processual, tem natureza pública, na medida em que se afigura, por definição e regramento legal, de interesse geral dos jurisdicionados (destinatários ou consumidores da norma), norteando-se por princípios de origem constitucional aptos a viabilizar os escopos jurídicos do próprio instrumento. Por esses motivos, as partes litigantes não podem criar ou alterar os procedimentos previamente estabelecidos por lei,[28] bem como o juiz assim também não poderá proceder. A importância e a observância da forma em sede processual residem no asseguramento às partes litigantes das garantias do *due process of law.*

Ocorrendo algum erro de forma do processo, essa circunstância acarretará unicamente a anulação dos atos que não possam ser aproveitados, devendo ser praticados os que forem necessários, observando-se, quanto possível, as prescrições legais. Todavia, dar-se-á o aproveitamento dos atos praticados, desde que não resulte prejuízo aos litigantes (art. 250, do CPC).

Por outro lado, quando a lei prescrever determinada forma, sob pena de nulidade, a decretação desta não pode ser requerida pela parte que lhe deu causa (art. 243, do CPC). Inexistindo cominação de nulidade, nada obstante a lei pres-

---

27. Lembramos que o Código de Processo Civil figura como macrossistema (geral, básico ou modelo), sendo que os outros microssistemas extravagantes (específicos) gravitam ao seu redor com independência, nada obstante a sua aplicação subsidiária.

28. O inverso ocorre na jurisdição privada, em que no juízo arbitral as partes e/ou árbitros podem definir ou criar o procedimento que lhes parecer mais adequado à hipótese vertente, desde que respeitados os princípios fundamentais do devido processo legal e as regras gerais estabelecidas na Lei 9.307/1996, arts. 19 a 22. Para aprofundamento sobre o tema, v. a nossa obra intitulada *Arbitragem, jurisdição e execução*, 2. ed., especificamente o Capítulo V, item 35, onde tratamos do procedimento arbitral e suas fases.

crever determinada forma, o juiz considerará válido o ato se, realizado de outro modo, alcançar-lhe a finalidade – princípio da *causa finalis* (art. 244, do CPC).

Em termos de competência legislativa sobre procedimentos em matéria processual, compete à União, aos Estados e ao Distrito Federal legiferarem concorrentemente, segundo se infere do art. 24, XI, da CF, enquanto compete somente à União legislar sobre processo.

3. Processo de conhecimento

O chamado *processo de conhecimento*, cujas raízes remontam ao direito romano, é o instrumento oferecido ao jurisdicionado, detentor de pretensão resistida, para demonstrar ao Estado-juiz a existência de um direito subjetivo violado ou ameaçado a fim de que, acertada a veracidade de suas alegações, obtenha o seu reconhecimento através da prolação de uma sentença de mérito e, por conseguinte, a satisfação no plano material perseguida.

Portanto, tratando-se de processo verificativo (de mero acertamento), que trabalha em sua primeira fase (cognitiva) no plano jurídico-normativo (não atua diretamente em nível fatual), o seu *escopo* primeiro não é outro senão viabilizar ao interessado titular de uma pretensão (sempre fundada em direito material) um mecanismo de produção e obtenção de um *título* que seja hábil para ensejar a sua execução e, finalmente, realizar a tão almejada satisfação.

Em outras palavras, percebe-se sem maiores dificuldades que o objetivo do processo de conhecimento é servir de instrumento ao jurisdicionado para demonstrar ao juiz a *existência* do direito alegado (simples pretensão, até então) e a necessidade de obtenção de uma tutela jurisdicional capaz de resultar em sua satisfatividade que, por vedação legal, não pode ser obtida através da autotutela. Para tanto, busca uma *sentença* que aprecie o mérito da causa (= lide = matéria de fundo = parcela do conflito sociológico *sub judice*) e que produza no mundo jurídico *certeza*, *liquidez* e *exigibilidade*, ou seja, um *título executivo judicial* para, finalmente, ver a consecução de sua satisfação.

Como dissemos há pouco, a atuação do processo de conhecimento clássico (já ultrapassado em nosso sistema normativo pelas reformas instituídas no CPC desde a década de 90) não ultrapassava o plano jurídico-normativo – significa dizer que o processo de conhecimento tradicional, tal como foi concebido, não atuava no mundo empírico, ou seja, não era instrumento apto a alterar o plano dos fatos, na medida em que relegava para um processo sucessivo, denominado de *execução* (de título judicial), a fase procedimental eminentemente satisfativa, caso o vencido não cumprisse espontaneamente a sentença contra si proferida, porquanto até então inadmissível a antecipação dos efeitos da tutela (*nulla executio sine titulo*) em face da presente dicotomia entre cognição e execução.

Esse mesmo processo de conhecimento funda-se na *ordinariedade* (não muito distinta do secular *ordo judiciorum privatorum*),[29] que, por sua vez, admite como regra a cognição plenária e exauriente, tudo em nome e em prol das místicas *certeza* e busca da *verdade*.

De outra parte, a *ordinariedade* como *procedimento-modelo* do processo de conhecimento é ontologicamente avessa à subversão da ordem processual.[30] Equivale dizer que a procedimentalidade ordenada há de ser obedecida de tal maneira que somente ao final, após amplos debates e cognição plena e exauriente, admitir-se-á a prolação de uma *sentença de mérito*, donde decorre a difícil compatibilidade entre o instituto da tutela antecipatória e o processo de conhecimento buzaidiano descrito no Código de 1973, que reflete um instrumental arcaico e um pensamento liberal iluminista ultrapassado.

Tanto é que se firmou entendimento no sentido de que a característica da ordinariedade residia na impossibilidade de, no bojo do processo de conhecimento e antes de se operar a coisa julgada, realizar-se qualquer limitação ao livre exercício dos direitos do réu, fosse quanto aos seus bens, ou quanto ao seu estado. A esse respeito, assinalava Eliézer Rosa que era característica da "(...) ação ordinária, processo ordinário ou procedimento ordinário, o não poder normalmente o réu sofrer limitação na disponibilidade de seus bens, ou restrição à sua capacidade civil senão após a formação da coisa julgada".[31]

---

29. Ressalta-se que no processo romano o chamado procedimento por fórmulas (ou formulário) era também designado com o nome de procedimento ordinário, porque o magistrado não julgava por si mesmo, mas apenas em casos excepcionais, limitando-se desde o início a organizar a segunda fase processual que deveria realizar-se perante o juiz – *ordinat judicium*. "Os processos, pois, eram julgados *secundum ordinem judiciorum*, e quando, por exceção, o magistrado decidia ele mesmo o conflito, dizia-se que decretava *extra ordinem*" (Eugène Petit, *Tratado elemental de derecho romano*, n. 728, p. 610).

30. Era certo para processualistas renomados do passado, do quilate de, por exemplo, João Monteiro, Pereira e Souza, Aureliano de Gusmão e José Alberto dos Reis, que processo ordinário era aquele que observava a ordem e fórmulas solenes do juízo definidas na lei e em que se procedia a conhecimento com amplitude.

31. *Dicionário de processo civil*, p. 39-40.

A excepcionalidade à regra só era admitida pelo sistema normativo e pela doutrina da época quando ocorressem na pendência de "ação ordinária", ou mesmo antes dela, medidas preventivas ou preparatórias para acautelar os direitos das partes (*idem*, p. 40).

No mesmo sentido a observação feita por Ovídio A. Baptista da Silva: "(...) o procedimento só é ordinário porque – ao seguir-se a ordem natural dos juízos (*ordo judiciorum privatorum*) – riscam-se dele todas as decisões liminares, por meio das quais poderia o magistrado eventualmente dar disciplina provisória aos fatos da lide, ou mesmo antecipar-lhe, como acontece, por exemplo, com as liminares dos processos interditais, o resultado final da provável sentença de procedência. A inserção de uma decisão liminar transformaria, por si só, o procedimento ordinário em especial" (*Curso...*, 4. ed., vol. 1, n. 5.3, p. 121).

Tecendo severas críticas ao modelo da ordinariedade, escreve com muita agudeza Ovídio A. Baptista da Silva: "Se o *procedimento ordinário* oferecia reconhecidas vantagens sobre os *processos sumários*, na medida em que aquele normalmente poderia conter uma *demanda plenária*, capaz de trazer para o processo todo o conflito de interesses qualificador da lide, as necessidades e contingências atuais de nossa realidade têm mostrado, muito mais do que suas possíveis vantagens, as enormes e insuportáveis desvantagens desse tipo procedimental, exacerbadamente moroso e complicado, a ponto de tornar-se inadequado ao nosso tempo e às novas exigências decorrentes de uma sociedade urbana de massa".

E prossegue o mestre gaúcho: "É por este ângulo, precisamente, que os defeitos e inconveniências do *procedimento ordinário* mais se destacam, porque, além de sua natural morosidade – que o transforma em instrumento processual de índole conservadora, enquanto preserva às vezes por longos e longos anos o *status quo* anterior à propositura da demanda –, funda-se ele igualmente num outro princípio herdado do liberalismo do século XIX, qual seja a existência de um magistrado destituído de quaisquer poderes para intervir no *objeto litigioso*, dando-lhe, através de decisões liminares, alguma forma de disciplina provisória enquanto a demanda se processa".[32]

---

32. *Curso*..., 4. ed., vol. 1, n. 5.3, p. 120.

Ovídio lembra ainda que François Geny, em uma de suas obras capitais, de marcante influência na doutrina do direito contemporâneo (*Science et technique en droit privé positif*, III, 274), já denunciava a natureza conservadora de certas técnicas processuais que privilegiam a posição processual de quem se defende, preservando o *status quo* (*idem*, n. 5.3, p. 121).

Criticando a ordinariedade tal como posta pelo sistema e praticamente como a única via de solução de conflitos, o festejado mestre fez questão de ser incisivo ao frisar, dentre outras reflexões: "Esta premissa, que serve de verdadeiro alicerce para a doutrina contemporânea, como mostramos anteriormente (*Ajuris*, 51, ns. 7 e 8) [a premissa referida é a de que "só haverá verdadeira jurisdição, quando houver 'definição' do direito, proclamada em sentença"] é o fundamento de que se nutre a 'ordinariedade'. Com efeito, se 'prestar jurisdição' é 'definir o direito', então as liminares – enquanto atos judiciais que mais ordenam do que julgam – deixam de corresponder à jurisdição verdadeira, para tornarem-se providências administrativas, como ressaltou o acórdão. Isso confirma o pressuposto da ordinariedade que, como admitiu o próprio acórdão, acaba cedendo às pressões exercidas pela sociedade contemporânea (consta do acórdão esta passagem: 'Hoje, na sociedade contemporânea, as coisas só têm sentido se prontamente atendidas'). Eis aí, descritas com a maior transparência, a ideologia que mantém a doutrina ainda prisioneira a pressupostos que as transformações da sociedade moderna tornaram anacrônicos, e seu brutal descompasso ante as necessidades e expectativas geradas pela sociedade contemporânea" (*Curso*..., 2. ed., vol. 3, n. 4.1, p. 79-80).

Sobre o tema, v. também o artigo de Ovídio, intitulado "Processo de conhecimento e procedimentos especiais", *Ajuris*, vol. 57/5-17.

4. Diversificação procedimental e seus escopos

A diversificação de ritos é uma obviedade lógica que merece ser repetida de quando em vez em face de sua importância, sobretudo no tocante a modalidade "adequação", pois a sintonia (ou dissintonia) do instrumento processual ao tipo de lesão ou ameaça ao direito subjetivo tutelado em juízo haverá de refletir na rapidez e efetivação do processo e, por conseguinte, na satisfatividade perseguida pelo jurisdicionado com a demanda por ele ajuizada.

Nos dizeres de Andrea Proto Pisani que, pela primeira vez, em 1973,[33] utilizou a expressão *tutela giurisdizionale differenziata* ("tutela jurisdicional diferenciada") significa, literalmente, o que obviamente ninguém nunca duvidou, ou seja, a cada necessidade diversa de proteção, haverão de corresponder formas diversas de tutela, premissa sobre a qual todos os sistemas processuais foram construídos, distinguindo-se, assim, por exemplo, no âmbito das demandas de cognição, as ações (sentenças) de condenação das ações (sentenças) constitutivas etc. E mais: Pisani distingue com muita propriedade a chamada *tutela jurisdicional diferenciada* assim entendida como a predisposição de vários procedimentos de cognição plena e exauriente, cada um modelado em particularidades das individuais categorias de situações substanciais controvertidas; outra coisa, arremata o Mestre é a *tutela jurisdicional diferenciada* entendida como a predisposição de formas típicas de tutela *sumaria* (cautelar ou sumária *tout court*).[34]

Portanto, segundo Pisani duas possibilidades existem para o desenvolvimento de estudo acerca das tutelas jurisdicionais diferenciadas: a *primeira* – que será por nós adotada neste ponto de estudo – atinente a verificação da legitimidade constitucional e, sobretudo, da oportunidade de previsão (de *iure condito* e de *iure condendo*) de ritos diversificados em processo de cognição plena e exauriente em face às particularidades de singulares situações substanciais, e de procedimentos sumários mais ou menos típicos modelados sob exigências específicas de tutelas de direitos novos ou velhos; a *segunda* – que não abordaremos neste estudo – afeiçoa-se ao exame dos problemas técnicos decorrentes do concurso de diversos procedimentos em processo de cognição plena e exauriente, no mesmo momento, com procedimentos sumários típicos suscetíveis a oferecer utilidade prática equivalente (ou idênticas) àquela que se poderia obter através da utilização ou da conclusão de um processo de cognição plena e exauriente.[35]

---

33. *Foro italiano,* 1973, vol. V, p. 205 e ss. "Tutela giurisdizionale differenziata e nuovo processo del lavoro.
34. *Le tutele giurisdizionali dei diritti,* p. 232-233.
35. Idem, p. 234.

Portanto, neste ponto trataremos de demonstrar os tipos, escopos e razões alusivas às diversificações procedimentais, de maneira a poder se individualizar as formas instrumentais idôneas a garantir a tutela jurisdicional efetiva e vantajosa em face da situação de direito material objeto de ameaça ou violação (direito subjetivo violado ou ameaçado).

Nessa linha, convém primeiramente lembrar que o *sistema normativo instrumental* é formado por um complexo conjunto de normas que se destinam a oferecer mecanismos diferenciados que viabilizem a realização do direito material perseguido em juízo (pretensão).

Essa "diferenciação" das formas resulta, como dissemos há pouco, da lógica relação de pertinência que deve existir entre o direito material (violado e ameaçado que enseja a pretensão deduzida em juízo) e a adequada instrumentalização das formas à obtenção de sua satisfação; em outros termos, o processo e o respectivo rito haverão de estar em perfeita sintonia com a relação de direito material sob a qual se funda a pretensão, a fim de que o jurisdicionado obtenha através da demanda, utilizando-se dos instrumentos que o sistema lhe oferece, todas as garantias e vantagens do *justo processo legal* à sua satisfação (realização do direito).

Comecemos pela classificação dos procedimentos de acordo com as suas respectivas naturezas. É assente que o Código de Processo Civil figura como macrossistema no contexto legislativo da instrumentalidade das formas, servindo de paradigma e subsidiariamente como norma orientadora dos demais microssistemas, em pontos que não forem incompatíveis entre si.

O citado Diploma contém em seu bojo procedimentos que se desenvolvem em processos denominados de *jurisdição contenciosa* (verdadeira jurisdição) e naqueles chamados de *jurisdição graciosa, voluntária ou administrativa* (falsa jurisdição).

Para os processos que se destinam à consecução de pretensões de direito material voltados à solução de conflitos de interesses qualificadamente resistidos encontraremos o procedimento comum e os procedimentos ditos "especiais".

Denomina-se "comum" o procedimento tipificado que permite o maior enquadramento de tutelas jurisdicionais (ação de direito material).

Tem-se, então, o gênero, que é o *procedimento comum*, que, por sua vez, subdivide-se em duas espécies: *procedimento ordinário* e *sumário*. O último é justamente o objeto principal deste nosso estudo, incorporado ao Código através da Lei 9.245/1995, que alterou as disposições do antigo rito *sumaríssimo*. Para a instrumentalização do rito sumário, utilizou-se o legislador dos critérios do valor da causa e da matéria a ser objeto da lide, de maneira a simplificá-lo e, em tese, torná-lo mais rápido, diante da redução de prazos e da ênfase atribuída ao princípio da oralidade.

Por sua vez, o *procedimento ordinário* não se reveste das mesmas características; pelo contrário, a oralidade, como princípio norteador, aparece bem mais atenuada (aumenta de intensidade nas fases conciliatórias e instrutórias – audiências preliminar e de instrução e julgamento (arts. 331, 447 e 450 a 457, todos do CPC), seus prazos são mais longos, as fases procedimentais são mais complexas e diversificadas, tudo em razão da natureza da demanda e da causa de pedir (fatos e fundamentos jurídicos), que exigem um contraditório mais amplo, possibilitando às partes a produção de provas mais complexas destinadas à demonstração cabal de seus articulados (arts. 282 a 457, do CPC).

Para os processos que têm por objeto a solução de conflitos de interesses qualificados por pretensão insatisfeita, o procedimento cabível é o *execucional* ou *executivo* (arts. 566 a 795, do CPC), enquanto que para os processos que têm por objeto acautelar uma situação fatual ou jurídica, o sistema oferece o *procedimento cautelar,* o qual, dependendo do tipo de medida pretendida, poderá ser *genérico* ou *específico* (arts. 796 a 889, CPC).

O Código de Processo Civil prevê ainda os *procedimentos especiais*, que são uma variante do procedimento comum. Considerando a matéria objeto do processo de conhecimento, o legislador procurou atribuir peculiaridades procedimentais diferenciadas para oferecer aos litigantes uma maneira melhor, mais ágil e compatível com a hipótese vertente, de desenvolvimento dos atos processuais (arts. 890 a 1.102-C, do CPC).

Finalmente, existem os *procedimentos especiais* que se aplicam aos processos nos quais a atividade do magistrado não é efetivamente jurisdicional. Nesse modelo de rito, o desenvolvimento dos atos processuais é também particularizado, revestido de formas próprias que os distinguem claramente dos demais tipos (arts. 1.103 a 1.210, do CPC).

Na legislação extravagante, isto é, aquela não pertencente ao Código de Processo Civil, encontramos inúmeros procedimentos diferenciados, tais como: os poucos ainda regulados pelo Código de 1939 (art. 1.218, do CPC); a recuperação de empresas e falência (Lei 11.101/2005); as execuções fiscais (Lei 6.830/1980); o mandado de segurança (Lei 12.016/2009); a ação popular (Lei 4.717/65); a ação civil pública (Lei 7.347/1985); o Código de Defesa do Consumidor (Lei 8.078/1990); demandas que tramitam perante os Juizados Especiais Cíveis e Criminais Estaduais (Lei 9.099/1995),[36] Federais (Lei 10.259/2001) e da Fazenda Pública (Lei 12.153/2009),[37] dentre outras.

---

36. Salientamos para a Lei dos Juizados Especiais, microssistema introduzido no sistema processual civil e penal, que apresenta enorme importância não só de natureza jurídica, mas sobretudo social e política. Ademais, nessa Lei, reside o *procedimento sumaríssimo*, de origem constitucional (art. 98, I, da CF) e intimamente ligado ao atual rito sumário, como veremos no desenrolar deste trabalho.

Para aprofundamento sobre a Lei dos Juizados Especiais, v. Joel Dias Figueira Júnior e Fernando da Costa Tourinho Neto (*Comentários à Lei dos Juizados Especiais Estaduais Cíveis e Criminais*, 7. ed.).

37. Para aprofundamento sobre os *Juizados Especiais da Fazenda Pública - Comentários à Lei 12.153, de 22.12.2009*, v. Joel Dias Figueira Júnior.

Necessário mencionar que em todos os tempos, inclusive nas diversas fases evolutivas do direito romano (v. Cap. I, item 1), nunca se deixou de considerar certas relações substanciais que se revestem de algumas peculiaridades no mundo fático e jurídico, exigindo procedimentalização especial, isto é, *diferenciada* da regra geral da ordinariedade.

Diz muito bem Ovídio A. Baptista da Silva que nos tempos atuais, "(...) a maior novidade científica, no campo do processo civil, passou a ser, justamente, a busca de formas especiais de tutela jurisdicional indicadas pelos processualistas como espécies de *tutela diferenciada*, que outra coisa não é senão a redescoberta tardia de que a todo o direito corresponde, ou deve corresponder, uma *ação* (adequada) que efetivamente o 'assegure', proclamando-se, mais uma vez, a função eminentemente 'instrumental' do processo".[38]

Assim, o Código passou a regular separadamente vários tipos de processo cognitivo, merecedores cada um deles de um rito especializado, inclusive, em alguns casos, diante da necessidade caracterizada por circunstâncias diversas, admitindo a *tutela sumária antecipatória,* com carga de satisfatividade no plano fatual, ou seja, *antecipação do objeto imediato da demanda* (o *petitum*), no próprio processo principal, em que por exemplo, se enquadram as ações possessórias de força nova.

No processo individualista ou tradicional, a novidade em termos de liminar antecipatória repousa na inclusão da possibilidade jurídica de antecipação da tutela perseguida, total ou parcial, ou da garantia da futura execução, no bojo do próprio processo cognitivo (de rito ordinário ou sumário, cf. art. 272 do CPC), nos termos do que preceitua o art. 273, bem como a tutela específica prevista para as ações que tenham por objeto o cumprimento de obrigação de fazer ou não fazer, segundo o art. 461, e de entregar coisa, conforme art. 461-A.

Trata-se de uma tentativa de minimização dos efeitos daquilo que podemos chamar de *collo di bottiglia*, representado pelo anacronismo em que se encontra mergulhado o nosso Poder Judiciário,[39] em todos os foros e instâncias, combinado com o fantasma mitológico da ordinariedade e os reflexos negativos por ele originados.[40]

Escreve Donaldo Armelin que, na busca da efetividade do processo através de remédios jurídicos mais apropriados e de medidas que atenuem o indesejável fenômeno do retardamento da prestação jurisdicional do Estado, tem vindo à baila

38. *Curso...*, vol. 1, p. 98.

39. Sobre "a trama recursal no processo civil brasileiro e a crise da jurisdição estatal" v. artigo assim intitulado de Joel Dias Figueira Júnior (*RePro*, vol. 188/265-276, 2010.

40. A esse respeito, v. a nossa obra intitulada *Liminares nas ações possessórias*, na qual, no item 3.2, analisamos com mais profundidade a questão das *tutelas de urgência e sua função social* e, no item 6, a *tipologia das tutelas de urgência*.

também a temática das *tutelas diferenciadas*. "Realmente, presentes diferenciados objetivos a serem alcançados por uma prestação jurisdicional efetiva, não há por que se manter um tipo unitário desta ou dos instrumentos indispensáveis à sua corporificação. A vinculação do tipo de prestação à sua finalidade específica espelha a atendibilidade desta; a adequação do instrumento ao seu escopo potencia o seu tônus de efetividade".[41] Mas no que consistiria essa *proteção diferenciada* e qual o critério a ser tomado para considerá-la como tal? A esse respeito, aduz o festejado Professor paulista: "A diversidade há de ser buscada em outro plano, ou seja, na qualidade que se empresta a esses efeitos. Mais especificamente na projeção, durabilidade ou perenidade destes no tempo, afetando a temporalidade da atuação jurisdicional ou a permanência e atuação destes no espaço jurídico, com a sua imunização frente a prestações idênticas, geradas em instrumento processual decorrente de ação também idêntica."

E salienta ainda: "Mais do que outras técnicas de diferenciação de tutela, a antecipação de seus efeitos é talvez a que melhor se harmoniza com o atual sistema processual, na medida em que pode ser adotada sem maiores transformações na sua estrutura."[42]

---

41. *O processo civil contemporâneo* (coletânea). *Tutela jurisdicional diferenciada*, p. 103.

Explica o culto Professor paulista que não se pode tomar como critério a tutela em si mesma, ou seja, o objeto da pretensão articulada pelo autor da demanda, porque não significaria uma nova forma diversificada de proteção, cingindo-se a possíveis formas e efeitos de tipos já existentes. Rechaça também o seu enquadramento pelo prisma de sua cronologia no *iter* procedimental em que se insere, bem assim como a antecipação de seus efeitos. Também não se estaria engendrando um tipo novo, se considerássemos o ato ou atos jurisdicionais mediante os quais se atende a pretensão da parte, porquanto declaração, constituição, condenação, comandos judiciais e atos de satisfação ou asseguramento são resultados da prestação jurisdicional, que não comportam, em regra, considerando-se sua abrangência, efeitos parelhos diferenciados (p. 105).

Ressalta também que somente a tutela prestada em processo de conhecimento propicia uma imutabilidade pan-processual, capaz de permitir uma degradação na sua eficácia, considerando-se as necessidades de flexibilização da prestação jurisdicional (p. 106).

Para aprofundamento a respeito do tema *tutela diferenciada*, v. também: Luiz Marinoni, *Tutela cautelar e tutela antecipatória*, p. 106-107; Joel Dias Figueira Júnior, *Jur. Cat.* vol. 74/35, *Jur. Bras.*, vol. 176/81, *Revista Ajuris* vol. 65/74, *Reflexões em torno da tutela antecipatória genérica diferenciada satisfativa. A questão de sua aplicabilidade aos procedimentos especiais*; Carlos S. Noronha, *Processo civil* (coletânea). *Apontamentos históricos da tutela diferenciada*, p. 57-75; C. Vocino, Intorno al nuovo verbo 'tutela giurisdizionale differenziata'. *Studi in onore di T. Carnacini*, vol. 1, p. 763 e ss.; Proto Pisani, *Riv. Dir. Proc.*, vol. 34, *Sulla tutela giurisdizionale differenziata*, p. 536-537; Federico Carpi, *Riv. trim. di dir. e proc. civ.*, 1980, *'Flashes' sulla tutela giurisdizionale differenziata*.

42. *O processo civil contemporâneo* (coletânea). *Tutela jurisdicional diferenciada*, p. 105-106 e p. 112, respectivamente.

Portanto, tutelas jurisdicionais diferenciadas são aquelas adequadas às diversas pretensões de direito material, visando a permitir o ajustamento da ação processual à ação de direito material. "É que, levando-se em conta a pretensão de direito material, torna-se possível concluir, através da adequação da cognição que lhe é própria, qual a forma de tutela que lhe é mais compatível".[43]

Fez-se mister com a nova realidade do mundo contemporâneo que o direito e os remédios judiciais refletissem as necessidades, os problemas, as aspirações atuais da sociedade civil.[44] Dentre essas necessidades "(...) estão seguramente as de desenvolver alternativas aos métodos e remédios, tradicionais, sempre que sejam demasiado caros, lentos e inacessíveis ao povo; daí o dever de encontrar alternativas capazes de melhor atender às urgentes demandas de um tempo de transformações sociais em ritmo de velocidade sem precedente."[45]

Assim como processualmente verificamos várias técnicas legislativas de tutela sumária empregadas para garantir a efetividade da proteção jurisdicional contra os obstáculos naturalmente envolvidos com a duração temporal do feito em vias de cognição plena ou execucional, encontramos paralelamente e com escopo convergente à adequação da demanda instrumental à pretensão deduzida em juízo (ação de direito material) as diferenciações e diversificações de técnicas procedimentais.

5. Tipologia dos procedimentos

5.1 Procedimento comum

Em nosso entendimento, a expressão "*procedimento comum*" constante do art. 271, (equivocadamente) inserida pelo legislador, denota um significado diverso daquele gramaticalmente definido, tendo-se em consideração que a vontade da lei naquele dispositivo era atribuir-lhe a acepção de *processo de conhecimento*, ou seja, estabelecendo regras gerais de *processo*, enquanto o art. 272 e seu parágrafo único ficariam reservados à definição de regras subsidiárias de *procedimento*.

Tanto é que o Livro I deste Código não só funciona como uma espécie de "Parte Geral", como também abriga o delineamento das regras que disciplinam o *procedimento ordinário* (também chamado de *procedimento modelo*, *tipo* ou *padrão*), diante dos contornos bem marcados de suas quatro fases (postulatória, saneadora, instrutória e decisória).

---

43. Luiz Guilherme Marinoni, "Novidades sobre a tutela antecipatória", *RePro*, vol. 69/105.

44. Após o advento da "Revolução Industrial" deparamo-nos com o fenômeno dos conflitos de massa, levando à necessidade de readaptação das concepções doutrinárias e formação legislativa do processo civil à nova realidade social.

45. Mauro Cappelletti, "Os métodos alternativos de solução de conflitos no quadro do movimento universal do acesso à justiça", *RePro*, vol. 74/97.

Sabe-se, também, que o Código de Processo Civil figura como macrossistema no contexto da instrumentalidade das formas, servindo de paradigma e, até subsidiariamente, como norma orientadora de outras tantas normas de natureza processual, nos pontos em que forem omissas e desde que não sejam incompatíveis com o sistema específico.

De outra parte, o Código contém em seu bojo procedimentos que se desenvolvem nos denominados processos de *jurisdição contenciosa* (verdadeira jurisdição, porquanto se destinam à composição de uma lide pendente) e naqueles chamados de *jurisdição graciosa, voluntária ou administrativa* (falsa jurisdição ou jurisdição atenuada, em razão da inexistência de instauração de um processo sem lide, isto é, processo não adversarial).

Nos processos que se destinam à consecução de uma pretensão de direito material através da cognição, encontraremos um tipo de procedimento que pode ser considerado o mais habitual ou *comum*, por viabilizar ritualisticamente um grande número de ações através do denominado *processo de conhecimento*. Tem-se, então, o gênero dos ritos – o *procedimento comum* –, que, por sua vez, subdivide-se em duas espécies: *ordinário* e *sumário*.

Todavia, "não se preocupa a lei em disciplinar de modo exaustivo senão o procedimento ordinário. No tocante ao sumário e aos especiais, limita-se geralmente a estabelecer preceitos *peculiares* a cada qual, ou seja, a versar os tópicos em que se *afastam* do padrão representado pelo procedimento ordinário. Por isso mesmo, as disposições a este relativas são *subsidiariamente aplicáveis* às causas de procedimento sumário ou especial (parágrafo único do art. 272), seja previsto no Código de Processo Civil ou em lei extravagante.

Conclui-se que, de certo ponto de vista, não obstante o teor do art. 272, *caput*, *comum* é, na verdade, apenas o procedimento *ordinário*, podendo o sumário, a rigor, incluir-se entre os especiais".[46]

5.2 *Procedimento ordinário*

De uma maneira geral, boa parte dos processos de conhecimento fundam-se na *ordinariedade* (*ordo iudiciorum privatorum*), que admite como regra a cognição plenária e exauriente, tudo em nome e em prol da mística *certeza* e inatingível busca da *verdade*.

A *ordinariedade*, como *procedimento modelo* do processo de conhecimento, é ontologicamente avessa à subversão da ordem processual, isto é, a procedimentalidade ordenada há de ser obedecida de tal maneira que somente ao final, após

---

46. Barbosa Moreira, *O novo processo civil brasileiro*, 20. ed., n. 2, p. 4.

amplos debates e cognição plena e exauriente, admitir-se-á a prolação de uma *sentença de mérito* (*ordo solemnis iudiciarius* – procedimento padrão pertinente e que guarda a *ordem solene do juízo*).[47]

Assim, "o procedimento só é ordinário porque – ao seguir-se a ordem natural dos juízos (*ordo judiciorum privatorum*) – riscam-se dele todas as decisões liminares, por meio das quais poderia o magistrado eventualmente dar disciplina provisória aos fatos da lide, ou mesmo antecipar-lhe, como acontece, por exemplo, com as liminares dos processos interditais, o resultado final da provável sentença de procedência. A inserção de uma decisão liminar transformaria, por si só, o procedimento ordinário em especial".[48]

Complementamos dizendo que o *procedimento ordinário* norteia-se pelo princípio da oralidade em grau mínimo, com intensidade mais acentuada nas fases conciliatória e instrutória – audiências preliminares e de instrução e julgamento (arts. 331, 447 e 450 a 457, do CPC). Por conseguinte, seus prazos são mais longos, as fases procedimentais são mais complexas e amplas, tudo em razão da natureza da demanda e da causa de pedir (fatos e fundamentos jurídicos), que exigem um contraditório pleno, possibilitando às partes a produção de provas mais complexas destinadas à demonstração cabal de seus articulados (arts. 282 a 457, do CPC).

5.3 Procedimento sumário

O *procedimento sumário* regulado nos arts. 275 a 281 do CPC foi introduzido no sistema através da Lei 9.245/1995, que alterou as disposições do antigo rito *sumaríssimo*. Para a indicação desse procedimento, utilizou-se o legislador de dois critérios: o do *valor da causa* e o da complexidade da *matéria* a ser objeto da lide, tornando-o mais simples e, ao menos em tese, mais rápido, diante da redução de prazos e da ênfase atribuída ao princípio da oralidade em grau médio.[49]

Em que pesem as reformas introduzidas, o rito sumário continua sendo um "ordinário rápido" ou, como prefere Víctor Fairén Guillén, um "plenário

47. Para um aprofundamento sobre o tema relacionado com o *procedimento ordinário*, v., além dos mencionados no corpo destes comentários, também os seguintes estudos: Jacy de Assis, *Procedimento ordinário*; Moacyr Amaral Santos, "As fases lógicas do procedimento ordinário", *RF*, vol. 243/22, e "As duas primeiras fases do procedimento ordinário", *RJTJSP*, vol. 24/13; Antônio Carlos Cavalcanti Maia, "Do procedimento ordinário no novo Código de Processo Civil", *RF*, vol. 246/251; José Carlos Barbosa Moreira, "O procedimento ordinário no novo Código de Processo Civil", *RT* 459/11.

48. Ovídio A. Baptista da Silva, *Curso...*, 4. ed., vol. 1, n. 5.3, p. 121.

49. Para aprofundamento sobre o tema, v. Joel Dias Figueira Júnior, *Comentários ao Código de Processo Civil*, 2. ed., vol. 4, tomo I, os nossos *comentários* aos arts. 275-281.

rápido",[50] porquanto o que se verifica é simplesmente a redução de prazos ou fases procedimentais, mantendo-se, *contrario sensu*, a amplitude probatória hábil a agasalhar uma cognição plenária.

Analisando-se historicamente os chamados juízos "plenários rápidos", eles nada mais são do que uma variação evolutiva do *solemnis ordo iudiciarius*, em que o clássico procedimento "ordinário" aparece como modelo e expressão máxima dos juízos "plenários", em contraposição aos verdadeiramente "sumários".

Nos dizeres de Guillén, trata-se de uma antiga, constante e persistente confusão entre os processos plenários "rápidos" e os processos efetivamente "sumários".[51]

Vejamos então as distinções indicadas pelo festejado mestre espanhol: *a)* em processo "plenário rápido", ocorre uma limitação temporal quanto aos prazos e a eliminação de algumas atuações não essenciais (*v.g.*, as alegações em forma de réplica ou tréplica), *sem limitação quanto às provas* – sendo este último aspecto o que efetivamente faz a distinção. A sentença funda-se em cognição plena buscando a solução do conflito em todas as suas facetas, terminando o processo por acobertar-se pelo manto da coisa julgada; *b)* por sua vez, o "sumário" (ou verdadeiramente sumário) traz também em seu bojo um encurtamento da duração processual, porém com o diferencial de que haverá uma extrema limitação quanto às provas e alegações. Por conseguinte, em face da limitação imposta nesse sistema, a sentença fará coisa julgada restrita à fração do conflito apresentado em juízo, excluindo-se todo o resto. Significa dizer que, nessas hipóteses, nada obsta que após o término de um processo "sumário" advenha um outro, desta feita "plenário", hábil a viabilizar uma cognição ampla e que produzirá uma sentença de igual máxima extensão que terá como um de seus reflexos fazer desaparecer os efeitos produzidos pelo juízo sumário precedente.

As demandas *possessórias* servem muito bem como exemplo desse fenômeno, na medida em que os interditos são ontologicamente "sumários", porquanto fundadas tão só no *jus possessionis*, donde decorre que a causa de pedir assim como o pedido ficam restritos à situação possessória conflituosa, sem que se

---

50. Cf. *El juicio ordinario y los plenarios rápidos*. Vide também "Juicio ordinario, plenarios rápidos, sumario, sumarísimo", *Revista Argentina de Derecho Procesal*, 1968.

51. Víctor Guillén aponta ainda o descaso da doutrina italiana no que tange a essa importante distinção ou contraposição dialética das expressões *sommario*, *sommarietà* das *plenario* e seu substantivo. Para tanto, a título exemplificativo, refere-se ao estudo de Giuseppe Tarzia, "Retrospettiva sulla vicenda del procedimento sommario", publicado na *Rivista di Diritto Processuale*, vol. 42, p. 532 e ss. (cf. "Recientes tendencias en la posición del juez", *Informe Nacional Español*, p. 332-335, e, em particular, v. nota de rodapé n. 47 (publicação oficial do Instituto Ibero-americano de Direito Processual, coordenada por Roberto Berizonce – *El juez y la magistratura*).

adentre em questões de domínio ou propriedade (art. 1.210 do CC/2002). Outro exemplo que pode ser dado também para ilustrar a matéria está nas ações de *desapropriação*, cujo espectro probatório e defesa são limitados tão somente ao *quantum* indenizatório.

Depois dessas ponderações, fica mais fácil esquematizarmos e identificarmos os *princípios* norteadores do *procedimento sumário* em processo de cognição: *a)* impulso processual oficial; *b)* aplicação progressiva do princípio inquisitório; *c)* preclusão ou eventualidade; *d)* contraditório ou bilateralidade da audiência; *e)* concentração dos atos; *f)* imediação; *g)* oralidade em grau médio; *h)* publicidade; *i)* racionalidade das provas; *j)* irrecorribilidade das decisões interlocutórias que não possam causar dano grave ou de difícil reparação; *k)* lealdade processual ou boa-fé (probidade, lealdade e veracidade); *l)* economia processual (de gastos e esforços).[52]

Ainda, importa salientar que, com o advento da Lei 9.099, de 26 de setembro de 1995, que implementou os juizados especiais[53] e, concomitantemente, instituiu o verdadeiro *procedimento sumaríssimo* e, na sequência, exatamente três meses após, com a Lei 9.245/1995, instituiu o *procedimento sumário*, obtivemos, ao menos em tese, a tão esperada harmonização ritualística instrumental, compondo-se os sistemas com o procedimento comum, que, por sua vez, subdivide-se em ordinário e sumário, ao lado dos especiais (diversificados), em que se enquadra o sumaríssimo propriamente dito dos juizados cíveis.

Assim, o *procedimento sumário* aparece em posição intermediária, entre o ordinário e o sumaríssimo, em que o núcleo diferencial é nada menos do que o grau de incidência do *princípio da oralidade* e seus consectários (*concentração dos atos*, *irrecorribilidade parcial das interlocutórias*, *economia*, *simplicidade*, *informalidade* e *celeridade*).

O uso dos critérios quantitativo e qualitativo para o delineamento das regras insculpidas nos arts. 275 a 281 (*valor da causa* e *complexidade da matéria* objeto da controvérsia, isto é, complexidade fático-probatória da lide), fez surgir como efeito reflexo alguns problemas de ordem prática aos operadores do direito, tendo-se em conta que o seu posicionamento intermédio traz em seu bojo consequências para a identificação do rito adequado para determinado tipo de demanda, e, por conseguinte, implicações atinentes à fixação da competência.

Em relação às ações que podem tramitar sob a égide do rito sumário, o inc. I do art. 275 não restringe o tipo de conflito (lide) e, por conseguinte, as respec-

52. Semelhante esquema é apresentado por Oscar Aguirre e Raquel Lagos, *El proceso sumario de cognición (juicio sumario)*, n. 25, p. 82.

53. A respeito do tema, v. Joel Dias Figueira Júnior, *Juizados Especiais Estaduais Cíveis e Criminais*.

tivas ações dele decorrentes, e, inversamente do que se verifica com referência ao critério quantitativo, neste particular, limita-se a sessenta salários mínimos.

Assim, em linha de princípio, qualquer demanda poderá servir-se do rito sumário, excluídas, por óbvio, as causas relativas ao estado e à capacidade das pessoas (parágrafo único do art. 275). Contudo, não se pode olvidar do critério qualitativo que orienta secularmente os legisladores em sede de sumarização das formas, ou seja, a complexidade da matéria litigiosa, tendo-se em conta que o conflito objeto da cognição haverá de estar em sintonia com o instrumento (processo) e sua ritualística (procedimento).

Aliás, conforme já dissemos alhures, inexiste procedimento bom ou ruim, melhor ou pior. O que se verifica comumente é a utilização de certos procedimentos em demandas que lhes são desproporcionais (em relação à sua carga conflituosa).

Outrossim, parece-nos importante ressaltar, ainda, que não se pode confundir *pequeno valor* com reduzida complexidade do litígio, seja em termos fáticos ou jurídicos, porquanto elementos ontologicamente distintos. Destarte, nada obsta que uma ação de valor até sessenta salários mínimos apresente, como fundamento, questões jurídicas de complexa indagação, via de regra, acompanhada da necessidade de produção de intrincada elaboração de prova pericial.

Ademais, vinte, quarenta ou sessenta salários mínimos não significam pequeno valor, muito menos para a esmagadora maioria da população brasileira, que tem uma renda *per capita* bem inferior ao referido *quantum*. Isso equivale a dizer que o espectro de abrangência dessas demandas é enorme, atingindo múltiplos interesses dos jurisdicionados e, sobretudo, liberando o que se tem denominado litigiosidade contida, sendo que essa particularidade torna-se ainda mais marcante nos juizados especiais cíveis.

5.4 Procedimentos especiais

Procuramos nos itens precedentes delinear as razões ensejadoras das diversificações procedimentais e justificar a indispensável sintonia que deve existir entre a ação, o processo e o respectivo rito. Agora, torna-se muito mais fácil a compreensão respeitante aos *procedimentos especiais*, que nada mais são do que ritos diversificados insertos em processos cognitivos colocados à disposição dos jurisdicionados para melhor adequar o instrumento à tutela perseguida em juízo, diante de determinado direito subjetivo violado ou ameaçado.

Desta feita, a sistematização do Código de Processo Civil reserva o Livro IV para regular tão somente procedimentos diversificados, chamados de *especiais*, distinguindo-os do procedimento comum (ordinário ou sumário), pelas inúmeras particularidades rituais que melhor se adaptam às relações de direito material objeto das variadas lides.

Tomando por base o tipo de *causa petendi*, o legislador dividiu os procedimentos especiais em dois grupos distintos, denominando-os de *jurisdição contenciosa*, em que a relação jurídica afigura-se sempre litigiosa (processo adversarial ou conflituoso), e de *jurisdição voluntária*, em que inexiste relação jurídica conflituosa e que se desenvolve através de *procedimento juris-integrativo*[54] (processo não adversarial ou administrativo).

Mas o rol dos *procedimentos especiais* do Livro IV do Código de Processo Civil é meramente exemplificativo, não se exaurindo em si mesmo, na medida em que outros ritos aparecem insculpidos em inúmeros microssistemas que regulam determinadas relações de direito material ou instrumental, tais como as leis de locação predial (Lei do Inquilinato), de relação de consumo (Código do Consumidor), da ação civil pública, do mandado de segurança, da ação popular, dos juizados especiais (estaduais, federais e da Fazenda Pública) etc. São as chamadas *leis extravagantes* que regem o *direito*, o *processo* e os *procedimentos diversificados* ou *especiais* distintos dos elencados no Código de Processo Civil.

6. Procedimentos ordinário, sumário e sumaríssimo. Distinções e similitudes ônticas

As formas processuais revestem-se de *natureza jurídica* específica, qual seja, *procedimental*, não se confundindo com os institutos da *ação* ou do *processo*. No caso em exame, *ordinário*, *sumário* e *sumaríssimo* denotam os três tipos diversificados de ritos aplicáveis aos processos de conhecimento, de acordo com os critérios legislativos definidos pelo *valor da causa* e pela *complexidade da matéria*, em face das particularidades de cada uma das relações de direito material conflituosas e que serão objeto de cognição pelo Estado-juiz.

Primeiramente, havemos de repisar a assertiva no sentido de que, apesar de se ter verificado a retirada do então *procedimento "sumaríssimo"* do macrossistema do Código de Processo Civil, através da Lei 9.245/1995, esta forma procedimental específica e a própria denominação não desapareceram do sistema instrumental civil brasileiro. Pelo contrário, quando da promulgação da Carta de 1988, quando ainda vigoravam os arts. 272 e 275 a 281 com suas redações primitivas, a Consti-

---

54. Cf. expressão de Celso Neves (*Estrutura fundamental do processo civil*, 2. ed., cap. VII, p. 295).

A esse respeito, escreve: "Qualquer que seja a espécie de processo de jurisdição voluntária, há a pretensão à tutela jurídica, há o direito, a pretensão e a ação de direito material e há a 'ação' (remédio jurídico processual). (...) Há, sim, a ação (no sentido de direito material) e a 'ação' (no sentido de direito processual), que foi assunto de todo o Título II do Livro IV (arts. 1.103-1.210)" (*idem*, ibidem).

tuição passou a prever e determinar a futura criação dos juizados especiais, cujo rito a ser aplicado seria o *sumaríssimo*.[55]

Vê-se, pois, que na Lei Maior foram delineados os contornos gerais e os princípios orientadores do *rito sumaríssimo*. Até 26 de setembro de 1995, esse dispositivo constitucional por muito pouco não passou de letra morta, tendo em vista a não edição de lei federal a respeito da matéria, e, apesar da autorização concedida literalmente aos Estados para a criação dos juizados especiais, pouquíssimas foram as unidades federativas que se aventuraram a regular a espécie.

Foi então naquela data publicada a Lei 9.099, dispondo não só a respeito dos juizados especiais cíveis, como também dos criminais, entrando em vigor em 27 de novembro de 1995 (segunda-feira).

Começavam assim a se compor adequadamente as variações procedimentais básicas, em sistema triplo: *sumaríssimo*, *sumário* e *ordinário*. Ocorre que, naquela ocasião, apesar de a Lei 8.952, de 13.12.1994, ter alterado o art. 272 do CPC, denominando o antigo "sumaríssimo" de procedimento sumário, este último continuava a inexistir como nova forma, com flagrante incompatibilidade entre a redação do citado dispositivo e o rito estatuído nos arts. 275 a 281, pertencentes ao Capítulo III, que versava sobre o procedimento sumaríssimo.

A verdade é que tínhamos, até aquela data, tão só a denominação em forma superlativa, de um rito muito sumário ou, como era chamado, "sumaríssimo". Como se constatou durante a longa e penosa prática de vinte e dois anos, o antigo rito não era nem sumário e muito menos sumaríssimo, mas "lentíssimo", "complicadíssimo" ou, como era chamado comumente, "ordinaríssimo". Havia, portanto, um hiato entre o ordinário e o sumaríssimo, isto é, não possuíamos um procedimento sumário, capaz de ser o intermediário entre aqueles dois.

Tratava-se, assim, de um rito sumário, contudo, denominado erroneamente de "sumaríssimo". Aliás, a doutrina, de uma forma geral, com raríssimas exceções, sempre condenou o legislador de 1973 por esse motivo.[56]

Nos dizeres de Alcides de Mendonça Lima: "Conforme o sistema do Código, não sendo indicado o 'procedimento especial' típico (Liv. IV, Tít. I, ou em lei especial – art. 271), será seguido o 'procedimento comum' (art. 271), isto é,

---

55. V. art. 98, I, da CF.

56. A respeito da questão terminológica, v. Adroaldo Furtado Fabrício, *Doutrina e prática do procedimento sumariíssimo*, p. 40; Alcides de Mendonça Lima, *Comentários ao Código de Processo Civil*, vol. 6, t. II, n. 1.196, p. 601-602; *idem*, *Dicionário do Código de Processo*, p. 471-472; Barbosa Moreira, *Estudos sobre o novo Código de Processo Civil (o procedimento sumariíssimo)*, p. 123; Rogério L. Tucci, *Procedimentos e outros temas de direito processual civil (procedimento sumariíssimo)*, p. 22; Arruda Alvim, "O 'julgamento conforme o estado do processo' e o 'procedimento sumaríssimo'", *RF*, vol. 246.

'ordinário' ou 'sumaríssimo' (art. 272). Entretanto, o próprio Código admite que o 'procedimento sumaríssimo' se reja 'pelas disposições que lhe são peculiares' (art. 273), equiparando-o, assim, aos 'procedimentos especiais' propriamente ditos. Nos casos do art. 275, II, é evidente a similitude com os 'procedimentos especiais' do Liv. IV, Tít. I, e de leis extravagantes, porque é também a natureza da pretensão que exige uma forma 'especial'. Como não há 'procedimento sumário', não tinha motivo racional para ser empregado o superlativo – 'sumaríssimo' –, como acontecia no regime dos Códigos estaduais, alguns dos quais contemplavam as três espécies – sumaríssimo, sumário e ordinário. Melhor fora ter sido usado o termo 'sumário'".[57]

Com o advento da Lei 9.245, os três sistemas procedimentais convivem em harmonia e se complementam entre si, não obstante as dificuldades que surgiram com a aplicação das normas, a respeito de alguns pontos limítrofes, que podemos chamar de "zonas cinzentas" ou "intermediárias", de difícil identificação.

A sumarização ou *simplificação das formas* procedimentais é a característica marcante tanto do procedimento sumaríssimo (Lei 9.099/1995) quanto do sumário (atuais arts. 275 a 281, do CPC), norteada sempre pelo princípio da oralidade, hábil a respaldar outros subprincípios, tais como *imediatismo*, *concentração*, *simplicidade*, *celeridade*, *economia processual*, *imutabilidade do juiz e irrecorribilidade (parcial) das decisões interlocutórias.*

O que se modifica entre um e outro tipo de procedimento é a maior ou menor intensidade da oralidade atribuída pelo legislador a esse tão importante princípio, hoje de origem constitucional. Em outras palavras, o sumaríssimo reveste-se de maior simplicidade, imediatidade, concentração dos atos, celeridade, economia processual (tem por regra a inaplicabilidade do princípio da sucumbência em primeiro grau de jurisdição) etc. Para constatarmos as diferenças, basta uma rápida lançada d'olhos sobre os dois sistemas.

Mas, em que pese a sumarização procedimental objetivar a uma prestação de tutela jurisdicional mais rápida, inexiste, em regra, o elemento emergencial ou a urgência propriamente dita (*periculum in mora*) nas relações jurídicas objeto destas lides – conforme assinalamos anteriormente (v. item n. 5.3, *supra*), o nosso procedimento sumário não passa de um *plenário rápido*. Em linha principiológica, o que justifica as formas sumária e sumariíssima é a simplicidade da lide (relação de direito material controvertida e conflituosa levada a juízo), isto é, a menor complexidade da matéria jurídica e fatual (*causa petendi*), o que por si só é condição suficiente para a redução e simplificação dos prazos, fases e termos procedimentais desta natureza.

57. *Dicionário do Código de Processo*, p. 471-472.

Note-se que não estamos a afirmar que não se aplicam aos processos que tramitam sob a égide dos ritos sumário e sumaríssimo as *tutelas de urgência* (cautelar e satisfativa). Pelo contrário, a possibilidade jurídica de aplicação é cabal e manifesta, dependendo apenas da situação concreta posta *sub iudice*. Aliás, em outro estudo, já tivemos oportunidade de salientar a importância das tutelas emergenciais *lato sensu* na órbita do processo civil moderno, de indiscutível natureza pública e de cunho constitucional, em qualquer de suas modalidades, sendo indispensáveis à solução dos conflitos que exigem do Estado-juiz maior presteza no oferecimento da proteção perseguida pelo jurisdicionado.[58]

Não se pode confundir *sumarização instrumental stricto sensu* (do processo) com a típica e exclusiva *sumarização procedimental* (das formas). Aquela consiste no recurso, empregado por técnicas próprias, à redução do lapso destinado ao conseguimento da providência jurisdicional emitida em forma de liminar, *inaudita altera parte*, ou após justificação prévia, ou, ainda, no curso do processo, mas, em qualquer caso, sempre fulcrada em *cognição sumária* e *limitada*. Portanto, corresponde a sumarização do processo aos reclamos sociais, políticos e jurídicos, e, para tanto, utiliza-se de técnicas diferenciadas de efetivação da providência jurisdicional de natureza urgente.

Porém, o que torna a sumariedade uma característica na prestação das tutelas jurisdicionais de urgência é que, nesta, a prestação há de ser pronta e imediata, sob pena de perder a sua própria eficácia, diante da possibilidade de grave dano, prejuízo irreparável ou de difícil reparação.[59]

No que tange ao *procedimento ordinário*, ele não está imune à incidência do *princípio da oralidade*. Tudo não passa, e não seria demais repetir, de uma questão de intensidade ou grau de aplicação, na medida em que a oralidade é norteadora geral do processo civil, variando apenas de acordo com o tipo de lide, tal como posta pelo sistema à apreciação do Estado-juiz.

Percebe-se que no procedimento comum (ordinário ou sumário), pelas suas próprias características, a oralidade não consegue ser erigida ao seu ponto máximo, enquanto em processo de rito mais "especializado" a possibilidade aumenta sensivelmente, como podemos verificar no sumaríssimo dos juizados especiais (*v.g.*, arts. 13, §§ 2º e 3º, 14, 17, 19, 21, 24, § 1º, 28, 29 e 30, todos da Lei 9.099/1995).

---

58. Cf. Joel Dias Figueira Júnior, *Liminares nas ações possessórias*, 2. ed., n. 3.2, p. 97-105.

A respeito da possibilidade de aplicação das tutelas antecipatória genérica (art. 273) e específica (art. 461 e 461-A) em causas que tramitam sob o rito sumaríssimo dos juizados especiais, v. a nossa posição definida na obra *Juizados Especiais Estaduais Cíveis e Criminais – Comentários à Lei 9.099/95*, art. 1º, item 2.

59. Cf. Donaldo Armelin, "A tutela jurisdicional cautelar", *Revista da Procuradoria do Estado de São Paulo*, vol. 23/125.

O *procedimento padrão* é o *ordinário* (parágrafo único do art. 272, do CPC), apresentando *quatro fases* bem delineadas logicamente (*postulatória, ordinatória, instrutória* e *decisória*), todas interligadas e cada qual apta à realização de atos processuais que lhe são próprios, reguladas ainda por um sistema mais ou menos rígido de preclusões.[60]

Já os *procedimentos especiais* (e aqui devemos enquadrar o *sumaríssimo dos juizados especiais cíveis*), pela própria especialidade das formas que os diferenciam, apresentam características marcantes, "quer por influência do direito material controvertido que se procura fazer valer, quer pelo próprio regime processual a que são submetidos". Ademais, "nos procedimentos especiais, podem estar fundidas providências de caráter executório e cautelar, mais as de natureza cognitiva, muitas vezes com a atenuação do próprio contraditório".[61]

7. Facultatividade ou obrigatoriedade procedimental?

Nada obstante estarmos vivenciando a chamada "terceira fase" da ciência processual civil que, como é sabido, norteia-se pela busca de tutelas jurisdicionais diferenciadas,[62] procedimentos diversificados, técnicas alternativas de resoluções de conflitos, bem como pela instrumentalidade e efetivação do processo, voltado à consecução do direito material, ainda encontramos algumas resistências – inconcebíveis – doutrinárias e pretorianas a respeito da tormentosa questão da *disponibilidade procedimental*.

---

60. Cf. Antônio Marcato, *Procedimentos especiais*, 1995, n. 16, p. 39.

Lembra ainda o professor paulista que os procedimentos especiais não podem ser examinados sob o enfoque desse esquema ritual, dada a disparidade entre eles existente no que tange àquelas fases examinadas (*idem, ibidem*).

Por sua vez, Pontes de Miranda prefere sistematizar as fases do procedimento ordinário em apenas *três* (*formação/angularização da relação processsual, instrução* e *decisão*). Para ele, "na primeira fase do processo ordinário, que é a de formação e da angularização da relação jurídica processual, há o pedido, o despacho ou despachos do juiz, a citação ou as citações (*vocatio in ius*); na segunda fase, há a instrução, com os dados probatórios e as diligências, que permitam ao juiz inteirar-se do feito, com os incidentes que podem ocorrer; na terceira, há a conclusão e o julgamento)" (*Comentários ao Código de Processo Civil*, 4. ed., t. III, art. 272, n. 2, p. 530).

Para uma noção geral acerca do "procedimento ordinário no Código de Processo Civil", v. o artigo assim intitulado da lavra de José Carlos Barbosa Moreira, *RT* 459/11-23.

61. Antônio Marcato, *Procedimentos*..., n. 16, p. 39.

62. Sobre o tema, v. Juan Gálvez e Juan Palacios, "Del mito del proceso ordinario a la tutela diferenciada. Apuntes iniciales", *RePro* 109/187-220. V. também Andrea Proto Pisani, "Sulla tutela giurisdizionale differenziata", *Rivista di Diritto Processuale Civile*, vol. 34/536-591.

O cerne do problema gira em torno da viabilidade (ou inviabilidade) jurídica concedida pelo sistema positivo ao autor em *escolher o rito* que melhor se adapta à sua pretensão deduzida em juízo por intermédio de tutela diferenciada, ou seja, a possibilidade de ficar ao talante do autor a escolha do procedimento que lhe pareça mais apto, a fim de melhor adequar a ação de direito material à ação de direito processual.

Diga-se de passagem que a tendência do processo civil moderno é permitir ao sujeito interessado utilizar-se dos mecanismos da Justiça pela forma que mais lhe convém para obter a satisfação de suas pretensões, tendo em vista que as diversificações procedimentais colocadas à sua disposição podem oferecer vantagens ou desvantagens, dependendo apenas da situação em concreto definida pela relação de direito material conflituosa (a lide), e ninguém melhor do que o próprio jurisdicionado envolvido no conflito para, através de seu advogado, avaliar o problema, escolher a ação e definir o rito que mais se adapta a sua pretensão.

Tem-se também por princípio que a matéria procedimental é de *ordem pública*, e, por isto, não estaria a critério das partes a sua escolha (*indisponibilidade dos ritos*). Todavia, tal assertiva há de ser interpretada em sintonia com as tendências universais do processo civil contemporâneo, na exata medida em que se afirmam as novas técnicas de tutelas diferenciadas e procedimentos diversificados. A instituição do procedimento é, sem dúvida, matéria de ordem pública, de cunho instrumental e, por conseguinte, de interesse de todos os jurisdicionados, ou seja, de *interesse público*.

Porém, desde que o sistema ofereça duas ou mais hipóteses procedimentais igualmente válidas à consecução da ação por intermédio de processo adequado, haverá de se admitir inarredavelmente a *opção do rito*.[63] Há de se ressaltar, contudo,

63. Historicamente, lembra Athos Gusmão Carneiro: "Ao tempo do Império, o Regulamento 737/1850, aplicável às causas comerciais (e extensivo aos processos cíveis pelo Decreto 736, de 1890), era expresso (art. 245) em admitir o rito sumário para 'qualquer ação', desde que as partes 'assim convencionarem expressamente'. Considerava-se, portanto, como não sacramental a matéria de procedimento, permitindo-se a adoção, por comum acordo, de um rito mais abreviado, como a opção do autor em intentar a ação pelo rito ordinário em lugar do sumário. Assim Paula Batista, *Processo civil*, 8. ed., p. 59, nota ao § 81; Ramalho, *Prática civil e comercial*, ed. 1861, p. 3, § 5º. Mas, 'sendo a forma summaria estabelecida pelas leis, em benefício dos particulares, pode-se processar ordinariamente todas as causas, que tem procedimento summario, consentindo as partes. N'esta these concordão todos os escriptores' (*sic*)".

E prossegue o mestre gaúcho: "Esta opção ao autor *permanece*. O CPC de 1939, tratando da cumulação de pedidos sujeitos a processos com ritos diversos, permitia a cumulação de pedidos sujeitos a processos com ritos diversos, 'se o autor preferisse para todos os pedidos o rito ordinário' (art. 155, parágrafo único). O CPC de 1973 mantém a norma: 'Quando, para cada pedido, corresponder tipo diverso de procedimento, admitir-se-á a cumulação, se o autor empregar o procedimento ordinário' (art. 292, § 2º)".

que a denominada *disponibilidade* ou *indisponibilidade dos ritos não é absoluta e sim relativa*, conforme veremos mais adiante.

Defendendo tese diametralmente oposta, isto é, a da *indisponibilidade dos ritos*, escreve José Carlos Barbosa Moreira: "A rigor, é inadmissível a substituição do procedimento sumário pelo ordinário, quer por opção do autor, quer mediante acordo das partes.

"Deve excluir-se antes de mais nada a possibilidade de optar o autor, a seu talante, pelo procedimento ordinário. É um equívoco pensar que tal substituição jamais cause prejuízo ao réu, simplesmente por assegurar-lhe maior amplitude de defesa. A essa suposta vantagem pode muito bem sobrepor-se o interesse que tenha o réu de ver rapidamente julgada a causa, a fim de liberar-se mais cedo dos inconvenientes da litispendência. Ainda, porém, quando exista consenso, sobreleva a consideração de que o procedimento sumário foi instituído menos no interesse *particular* dos litigantes que em atenção ao interesse *público* na célere composição dos litígios. A matéria escapa, assim, ao poder dispositivo das partes".[64]

Em que pese o abalizado entendimento do culto mestre carioca e de outros não menos ilustres processualistas que esposam a mesma tese, ousamos discordar dessa concepção, porquanto o que define a regra da adequação procedimental e a consequente possibilidade de opção dos ritos é a lide propriamente dita, emergente em caso concreto, nos contornos estabelecidos através da *causa petendi*, donde exsurge a tendência cada vez mais acentuada das tutelas jurisdicionais diferenciadas e de ritos diversificados, todos colocados à disposição dos jurisdicionados para a obtenção da melhor e mais rápida composição de seus conflitos intersubjetivos de interesses, ou seja, a necessária adequação do procedimento à *res in iudicium deducenda*. Não foi por menos, diga-se de passagem, que o legislador reservou uma parte do Código exclusivamente para tratar dos processos cognitivos com *ritos especiais* (Livro IV), assim como, em diversas passagens, admitiu a conversão procedimental (v.g., arts. 277, § 4º, 292, § 2º, 295, V, do CPC).

(*Audiência de instrução e julgamento e audiências preliminares*, n. 148-H, p. 114, nota de rodapé n. 6; e "Observações sobre o novo Código de Processo Civil", *Ajuris*, vol. 1/123, n. 1).

64. *O novo processo civil brasileiro*, 20. ed., n. 11, 1, p. 103.

Dentre outros autores, defendem também a tese da *indisponibilidade dos ritos*, notadamente o sumário pelo ordinário, Humberto Theodoro Jr. (*Curso de direito processual civil*, 18. ed., vol. 1, n. 345, p. 340), Arruda Alvim (*Código de Processo Civil e legislação extravagante*, n. 1.1, p. 173), J. J. Calmon de Passos (*Comentários ao Código de Processo Civil*, 8. ed., vol. 3, n. 41, p. 67-69). Curiosamente, em sentido diametralmente oposto, Theodoro Jr. defende a tese da opção procedimental nos Juizados Especiais (rito sumaríssimo definido pela Lei 9.099/1995) (*Curso...*, p. 341).

Ressalta-se, ainda, que nem sempre o autor está limitado à opção apenas entre o rito sumário ou ordinário (procedimento comum), merecendo destaque os casos em que se verifica a *concorrência procedimental*, seja entre essas duas formas ou também com os *especiais* e o próprio *sumaríssimo* insculpido para os Juizados Especiais Cíveis.

Um exemplo interessante que pode ser dado diz respeito às lides possessórias mobiliárias, de valor não excedente a vinte salários mínimos, em que o esbulho ou turbação datem de menos de ano e dia: a ação a tutelar a posse será sem dúvida a possessória (fundada no art. 1.210 do CC/2002). Contudo, o sistema oferece ao autor os seguintes procedimentos: *a) especial* (CPC);[65] *b) sumaríssimo* (Lei 9.099/1995);[66] *c) sumário* (CPC); *d) ordinário* (CPC).

Porém, efetuada pelo autor a escolha por qualquer dos procedimentos válidos na hipótese vertente, estará implicitamente aceitando todas as consequências que advirão dessa opção, sendo vedada qualquer modificação após a citação do réu, mesmo que haja consentimento deste, assim como não poderão os litigantes delinear um procedimento particular não previsto em lei.[67]

Na lição sempre lembrada de Athos Gusmão Carneiro, "se o demandante pode empregar o rito comum ordinário, em lugar do especial ou do comum sumaríssimo com o objetivo de tornar admissível uma cumulação de pedidos, por que não poderá preferir o rito ordinário, em lugar do sumaríssimo, com o intento de obter uma instrução não açodada de determinada causa?"[68]

Ao escrever sobre o rito sumário, o festejado mestre gaúcho enfrentou também o tema pelo prisma dos Juizados Especiais, em que observou que, "tendo em vista o disposto no art. 3º da Lei 9.099/1995, concernente aos Jui-

---

65. A respeito do processo e procedimento possessório e, em particular, sobre *procedimento comum e especial – a tutela à posse de mais ou menos de ano e dia (ação de força velha e de força nova)* –, v. Joel Dias Figueira Júnior, *Liminares nas ações possessórias*, 2. ed., cap. III, item 20, p. 282-291.

66. Sobre o tema, v. também os nossos *Comentários à Lei dos Juizados Especiais Estaduais Cíveis e Criminais*, art. 3º, itens 7.1 e 7.2.

67. Diferentemente, tratando-se de juízo arbitral, as partes poderão definir o procedimento a ser imprimido ao processo privado ou utilizar-se daquele previamente estabelecido por uma instituição arbitral, nada obstante a obrigatoriedade do respeito aos princípios do contraditório, igualdade dos litigantes, imparcialidade do árbitro e livre convencimento (cf. art. 21, §§ 1º e 2º, da Lei 9.307/1996). Para um estudo mais aprofundado sobre esse tema, v. Joel Dias Figueira Júnior, *Arbitragem, jurisdição e execução – Análise crítica da Lei 9.307/96*, 2. ed.

68. *Audiência de instrução e julgamento e audiências preliminares*, 8. ed., p. 114, nota de rodapé n. 6. Assinala-se que o uso da palavra "sumaríssimo" deve-se à circunstância de que a afirmação foi feita em estudo que antecedeu o advento da Lei 9.245/1995, publicado inicialmente na *Ajuris*, vol. 1, p. 122 e ss., em 1974.

zados Especiais, em grande número de causas cíveis de menor complexidade o demandante terá a opção de ajuizar sua demanda perante tais Juizados, pelo rito sumaríssimo, ou perante a Justiça comum, pelo rito sumário. Haverá considerar, claro está, as ressalvas constantes do art. 3º, § 2º, da Lei 9.099 e do parágrafo único do art. 275 do CPC, relativas àquelas lides às quais se não aplica que o rito 'sumaríssimo'".[69]

No mesmo diapasão, defendendo a tese da *disponibilidade relativa do procedimento*, escreve Egas Dirceu Moniz de Aragão: "Convém não perder de vista, contudo, a liberdade que tem o autor de preferir o procedimento ordinário ao sumaríssimo [hoje 'sumário'] ou especial, sem que nisso haja infração à forma, pois o primeiro é o leito comum e amplo por onde podem correr quaisquer causas. A recíproca, porém, não é verdadeira. Se o autor escolher o procedimento sumaríssimo e o réu, impugnando-o, demonstrar que o valor da causa supera a quantia que o tornaria cabível, o juiz, se acolher a impugnação, terá que determinar que seja convertido o procedimento em ordinário, aproveitando, contudo, os atos já praticados, na medida em que isso seja possível, mas abrindo ao réu o prazo para resposta".[70]

Igualmente Pontes de Miranda, que chega a erigir o tema ao grau de *princípio*, que denomina *preferibilidade do rito ordinário*, lembra ainda que o procedimento modelo ou comum é o ordinário, enquanto excepcionais são os especiais e o sumário.[71]

Observa também que essa facultatividade procedimental concedida de forma relativa ao autor não importa em qualquer violação ao princípio constitucional da igualdade formal entre as partes, como decorrência do macroprincípio que é o *due process of law*, pois a garantia estará amplamente mantida desde o momento da propositura da demanda. Em fase pré-processual compete ao interessado buscar a melhor ação e o instrumento processual adequado para satisfazer a sua pretensão, não tendo a parte adversária qualquer poder para obstaculizar esse desiderato. O

---

69. *Do rito sumário na reforma do Código de Processo Civil*, n. 13, p. 23.

No mesmo sentido, v. o entendimento de Ernani Fidélis dos Santos, *Novos perfis do processo civil brasileiro*, n. 3, p. 148-150; Vicente Greco Filho, *Comentários ao procedimento sumário, ao agravo e à ação monitória*, p. 3; Carreira Alvim, *Procedimento sumário na reforma processual*, n. 4, p. 89-92.

70. *Comentários ao Código de Processo Civil*, 3. ed., vol. 2, n. 383, p. 380-381.

Não nos esqueçamos que a tese da viabilidade jurídica de conversão do rito sumário em ordinário, que paulatinamente foi adquirindo corpo na doutrina e jurisprudência, terminou por ser absorvida pelo movimento reformista, através da Lei 9.245/1995, que instituiu o novo procedimento sumário, segundo se infere da redação conferida ao art. 277, § 4º, do CPC.

71. *Comentários ao Código de Processo Civil*, 4. ed., t. III, art. 274, n. 2, p. 544.

que importa, porquanto indeclinável, é a concessão de tratamento paritário ou igualitariamente formal conferido às partes após a propositura da ação.[72]

Serve como uma luva o exemplo dos Juizados Especiais e as polêmicas (infundadas) criadas a respeito da opção procedimental concedida ao autor, em que a melhor e dominante doutrina, assim como as orientações pretorianas, inclusive do Superior Tribunal de Justiça, colocaram pá de cal sobre essa questão.[73]

Destarte, quando se afirma que a matéria procedimental é de ordem pública, referimo-nos à não disposição do rito pelos litigantes, isto é, a sua alteração após a propositura da ação ou até a formação da relação jurídico-processual pela citação válida, correndo por sua conta as custas acrescidas em razão dessa iniciativa. Outra, aliás, não poderá ser a interpretação, pois, se o autor pode o mais, logicamente poderá o menos, ou seja, se ele pode alterar o pedido antes da citação (art. 294, do CPC), com maior razão, se desejar e a hipótese em concreto admitir, poderá readequar a peça inaugural a outro tipo de procedimento. Feita a citação, essa faculdade não mais poderá ser conferida, mesmo que haja concordância do réu, diferentemente do que se verifica com a modificação do pedido ou da causa de pedir, até o saneamento do feito (art. 264, parágrafo único, CPC), sob pena de instaurar-se um tumulto procedimental de difícil contorno, a começar pela própria peça inaugural até os requisitos específicos ao respectivo rito.

Significa dizer que o autor, em linha principiológica, poderá escolher o tipo de procedimento que lhe pareça mais adequado para a solução do conflito instaurado, desde que o sistema lhe faculte duas ou mais espécies de ritos igualmente hábeis à obtenção da pretensão articulada. Vejamos então um exemplo para melhor aclarar a assertiva: tomemos novamente a hipótese de uma lide possessória imobiliária, de valor não excedente a vinte salários mínimos, em que a turbação data de menos de ano e dia – neste caso, poderá o autor optar por quatro tipos de procedimentos diversificados, não perdendo a ação o seu caráter interdital: a)

---

72. Assim também se posicionou Ada Grinover quando escreveu sobre os *juizados de pequenas causas* ("Do juizado de pequenas causas – Aspectos constitucionais", *Ajuris*, vol. 28/51-53).

73. A orientação do STJ tem sido reiterada nesse sentido, valendo assinalar alguns julgados a título ilustrativo: "*Juizado Especiais. Competência. Reintegração de posse de valor não excedente a 40 salários mínimos. Faculdade do autor. Lei 9.099/1995, art. 3º, § 3º*. O processamento da ação perante o Juizado Especial é opção do autor, que pode, se preferir, ajuizar sua demanda perante a justiça comum. Precedentes. Recurso conhecido e provido" (STJ, REsp 173.205/SP, j. 27.04.1999, rel. Min. Cesar Asfor Rocha, *DJ* 14.06.1999). No mesmo diapasão, v. REsp 151.703/RJ, rel. Min. Ruy Rosado de Aguiar, e REsp 146.189/RJ, rel. Min. Barros Monteiro.

Para aprofundamento sobre o tema, v. Joel Dias Figueira Júnior, *Da competência nos juizados especiais cíveis* e *Juizados Especiais Estaduais Cíveis e Criminais*, art. 3º.

o rito sumaríssimo dos Juizados Especiais (art. 3º, IV, Lei 9.099/1995); b) o rito sumário (art. 275, I e ss., do CPC); c) o rito ordinário (art. 282 e ss., do CPC); d) o rito especial (art. 920 e ss., do CPC).

Desse asserto, conclui-se pela admissibilidade jurídica concedida pelo sistema aos autores, em determinadas relações, de optar pelo rito que melhor se adaptar à tutela diferenciada de sua pretensão deduzida em juízo. Em outras palavras, dependendo da circunstância vertente, ficará ao talante do autor a escolha do procedimento que lhe pareça mais apto à resolução do conflito instaurado, sintonizando e melhor adequando a ação de direito material à ação de direito processual, ou seja, o remédio jurídico (tutela jurisdicional pretendida) ao instrumento de realização do direito material.

Há de se ressaltar também que essa eventual opção procedimental conferida pelos sistemas aos jurisdicionados exige a plena adequação da relação conflituosa ao instrumento e respectivo procedimento, de maneira que não ocorra uma inversão ou desproporção entre a lide, a ação, o processo e o rito. Comparativamente, podemos dizer que a relação sociojurídica objeto de determinado conflito equipara-se à carga a ser transportada por um veículo, que é o processo, e este, por sua vez, necessariamente deverá instrumentalizar-se através de um procedimento que se harmonize com a própria demanda. Assim, para que ocorra o transporte de maneira adequada, ou seja, com a segurança, a rapidez e a qualidade desejadas pelos litigantes, deverá o veículo escolhido ser compatível com a carga a suportar.

Tanto é assim que, por exemplo, a reforma do procedimento sumário encampou essa tese ao admitir a sua conversibilidade para o rito ordinário desde que a complexidade da controvérsia instaurada e a natureza da ação justifiquem tal alteração (art. 277, § 4º, do CPC). Obviamente, o inverso é inaceitável, porquanto, se a lide pendente se revestir de complexidade ou valor que justifique o procedimento ordinário, não poderá converter-se jamais em rito sumário ou sumaríssimo.

Nesses casos, é evidente que inexiste facultatividade de opção procedimental ao autor, que haverá de eleger uma ou outra forma (ordinária ou sumária), desde que se caracterizem os seus pressupostos.[74]

Não há, portanto, um procedimento bom ou ruim, melhor ou pior do que o outro – o que se pode verificar na prática é a inadequação do instrumento e do rito no confronto com a relação jurídica objeto da cognição (a lide propriamente dita).

De tudo isso que já afirmamos, podemos constatar uma verdadeira tendência universal do processo civil contemporâneo que, paulatinamente, volta-se à

---

74. Cf. Arruda Alvim, "O 'julgamento conforme o estado do processo' e o 'procedimento sumaríssimo'", *RF*, vol. 246/237.

busca do oferecimento aos jurisdicionados de técnicas e tutelas diferenciadas e procedimentos diversificados (*v.g.*, tutela monitória, tutela inibitória, tutela antecipatória genérica, tutela interdital), possibilitando ao autor, em determinadas situações, a opção por um ou outro instrumento ou procedimento, de acordo com a necessidade vertente.

8. O rito sumário em zona intermediária de aplicação

Com o sistema ternário dos procedimentos (sumaríssimo, sumário e ordinário) em nosso ordenamento processual, devemos atentar para um ponto nevrálgico, qual seja, o posicionamento intermediário em que se situou o atual rito sumário, donde decorre, como veremos a seguir, uma série de consequências e implicações de ordem pragmática pertinente à competência.

No decorrer deste estudo (v. Cap. III, itens 2 e 6) voltaremos a enfocar esse tema, porém com mais profundidade e amplitude. Nada obstante, fizemos questão de destacar a problemática em tópico separado, para dar maior ênfase à matéria tendo em vista os resultados que advirão no dia a dia forense, procurando então evitar que passasse desapercebida ou pouco percebida pelo leitor mais afoito.

Três são os pontos merecedores de destaque: em primeiro lugar, o referente ao *valor da causa*; o segundo, diz respeito à *matéria objeto da lide* e, o terceiro, à *complexidade da demanda*.

A Lei 9.245/1995 foi aprovada e sancionada tal como estava redigida desde o Projeto original, deixando assim de adequar-se à Lei 9.099/1995, que lhe é antecedente em termos de vigência, o que resultou num relativo descompasso entre os dois sistemas (CPC *versus* Juizados Especiais Cíveis).

Essa adequação fazia-se mister, senão imprescindível. Todavia, por motivos óbvios de natureza política, estrategicamente, preferiu-se deixar o Projeto de Lei na forma em que se encontrava – já em fase final e próximo da sanção presidencial – ao invés de retirá-lo de sua trajetória normal a fim de que se procedesse às devidas modificações; mas isso seria uma faca de dois gumes.

A alteração equivaleria a mais algum tempo de tramitação do projeto, retornando a "novela" ao seu estado primitivo, o que representaria o atraso de meses ou, até quem sabe, de anos. E, o mais grave, é que continuaríamos com o obsoleto e ultrapassado *sumaríssimo*, que sempre foi um verdadeiro "dinossauro jurídico", sem contar com a nova redação já atribuída ao art. 272, que em face das etapas anteriores da reforma do Código (Lei 8.952/1994) estava fora de sintonia com os arts. 275 a 281.

Mas, certamente, tudo isso não deixou de ser percebido pelo legislador ou pelos arquitetos da reforma. Tudo não passou de uma questão de opção, de oportunidade, até mesmo de necessidade; como diriam os italianos, "*un colpo grosso*".

Em outras palavras, o dilema era o seguinte: ou se aprovava o Projeto, como se encontrava ou corria-se o risco de não tê-lo tão cedo inserido no sistema processual. Pelo sim, ou pelo não, parece-nos que a melhor decisão foi tomada, restando à doutrina e aos julgadores procederem à interpretação necessária à adequação entre os dois sistemas, até que, com o passar do tempo, novas reformas viessem a ser implementadas, como de fato ocorreu.

9. Técnicas de cognição no procedimento sumário

No item n. 6 supra, tivemos oportunidade de ver que o rito ordinário serve como padrão para os demais procedimentos. O próprio Código, a esse respeito, não deixa qualquer dúvida ao dispor que "o procedimento especial e o procedimento sumário regem-se pelas disposições que lhes são próprias, aplicando-se-lhes, subsidiariamente, as disposições gerais do procedimento ordinário" (parágrafo único do art. 272).

As técnicas destinadas à consecução do conhecimento dos fatos e do direito pelo julgador, aplicáveis no procedimento sumário, são as mesmas empregadas em todos os processos de conhecimento e, por consequência, nos demais ritos. Para nós, é de particular interesse a realização deste estudo para que não restem dúvidas entre *procedimento sumário* com técnica de *cognição sumária*.

O tema é deveras importante não só para a melhor compreensão dos *procedimentos diversificados* (v. item n. 4, supra) como também para a sua interligação com a matéria das *tutelas jurídicas diferenciadas* (urgentes ou não) e as formas que elas podem assumir no curso do processo.

Para tanto, usaremos como mecanismo as chamadas *técnicas de cognição*, que se destinam à construção de tutelas jurisdicionais diferenciadas, as quais se adéquam às diversas pretensões de direito material, além de possibilitar a concepção de diversos tipos de procedimentos, com vistas à instrumentalidade do processo.[75] Essas primeiras colocações são necessárias a fim de que se possa bem distinguir a especialização procedimental e suas respectivas variações.

Nos feitos que tramitam sob o rito sumário, verificamos a perfeita viabilidade jurídica de obtenção de tutela sumária antecipatória interinal, cujo escopo é a satisfação imediata da pretensão do autor no plano fático, o que, por sua vez, se torna possível, através de cognição sumária da pretensão (arts. 273, 461 e 461-A, do CPC).

Nos dizeres de Marinoni, "O processo de cognição sumária não permite o conhecimento aprofundado do objeto cognoscível, diferenciando-se do processo

---

75. Kazuo Watanabe, *Da cognição no processo civil*, n. 5, p. 26-27.

com procedimento sumaríssimo em seu conteúdo, ou seja, materialmente. Já a diferença do procedimento sumaríssimo em relação ao procedimento ordinário é apenas formal."[76]

Antes de se pronunciar sobre o mérito da demanda, o juiz realiza uma série de atividades intelectuais com o objetivo de colocar-se em grau de julgar a causa, seja fundada ou infundada, e, então, declarar existente ou inexistente, a vontade concreta da lei ao caso *sub iudice*. Essas atividades intelectuais, que, segundo Chiovenda, são os instrumentos de atuação da vontade da lei mediante *accertamento*, constituem a *cognição do juiz*, razão porque o *conhecimento* é necessário tanto para acolher como para rejeitar o pedido inserto em demandas.[77]

Em outras palavras, a cognição é o ato de verificação cognoscitiva realizado pelo juiz com o escopo de formar o seu convencimento a fim de pronunciar-se a respeito de pretensão formulada, com base na causa de pedir e nas provas produzidas, podendo ocorrer em fase processual preliminar, intermediária ou final, extinguindo-se ou não a demanda, mas sempre voltado à solução judicial definitiva do conflito, através da prolação de uma decisão terminativa de mérito suficientemente hábil a gerar coisa julgada material.

Escreve Araken de Assis que: "Realmente, o arquétipo do processo declarativo corresponde à reprodução ilimitada, na demanda, da lide efetiva ou virtual que separa as partes, trazidas através da iniciativa delas, no que os arts. 262 e 300 do CPC desempenham o papel de fronteira tanto à demanda do autor quanto à defesa do réu, respectivamente, sob a égide dos princípios da demanda e da eventualidade". Mais adiante, prossegue o Professor gaúcho assinalando corretamente que: "De duas maneiras se impõem lindes à cognição judicial: ou a lei coloca fora do processo várias questões, encurtando-o em extensão, e, portanto, tornando-o parcial; ou limita-o à superficialidade de uma ou mais questões, restringindo-o, conseguintemente, no plano da profundidade."[78]

A cognição operada pelo juiz pode se dar em dois planos distintos: a) horizontal, que por sua vez, subdivide-se em: a1) parcial ou a2) plena; e b) vertical, subdividindo-se em: b1) sumária ou b2) exauriente.

A horizontalidade da cognição pertine à amplitude do conhecimento praticado pelo juiz, cujos limites são os elementos objetivos do processo representados

---

76. *Tutela cautelar e tutela antecipatória*, p. 141, conclusão n. 18.

Nessa obra, o Professor paranaense faz nítida distinção entre o gênero *tutela urgente* e suas três espécies: *tutela cautelar*, *tutela sumária antecipatória* e *tutela urgente de cognição exauriente*.

77. *Istituzioni...*, vol. 1, n. 37, p. 161.

78. *Cumulação de ações*, n. 63, p. 189-190.

pelo trinômio: pressupostos processuais, condições da ação e mérito da causa,[79] motivo pelo qual, em razão da extensão permitida, pode ser parcial (limitada), ou plena (ilimitada).

Por isso se diz que "(...) em algumas hipóteses, mormente naquelas referentes à espécie de tutela jurisdicional diferenciada, que se afastam do procedimento comum ordinário, a própria legislação impõe restrições à liberdade de iniciativa do autor quanto à demarcação da *causa petendi*.

"As possessórias configuram um exemplo típico de demandas, cujo conteúdo objetivo sofre limitação *ex lege*. A cognição sumária, que caracteriza tais ações, obsta a que o autor deduza *causa petendi* fundada em domínio"[80] ou propriedade.[81]

E para que se possa estabelecer o contraste entre uma demanda plenária, portanto, em que se realiza cognição ampla ou ilimitada e outra materialmente sumária, na qual se verifica a cognição parcial ou limitada, "(...) temos de ligar estes conceitos à ideia de uma demanda cujo campo decisório, quando inteiramente julgado pela sentença, ainda deixasse fora da coisa julgada uma certa porção de questões litigiosas, denominadas 'exceções reservadas', com base nas quais as partes poderiam fundar uma demanda subsequente, ou alimentar uma fase subsequente da própria demanda."[82]

---

79. Sobre a "metodologia no exame do trinômio processual: pressupostos processuais, condições da ação e mérito da causa", v. Joel Dias Figueira Júnior, em estudo assim intitulado, publicado em: *Jur. Bras.*, vol. 172/33; *Jur. Cat.*, vol. 71/31 e *Rev. de proc.*, vol. 72/335.

80. José Rogério Cruz e Tucci. *A causa* petendi *no processo civil*, n. 10, p. 148.

81. Lembramos que nas ações possessórias o legislador delimitou o campo material da controvérsia em torno do *ius possessionis*. O Código Civil de 1916 admitia somente em caráter excepcional a discussão do conflito com base no petitório (*exceptio proprietatis* ou *exceptio domini*), nos termos do art. 505 do CC/1916, razão pela qual a amplitude do conhecimento da questão era reduzida como decorrência da limitação imposta ao autor, a respeito da causa de pedir. Com o advento do Código de 2002, o instituto da *exceção de domínio* foi banido, acertadamente, do nosso ordenamento jurídico, segundo se infere do disposto no art. 1.210 do aludido Código. Sobre esse tema, v. Joel Dias Figueira Júnior, *Código Civil Comentado*, art. 1.210.

82. Ovídio Baptista da Silva, *Procedimentos especiais*, n. 24, p. 43.

Seguindo a mesma orientação, escreve Luiz Marinoni que "O legislador, através da técnica de cognição parcial, pode desenhar procedimentos reservando determinadas exceções, que pertencem à situação litigiosa, para outros procedimentos; nos procedimentos de cognição parcial, o juiz fica impedido de conhecer as questões reservadas, ou seja, as questões excluídas pelo legislador para dar conteúdo a outra demanda. É o caso das ações possessórias e das ações cambiárias" (*Efetividade do processo e tutela de urgência*, n. 2.3.1, p. 15).

Por sua vez, a verticalidade da cognição realiza-se com fulcro na profundidade com que são analisadas as questões postas pelos litigantes, podendo variar em relação ao momento processual em que se verifica ou em face da própria natureza do conflito, motivo pelo qual há de ser *sumária* (ou superficial – expressão esta que entendemos inadequada, conforme demonstraremos no decorrer deste estudo, em que pese largamente usada na doutrina e jurisprudência) ou *exauriente* (completa).

Diz-se que a cognição é completa quando o juiz examina profundamente todas as pretensões formuladas pelo autor e "exceções" apresentadas pelo réu; inversamente, sumária ou incompleta é a cognição cuja análise dos articulados das partes dá-se de maneira não exauriente.[83] Vê-se, pois, que a cognição no sentido vertical é umbilicalmente ligada à produção das provas necessárias ao conhecimento aprofundado (exauriente) do objeto litigioso. Realmente, em alguns casos, para a efetividade da tutela do direito, é necessário que o juiz decida com base em um conhecimento menos profundo, ou seja, sumário (contrapondo-se ao completo ou exauriente). Nos casos de urgência, a efetividade da proteção jurisdicional não se concilia com o tempo necessário à produção de determinadas provas, da mesma forma, quando o direito pode ser evidenciado de pronto, embora não esteja presente a urgência manifesta. Por esses motivos, a cognição sumária faz surgir uma situação de aparência.[84]

No sentido vertical, as tutelas de cognição sumarizada objetivam: "a) assegurar a viabilidade da realização de um direito ameaçado por perigo de dano iminente (tutela cautelar); b) realizar, em vista de uma situação de perigo, antecipadamente um direito (tutela antecipatória urgente); c) realizar, em razão das peculiaridades de um determinado direito e em vista do curso do procedimento comum, antecipadamente um direito (liminares de determinados procedimentos especiais); d) realizar, quando o direito do autor surge como provável e a defesa é exercida com objetivos protelatórios, antecipadamente um direito (a tutela antecipatória, não fundada em *periculum in mora* (...)",[85] recentemente introduzida no Código de Processo Civil, através da Lei 8.952/1994.

Outra, aliás, não é a lição de Andrea Proto Pisani, também seguida por Marinoni, no sentido de que a tutela fulcrada em cognição sumária não permite

83. Giuseppe Chiovenda, *Istituzioni...*, vol. 1, n .37, p. 161.

84. Luiz Guilherme Marinoni, "Novidades sobre a tutela antecipatória", *RePro*, vol. 69/105-106, n. 2.

85. Luiz Guilherme Marinoni, *Efetividade do processo*, n. 2.3.2, p. 17.

Daí sua afirmação no sentido de que "A restrição da cognição no plano vertical conduz aos chamados juízos de probabilidade e verossimilhança, ou seja, às decisões que ficam limitadas a afirmar o provável" (idem, ibidem).

a busca da *verdade e da certeza*, enquanto a proteção de cognição exauriente, ao contrário, é caracterizada por produzir coisa julgada material.[86] "A tutela sumária, de fato, não produz coisa julgada material. Na sentença cautelar ou antecipatória o juiz nada declara, limitando-se, em caso de procedência, a afirmar a probabilidade da existência do direito e a ocorrência da situação de perigo, de modo que, proposta a 'ação principal' e aprofundada a cognição do juiz sobre o direito afirmado, o enunciado da sentença sumária, que afirma a plausibilidade da existência de direito, poderá ser revisto, para que o juiz declare que o direito, que supunha existir, não existe."[87]

Nos dizeres de Donaldo Armelin, "A cognição sumária corresponde àquela superficial, embora sem limitação no plano horizontal, contrapondo-se, destarte, à plena e exauriente, ainda que horizontalmente limitada. Este tipo de cognição, inerente ao processo cautelar, ocorre em certas formas não cautelares de antecipação de tutela, como são as liminares das ações possessórias, da ação de busca e apreensão regrada no Dec.-lei 911/69 e nos embargos de terceiro, dentre outras".[88]

As demandas interditais de rito especial (*summarissimum possessorium*) servem como uma luva para explicar bem esse fenômeno, tendo em vista que apresentam de forma bem definida as suas duas fases procedimentais, em que podemos perfeitamente observar uma variação e combinação dos tipos de técnica de conhecimento a ser empregada pelo juiz em cada um desses momentos processuais. Assim, é possível dizer que neste tipo de demanda realizam-se as duas espécies de *sumarização*, ou seja, no plano horizontal e vertical – *cognição parcial* e *não exauriente*.

Horizontalmente, o exame será, via de regra, sempre *parcial*, seja na primeira ou na segunda fase do processo, à medida que a amplitude das lides possessórias se restringem a questões atinentes ao mundo dos fatos. Contudo, se a posse for discutida com base no domínio ou propriedade, a cognição será *plena*.

Em sentido vertical, na fase de antecipação da tutela de urgência, a cognição preliminar realizada pelo juiz é de natureza *sumária*, enquanto *exauriente* na segunda fase, nos limites circunscritos pela *causa petendi*.

---

86. *I processi speciali. Studi offerti a Virgilio Andrioli dai suoi allievi. Appunti sulla tutela sommaria*, p. 312/313. Assim também Marinoni, *Efetividade...*, p. 17).

Lembra-nos o Professor Ovídio, ao escrever sobre o *princípio de verossimilhança*, a citação de Voltaire, oportunamente feita por Calamandrei, num dos seus conhecidos ensaios ("Verità e verosimiglianza nel processo civile", *Opere giuridiche*, vol. 5, p. 616): "*Les vérités historiques ne sont que des probabilités*" (*Curso...*, vol. 1, p. 56).

87. Marinoni, *Efetividade*, p. 17-18.

88. "Tutela jurisdicional diferenciada", *O processo civil contemporâneo: coletânea de estudos*, p. 109-110.

Resumindo, podemos dizer que as decisões concessivas ou denegatórias de medidas liminares nos feitos interditais, concretizadoras de execução ou mandamento antecipado da sentença de mérito, são proferidas mediante o uso da técnica de *cognição sumária*, apreciando-se, com profundidade limitada (em face das contingências ínsitas à primeira fase procedimental), a lide no contexto resumido das provas unilateralmente produzidas pelo autor, o que, por sua vez, será objeto de conhecimento e julgamento final definitivo através de realização de cognição exauriente.[89]

Essas técnicas variadas de cognição combinam-se não raras vezes entre si, podendo-se verificar em todos os tipos de procedimento, dependendo apenas da matéria que está sendo objeto da lide *in concreto*. As várias combinações são muito bem lembradas por KAZUO WATANABE, da seguinte maneira, em síntese: a) *cognição plena e exauriente*; b) *cognição parcial* (ou *limitada*) *e exauriente*; c) procedimento ou fases de procedimento com *cognição plena e exauriente* secundum eventum probationis; d) *cognição eventual, plena ou limitada e exauriente*; e) *cognição sumária* (ou *superficial*); f) processo de *cognição rarefeita*.[90]

Tendo em vista que a *verticalidade* da técnica de cognição está intimamente ligada à questão probatória, a doutrina em geral tem usado indistintamente a expressão cognição sumária como sinônima de cognição superficial.[91] Parece-nos que só e somente só nestes termos, isto é, diante da matéria pertinente à análise da prova, é que podemos admitir a utilização equiparada das expressões *cognição sumária* com *cognição superficial*.

O problema que ora levantamos é deveras importante para lembrar e espancar dúvidas, no sentido de que a superficialidade cognitiva, a que a doutrina se refere,

---

89. Para maior aprofundamento sobre o tema, v. JOEL DIAS FIGUEIRA JÚNIOR, *Liminares nas ações possessórias*.

90. *Da cognição no processo civil*, p. 85-86.

91. Assim, por exemplo, v.: KAZUO WATANABE (*Da cognição no processo civil*, em diversas passagens, n. 22, cap. 6, p. 91 e 95 e ss. ("Cognição sumária é uma cognição superficial, menos aprofundada no sentido vertical"); LUIZ MARINONI ("Novidades", *Rev. de proc.*, vol. 69/105; não obstante, em sua monografia *Tutela cautelar*, distingue cognição sumária de cognição superficial, nos seguintes termos: a sumária é "menos aprofundada em sentido vertical, constituindo a cognição própria dos juízos de probabilidade. A cognição superficial é a vertente menos aprofundada da cognição no sentido vertical, apresentando-se como a cognição própria dos juízos de verossimilhança", p. 140); DONALDO ARMELIN (*O processo civil...*, no qual adota a posição de WATANABE – cf. p. 110, nota de rodapé n. 15); BETINA LARA ("A cognição sumária se caracteriza por ser superficial", *Liminares no processo civil*, p. 27); PONTES DE MIRANDA (*Comentários ao Código de Processo Civil*, t. XIII, p. 235 e 290-291); JOÃO BATISTA LOPES ("Medidas cautelares inominadas", *RT* 605/14); ERNANI FIDELIS DOS SANTOS (*Rev. bras. de dir. proc.*, vol. 33/148); ADROALDO FURTADO FABRÍCIO (*Comentários ao Código de Processo Civil*, vol. 8, t. III, n. 369, p. 547-548).

não pode em hipótese alguma ser confundida com providência judicial tomada com base em análise pouco aprofundada nos fatos e fundamentos jurídicos do pedido, por se tratar de medida provisória.

Frisamos, mais uma vez, que os efeitos de certas liminares são imediatos, frente à força executiva ou mandamental do ato jurisdicional, que no mundo dos fatos passa a significar verdadeira antecipação da sentença de mérito de procedência do pedido (providência juris-satisfativa).[92] A interinidade da medida não significa que possa ser revista e modificada pelo juiz a qualquer tempo, e muito menos por ter o magistrado mudado o seu convencimento, assim como menos ainda justifica-se a prolação de um *decisum* precário, leviano, descompromissado com a profundidade do exame.

Conforme ensinamento de Pontes de Miranda, "A cognição é incompleta, superficial; portanto, tem de ser cognição 'desde logo', para o efeito da concessão, aí 'anterior' à contestação. (...) A cognição foi superficial; não, porém, precária. Se o juiz errou, confessa que procedeu levianamente, confundindo a cognição superficial com a cognição precária. Só afinal pode ser convencido".[93]

Poderíamos dizer, então, que a cognição a que o juiz procede, considerando-se os efeitos fáticos da providência liminar, deve ser a mais profunda possível dentro das delimitações peculiares da sumariedade, suficientemente capaz de criar no julgador o convencimento da verossimilhança ou da probabilidade das alegações. Todavia, tal circunstância não nos autoriza a afirmar que o juiz poderá conhecer "superficialmente" da matéria. O que ocorre é que o seu ato de conhecer os fatos e o direito não se completa num único instante processual, porquanto, como já dissemos, a prova em primeira etapa procedimental é produzida unilateralmente, impedindo, via de consequência, e por si só, um "conhecer pleno" da questão, donde exsurge a distinção entre cognição sumária e cognição superficial.

Significa afirmar, em outros termos, que não se pode confundir conhecimento e fase procedimental sumários com ausência de profundidade na análise da matéria posta para decisão (= superficialidade). Além do mais, em nenhuma fase procedimental de qualquer tipo de processo, ao juiz é permitido conhecer

---

92. Não é correto afirmar, como fez o Tribunal de Justiça de Santa Catarina, em acórdão da lavra do Des. Leonardo Alves Nunes, que concedida a liminar fica "(...) para a sentença a apreciação do mérito". (AgIn 6.782, j. 22.09.1992).

A providência urgente concedida dá-se através da prolação de interlocutória *sui generis*, porquanto o juiz aprecia o mérito da causa e antecipa a tutela jurisdicional pretendida, não obstante de maneira *sumária* (no plano vertical) e *parcial* (no plano horizontal). Em outras palavras, o magistrado não conhece propriamente do direito, mas realiza tão só um juízo sumário de valor a respeito de sua existência.

93. *Comentários*..., t. XIII, n. 3, p. 234.

de questões "superficialmente" para embasar o ato decisório. Todas as decisões devem ser fundamentadas (art. 93, IX, da CF), em consonância com o princípio constitucional do devido processo legal (art. 5º, LIV, da CF), sendo pressuposto da formação do convencimento do julgador o conhecimento satisfatório da matéria em questão, dentro dos contornos previamente fixados pelo tipo de demanda, espécie e fase procedimental em que a cognição se realiza.

A doutrina italiana, por exemplo, de uma forma geral, evita o uso da expressão "cognição superficial", justamente para coibir o desvirtuamento da *sommaria cognizione della sussistenza del diritto.*[94] Analisando as medidas liminares, especificamente a função antecipatória (total ou parcial) dos efeitos da providência definitiva, assinala com precisão Giuseppe Tarzia que o juiz não declara o direito, mas apenas valora sumariamente a sua existência, e tão só ao término do processo de mérito poder-se-á saber se a providência forneceu ao direito exatamente uma tutela mediata, nos dizeres de Calamandrei.[95]

10. Da conversibilidade do procedimento sumário

A reforma do rito sumário pôs fim a várias controvérsias que existiam no antigo "sumaríssimo", sendo talvez uma das mais importantes a que permitiu a *conversibilidade procedimental,* com o aproveitamento de todos os atos do processo até então praticados.

A matéria está regulada no art. 277, §§ 4º e 5º e será objeto de conhecimento do juiz durante a realização da primeira audiência (*audiência preliminar*, dita *conciliatória* ou de *conciliação*, mas que na verdade, presta-se à consecução de outras atividades, caso a tentativa de composição reste infrutífera), na hipótese de não terem os litigantes acordado a respeito do objeto da lide.

Três aspectos deverão ser considerados pelo magistrado nessa fase procedimental: o *valor da causa*, *a natureza da demanda* e a *complexidade probatória.*

Frise-se desde já que estas são as únicas possibilidades de verificar-se a conversão do procedimento sumário em *ordinário,* nada obstando, porém, que dependendo do valor da causa ou da matéria o autor opte, ao ajuizar a demanda, pelo rito da Lei 9.099/1995, ou, ainda, por algum outro rito especial admissível na hipótese em concreto.

---

94. Assim, dentre outros, v. Francesca Magi e Fabrizio Carletti, "I provvedimenti di istruzione preventiva", *Il nuovo processo cautelare, a cura di Giuseppe Tarzia*, p. 130, n. 2, "b"; Giuseppe Tarzia, "La tutela cautelare", *Il nuovo...*, p. XXVI, "c"; Valeria Mazzoletti, "I provvedimenti possessori", *Il nuovo...*, n. 5, p. 161; Andrea Lugo, *Manuale...*, p. 388, § 247.

95. Giuseppe Tarzia, *Il nuovo ...*, p. XXVI.

Vale também lembrar que a questão do valor da causa diz respeito à *competência relativa*, a qual pode ser prorrogada, nos termos dos arts. 111 e 114 do CPC. Não foi por menos que Thereza Alvim já alertou há mais de duas décadas que para a criação por parte dos Tribunais de varas especializadas deveriam observar os critérios usados no Código de Processo.[96]

Mas se o autor optou pelo rito adequado e no curso do processo não se verificar qualquer das causas acima referidas, não poderá fazer a alteração do procedimento, mesmo que esteja de acordo o réu, por tratar-se de matéria de ordem pública.

A segunda hipótese de conversão de rito para o ordinário ocorre quando verificado de plano pelo juiz, em audiência preliminar, que a natureza da demanda não se compatibiliza com as causas elencadas no art. 275, II, do CPC.

A terceira e última hipótese respeita à complexidade que a causa possa vir a assumir no decorrer da tramitação do feito, dispondo a esse respeito o § 5º do art. 277 do CPC, no sentido de que a conversão procedimental do sumário para o ordinário também ocorrerá quando houver necessidade de prova técnica de maior complexidade, em homenagem ao princípio da oralidade, em grau médio, que admite a produção de perícias não inçadas de dificuldades práticas.

Diferentemente, o microssistema dos juizados especiais, que se orienta pelo princípio da oralidade em grau máximo, rechaça a realização de prova pericial justamente por ser incompatível com os seus subprincípios da celeridade, simplicidade, informalidade e economia, permitindo apenas a inquirição simplificada de técnicos ou a inspeção judicial em pessoas ou coisas, a realizar-se de maneira informal (art. 35 e parágrafo único, da Lei 9.099/1995).

Salienta-se, ainda, que a complexidade a que se refere o legislador no § 5º do art. 277 *não é da questão jurídica* colocada para conhecimento do julgador, mas tão somente da matéria de natureza fatual e, por conseguinte, referente à consecução de *prova técnica*.[97] Em outras palavras, para que se justifique a conversão do rito sumário em ordinário, não bastará, em hipótese alguma, que estejamos diante de uma demanda que traga em seu bojo teses jurídicas (preliminares e mérito) extremamente intrincadas e dificultosas ou pedidos cumulados (ações cumuladas). Tais circunstâncias somente poderão agasalhar a mudança de rito, em caráter eventual, se envolverem a redefinição ou adequação da natureza jurídica da demanda, aplicando-se então a regra contida no § 4º do art. 277 do CPC.

---

96. "A organização judiciária e o Código de processo civil", *RePro*, vol. 3/36-37.

97. Sobre o tema atinente à complexidade das demandas e a adequação procedimental, v. Remo Caponi, *Il foro italiano*, n. 2, v. 5, Feb. 2009, p. 136-140; "Processo civile e nozione di controversia ´complessa`: impieghi normativi.

Caso contrário, somente a matéria de fundo – isto é, que envolva o mérito propriamente dito –, em face de sua complexidade probatória, é que poderá ensejar para o deslinde da causa a elaboração de prova técnica mais minuciosa ou a participação de mais de um perito, cada um detentor de conhecimentos de áreas diversas diante do conflito multifacetado instaurado etc.

Ressaltamos que as conversões a que se referem os §§ 4º e 5º deste artigo respeitam sempre e incondicionalmente ao rito sumário em ordinário, não admitindo o sistema interpretação inversa, isto é, a passagem do ordinário para o sumário, bem como a transmudação do sumário para o sumaríssimo (Lei 9.099/1995), mesmo que, em tese, as lides instauradas se tornem "menos complexas". Essas conversões são juridicamente impossíveis, porquanto, após ajuizada a demanda e definido o procedimento, reveste-se a questão de ordem pública, não mais podendo ser alterado, nem mesmo por convenção das partes – o que não se confunde com a admissibilidade de opção procedimental para certas situações. Ademais, a conversão procedimental será sempre uma exceção e, como tal, necessitará estar prevista em lei.

No tocante ao tema da *competência* e a sua relação com os procedimentos e respectivas modificações, duas situações podem ocorrer: a) se o juiz for competente, em razão da matéria, prosseguirá no feito até julgamento final, realizando apenas a conversão procedimental, valendo frisar que a mudança de rito não significa alteração da competência de juízo; b) se, ao contrário, em face da organização judiciária local, existirem varas especializadas por matéria, diante da constatação de demanda com natureza jurídica incompatível com aquele juízo pelo qual vem tramitando o processo, além da alteração do procedimento, deverá o julgador ordenar a sua remessa para uma das varas com competência comum.[98]

Qual será, porém, o indicador do grau de complexidade das provas? E se a incompatibilidade procedimental tiver se verificado numa vara privativa para processar e julgar apenas as demandas afeitas à Lei 9.099/1995? A respeito das duas indagações, podemos dizer que tudo dependerá da formação do convencimento do juiz. Portanto, trata-se de questão de extrema subjetividade e, por conseguinte, de difícil ou quase impossível aferição doutrinária. O que pode parecer matéria probatória complexa para um magistrado, para outro poderá não ser.

98. Alertamos os operadores do direito para não confundirem as alternativas apresentadas pelo sistema do Código de Processo Civil com aquelas estatuídas na Lei 9.099/1995, que regula os juizados especiais. Neste microssistema, em face da complexidade da matéria probatória, não se vislumbra apenas uma questão procedimental. Seus efeitos são mais acentuados e atingem a órbita processual, ao ponto de acarretarem a extinção do processo, sem julgamento do mérito (art. 51, II). A esse respeito, v. Joel Dias Figueira Júnior, *Juizados Especiais Estaduais Cíveis e Criminais*, art. 51.

Talvez a harmonização para o problema possa ser encontrada a partir de uma investigação mais aprofundada da Lei dos Juizados Especiais, senão, vejamos: o art. 35 da referida Lei deixa transparecer até com certa clareza que o *fato* sobre o qual recairá a prova *não é de grande complexidade*. Tanto é assim que o juiz não se valerá de uma prova pericial propriamente dita, ou seja, revestida de todas as formalidades e detalhamentos que o ato específico de peritagem requer. Se entender necessária a ouvida de profissional habilitado em determinada área técnica ou científica, por certo tomará essa providência. Contentar-se-á o juiz com a simples *inquirição* do *expert*, por ele mesmo indicado e de sua absoluta confiança.

Poder-se-ia perguntar então: mas se a causa for mais complexa e não bastar a mera tomada de informações do perito? Nesse caso, não temos a menor dúvida em responder que o juiz, diante da constatação da complexidade da demanda, deverá declarar-se *incompetente* e remeter imediatamente os autos para o distribuidor, a fim de que proceda ao encaminhamento a qualquer das varas cíveis, ou, se uma das partes não estiver representada por advogado, haverá de extinguir o processo, sem resolução do mérito (art. 51, II).

Agora, no juízo comum, o rito a ser imprimido ao feito será o *sumário*, exceto se a demanda versar sobre estado ou capacidade das pessoas, quando então o procedimento, necessariamente, será o ordinário (art. 275, parágrafo único).

Poderíamos atribuir, então, para esse tipo de complexidade probatória, um grau intermediário *X*, porquanto localizado entre a dificuldade mínima que é própria das ações que tramitam sob o rito sumaríssimo dos juizados especiais (= *X – 1*) e aquelas de procedimento ordinário, caracterizadas pela complexidade fatual máxima (= *X + 1*).

Nessa mesma sequência, poderá o juiz a quem foram os autos redistribuídos, após análise dos fatos ou, ainda, depois de trocar ideias com o *expert*, chegar à conclusão de que a matéria é de grande complexidade (*v.g.*, uma perícia que necessite de, no mínimo, 30 a 40 dias para ser concluída), e, com base nessa realidade, imprimir ao processo o rito ordinário.

Assinalamos também que não cabe ao magistrado nas causas que tramitam nos juizados especiais determinar, ao declarar-se incompetente, que o processo siga, dali em diante, perante outro órgão julgador, com o procedimento ordinário, por entender que a matéria probatória é muito complexa. Em outras palavras, tem-se por regra que o processo não pode passar diretamente do rito sumaríssimo para o ordinário quando existe no sistema uma *forma intermediária*, que é a sumária.

Não obstante todas essas argumentações, não é fácil a identificação dos graus de complexidade probatória. Tudo dependerá da sensibilidade, do conhecimento jurídico e fatual do julgador a respeito da matéria que lhe é posta *sub examine*, aliado ao indispensável bom senso. Por isso, nesses casos, as informações prestadas pelos peritos são de extrema importância e, por certo, muito servirão de orientação para os magistrados resolverem a problemática questão procedimental.

Não se pode confundir *fungibilidade procedimental*, que é justamente esse objeto de análise e permitida pelo sistema, com *fungibilidade ou conversibilidade de ações* ou, ainda, com *modificação ou conversão de pedidos*, cujo tratamento jurídico a ser dispensado é bem diverso.

Na petição inicial deverá o autor demonstrar a causa de pedir e formular o *pedido*. Até a efetivação do ato citatório válido, inexiste qualquer óbice à modificação ou aditamento do pedido ou da causa de pedir. Após a feitura da citação, a alteração é defesa sem o consentimento do réu, ainda que ocorra a revelia, salvo promovendo nova citação, e, em nenhuma hipótese, mesmo com a concordância do sujeito passivo, será admitida após o saneamento do processo (art. 264 e parágrafo único c/c arts. 294 e 321).

"A bilateralidade da audiência, sintetizada no jogo dialético, que caracteriza o processo judicial de qualquer natureza, é então centrada em torno dos fatos que englobam a *causa petendi* e a *causa excipiendi*. E para que seja assegurada ao réu a garantia do contraditório, resulta evidente que deva ele conhecer, no âmbito objetivo da demanda, o fato constitutivo do direito deduzido pelo autor.

"E, uma vez consolidada a 'causa de pedir' na fase postulatória e, por via de consequência, delimitado o objeto da prova no momento inaugural da audiência de instrução e julgamento (art. 451 do CPC), qualquer tentativa de modificação do núcleo fático em que se funda a demanda corresponde ao 'inválido exercício *ex novo* de um poder de ação diverso daquele verificado na instauração do processo'."[99]

Em outras palavras, está-se diante da incidência de três princípios norteadores do processo civil: da originalidade, da obrigatoriedade e da definitividade, todos intimamente ligados com os institutos jurídicos da ação civil e os seus respectivos delineamentos no que concerne à petição inicial.

O art. 282 do CPC oferece os contornos bem definidos dos requisitos que devem estar presentes na formulação de uma exordial, sendo esta peça indispensável à propositura da demanda. Assim, o princípio da originalidade consubstancia-se na necessidade de articulação de todos os elementos *ab initio*, isto é, na própria peça inaugural.

---

99. José R. Cruz e Tucci, *A* causa petendi *no processo civil*, n. 13, p. 154, baseado nos ensinamentos de Corrado Ferri (*Struttura del processo e modificazione della domanda*, p. 117, cf. nota de rodapé n. 109).

A respeito do tema, v. Sérgio Shimura, *Ajuris*, vol. 49/103 e "Breves considerações sobre a *emendatio libelli* e a *mutatio libelli*", *Rev. de proc.*, vol. 59/236.

Tais requisitos apontados na legislação são normas cogentes, de observação obrigatória. Quando não atendidos, inepta se torna a inicial (art. 284 c/c 295, do CPC), resultando na extinção do processo, sem resolução do mérito (art. 267, I, do CPC). É o princípio da obrigatoriedade, que, no caso, importa na indeclinabilidade de formulação de um pedido com base na indicação da causa de pedir.

Por último, o princípio da definitividade ou da estabilização da lide está consolidado na circunstância de que, proposta a demanda (art. 263) e ultrapassada a fase do saneamento do processo, em nenhuma hipótese a modificação do pedido e da causa de pedir será permitida.[100]

Mas como se aplica a limitação temporal estatuída no parágrafo único do art. 264 ao procedimento sumário, que não possui "despacho saneador"? A solução encontrada anteriormente pela doutrina para o sumaríssimo se aplica integralmente ao atual rito, ou seja, "(...) deve ser entendida como proibição de alterar o pedido após o momento da audiência em que, já efetuado o controle de regularidade do processo e das condições do legítimo exercício da ação, se passa à atividade instrutória".[101]

Não obstante, situações novas podem surgir no decorrer do processo impossíveis de contemplação quando do ajuizamento da demanda, trazendo aspectos objetivos que prejudiquem a pretensão original, exigindo a sua adequação ou transformação. Nesses casos, devemos recorrer ao instituto do fato novo, nos dizeres de Fenochietto,[102] ou, ainda melhor, da superveniência de causa independente, insculpida no art. 462 do CPC, como exceção ao princípio geral da definitividade (direito subjetivo superveniente).

No curso do processo, a ação não pode ser modificada; todavia, nada obsta que ela venha a ser emendada,[103] nos termos dos arts. 264 e 294 do Código de Processo Civil, ou quando se der o surgimento, após a propositura da demanda, de algum fato constitutivo, modificativo ou extintivo do direito, capaz de influir de alguma forma no julgamento da lide, cabendo ao juiz tomá-lo em consideração, de ofício ou a requerimento da parte, no momento de proferir a decisão (art. 462, do CPC).

---

100. Cf. Joel Dias Figueira Júnior, *Lições de teoria geral do processo*, n. 16.1.4, p. 54-55.

Salientamos ainda a importância desses princípios, à medida que eles servem ao norteamento da fixação temporal e de conteúdo material, fáctico e jurídico da demanda, responsáveis pelos *contornos da lide* e que, por sua vez, servirão à formação do *livre convencimento do juiz*, assim como auxiliarão a *motivação das decisões* e servirão para delimitar a observância da *relação entre o pedido e o pronunciado*.

101. Barbosa Moreira, *O novo processo civil*, n. 2, p. 144.
102. *Curso de derecho procesal – parte especial*, n. 9, p. 57-58.
103. Liebman, *Manuale...*, vol. 1, p. 175.

Não há de se confundir o preceito estatuído no art. 462 do CPC com o conhecimento de fatos que signifiquem alteração do pedido ou da causa de pedir, isto é "O juiz não pode conhecer de fato novo ocorrido posteriormente à propositura da ação, caso este venha a alterar a *causa petendi*, e/ou o pedido. Pois, por 'fato novo' entenda-se aquele que, rigorosamente, se ajusta à *causa petendi* e ao pedido. É fato novo só quanto à circunstância de sua ulterior ocorrência, relativamente à época da postulação inicial, e não no sentido de inovar o *petitum* e sua (s) *causa (ae) petendi*, pois já daí deve constar."[104]

Importa dizer que o *ius superveniens* pode consistir no advento de fato ou de direito que possa influir no julgamento da lide, mas não se pode, a pretexto de objetivar a sua incidência, alterar a causa de pedir ou o pedido.[105]

Até a prolação da decisão final (de primeiro grau ou em instância recursal) pode verificar-se o aparecimento de fato novo, cujo conhecimento pelo julgador se torna indispensável à solução do conflito intersubjetivo, ou, ainda, à mera conversibilidade procedimental à concessão de tutela adequada.

Finalmente, assinalamos que no tocante ao problema da individuação da categoria dos fatos que integram as chamadas *mudanças supervenientes de circunstâncias*, entendemos que somente as alterações *extraprocessuais* das circunstâncias de fato podem respaldar essa alteração.[106]

11. Procedimento sumário e aplicação subsidiária das normas gerais do rito ordinário

Em abordagens anteriores tivemos oportunidade de dizer que o procedimento padrão para o nosso sistema processual civil é o ordinário, não deixando o próprio Código qualquer dúvida a esse respeito (art. 272, parágrafo único).[107]

Havemos de apontar uma atecnia do legislador, verificada no parágrafo único do art. 272, ao mencionar a aplicabilidade subsidiária das *disposições gerais* do procedimento ordinário. Onde estão sistematizadas no Código as referidas "disposições gerais" ou quais são? Na verdade, adequado seria omitir o adjetivo (gerais), que denota o genérico.

---

104. Arruda Alvim, *Manual...*, vol. 2, n. 304, p. 381.

105. Nelson Nery Junior, "Separação judicial – direito superveniente – não cabimento de alteração da causa de pedir", *RePro*, vol. 25/214, apud *Código de Processo Civil...*, art. 462, n. 1, p. 573.

106. Não são as simples modificações de alegações e/ou de fundamentações, ou novos resultados instrutórios que vão significar o *fato novo*.

107. O novo procedimento sumário, a exemplo do que já se verificava no antigo sumaríssimo, é regido pelas normas que lhe são particularizadas no Capítulo III, do Título VII, do Livro I (arts. 275 a 281).

Ocorre que "o procedimento comum, disciplinado no Código, não tem disposições gerais. O Título VIII, que dele cuida em capítulos, em nenhum passo inclui a epígrafe 'Disposições gerais'. Só disposições gerais sobre resposta do réu, disposições gerais sobre provas, disposições gerais sobre audiência. Mas não são essas disposições gerais as únicas aplicáveis. São todas as disposições sobre procedimento ordinário. Geral, portanto, no texto, tem sentido vulgar e não técnico. E se o termo disposições gerais teve, no Código, conotação técnica, não foi acertada sua utilização no contexto. *Disposições gerais do procedimento ordinário* equivale a *disposições em geral sobre o procedimento ordinário.*

"Na verdade, aqui, como em passos anteriores, a ausência de uma parte geral para todo o Código levou a construções e enunciados nem sempre tecnicamente os melhores".[108]

O *procedimento ordinário* é considerado universalmente como sendo o *procedimento padrão* ou *modelo*, em face do delineamento lógico e sequencial bem definido de suas quatro fases, denominadas *postulatória*, *ordinatória*, *instrutória* e *decisória*, todas interligadas e cada qual apta à realização de atos processuais que lhe são próprios, reguladas ainda por um sistema mais ou menos rígido de preclusões.[109]

Por conseguinte, os procedimentos especiais, assim como o sumário definido pela Lei 9.245/1995 e o sumaríssimo da Lei 9.099/1995, não podem ser examinados sob o enfoque desse esquema ordinatório ritualístico que remonta ao *ordo iudiciorum privatorum*, em razão das distinções previamente estabelecidas pelos sistemas a respeito das suas várias fases, as quais se amoldam instrumentalmente à relação de direito material objeto da controvérsia com o escopo de melhor viabilizar a efetividade do processo por intermédio de procedimentos diversificados.

Portanto, quando estamos diante de uma demanda cognitiva que se instrumentaliza através dos ritos sumário ou especial, as regras que se aplicam são justamente aquelas definidas nos arts. 275 a 281 do CPC ou aquelas estabelecidas no Livro IV do CPC, ou, ainda, aquelas estabelecidas em legislações extravagantes. Somente em caráter excepcional e quando omissa a regra procedimental pertinente a determinado rito sumário ou especial é que se aplicam subsidiariamente as normas do procedimento ordinário, e desde que não se afigurem incompatíveis com qualquer outro dispositivo ou com seus princípios norteadores específicos. Assim, apesar de o *caput* do art. 272 referir-se ao gênero *comum* como gênero procedimental, apenas o rito *ordinário* é que se enquadra como procedimento

---

108. J. J. Calmon de Passos, *Comentários ao Código de Processo Civil*, 8. ed., vol. 3, n. 9, p. 8.

109. Cf. Antônio Marcato, *Procedimentos especiais*, n. 16, p. 39.

Lembramos a posição de Pontes de Miranda, que circunscreve em apenas três as fases do rito ordinário (formação/angularização da relação processual; instrução; e decisão) (cf. *Comentários ao Código de Processo Civil*, 4. ed., t. III, art. 272, n. 2, p. 530).

modelo, na medida em que, para fins de regramento ritualístico próprio, o *sumário*, a rigor, equipara-se aos *especiais*.

Ressalta-se que essa concepção não significa apologia ao procedimento ordinário; ademais, é bom que se diga, mesmo *en passant*, que inexistem ritos melhores ou piores. O que se verifica na prática é a adequação ou inadequação do rito definido pelo sistema ou escolhido pelo autor em face da relação de direito material objeto da lide judicial. Assim sendo, a adequação do instrumento e sua respectiva forma de desenvolvimento deverão estar necessariamente sintonizadas com a complexidade jurídica e probatória (notadamente esta última) da controvérsia.

Em outras palavras, e figurativamente, a *carga* (aqui representada pela *lide*) haverá de ser proporcional à capacidade do veículo que irá transportá-la (no caso, o processo e seu procedimento) até o *destino* desejado (*sentença de mérito* acrescida dos efeitos satisfativos nos planos jurídico e fatual).

Aliás, a busca incessante dessa proporcionalidade ou equilíbrio entre a espécie de lide, o tipo de processo e o procedimento adequado tem sido uma das preocupações dos processualistas contemporâneos, já se fazendo visíveis através das modificações instituídas no sistema instrumental brasileiro através do "movimento reformista" da década de 80, e especialmente de 90, valendo aqui apontar, dentre outras, a introdução da técnica especial monitória, do procedimento sumaríssimo dos Juizados Especiais Cíveis, do procedimento sumário, das ações e processos coletivos etc.

Exemplificativamente, tomemos o antigo procedimento "sumaríssimo", cuja inadequação da quase totalidade dos tipos de demandas inseridas no rol do inc. II do art. 275 do CPC era manifesta, tendo sido duramente criticada pela doutrina,[110] tanto que a Lei 9.245/1995, que instituiu o procedimento sumário, suprimiu praticamente a metade do vasto elenco de treze hipóteses (foram suprimidas seis alíneas), cuja complexidade das lides era incompatível com o princípio da oralidade, erigido, na época, ao grau máximo como o orientador do revogado rito "sumaríssimo", que mais se afeiçoava ao "ordinaríssimo", assim jocosamente

110. A esse respeito, asseverou criticamente Athos Gusmão Carneiro, em relação ao antigo rito sumaríssimo e suas matérias elencadas no derrogado inc. II, que, sob a visão pragmática, era evidente a conveniência do procedimento ordinário em demandas como as oriundas, por exemplo, de "comissão mercantil", ou de "gestão de negócios, comodato, mandato e edição", ou as relacionadas com o "direito de vizinhança" ou com a "servidão de passagem forçada", causas que, certamente, exigiriam a produção de provas periciais complexas (*v.g.*, contábil, econômica, agrimensória-topográfica), incompatíveis, de regra, com o prazo de 90 dias então assinado para o término daquele procedimento, que, em tese, cingia-se a uma audiência única, una e indivisível – audiência de "conciliação, instrução e julgamento" (cf. *Audiência de instrução e julgamento*, 8. ed., n. 148-H, nota de rodapé n. 6, p. 144).

chamado na prática forense, por ser, de fato, o mais ordinário, isto é, o pior entre todos os procedimentos, pois era, de regra, o mais moroso e intrincado dos ritos, totalmente dessintonizado o texto legal das lides que ele absorvia.

12. O princípio da oralidade e o procedimento sumário

O princípio da oralidade em nosso sistema processual civil não traz nenhuma novidade, porquanto convivemos com ele, bem ou mal, desde o Código de 1939, tendo se tornado ainda mais intenso e prestigiado com o advento do Código atual.

Também chamado de *viga mestra da técnica processual*,[111] podemos aplicar os mesmos ensinamentos do processo comum, porquanto o princípio enfocado nada mais significa do que a exigência precípua da forma oral no tratamento da causa, sem que com isso se exclua por completo a utilização da escrita, o que, aliás, é praticamente impossível, tendo em vista a imprescindibilidade na documentação de todo o processado e a conversão em termos, no mínimo, de suas fases e atos principais, sempre ao estritamente indispensável. Ademais, processo oral não é sinônimo de processo verbal.

"Na realidade, os procedimentos oral e escrito completam-se. Quando o legislador alude ao procedimento oral, ou ao procedimento escrito, isto significa não a contraposição ou exclusão, mas a superioridade de um, ou de outro modo, de agir em juízo. Ambos os tipos de procedimentos dizem respeito ao modo de comunicação entre as partes e o juiz. (...) O procedimento oral fundamenta-se não apenas em fatos e atos que o juiz conhece, de viva voz, como também em provas produzidas".[112]

Assim sendo, o princípio da oralidade aparece como norteador geral do processo civil com maior ou menor intensidade, dependendo do tipo de lide, tal qual como posta pelo sistema à apreciação do Estado-Juiz. Todavia, no procedimento comum, pelas suas próprias características, a oralidade não consegue ser erigida ao seu ponto máximo, enquanto no processo de rito mais especializado a possibilidade aumenta sobremaneira.

Analisando o processo de cognição, já dizia Chiovenda que, não obstante a existência de uma linha essencial, formam-se vários tipos ou sistemas de processo, os quais diferem entre si pelo fato de que alguns seguem determinados princípios, enquanto outros, princípios diversos, e, ainda, outros contemporaneamente e em medidas diversas, princípios opostos. Por isso, afirmava o mestre italiano,

---

111. Sobre a questão da oralidade como viga mestra da técnica processual, v. Cibele P. M. Tucci, "Bases estruturais do processo civil moderno", *Processo Civil – evolução – 20 anos de vigência* (coletânea de estudos), p. 48-52.

112. J. Cretella Jr., *Comentários à Constituição de 1988*, vol. 6, art. 98, I, p. 3.046.

um processo pode ser diferente de outro. Seguindo esse pensamento, a oralidade pode ser mais ou menos intensa.[113]

A verdade é que "a experiência resultante da história nos permite afirmar que o processo oral é, sem sombra de dúvida, o melhor e o mais de acordo com a natureza e as exigências da vida moderna, visto que sem ponto comprometedor; mas, em vez disso, melhor garante a boa índole intrínseca da decisão, a qual é fornecida mais economicamente, com mais simplicidade e prontamente. E no tocante à celeridade do processo oral, ele dura três ou quatro vezes menos tempo do que o processo escrito".[114]

Por outro lado, esse princípio traz em seu bojo outros norteamentos principiológicos complementares ou desmembramentos, representados pelos *princípios* do *imediatismo*, da *concentração*, da *imutabilidade do juiz* e da *irrecorribilidade das decisões*. De acordo com o pensamento chiovendiano, poderíamos dizer que eles representam *um todo incidível*, no sentido de que a atuação de qualquer um deles é necessária, a fim de que se torne possível realizar um processo verdadeiramente oral.[115]

---

113. *Istituzioni*..., vol. 1, p. 46 e vol. 2, p. 362-381.

A respeito do programa de reforma, fortemente inovador, apresentado por GIUSEPPE CHIOVENDA, no início do século XX (1909), baseado em estudo comparativo entre o sistema italiano com os germânico, austríaco e inglês, sobre o princípio da oralidade (conferência apresentada no Circolo Giuridico di Roma e publicada na *Saggi di diritto processuale civile*, vol. 1, p. 395 et seq., em 1930) v. a análise procedida por Vittorio Denti sobre o pensamento chiovendiano ("L'oralità nelle riforme del processo civile", *Riv. di Dir. Proc.*, vol. 25/434-443).

Desde então, o entendimento de CHIOVENDA a respeito do processo oral era o seguinte: a) caráter meramente preparatório dos termos escritos para o debate oral; b) imediação da relação entre o juiz e as partes; c) identidade física do juiz desde o início até o fim do processo; d) concentração processual.

114. GIUSEPPE CHIOVENDA, *Istituzioni*..., vol. 2, p. 363.

Fazendo um breve relato histórico do processo civil, lembra-nos o mestre italiano que o processo romano foi oral, porque exigia, em relação à prova, a produção direta à formação do livre convencimento do juiz, sobre a base da imediata observação dos elementos de cognição, enquanto o antigo processo germânico foi também oral, mas por razões diversas. Por sua vez, o processo peninsular medieval transformou-se lentamente de oral em escrito, por influência, sobretudo, do caráter formal da prova germânica e do sistema da prova legal dele derivado. O processo ordinário do direito comum determinou a formação dos processos escritos nas legislações dos Estados italianos e estrangeiros, tendo começado, a partir do século XVIII, por obra da doutrina, uma lenta reação capaz de conduzir, quase em todos os lugares, a restauração da oralidade (na Itália, com MARIO PAGANO – 1748-1799 e, na Inglaterra, com GEREMIA BENTHAM – 1748-1832) (idem, p. 364).

115. *Relazione sul progetto di riforma del procedimento elaborato dalla Commissione per il dopo guerra del 1920* e o estudo publicado em 1924, intitulado *L'oralità e la prova.* (apud VITTORIO DENTI, "L'oralitá nelle riforme del processo civile", *Riv. di dir. proc.*, vol. 25/434). GIUSEPPE CHIOVENDA, *Istituzioni*..., vol. 2, p. 363.

A intensidade com que o princípio da oralidade vem empregado no novo processo de rito sumário é relativa, à medida que se coloca em zona intermediária entre a forma muito sumarizada que se destina aos feitos que tramitam nos Juizados Especiais e o procedimento ordinário, que não obstante nortear-se também pelo mesmo princípio, desenvolve-se de maneira mais acentuada em face das peculiaridades das questões fatuais e jurídicas postas a exame ao Estado-juiz.

O princípio em questão nada mais significa do que a existência precípua de forma oral no tratamento da causa sem que com isso se exclua por completo a utilização da escrita, o que nos dias de hoje e em face das garantias decorrentes do *due process of law*, seria não impossível, mas impraticável, diante da necessidade de documentação, no mínimo, das peças e termos fundamentais do processado.

Nada obstante, ressalta Arruda Alvim que "A doutrina, especialmente a alemã, distingue o princípio da imediação do da oralidade, salientando adequadamente que o princípio da imediação é compatível com o processo escrito, porque, efetivamente, no processo escrito poderá haver, exclusivamente, contato entre as partes e o juiz, muito embora todo o contato seja através de petições."[116]

Para nós, o *princípio do imediatismo, imediação* ou *imediatidade* preconiza que o juiz deve proceder diretamente à colheita de todas as provas, em contato imediato com os litigantes, bem como propor a conciliação, expor as questões controvertidas da demanda, dialogar com as partes e com seus advogados sem maiores formalidades etc., o que resulta na facilitação da composição amigável ou no melhor e mais rápido convencimento do julgador.

Aliás, o ponto mais importante desse princípio, que inclusive é bem frisado na literatura alemã, é justamente o da *colheita da prova*,[117] entendendo-se aqui a expressão no seu mais amplo sentido, o qual inclui o contato imediato do juiz com as partes e seus procuradores.[118]

O *princípio da concentração* pressupõe que os atos processuais nas audiências sejam o mais concentrados possível, ou seja, realizados numa única etapa ou em audiências aproximadas.[119]

O *princípio da imutabilidade do juiz* orienta sobre a necessidade de o magistrado seguir pessoalmente o trâmite processual desde o início da demanda, até

---

116. *Tratado de direito processual civil*, vol. 1, p. 95.

117. Cf. Rosenberg-Schwab, *ZivilprozeBrecht* (apud Arruda Alvim, *Tratado*..., vol. 1, p. 95).

118. Segundo o festejado Arruda Alvim, "A oralidade coloca-se como meio de comunicação entre as partes e o juiz, como também, acessoriamente, entre os advogados e o juiz" (idem, p. 98).

119. No novo rito sumário, o legislador optou por dar menos ênfase ao princípio da concentração em prol da tentativa de conciliação, a realizar-se em ato processual distinto da instrução e julgamento.

o seu término, ressalvadas as hipóteses de atenuação enumeradas no art. 132 do CPC, que são verdadeiras exceções à identidade física do julgador.

Por último, o *princípio da irrecorribilidade das decisões* cinge-se às interlocutórias para evitar a paralisação, mesmo que parcial, dos atos ou qualquer tumulto que possa prejudicar o bom andamento do processo. Todavia, essa orientação não pode ser recepcionada em termos absolutos, como pretendia o festejado mestre italiano, o qual foi seguido no Brasil, neste particular, por ilustres doutrinadores.

A ressalva é feita no sentido de que inexiste qualquer óbice ao nosso entendimento, tendo em vista que a regra da irrecorribilidade das interlocutórias, na conformidade com o princípio da oralidade, encontra sua maior ressonância na audiência de instrução e julgamento, à medida que, ao menos em tese, num único ato processual, espera-se que a demanda seja solucionada, logo após a colheita de provas, com a prolação de uma sentença de mérito.

Esse mal expressado subprincípio (porquanto deriva da oralidade) da *irrecorribilidade das decisões* "(...) representa a impossibilidade de usar, para as decisões proferidas no curso do processo (precisamente, durante a instrução oral), de um recurso que paralise o mesmo, ou seja, para que este princípio seja levado a efeito, não se pode apelar das interlocutórias (v. arts. 162, § 2º, e 522). Essa regra vale para todas as decisões interlocutórias, mas, para as proferidas dentro do segmento representado pela instrução oral, a regra fundamenta-se na razão de ser da própria concentração."[120]

Dissemos "em tese" porque temos pleno conhecimento – e a prática tem nos mostrado essa realidade há vários anos – de que, não raras vezes, incidentes processuais ocorrem fora (antes) da audiência de conciliação, instrução e julgamento, exigindo do juiz uma decisão imediata da questão, a qual não pode ser postergada ao *decisum* final, sob pena de causar prejuízo às partes, ou, ainda, hipóteses em que a sentença não é proferida na conclusão dos trabalhos instrutórios, também não são incomuns, ficando pendente alguma matéria de ordem processual que exigia manifestação imediata do julgador.

Por outro lado, não podemos nos iludir e acreditar que todo o sistema da deficiente máquina administrativa da Justiça funciona a contento e que não exista acúmulo de processos nas varas especializadas, em face do elevado número de audiências que necessitam ser realizadas.

Entendemos desarrazoado pensar que, em homenagem ao princípio da oralidade (celeridade, concentração e imediatismo processual), se possa transformar num *minus* os princípios dispositivo, do duplo grau de jurisdição, do contraditório, da eventualidade, da ampla defesa, em suma, do *devido processo legal*. Os

---

120. Arruda Alvim, *Manual...*, vol. 1, p. 27.

sistemas instrumentais e seus princípios convivem universalmente de maneira aberta e unitária, cabendo ao intérprete a difícil tarefa de buscar e encontrar uma solução harmoniosa entre eles.[121]

Por esses motivos, verificando-se a prolação de decisão interlocutória de mérito (liminares concessivas ou denegatórias de natureza cautelar ou antecipatória) ou outra capaz de resultar em dano irreparável ou de difícil reparação não enquadrada nas hipóteses de mandado de segurança, há de se admitir, em caráter excepcional, o recurso de *agravo por instrumento*.[122]

Um outro aspecto importante a respeito do princípio da oralidade que merece ser assinalado é no sentido de que proporciona aos litigantes uma vantagem de ordem e efeito psicológico, à medida que as partes têm a sensação de estarem exercendo, cada um de per si, influência decisiva no deslinde da causa, resultando, em contrapartida, no melhoramento da imagem do próprio Poder Judiciário perante os jurisdicionados, em razão das suas respectivas participações em todos os atos do processo.[123]

---

121. Em defesa da tese contrária, v. Rogério Lauria Tucci que, ao analisar o art. 2º c/c art. 41, ambos da revogada Lei 7.244/1984 (cuja redação era, neste particular, praticamente idêntica aos arts. 2º e 41 da atual Lei 9.099/1995), assim se manifestou: "(...) a irrecorribilidade das decisões interlocutórias vê-se contemplada, implicitamente, pelo art. 41, permissivo da interposição de recurso (inominado) apenas contra sentença" (*Manual do Juizado Especial de Pequenas Causas*, p. 48); e Cândido Dinamarco, *Manual das pequenas causas*, p. 98-100.

122. Assim também firmou orientação a 5ª Turma Recursal de Santa Catarina, em AI 71, de Joinville, em que tive a oportunidade de ser o Relator, decidido, por unanimidade, *in verbis*: "*Recursos e meios de impugnação. Princípio da oralidade em grau máximo. Decisão interlocutória. Irrecorribilidade. Impugnação somente em caráter excepcional mediante reclamação, agravo por instrumento ou através de* writ. A reclamação é meio de impugnação excepcional e admissível somente nas hipóteses definidas no art. 128 do RITR, quando se verificar em concreto decisão maculada com erro ou abuso que importe inversão da ordem legal do processo, quando para o caso não haja recurso específico. Nada obstante a celeuma ainda restante na doutrina e pretórios, temos entendido que, de regra, diante do princípio da oralidade em grau máximo, orientador maior da Lei 9.099/1995, não se admite o recurso de agravo, em face da incidência de um de seus subprincípios – irrecorribilidade das interlocutórias. Todavia, quando a interlocutória versar sobre o mérito (v.g. concessiva ou denegatória de tutela antecipada genérica ou específica) e a decisão puder causar gravame ao interessado em decorrência da impiedosa incidência do fator 'tempo' no processo, ou, se a hipótese versar a respeito de óbice a processamento de recurso ou meio de impugnação, há de se admitir, em caráter excepcional, o agravo por instrumento, caso não agasalhe mandado de segurança ou a própria reclamação. Por conseguinte, não se enquadrando a hipótese vertente em qualquer uma delas, impossível se torna conhecer da irresignação".

123. De forma assemelhada, v. o pensamento de Wolfgang Grunsky ("Il cosiddetto 'modello di Stoccarda' e l'accelerazione del processo civile tedesco", *Riv. di dir. proc.*, vol. 26/360).

Para finalizar, ressaltamos que a oralidade em si mesma não é a única força ou fonte propulsora da rapidez da prestação da tutela jurisdicional do Estado. Não resta dúvida que a esse princípio devemos tributar o reconhecimento a sua imprescindibilidade no processo civil contemporâneo, sem o que não obteríamos jamais a tão desejada rapidez nos trâmites do processo rumo à sentença de mérito.

Tal afirmação pode ser confirmada pela simples observação do mundo empírico no decorrer dos últimos quarenta anos de sua aplicação em nosso País, e, de maneira mais intensa, no Código de 1973. "Se é sensato assegurar-se que o processo ao estilo itálico-canônico é tardo e dispendioso, não se pode disto deduzir que o processo oral também o não seja; porque, neste ponto, o sistema não poderia nem poderá contribuir mais que com sua parte no movimento encurtando caminho. A outra parte é ação exclusivamente humana.

"Falando da necessidade de bons condutores para o processo oral, ironizava Carnelutti que o automóvel é um excelente meio de transporte; mas, se para dirigi-lo não se encontram senão tropeiros, preferia uma carroça (...)".[124]

124. J. M. Othon Sidou, "A recepção da oralidade no sistema processual brasileiro", *Rev. de dir. civ.*, vol. 20/144.

Capítulo III

PROCEDIMENTO SUMÁRIO E COMPETÊNCIA

SUMÁRIO: 1. Critérios utilizados pelo legislador à observância do novo procedimento – 2. O valor da causa: 2.1 Conceito de valor da causa; 2.2 A importância do tema; 2.3 Princípios processuais norteadores do valor da causa; 2.4 Critérios para a fixação do valor da causa; 2.5 Analogia entre o art. 275, inciso I, do CPC e o art. 3º, inciso I, da Lei 9.099/1995 – 3. A competência em razão da matéria: 3.1 Elenco de causas compatíveis com o rito sumário, independente do valor da causa; 3.2 Arrendamento rural e parceria agrícola: 3.2.1 Regras gerais; 3.2.2 Do arrendamento rural; 3.2.3 Da parceria rural; 3.2.4 Questões processuais e procedimentais; 3.3 Cobrança ao condômino de quaisquer quantias devidas ao condomínio; 3.4 Do ressarcimento por danos em prédio urbano ou rústico; 3.5 Ressarcimento por danos causados em acidente de veículo de via terrestre; 3.6 Cobrança de seguro, relativamente aos danos causados em acidente de veículo, ressalvados os casos de processo de execução; 3.7 Cobrança de honorários dos profissionais liberais, ressalvado o disposto em legislação especial; 3.8 Revogação de doação; 3.9 Das outras causas de rito sumário – 4. Inaplicabilidade do procedimento sumário – 5. Competência, conexão e prevenção – 6. Complexidade probatória, inadequação e conversão procedimental e seus reflexos em sede de competência – 7. Modificação da competência por continência ou conexão – 8. Competência de foro.

1. Critérios utilizados pelo legislador à observância do novo procedimento

Mantendo a tradição, o legislador utilizou-se de dois critérios para delinear as demandas que tramitariam sob o atual rito sumário: o *qualitativo* (*ratione materiae* – em razão da matéria objeto da lide) e *quantitativo* (*ratione valoris* – em razão do valor). O procedimento sumário nasce sob o "signo da generalidade, e do desejo de, para todas as causas de menor grandeza, simplificar o respectivo procedimento. Deve ele servir para todos os casos, desde que definidos no seu âmbito de abrangência".[1]

---

1. ARRUDA ALVIM, "O julgamento conforme o estado do processo e o 'procedimento sumaríssimo'", *RF*, vol. 246/238.

Observa ainda o renomado Professor paulista que, historicamente, "Se formos observar a literatura dos autores medievais de então, verificaremos que houve, ao lado dos pro-

Esses critérios são tomados pelo legislador com base na *economia* e *comodidade* que o processo deve proporcionar aos litigantes. Assim como ocorreu na edição do antigo "sumaríssimo", o legislador não se utilizou da *descentralização* como critério orientador. Isso porque o rito não afetou a problemática da competência. Em relação ao modelo ordinário, em termos sintéticos, a distinção reside na maior comodidade e economia processual que o rito sumário oferece às partes, através da compactação das formas e da maior simplicidade dos atos, voltados à rapidez da prestação da tutela.[2]

Diferentemente do que se verifica em sistemas processuais alienígenas (*v.g.*, o italiano e o germânico), o Código brasileiro inseriu a questão do limite do valor da causa em sede procedimental, ao invés de adequá-la à competência.[3]

Apesar da escolha do legislador continuar incidindo nesses dois critérios, não se pode afirmar que o quantitativo seja um dos melhores; pelo contrário, seus resultados práticos não atingem o patamar esperado, seja pela dificuldade que advém do mecanismo não muito simples oferecido à fixação e aferição do adequado valor da causa, seja pelo elevado número de demandas que se adaptam ao limite estipulado, o que por si só acarreta o aumento do volume de processos em tramitação, pondo em risco a celeridade do procedimento, notadamente em face do elevado espectro de ações complexas que estarão açambarcando, ou, ainda, seja porque gera constantes incidentes relativos à impugnação do valor fixado na exordial.[4]

---

cedimentos especiais, e por outros motivos, que basicamente foram os da simplificação geral da estrutura dos processos, e assim dever-se-ia para as causas de menor grandeza, fosse do ponto de vista qualitativo, fosse do ponto de vista quantitativo, deixar também de lado a complexa estrutura do Direito romano e encontrar outra bem mais simplificada. Então, há uma série de textos, principalmente dos séculos XIII e XIV, que denotam várias tentativas, e instituição mesmo, nos vários feudos, de procedimentos sumaríssimos. Pondo-se de lado a formalidade da litiscontestação, que era um instituto do Direito romano, comprimindo no tempo o procedimento para as causas de menor valor, todos estes procedimentos deram nascimento à teoria do procedimento sumário" (idem, ibidem).

2. De maneira semelhante, v. idem, p. 237.
3. Cf. José de Moura Rocha, "Notas sobre o procedimento sumaríssimo", *Ajuris*, vol. 11/154.
4. Ao escrever sobre a inovação procedimental trazida a lume pelo Código de 1973 (o antigo "sumaríssimo") Cláudio de Lima teceu duras críticas (de certa forma ainda hoje procedentes) à opção legislativa sobre a adoção do critério do valor da causa, nos seguintes termos: "(...) Todas estas questões se revelam perfeitamente dispensáveis, em favor do melhor andamento das causas e da própria desobstrução do Judiciário, e podem ser facilmente eliminadas, com a simples relegação do critério do valor da causa, como obsoleto e superado, ao rol dos institutos sem valia. Este pensamento, que já veio sendo assentado, notadamente a experiência dos Tribunais de Alçada, é fato sabido, pelo que

Conforme a orientação processual adotada relativamente à divisão do procedimento comum em *sumário* e *ordinário*, "o valor da causa assume uma posição de importância inestimável devendo, assim, se constituir em termos de *verdade* e de *realidade* e em conformidade com as preceituações utilizadas para o seu determinar." (...) "Realmente, o processo possui íntima vinculação com postulados econômicos (...)" e, "não sendo possível desprezar a importância do 'econômico', temos ser o processo governado por leis de conveniência econômica o que ocorre sob a mais rigorosa ordem e forma lógicas."[5]

Quando da edição da Lei 9.245/1995, o critério quantitativo foi conservado no mesmo patamar do antigo sumaríssimo – vinte salários mínimos. Assim, neste ponto verificou-se, dentre outros, um descompasso entre a Lei dos Juizados Especiais, que versa sobre o *rito sumaríssimo* e a Lei do Sumário, no que concerne ao valor da causa. Porém, como já dissemos anteriormente (v. Cap. I, item 5 e Cap. II, itens 7 e 8), por questões de ordem política e em razão da exigência imediata de modificação do antigo sumaríssimo, os reformadores do Código e o legislador não desejariam interromper a tramitação final do Projeto 3.811/1993 (que deu origem à Lei 9.245/1995), que já vinha se arrastando por dois anos pelos corredores da burocracia parlamentar, a fim de proceder a estas correções, motivo porque o valor de vinte salários foi mantido no texto legal.

Com o advento da Lei 10.444/2002, que, dentre outros dispositivos, alterou o inciso I do art. 275 do CPC a discrepância mencionada foi resolvida, pois o valor passou a ser fixado em 60 (sessenta) vezes o salário mínimo.

---

causa espécie seja o valor da causa tomado como base para a aplicação do procedimento sumaríssimo (...)". E, mais adiante conclui: "(...) O critério do valor da causa, que veio sendo abandonado, em se tratando de fixação de competência, não deveria ser o preferido para a aplicação do procedimento sumaríssimo." ("O procedimento sumaríssimo no novo Código de Processo Civil", *RF*, vol. 246/119).

5. José de Moura Rocha, "Notas sobre procedimento sumaríssimo", *Ajuris,* vol. 11/153, 154 e 155, respectivamente.

A propósito, o citado Professor lembra a lição de Carnelutti (*Sistema di diritto processuale civile,* vol. 1/603) ao chamar a atenção para o aspecto econômico do processo, em sua obra o Mestre italiano denominava de *princípio de adaptação do custo do processo à importância do litígio.*

"Na verdade, quando um processo se vincula à questão que envolve centenas de milhares de acres, de logo constata-se, não pode ser equiparado àquele que pretende uma pequena indenização. Facilmente se verifica que tal dedução não implica em falta de garantia processual, mas, 'apenas', em adequação ao valor econômico" (José de Moura Rocha, "Notas sobre procedimento sumaríssimo"..., p. 156-157).

Tão verdadeira essa afirmação que assim como no antigo sumaríssimo e no atual sumário, ambos não alcançam as ações relativas ao estado e à capacidade das pessoas.

Também, a matéria a ser objeto da lide processual sofreu alteração, com a redução do elenco insculpido no art. 275, inc. II, nada obstante a manutenção do mesmo critério para a incidência desse rito, sempre idealizado para demandas que, ao menos em tese, sejam de menor complexidade (v. item 3.1, infra).

2. O valor da causa

2.1 Conceito de valor da causa

O valor da causa é o "quanto" representativo, precisado e estipulado pelo autor em moeda corrente nacional,[6] ao tempo da propositura da ação, e atribuído na petição inicial, considerando-se, para a sua fixação, regras ditadas na Lei Instrumental Civil (art. 259) ou fazendo-se sua estipulação criteriosamente, quando assim é facultado.

2.2 A importância do tema

A matéria pertinente ao valor da causa assume em nossa sistemática normativa instrumental vigente papel importantíssimo, a começar pela petição inicial, em que figura como um de seus elementos indispensáveis, além das várias implicações de ordem pública, tendo-se em consideração que estabelece o tipo de procedimento adequado, fixa as competências originária e recursal, serve de base para o cálculo e depósito das custas processuais, é parâmetro, em algumas hipóteses, para a fixação dos honorários advocatícios em demandas sem condenação,[7] limita a produção de prova exclusivamente testemunhal,

---

6. Apesar de o Senado Federal, durante a elaboração do atual Código de Processo Civil, não ter incluído, como se pretendia, no Anteprojeto e Projeto a locução *moeda nacional*, devemos ter em mente que esta é a regra para expressar o valor da causa. A unidade traduzida em moeda legal é dispositivo também encontrado, por exemplo, nos Códigos de Processo Civil português (art. 305), espanhol (art. 483 *et seq.*) e italiano (art. 7 *et seq.*).

   Excepcionalmente, e considerando-se que a Lei Processual permite tal interpretação, em face da supressão referida, poder-se-á admitir a utilização de outra unidade, como, por exemplo, o salário mínimo. Contudo, entendemos não ser de muita praticidade a fixação do valor da causa em unidade diversa da moeda nacional, tendo em vista que o procedimento, a competência e as custas judiciais são estabelecidos no início da propositura da ação, não importando variantes posteriores (p. ex., as despesas processuais finais serão calculadas e corrigidas oportunamente). Para a admissibilidade do recurso extraordinário ou ordinário, enfim, para a determinação de alçada, considera-se o *quantum* correspondente ao estabelecido na época do ajuizamento da ação (v. *RTJ* 107/438, 109/391 e 110/852 e Súmula 502, STF).

7. É preciso ressaltar que, em regra, ao revés do que pensam alguns intérpretes e aplicadores do Direito, o valor da causa não exerce necessariamente influência na fixação dos

serve como norte para a fixação da indenização e multa quando reconhecida a litigância de má-fé, bem como para a multa em face da rejeição do agravo manifestamente inadmissível ou infundado, interposto contra a decisão denegatória de seguimento a recurso e, igualmente, para a fixação de sanção pecuniária pela prática de ato atentatório ao exercício da jurisdição e de embargos de declaração de cunho protelatório.

Em face da relevância da matéria pertinente à valoração das demandas, devem as partes atentar para as orientações de ordem pública estatuídas nos arts. 258-260, do Código de Processo Civil, a fim de valorá-las corretamente, enquadrando-as, ato contínuo, no modelo procedimental adequado (ordinário, sumário ou especial).

A matéria referente ao valor da causa, como dissemos, é de ordem pública, razão pela qual a sua fixação não fica ao talante das partes, devendo, portanto, estar em sintonia com os parâmetros oferecidos pelo Código de Processo Civil e, na sua ausência, haverá de refletir o pedido formulado, em consonância com a causa de pedir. Por isso, em face das consequências que advirão da estipulação do valor da demanda, conforme já mencionado, deverá o Juiz efetuar rigoroso controle a esse respeito, desde o primeiro momento em que tiver contato com o pedido apresentado pelo autor, e, se necessário for, corrigi-lo inclusive de *ofício,* se e quando disponíveis elementos nos autos capazes de agasalhar a aludida modificação.

---

honorários advocatícios. A exceção residia nas denominadas pequenas causas, em que o art. 53 da Lei 7.244/1984 previa tal hipótese, tratando-se, não obstante, de verdadeira atecnia jurídica. Por sua vez, a Lei 9.099/1995 não incidiu no mesmo equívoco, dispondo muito bem no art. 55, segunda parte, da seguinte maneira: "Em segundo grau, o recorrente, vencido, pagará as custas e honorários de advogado, que serão fixados entre dez por cento e vinte por cento do valor de condenação ou, não havendo condenação, do valor corrigido da causa".

Em linhas gerais e principiológicas, a matéria está regulada no art. 20 do CPC e com meridiana clareza dispõe no § 3o que o percentual oscilará entre 10% e 20% e será fixado sobre o valor da condenação e não sobre o valor da causa. Note-se, ainda, que não é sempre que o valor da causa coincide com o valor da condenação, com a causa de pedir ou pedido. Mesmo que essa coincidência se verifique, a boa técnica não indica a condenação com base no valor da causa. No caso do § 4º a fixação será "consoante apreciação equitativa do juiz", e, em ambos os parágrafos, atendidos os preceitos das letras *a* a *c* do § 3º.

O valor da causa poderá ser utilizado como parâmetro somente na hipótese prevista no § 4º do art. 20 e desde que o juiz tenha tido a cautela, *opportuno tempore*, de analisar a questão, inclusive procedendo à correção. Também a Súmula 14 do STJ ("Arbitrados os honorários advocatícios em percentual sobre o valor da causa, a correção monetária incide a partir do respectivo ajuizamento"). Idêntica é a Súmula 11 do TJSC.

Por sua vez, o art. 259 do CPC traça algumas diretrizes (critério legal) que se destinam a nortear o aplicador do Direito nos casos específicos, facilitando a determinação do valor a ser atribuído à demanda. Como dissemos, a matéria pertinente ao valor da demanda reveste-se de natureza publicista, razão pela qual não fica ao talante das partes a sua fixação ou controle (por intermédio de impugnação – art. 261), que deve estar em sintonia com os parâmetros oferecidos pelo Código e, na sua ausência, refletirá o pedido formulado, em consonância com a causa de pedir.

A exemplo do Direito italiano, encontramos no art. 259 do CPC "(...) regras destinadas a aplicar o princípio geral aos casos particulares, com alguns desvios intencionais para facilitar a determinação do valor da causa; outras disposições têm o escopo de estimá-lo ou fixá-lo em modo aproximativo, com rapidez e simplicidade prescindindo a qualquer preocupação de mensuração rigorosa. O valor determinado com estes critérios sumários ou aproximados não é, naturalmente, sempre exato e por isso tem importância aos efeitos exclusivos de estabelecer a competência, sem influir no mérito (...)".[8]

Os critérios e valores prefixados no art. 259 não permitem maleabilidade na sua aplicação, devendo o *quantum* determinado, na inicial, pelo autor, corresponder harmonicamente à determinação legal respectiva. Aliás, o *caput* do mencionado artigo é taxativo e não deixa dúvidas quando dispõe que "o valor da causa constará sempre da petição inicial e será (...)" e não "poderá ser" o elencado nos sete incisos seguintes, tratando-se, pois, de norma cogente. "O autor deve indicar o valor da causa, na petição inicial, seja quando certo, ou possível auferi-lo sem elaboração de cálculos complexos".[9] De outra forma, não podendo desde logo ser estabelecido o valor sobre o qual contendem as partes (v.g. ação de revisão de cláusulas contratuais), adequado permaneça o valor atribuído à causa, que poderá ser retificado ao final da demanda, quando da prolação da sentença.[10]

O rol apresentado é exaustivo, não comportando, desta feita, o enquadramento de qualquer outra causa, em que pese o escopo do legislador ter sido orientar os demandantes através do oferecimento de alguns exemplos que servem para indicar os critérios que haverão de ser utilizados para a fixação do *quantum* em outras inúmeras hipóteses, qual seja, a valoração, em consonância com o pedido e a causa de pedir. Consequentemente, diante de uma lista tão reduzida, abre-se um leque muito grande de casos em que competirá livremente ao autor a estipulação e fixação do valor da causa.

---

8. Enrico T. Liebman, *Manuale di diritto processuale civile*, vol. 1, p. 52.
9. Cf. STJ, REsp 192155-SP, rel. Min. Luiz Vicente Cernicchiaro, j. 03.12.1998, *DJU* 17.02.1999, *Bol. Inf. Juruá*, n. 212/99, p. 15-16, v. 17.298.
10. Cf. STJ, REsp 132.221/RS, rel. Min. Rui Rosado de Aguiar; j. 19.08.1997.

2.3 *Princípios processuais norteadores do valor da causa*

Três são os princípios orientadores da matéria, referentes ao valor da causa a ser fixado na petição inicial: *obrigatoriedade, originalidade* e *definitividade.*

O *princípio da obrigatoriedade* importa a fixação de um valor certo, em todas as causas, mesmo na hipótese de não apresentarem conteúdo econômico imediato (art. 258), devendo constar na petição inicial como um dos requisitos indispensáveis, configurando, por sua vez, outro princípio, o da *originalidade* (art. 259, *caput*; e 282, V).

A valoração deve ser feita na petição inicial tendo em vista que é no momento da propositura da demanda que se traduz a realidade do pedido e, se for o caso, devidamente atualizado o *quantum* objeto da pretensão. Essa situação momentânea é que encontra relevo, não importando, em regra, nenhuma modificação superveniente, correspondendo ao *princípio da definitividade.*

Por conseguinte, "é descabido o pedido de majoração do valor da causa em contrarrazões de apelação, prevalecendo o atribuído quando da sua propositura".[11]

Sobre a definitividade, escreve Ugo Rocco que, do conceito geral do art. 5º do CPC italiano, resulta o fato de que, se no curso da lide venha a variar a demanda ou o valor do objeto demandado, como, por exemplo, quando seguido de variação do preço de mercado ou da moeda ou melhoramento das condições de um fundo ou pelo perecimento da coisa reivindicada, essas variações não apresentam nenhuma influência sobre o valor da causa, com alteração da competência que resta atrelada ao valor inicial da demanda. Quando, porém, com base em modificações posteriores, venha o autor a apresentar requerimentos que produzam ampliação da demanda originária, se superiores à competência do Juiz inicial, este não mais poderá dela conhecer. Em vez disso, quando a demanda venha reduzida, tal dedução não produz a incompetência do juiz inicial da causa.[12]

As causas possessórias, mormente as de manutenção ou de interdito proibitório, podem apresentar alterações posteriores no pedido e na causa de pedir decorrentes de modificações da situação fática, importando uma verdadeira ampliação da demanda originária. Não se trata propriamente de uma modificação do objeto mediato (a posse) ou imediato (a proteção possessória), mas a alteração de sua extensão.

A expansão do *petitum* e da *causa petendi* importará, consequentemente, o aumento do valor da causa, tendo em vista que está relacionada diretamente com o objeto mediato e imediato da ação. Esse particular se constitui numa exceção ao princípio da definitividade.

---

11. 1ª T., ApCiv 951081003-9, Campo Grande, j. 26.04.1996, rel. Juiz Romero Dias Lopes.
12. *Trattato di diritto processuale civile*, Cap. IV e V, 1 a 4, vol. 2; *Riprodotti in Novissimo Digesto Italiano*, vol. 3, p. 752-753, 1959.

É possível que o réu, no curso de uma ação de manutenção de posse, por exemplo, pratique ato de esbulho, o que causará a transformação em reintegratória, em que o pedido será ampliado para restituição – recuperação da posse da coisa que saiu da esfera fática do poder do autor.

A admissibilidade da conversão deve ser entendida por meio de interpretação sistemática do art. 920 do CPC, que permite a fungibilidade ou conversibilidade das ações possessórias, com o art. 462 do CPC, que dispõe sobre o conhecimento de ofício ou a requerimento da parte, no momento de proferir a sentença, sobre fatos constitutivos, modificativos ou extintivos do direito, surgidos após a propositura da ação.

Com a modificação, a competência, a princípio, será mantida e o procedimento aplicado será o mesmo, surgindo as implicações da alteração do valor da causa, na esfera recursal e no cálculo das custas judiciais finais.

A alteração do pedido e da causa de pedir influenciarão, também, a fixação dos honorários advocatícios, que nas ações possessórias são estipulados nos termos do § 4º do art. 20 do CPC.

Na mesma petição em que o autor comunica ao juiz sobre os fatos supervenientes, requerendo a ampliação da proteção possessória, deverá também estipular o novo valor da causa. Ocorrendo antes da fase contestatória (audiência de instrução e julgamento), terá o réu oportunidade de oferecer impugnação, conforme preceituado no art. 261 do CPC. Sendo posterior à contestação e se a sentença não tiver sido proferida no mesmo ato, o juiz dará ao réu oportunidade para se manifestar a respeito do novo valor.

O que não se pode conceber é a ampliação do *petitum e da causa petendi sem a alteração correspondente do valor da causa.*

2.4 Critérios para a fixação do valor da causa

Existem dois critérios delineados no Código de Processo Civil a respeito do valor que o postulante deverá fixar na peça inaugural de sua demanda, sendo eles o *legal* e o da *livre valoração.* O primeiro é de observância cogente, nos termos da orientação contida na própria norma, enquanto o segundo a fixação do valor não é predeterminada, não obstante a necessidade de o autor atender a certos norteamentos assinalados pelo próprio sistema.

Os quantificadores fixados por lei, para a valoração das causas, estabelecidos no art. 259 do Código de Processo Civil não permitem modificações, razão pela qual o *quantum* fixado na inicial pelo autor deverá corresponder harmonicamente à determinação legal. O *caput* do mencionado artigo é taxativo e não deixa dúvidas quando dispõe que "o valor da causa constará sempre da petição inicial e será (...)" e não "poderá ser", o elencado nos sete incisos seguintes; da mesma forma é a disposição contida no art. 282, inc. V, do CPC.

O rol formulado no art. 259 do CPC é exaustivo, não comportando, desta feita, o enquadramento de qualquer outra causa, abrindo, assim, um leque muito grande de hipóteses em que competirá livremente ao autor a estipulação e fixação do valor da causa como, por exemplo, a valoração das *ações possessórias*. Nessa questão, o legislador foi extremamente feliz e cauteloso, deixando a cargo do autor a estipulação do respectivo valor da causa, por ser a pessoa mais capacitada para adequar com maior precisão a situação fática à jurídica, tantas vezes complexas, inçadas de dificuldades e particularidades, cuja previsão legal importaria, certamente, num verdadeiro e inarredável desacerto.

Por outro lado, a *mens legis* e a *mens legislatoris* estão no sentido de permitirem o arbítrio do valor da causa mediante a utilização de critérios, e não aleatoriamente e sem qualquer parâmetro, como infelizmente tem-se constatado com alguma frequência nas lides forenses.

Como já afirmamos, no Direito brasileiro a questão assume maior relevância do que em outros países, por serem várias as implicações que decorrem da estipulação do valor da causa: o recolhimento de custas, a fixação da competência originária e recursal, a adequação procedimental; a admissibilidade de prova exclusivamente testemunhal; balizamento para a fixação dos honorários advocatícios em causa sem condenação, serve como parâmetro para a fixação de indenização e multa quando reconhecida a litigância de má-fé, multa em face da rejeição de agravo interno, quando manifestamente inadmissível ou infundado, multa em caso de interposição de embargos protelatórios e para a fixação de sanção pecuniária pela prática de ato atentatório ao exercício da jurisdição.

Considerando que o valor da causa, via de regra, é estipulado em moeda nacional torna-se logicamente muito mais fácil a valoração das causas de conteúdo patrimonial ou econômico do que a das outras de objeto diverso.

Anotava o revogado Código de 1939, em seu art. 43, de uma forma genérica, que "se o objeto da ação for benefício patrimonial, o valor da causa será a quantia em dinheiro equivalente a esse benefício", demonstrando, assim, uma relação entre o objeto e o valor da causa, princípio este que tem aplicação ainda na atual sistemática normativa, excluídas as hipóteses de previsão legal.

Para se estabelecer o valor da causa deve-se considerar o valor econômico do bem sobre o qual recai a demanda, nos limites em que ele é objeto da mesma demanda, ou seja, o *petitum*, tendo presente a *causa petendi*.[13]

---

13. Cf. Liebman, *Manuale*, vol. 1, p. 51. No mesmo sentido Chiovenda (*Istituzioni di Diritto Processuale Civile*, vol. 2, p. 135-136, 1934). Por sua vez, D'Onofrio entende que é relevante apenas o *petitum* para a fixação do valor da causa (*Commento al Codice di Procedura Civile*, vol. 1, p. 27).

O valor da causa deve ser estipulado em termos de correspondência com o objeto da demanda. Em outras palavras, o valor da causa tem pertinência direta e objetiva com o pedido formulado pelo autor, devendo dele se aproximar ou a ele se equiparar o tanto quanto possível, a ponto de tornar capaz de refletir através de um *quantum* determinado o respectivo objeto ou proveito econômico perseguido com a ação. Desta feita, o valor de uma causa determina-se com base na demanda, vista em si mesma, por intermédio de seu objeto, ou proveito econômico perseguido com a ação.

Destarte, o valor de uma causa é determinado com base na demanda, vista em si mesma, por intermédio de seu objeto (mediato e imediato) e causa de pedir (remota e próxima). A descrição dos fatos, através de articulados da peça inaugural, deve espelhar com precisão os contornos delineadores do objeto da demanda, os fundamentos de direito substancial sobre os quais recairão o pedido e as providências requeridas (a tutela jurisdicional do Estado).

Somente após uma profunda análise de todos esses fatores é que o autor tornar-se-á habilitado a estipular o valor da causa, oferecendo ao juiz e ao réu, indiretamente, subsídios satisfatórios para uma conclusão sobre os mecanismos utilizados por ele para a valoração da demanda.

Por isso, em face das consequências que advirão da estipulação do valor da demanda, deverá o juiz efetuar rigoroso controle, desde o primeiro momento em que tiver contato com o pedido apresentado pelo autor, e, se necessário for, corrigi-lo, inclusive, de ofício ou, dependendo do caso vertente, determinar a sua correção em dez dias, conforme determinação insculpida no art. 284 do Código.

Vê-se, pois, que o chamado *princípio da livre valoração* não é absoluto, encontrando restrições ou parâmetros que servem, perfeitamente, ao autor, como critério de orientação ao articular a petição inicial. Em síntese, não se enquadrando a demanda nas hipóteses elencadas no art. 259, tem o postulante liberdade (relativa) para valorar a causa, devendo, contudo, observar como critério o objeto da ação, os fatos e os fundamentos jurídicos do pedido.

"Quando possível o cálculo correto do valor da causa, a refletir o real conteúdo econômico da demanda, não se deve aceitar a indicação claramente irreal do autor, ainda que o impugnante não o tenha estimado".[14] Da mesma forma, "o valor da causa não deve ser fixado à base da estimativa do autor quando o pedido pode ser dimensionado economicamente através de cálculos exatos".[15] Assim, por exemplo, em ação indenizatória, "(...) tendo o autor indicado na petição inicial

14. STJ, REsp 165.355/MG, rel. Min. Edson Vidigal, j. 10.11.1998, *DJU* 14.12.1998.
15. STJ, REsp 183.948/SP, rel. Min. Ari Pargendler, j. 27.10.1998, *DJU* 14.12.1998.

o valor da indenização por danos morais que pretende, deve esse *quantum* ser utilizado para fixar-se o valor da causa".[16]

Por outro lado, "não podendo desde logo ser estabelecido o valor sobre o qual contendem as partes na ação de revisão de cláusulas contratuais, adequado permaneça o valor atribuído à causa, que poderá ser retificado a final (...)",[17] com todos os seus consectários.

2.5 *Analogia entre o art. 275, inciso I, do CPC e o art. 3º, inciso I, da Lei 9.099/1995*

Quando escrevemos pela primeira vez sobre o tema, em 1995,[18] dissemos que a Lei 9.099/1995 teria implicitamente alterado o inciso I do art. 275 do CPC, elevando o valor de vinte para quarenta salários mínimos e que sem essa interpretação o rito sumário praticamente desapareceria do sistema. Afirmamos, ainda naquela oportunidade, que, nesse particular, o Projeto de Lei 78/1995 (Projeto n. 3.811 na Casa de Origem), que tratava do *novo procedimento sumário*, deveria adequar-se à Lei dos Juizados Especiais,[19] tendo em vista que a proposta inicial era a de manter o limite quantitativo conforme até então estatuído no Código.

De fato, foi isso que acabou ocorrendo. O Projeto de Lei 78/1995 não foi adequado às várias modificações introduzidas pela Lei 9.099/1995 por razões de natureza político-legislativa, porquanto já se encontrava em fase final para receber a sanção presidencial; por conseguinte, com a edição da Lei 9.245, de 26.12.1995, que instituiu o *novo procedimento sumário*, retornou o limite (ou, manteve-se o limite, como alguns preferem dizer) do inciso I do art. 275 para vinte salários mínimos, em absoluto descompasso com o valor de alçada estabelecido para as demandas dos Juizados Especiais (quarenta vezes o salário mínimo), cujo procedimento é necessariamente mais simples e célere, exigindo, logicamente, que o valor máximo estabelecido para a sua competência ficasse aquém ou equiparado ao rito comum.

O dilema posto pelo legislador, até o advento da Lei 10.444, de 07.05.2002 que, entre outras alterações, modificou também o procedimento sumário, podia ser contornado de duas maneiras: *a)* ou se interpretava o inciso I do art. 275

16. Cf. STJ, REsp 135180/RJ, 4a T., m.v., j. 06.10.1998, rel. Min. Sálvio de Figueiredo Teixeira, *DJU*, I, 01.02.1999, p. 201. *Bol. Jur. Bonijuris*, n. 365/5276, v. 35.488.

17. STJ, REsp 132.221/RS, rel. Min. Rui Rosado de Aguiar, j. 19.08.1997.

18. Cf. Joel Dias Figueira Júnior, *Comentários à Lei dos Juizados Especiais Cíveis e Criminais*. São Paulo: Ed. RT, 1995.

19. Mas não era só nesse ponto que o Projeto estava a merecer maior reflexão, como, por exemplo, a redução do elenco das causas enumeradas no inciso II do art. 275, e, a denunciação à lide das companhias seguradoras em caso de acidente de trânsito etc.

com base em métodos histórico, lógico e sistemático, buscando-se teleológica e extensivamente a *mens legis* e a *mens legislatoris* para concluir que o aludido dispositivo devia ser concebido com elevação do limite para quarenta salários mínimos, harmonizando-se assim com a Lei dos Juizados, ou, *b)* resolvia-se o problema pela facultatividade concedida pelos dois sistemas ao autor da demanda à escolha do rito que melhor se adaptasse à satisfação de suas pretensões.

Finalmente, com a entrada em vigor da Lei 10.444/2002, "(...) harmonizaram-se os valores das demandas no que concerne à adequação dos procedimentos, ficando reservados ao rito sumariíssimo, estabelecido na Lei 9.099/1995, o limite de 40 salários mínimos (princípio da oralidade em grau máximo) e para o procedimento sumário, o limite de 60 salários mínimos (princípio da oralidade em grau médio)".[20]

3. A competência em razão da matéria

3.1 Elenco de causas compatíveis com o rito sumário, independentemente do valor da causa

Com acerto, optou o legislador em reduzir o elenco das causas enumeradas no inc. II do art. 275,[21] com o escopo de, através dessa limitação, evitar que as questões mais complexas fossem processadas dentro dos mesmos moldes daquelas de conteúdo simplificado e compatíveis com o rito sumário.

Na Exposição de Motivos do Projeto de Lei 3.811/1993, encaminhada ao Congresso Nacional em maio de 1993, já aparecia bem definida a intenção do legislador no sentido de "racionalizar" o elenco de causas sujeitas ao rito sumário, em que se procurou afastar aquelas que comumente se revestem de maior complexidade e, por conseguinte, passam a exigir um contraditório mais amplo (cf. Proposições n. 6 e 7, *b*).

Tal restrição sofreu a crítica do Deputado Roberto Magalhães, que apresentou emenda propondo a manutenção do elenco primitivo, por entender que essa não seria a solução para o acúmulo de processos judiciais, sendo que o sumaríssimo, ainda segundo seu entendimento, traduzia indispensável medida de justiça, uma vez que, em alguns casos, a morosidade na prestação da tutela jurisdicional significa a denegação da própria justiça (cf. Emenda n. 3, que terminou por

---

20. Joel Dias Figueira Júnior, *Comentários à novíssima reforma do CPC – Lei 10.444, de 7 de maio de 2002.*

21. Essa é uma das inovações trazidas a lume pela Lei 9.245/1995, valendo citar ainda outras que teremos oportunidade de analisar no decorrer deste estudo, tais como a simplificação da prova pericial, a designação prévia de uma audiência preliminar, a resposta do réu em forma de contra-ataque, o julgamento antecipado da lide etc.

ser rejeitada). Se os fundamentos trazidos à baila pelo eminente parlamentar se apresentavam, na época, com alguma razão de ser – note-se que isso se passou em meados de 1993 –, hoje não mais teriam sentido, diante da implementação no sistema processual da Lei dos Juizados Especiais de Causas Cíveis estaduais (Lei 9.099/1995), federais (Lei 10.259/2001) e da Fazenda Pública (Lei 12.153/2009).

Não obstante, ao confrontarmos o antigo elenco do inc. II do art. 275 com o atual, e, ainda, com o das demandas que tramitam sob a égide da Lei 9.099/1995 (art. 3º, II, III e IV), encontraremos a formação do seguinte quadro:

1º) as demandas enumeradas no art. 275, II (cf. redação conferida pela Lei 9.245/1995), são as mesmas que tramitarão também pelo sumaríssimo dos juizados especiais estaduais, desde que o valor não ultrapasse a quarenta salários mínimos vigentes no País na data da propositura da ação;

2º) ultrapassado o valor estabelecido, em princípio, o rito será o sumário, o ordinário ou o especial;

3º) foram excluídas do elenco do art. 275, II, e, em consequência, também do art. 3º, II, da Lei 9.099/1995, as seguintes causas: *a)* que versem sobre a posse ou o domínio de coisas móveis e de semoventes; *b)* que tiverem por objeto o cumprimento de leis e posturas municipais quanto à distância entre prédios, plantio de árvores, construção e conservação de tapumes e paredes divisórias; *c)* oriundas de comissão mercantil, condução e transporte, depósito de mercadorias, gestão de negócios, comodato, mandato e edição; *d)* de cobrança de quantia devida, a título de retribuição ou indenização, a depositário e leiloeiro; do proprietário ou inquilino de um prédio para impedir, sob cominação de multa, que o dono ou inquilino do prédio vizinho faça dele uso nocivo à segurança, sossego ou saúde dos que nele habitam; *e)* do proprietário do prédio encravado para lhe ser permitida a passagem pelo prédio vizinho, ou para restabelecimento da servidão de caminho, perdida por culpa sua; *f)* que versem sobre a revogação de doação, fundada na ingratidão do donatário;[22]

4º) reduziu-se o espectro da alínea *e*, que anteriormente era aplicável para *todas* as causas de reparação de dano causado em acidentes de *qualquer tipo de veículo*, nos termos da atual alínea *d*, isto é, aplica-se apenas aos casos de ressarcimento por danos causados em acidente de *veículo terrestre*;

5º) inseriu-se nesse rol um novo tipo de demanda, as "de cobrança de seguro, relativamente aos danos causados em acidente de veículo, ressalvados os casos de processo de execução" (alínea *e*);

---

22. A demanda apontada no item *f* teve curtíssimo período de vida no rol do inc. II do art. 275, tendo em vista que foi introduzida como alínea *n* através da Lei 9.040, de 09.05.1995, tendo entrado em vigor na data de sua publicação (*DOU* 10.05.1995, quarta-feira, p. 6.641).

6º) para espancar possíveis dúvidas, incluiu-se a disposição que determina a aplicação do rito sumário aos "demais casos previstos em lei" (alínea g);

7º) ficam mantidas as causas "de arrendamento rural e de parceria agrícola" (alínea *a*); "de cobrança ao condômino de quaisquer quantias devidas ao condomínio" (alínea *b*);[23] "de ressarcimento por danos em prédio urbano ou rústico" (alínea *c*); "de ressarcimento por danos causados em acidente de veículo de via terrestre" (alínea *d*); "de cobrança de seguro, relativamente aos danos causados em acidente de veículo, ressalvados os casos de processo de execução" (alínea *e*); "de cobrança de honorários dos profissionais liberais, ressalvado o disposto em legislação especial" (alínea *f*).

Situação curiosa a das *demandas possessórias* ou reivindicatórias que tenham por objeto *bens móveis* ou *semoventes*, tendo em vista que foram excluídas do citado elenco e, inadvertidamente, deixaram de ser relacionadas dentre as causas de rito sumaríssimo, previstas no art. 3º da Lei 9.099/1995.

Essa falta de sintonia entre os dois sistemas merece, mais uma vez, atenção especial dos intérpretes para que ofereçam solução ao problema de inadequação que, certamente, não pode instalar-se entre o Código de Processo Civil e a Lei dos Juizados Especiais.

Como as demandas interditais de força nova – isto é, aquelas cuja moléstia à posse data de menos de ano e dia – enquadram-se no rito especial do art. 920 e seguintes do CPC, independentemente do bem que está sendo objeto da lide (móvel ou imóvel), nada obsta que o autor faça esta opção procedimental.[24] Mas se o aludido prazo tiver passado? Ou, ainda, mesmo que a moléstia tenha ocorrido dentro desse período de tempo, poderia o autor optar pelo rito sumário ou sumaríssimo?

A verdade é que flagramos aqui um cochilo do legislador ao não atentar para essa circunstância. Se era acertada a retirada das possessórias e ações reais que versassem sobre móveis ou semoventes do rol do antigo rito sumário, em face da complexidade que a matéria probatória poderia assumir, não menos correto seria a sua inclusão no elenco das causas que receberiam o rito sumaríssimo dos juizados especiais, tendo em vista a previsão deste procedimento para as demandas interditais imobiliárias.

Contudo, paradoxalmente, se o cerne da questão era a complexidade da matéria possessória, nenhuma das duas aludidas causas deveria integrar o rol

---

23. A redação anterior era a seguinte: "(...) de responsabilidade pelo pagamento de impostos, taxas, contribuições, despesas e administração de prédio em condomínio".

24. A propósito, v. Joel Dias Figueira Júnior, *Liminares nas ações possessórias*, n. 20, em que analisamos com profundidade essa questão.

das demandas que tramitam sob o rito sumaríssimo dos juizados especiais, que, ontologicamente, é muito mais simplificado e célere em relação ao comum sumário. No nosso entender, as duas deveriam ter integrado o elenco do sumário.

Todavia, diante do quadro apresentado pelo legislador, temos de buscar uma outra solução que esteja ajustada aos dois sistemas.

Ora, se o legislador contemplou (infelizmente) as possessórias sobre bens imóveis de valor não excedente a quarenta vezes o salário mínimo com o rito *sumaríssimo* (inc. IV, art. 3º da Lei 9.099/1995), não poderemos excluir as que tiverem por objeto bens móveis ou semoventes – aplica-se um simples princípio de lógica no sentido de que se é possível o mais, então, necessariamente, será possível o menos. Com toda certeza, a intenção do legislador não era jamais, porquanto absurda, remeter as possessórias sobre móveis e semoventes para o rito ordinário e conferir o rito sumaríssimo àquelas outras. Nesses casos, sem sombra de dúvida, a competência será dos juizados especiais e o rito sumaríssimo haverá de ser então imprimido.

Diversamente, se, no decorrer da instrução perante os juizados, vislumbrar o julgador a necessidade de produção de provas mais complexas, incompatíveis com o espírito da lei específica, deverá declarar a *incompatibilidade procedimental* e extinguir o processo, nos termos do art. 51, II, da Lei 9.099/1995; ou, se houver possibilidade de reaproveitamento dos atos processuais já praticados, notadamente se as partes estiverem representadas por procuradores devidamente habilitados, poderá determinar a remessa dos autos à redistribuição para encaminhamento a uma das varas cíveis competentes.

De qualquer maneira, "o autor pode optar pelo procedimento sumário ou ordinário da Justiça Comum ou pelo procedimento oral e sumariíssimo do Juizado Especial Cível, sendo só aparente o conflito de normas existente entre o art. 275 do CPC, com a redação da Lei 9.245/1995, e o art. 3º da Lei 9.099/1995, que instituiu os Juizados Especiais".[25]

3.2 *Arrendamento rural e parceria agrícola*

3.2.1 *Regras gerais*

Sendo o Estatuto da Terra (Lei 4.504, de 30.11.1964)[26] a norma reguladora dos direitos e obrigações concernentes aos bens imóveis rurais, para os fins de

---

25. Cf. TAMG, ApCiv 222033-7, rel. Juiz Wander Marotta, j. 14.08.1995 (*apud* ALEXANDRE DE PAULA, *Código de Processo Civil anotado*, 7. ed., vol. 2, art. 275, p. 1.383).

26. Desde a sua edição, o Estatuto da Terra recebeu diversas alterações e regulamentações, através das seguintes normas das mais variadas espécies, inclusive por medida provisória: Lei 4.947, de 06.04.1966, sobre contratos agrários; Lei 5.709, de 07.10.1971; Lei

execução da reforma agrária e promoção da política agrícola (art. 1º, *caput*), nele vamos encontrar as regras concernentes aos dois tipos de contrato objeto deste estudo, com aplicação subsidiária, por óbvio, do macrossistema que, para fins materiais, é o Código Civil (art. 92, § 9º).

Ao versar sobre o *uso temporário da terra*, dispõe o Estatuto no art. 92, *caput*: "A posse ou uso temporário da terra serão exercidos em virtude de contrato expresso ou tácito, estabelecido entre o proprietário e os que nela exercem atividade agrícola ou pecuária, sob forma de arrendamento rural, de parceria agrícola, pecuária, agroindustrial e extrativa, nos termos desta Lei".

Por intermédio de contrato (escrito ou verbal – art. 92, § 8º) e como decorrência da contratação, o proprietário garantirá ao arrendatário ou parceiro o uso e gozo do imóvel arrendado ou cedido em parceria (art. 92, § 1º), assim como os preços de arrendamento e de parceria fixados em contrato serão reajustados periodicamente, de acordo com os índices aprovados pelo Conselho Nacional de Economia. Nos casos em que ocorra exploração de produtos com preço oficialmente fixado, a relação entre os preços reajustados e os iniciais não pode ultrapassar a relação entre o novo preço fixado para os produtos e o respectivo preço na época do contrato, obedecidas as normas do Regulamento do Estatuto da Terra (art. 92, § 2º).

Desejando o proprietário (arrendador) alienar o imóvel objeto do contrato de arrendamento, dará ao arrendatário preferência para adquiri-lo em igualdade de condições, o qual, por sua vez, poderá exercitar o direito de preempção dentro de 30 dias, a contar da notificação judicial ou comprovadamente efetuada, mediante recibo (art. 92, § 3º); o arrendatário a quem não se notificar a venda poderá, depositando o preço, haver para si o imóvel arrendado, se o requerer no prazo de seis meses, a contar da transcrição do ato de alienação no Registro de Imóveis (art. 92, § 4º).

A alienação ou a imposição de ônus real ao imóvel não interrompe a vigência dos contratos de arrendamento ou de parceria, ficando o adquirente sub-rogado nos direitos e obrigações do alienante (art. 92, § 5º), enquanto o inadimplemento das obrigações assumidas por qualquer das partes dará lugar, facultativamente, à rescisão do contrato de arrendamento ou de parceria, observado o disposto em Lei (art. 92, § 6º).

Assinala, ainda, a norma específica que qualquer simulação ou fraude do proprietário nos contratos de arrendamento ou de parceria, em que o preço seja

---

6.746, de 10.12.1979; Lei 7.647, de 19.01.1988; Lei 11.443, de 05.01.2007; Lei 11.446, de 05.01.2007; Dec.-lei 582, de 15.05.1969; Dec.-lei 2.431, de 12.05.1988; Decretos 55.891, de 31.03.1965, e 59.566, de 14.11.1966, que regulamentam Seções da Lei; MP 1.901-30, de 24.09.1999, atual MP 2.183-56/2001.

satisfeito em produtos agrícolas, dará ao arrendatário ou ao parceiro o direito de pagar pelas taxas mínimas vigorantes na região para cada tipo de contrato (art. 92, § 7º).

Em qualquer hipótese, ao possuidor ou proprietário contratante é proibido exigir do contratado (arrendatário ou parceiro) a prestação de serviço gratuito, a exclusividade da venda da colheita, a obrigatoriedade do beneficiamento da produção em seu estabelecimento, a obrigatoriedade da aquisição de gêneros e utilidades em seus armazéns ou barracões, bem como a aceitação de pagamento em ordens, vales, borós ou outras formas regionais substitutivas da moeda (art. 93, I a V). Porém, a lei faculta ao proprietário que houver financiado o arrendatário ou parceiro, por inexistência de financiamento direto, exigir a venda da colheita até o limite do financiamento concedido, observados os níveis de preços do mercado local (art. 93, parágrafo único).

Em princípio, estão proibidas as práticas de contratos de arrendamento ou parceria de qualquer espécie para exploração de terras públicas, ressalvados os casos excepcionalíssimos previstos em lei e assim definidos: por razões de segurança nacional; em áreas de núcleos de colonização pioneira, na sua fase de implantação; se forem organizadas para fins de demonstração; ou quando forem as posses exercidas de forma pacífica e mediante justo título, assim reconhecidas pelo Poder Público, antes da vigência do Estatuto da Terra (art. 94, parágrafo único).

3.2.2 Do arrendamento rural

Arrendamento rural é uma espécie de contrato bilateral em que se verifica a cessão de imóvel rústico para o exercício (uso e gozo) de atividades rurais (exploração agrícola, pecuária, agroindustrial, extrativa ou mista), mediante retribuição ou renda (aluguel) previamente ajustada e dentro dos percentuais legais, sem que o arrendador ou arrendante (proprietário ou possuidor) participe dos lucros ou dos prejuízos oriundos da exploração da área arrendada.

As normas fundamentais, voltadas aos contratos de *arrendamento rural*, estão insculpidas no art. 95[27] do Estatuto da Terra, que impõe a observância de um prazo mínimo de três anos (mesmo para o arrendamento feito por tempo indeterminado) e, com referência ao *dies ad quem*, que se verifique de maneira a não terminar antes de ultimada a colheita, mas sempre depois, inclusive a de plantas forrageiras temporárias cultiváveis. No caso de retardamento da colheita por motivo de força maior, considerar-se-ão esses prazos prorrogados nas mesmas condições, até sua ultimação (incs. I e II). Todavia, para o arrendatário iniciar qualquer cultura cujos frutos não possam ser recolhidos antes de terminado o

27. Dispositivo com redação alterada pela Lei 11.443/2007.

prazo de arrendamento, deverá ajustar, previamente, com o arrendador, a forma de pagamento do uso da terra por esse prazo excedente (inc. III).

Constarão como condições obrigatórias de todos os contratos de arrendamento rural: *a)* limites da remuneração e formas de pagamento em dinheiro ou no seu equivalente em produtos; *b)* prazos mínimos de arrendamento e limites de vigência para os vários tipos de atividades agrícolas; *c)* bases para as renovações convencionadas; *d)* formas de extinção ou rescisão; *e)* direito e formas de indenização ajustadas quanto às benfeitorias realizadas (inc. XI).

Tratando-se de direito à renovação do contrato, o arrendatário, em igualdade de condições com estranhos, terá preferência à renovação do arrendamento, devendo o proprietário, até seis meses antes do vencimento do contrato, fazer-lhe a competente notificação extrajudicial das propostas existentes. Não se verificando a notificação extrajudicial, o contrato considera-se automaticamente renovado, desde que o arrendador, nos trinta dias seguintes, não manifeste sua desistência ou formule nova proposta, tudo mediante simples registro de suas declarações no competente Registro de Títulos e Documentos (inc. IV). Contudo, essas garantias deixarão de prevalecer se, no prazo de seis meses antes do vencimento do contrato, o proprietário, por via de notificação extrajudicial, declarar sua intenção de retomar o imóvel para explorá-lo diretamente ou por intermédio de descendente seu (inc. V).

O subarrendamento rural é permitido desde que o proprietário ou possuidor consinta expressa e previamente (inc. VI).

As partes poderão estipular livremente cláusula que permita a substituição de área arrendada por outra equivalente no mesmo imóvel rural, desde que respeitadas as condições de arrendamento e os direitos do arrendatário (inc. VII).

O arrendatário, ao termo do contrato, tem direito à indenização das benfeitorias necessárias e úteis. Será indenizado das benfeitorias voluptuárias quando autorizadas pelo proprietário do solo. Enquanto o arrendatário não for indenizado das benfeitorias necessárias e úteis, poderá permanecer no imóvel, no uso e gozo das vantagens por ele oferecidas, nos termos do contrato de arrendamento e nas disposições do inc. I do art. 95, exercendo verdadeiro *direito de retenção* que poderá ser oposto judicialmente, se necessário for (inc. VIII).

Por outro lado, se o contrato de arrendamento ventilar a inclusão de animais de cria, de corte ou de trabalho, cuja forma de restituição não tenha sido expressamente regulada, o arrendatário é obrigado, findo ou rescindido o contrato, a restituí-los em igual número, espécie e valor (inc. IX).

O arrendatário não responderá por qualquer deterioração ou prejuízo a que não tiver dado causa, isto é, seja por caso fortuito ou força maior, de acordo com as regras estabelecidas no Código Civil sobre o tema (inc. X).

No tocante às rendas advindas desse tipo de contrato, dispõe a lei que o preço do arrendamento, sob qualquer forma de pagamento, não poderá ser superior a 15% (quinze por cento) do valor cadastral do imóvel, incluídas as benfeitorias que entrarem na composição do contrato, salvo se o arrendamento for parcial e recair apenas em glebas selecionadas para fins de exploração intensiva de alta rentabilidade, caso em que a remuneração poderá ir até o limite de 30% (inc. XII).

Por último, assinala-se que a todo aquele que ocupar, sob qualquer forma de arrendamento, por mais de cinco anos, um imóvel rural desapropriado, em área prioritária de reforma agrária, é assegurado o direito preferencial de acesso à terra (inc. XIII).

3.2.3 Da parceria rural

Assim como já se verificava com a redação do antigo "sumaríssimo" a respeito dos contratos de parceria, curiosamente a Lei 9.245/1995, que instituiu o "novo procedimento sumário", reincidiu no mesmo equívoco, omitindo as outras formas de contratos de parceria também recepcionadas pelo Estatuto da Terra e Decreto 59.566, de 14.11.1966, que regulamenta a matéria. Não se percebe qualquer motivo para ter o legislador excluído da alínea *a* do inc. II do art. 275 do CPC as hipóteses cujas lides versarem sobre *parceria pecuária*, *agroindustrial* e *extrativa*, que, nos termos do art. 96 da lei substantiva, recebem o mesmo tratamento.

A única razão plausível para a exclusão da incidência do rito sumário para as outras três espécies de contrato haveria de ser a eventual *complexidade* dos conflitos decorrentes dessas avenças ao serem instauradas as lides jurídicas por intermédio da ação processual. Contudo, não é o que se constata em termos práticos, assim como em sede jurídico-contratual, na medida em que as quatro formas contratuais de parceria (agrícola, pecuária, agroindustrial e extrativa) são, para os fins de instrumentalidade das formas, essencialmente idênticas, adequando-se harmoniosamente ao procedimento sumário, sobretudo no sistema atual, que é norteado pelo princípio da oralidade em grau médio, encontrando-se em posição intermediária correta, ou seja, entre o procedimento sumaríssimo (Lei 9.099/1995) e o ordinário (CPC).

Dessa feita, inexistindo qualquer óbice legal ou mesmo razão plausível para que se chegue a conclusão diversa, tudo leva a crer que a expressão "parceria agrícola", empregada na alínea *a* do inc. II do artigo objeto destes comentários, deve ser compreendida como *parceria rural* (gênero), hábil a permitir o enquadramento de suas quatro espécies aos processos de conhecimento com o *rito sumário*.[28]

---

28. Theotonio Negrão também observa a distorção e igualmente conclui pela aplicação do rito sumário aos quatro tipos de contratos de parceria (agrícola, pecuária, agroindustrial e extrativa) (cf. *Código de Processo Civil comentado*, 30. ed., art. 275, n. 16, p. 339).

A *parceria rural* decorre de contrato sinalagmático de natureza agrária pelo qual uma pessoa (proprietário ou possuidor) cede a outra, por tempo determinado ou não, o uso específico de imóvel rústico (rural), de parte ou partes dele, incluindo, ou não, benfeitorias, outros bens e/ou facilidades, para exploração em atividades pecuárias ou agrícolas, ou, ainda, agroindustriais, extrativas vegetais ou mistas, e/ou lhe entrega animais para cria, recria, invernagem, engorda ou extração de matérias-primas de origem animal, compartilhando os riscos, frutos, produtos ou lucros havidos, nas proporções estipuladas (art. 96, § 1º, I, II e III, do Estatuto da Terra), não se confundindo, por conseguinte, com o arrendamento rural.

Vejamos, então, as regras que se aplicam especificamente aos contratos de parceria rural (agrícola, pecuária, agroindustrial e extrativa). Com referência ao prazo, desde que não convencionado pelas partes, será no mínimo de três anos, assegurado ao parceiro o direito à conclusão da colheita pendente, observada a norma constante do inc. I do art. 95. Expirado o prazo, se o proprietário ou possuidor não quiser explorar diretamente a terra por conta própria, o parceiro em igualdade de condições com estranhos terá preferência para firmar novo contrato de parceria (art. 96, I e II).

Nesses contratos, constarão ainda, obrigatoriamente, as seguintes condições: *a)* quota-limite do proprietário na participação dos frutos, segundo a natureza de atividade agropecuária e facilidades oferecidas ao parceiro; *b)* prazos mínimos de duração e os limites de vigência segundo os vários tipos de atividade agrícola; *c)* bases para as renovações convencionadas; *d)* formas de extinção ou rescisão; *e)* direitos e obrigações quanto às indenizações por benfeitorias levantadas com consentimento do proprietário e aos danos substanciais causados pelo parceiro, por práticas predatórias na área de exploração ou nas benfeitorias, nos equipamentos, ferramentas e implementos agrícolas a ele cedidos; *f)* direito e oportunidade de dispor sobre os frutos repartidos (art. 96, V).

No tocante às despesas com o tratamento e criação dos animais, não havendo acordo em contrário, correrão por conta do parceiro tratador e criador (art. 96, III).

Por sua vez, o proprietário ou possuidor assegurará ao parceiro que residir no imóvel rural, e para atender ao uso exclusivo da família deste, casa de moradia em condições de higiene e área suficiente para horta e criação de animais de pequeno porte (art. 96, IV).

Na participação dos frutos da parceria, a quota do proprietário ou possuidor não poderá ser superior a 20%, quando concorrer apenas com a terra nua; 25%, quando concorrer com a terra preparada; 30%, caso concorra com a terra preparada e moradia; 40%, caso concorra com o conjunto básico de benfeitorias, constituído especialmente de casa de moradia, galpões, banheiro para gado, cercas, valas ou currais, conforme o caso; 50%, caso concorra com a terra preparada e o conjunto básico de benfeitorias referidas e mais o fornecimento de máquinas e implementos agrícolas, para atender aos tratos culturais, bem como as sementes e animais de tração, e, no caso de parceria pecuária, com animais de cria em proporção superior a 50% do número total de cabeças objeto de parceria; 75%, nas zonas de pecuária ultraextensiva em que forem os animais de cria em proporção superior a 25% do rebanho e onde se adotarem a meação do leite e a comissão mínima de 5% por animal vendido.

Em outras hipóteses não mencionadas no art. 96, VI, do Estatuto da Terra, a quota adicional do possuidor ou proprietário será fixada com base em percentagem máxima de 10% do valor das benfeitorias ou dos bens postos à disposição do parceiro (art. 96, IX).

De qualquer maneira, o possuidor ou proprietário poderá sempre cobrar do parceiro, pelo preço de custo, o valor de fertilizantes e inseticidas fornecidos no percentual que corresponder à participação deste, em qualquer das modalidades previstas precedentemente (art. 96, VIII).

Aplicam-se à parceria agrícola, pecuária, agropecuária, agroindustrial ou extrativa as normas pertinentes ao arrendamento rural, no que couber, bem como as regras do contrato de sociedade, no que não estiver regulado pelo Estatuto da Terra (art. 96, VII).

3.2.4 Questões processuais e procedimentais

Em razão das características negociais que envolvem os contratos denominados *arrendamento e parceria rural*, bem como diante de seus efeitos diretos e indiretos na ordem social, política e econômica do País, foram regulamentados material e instrumentalmente de forma diferenciada, com o escopo, no caso, de obtenção de resultados mais céleres e ao mesmo tempo seguros, por intermédio de processos cognitivos voltados à resolução dos eventuais conflitos deles decorrentes e com a possibilidade de utilização do *rito sumário*.

No que respeita às questões processuais e procedimentais relacionadas com esses tipos de contrato, em primeiro lugar, afigura-se-nos importante salientar que, independentemente da natureza jurídica da demanda cognitiva ajuizada, o procedimento, de regra, haverá de ser o *sumário*. Todavia, os *procedimentos especiais* também poderão ser utilizados excepcionalmente, não se perdendo de vista que são nada menos do que ritos diferenciados que servem instrumentalmente em processos de conhecimento de maneira mais adequada a determinadas pretensões fundadas em situações conflituosas muito particularizadas e que, como tal, exigem um mecanismo diversificado. É o que se constata, por exemplo, nas *prestações de contas* (arts. 914-919, do CPC), *possessórias de força nova* (arts. 920-

933, do CPC), *consignação em pagamento* (arts. 890-900, do CPC),[29] sem contar, por óbvio, com as tutelas acautelatórias (acessórias) que se fizerem necessárias (Livro III do CPC).[30]

Merecem um estudo mais acurado as situações que envolvem a retomada de imóveis tendo como pano de fundo os contratos de arrendamento ou parceria rural, no que tange, mais especificamente, à identificação da ação cabível para a retomada do bem e o respectivo procedimento aplicável.

Em sede de tutela de direito material perseguida, haverá o arrendador ou o parceiro de ajuizar *ação recuperatória* que, por sua vez, no plano instrumental, reveste-se de natureza *executiva "lato sensu"*, enquanto o processo será de *conhecimento*. Nada obstante, faz-se mister, ainda, definir com maior especificidade se a *recuperação* do bem objeto do contrato far-se-á por intermédio de *ação de despejo* ou através de *interdito possessório*.

Antes de mais nada, ressalta-se que o Estatuto da Terra não traz em seu bojo orientação para solucionar o problema, existindo apenas uma referência genérica ao tipo de procedimento a ser aplicado às demandas de qualquer espécie relacionadas com os contratos de parceria e arrendamento rural, segundo se infere da disposição insculpida no art. 107. Porém, essa norma encontra-se ab-rogada pelo Código de Processo Civil de 1973, tendo em vista que se referia ao "processo sumário" definido no art. 685 do revogado Código de 1939.[31]

Diversamente, o Decreto 59.566, de 14.11.1966, que regulamenta as Seções I, II e III do Capítulo IV do Título III da Lei 4.504, de 30.11.1964 (Estatuto da Terra), ancorado no art. 95, XI, *d*, do mencionado Estatuto, prevê expressamente a *ação de despejo*, em seu art. 32, para os casos de: "I – término do prazo contratual ou de sua renovação; II – se o arrendatário subarrendar, ceder ou emprestar

---

29. No mesmo sentido, Araken de Assis, *Procedimento sumário*, n. 11.1, p. 29.

30. Exemplificativamente, citamos decisão do Tribunal de Alçada do Rio Grande do Sul em hipótese de sequestro: "Se há disputa judicial e extrajudicial sobre uma área de terras, sobre a qual o parceiro agricultor ainda permanece, em que pese ter sido judicialmente resilido o contrato de parceria; se, desse estado de coisas, há risco fundado de rixa, como há, pois os litigantes são pai e filho; e se o recorrente, apesar de rescindido o contrato, ainda arrenda a área a terceiros, para fins agrícolas, dando margem à maior danificação da área e a desrespeito à coisa litigiosa, cabível é o sequestro da área" (2ª Câm. Cív., AI 186.033.049, rel. Juiz Waldemar Luiz de Freitas Filho, j. 24.06.1986).

31. Era a seguinte a redação do art. 685: "Art. 685. Despachada a petição, feitas as citações necessárias e, no prazo de quarenta e oito (48) horas, contestado, ou não, o pedido, o juiz procederá a uma instrução sumária, facultando às partes a produção de provas, dentro de um tríduo, e decidindo, em seguida, de acordo com o seu livre convencimento. Parágrafo único. A faculdade de livre convencimento não exime o juiz do dever de motivar a decisão, indicando as provas e as razões em que se fundar".

o imóvel rural, no todo ou em parte, sem o prévio e expresso consentimento do arrendador; III – se o arrendatário não pagar o aluguel ou renda no prazo convencionado; IV – dano causado à gleba arrendada ou às colheitas, provado o dolo ou culpa do arrendatário; V – se o arrendatário mudar a destinação do imóvel rural; VI – abandono total ou parcial do cultivo; VII – inobservância das normas obrigatórias fixadas no art. 13 deste Regulamento; VIII – nos casos de pedido de retomada, permitidos e previstos em lei e neste Regulamento, comprovada em juízo a sinceridade do pedido; IX – se o arrendatário infringir obrigação legal, ou cometer infração grave de obrigação contratual. Parágrafo único. No caso do inciso III, poderá o arrendatário devedor evitar a rescisão do contrato e o consequente despejo, requerendo, no prazo da contestação da ação de despejo, seja-lhe admitido o pagamento do aluguel ou renda e encargos devidos, as custas do processo e os honorários do advogado do arrendador, fixados de plano pelo juiz. O pagamento deverá ser realizado no prazo que o juiz determinar, não excedente de 30 (trinta) dias, contados da data da entrega em cartório do mandado de citação devidamente cumprido, procedendo-se a depósito, em caso de recusa".

Nessa linha, o Código de Processo Civil de 1939 previa a regulamentação das *ações de despejo* nos arts. 350 a 353 e, por força do Decreto 59.566/1966, haveria de se aplicar procedimentalmente quando a pretensão tivesse por base contrato de arrendamento ou parceria rural. Por sua vez, as disposições finais e transitórias do Código de 1973, através dos incisos do art. 1.218, protraíram vigência de vários procedimentos do revogado Código, até que fossem sendo paulatinamente incorporados em leis especiais, inclusive no tocante ao *despejo* (inc. II).

Assim, vigorou a regra do inc. II do art. 1.218 do CPC até o advento da antiga Lei do Inquilinato (Lei 6.649/1979), estando hoje a matéria regulada através da Lei 8.245, de 18.10.1991. Porém, tal assertiva não nos autoriza a afirmar que se proceda à recuperação de áreas de terra, objeto de contratos de arrendamento ou parceria rural, por intermédio de ações de despejo, nos moldes da Lei 8.245/1991, tendo em vista tratar-se de diploma específico para regular as *locações de imóveis urbanos e os procedimentos a elas pertinentes*, não se confundindo, por conseguinte, com as lides de natureza agrária. Em outras palavras, não se aplica a Lei 8.245/1991 a questões de direito material ou processual pertinentes aos contratos agrários, notadamente os de arrendamento e parceria, para fins de recuperação do imóvel por intermédio de ação de despejo.

Por conta disso, alguns autores têm entendido que a *ação de despejo* haverá de tramitar sob a égide do rito comum sumário, estabelecido, atualmente, através da Lei 9.245, de 26.12.1995 (arts. 275 a 281, do CPC),[32] assim como

32. Cf. J. J. Calmon de Passos, *Comentários ao Código de Processo Civil*, 8. ed., vol. 3, n. 46, p. 71-72.

a orientação pretoriana tem acenado para a inadmissibilidade das demandas possessórias para a retomada de imóveis vinculados a arrendamento ou parceria rural,[33] cuja tese (equivocada) fundamenta-se, em síntese, na circunstância de que não configura esbulho o inadimplemento contratual por falta de pagamento dos "aluguéis", mas apenas simples infração contratual, dando ensejo tão só à *ação de despejo*.[34]

Nada obstante, deixamos de comungar esse entendimento por diversas razões. Em primeiro lugar, o fato da posse não desaparece pela formação de qualquer relação obrigacional que incide sobre determinado bem da vida (*in casu*, imóvel), a título de locação, arrendamento, parceria etc. Em segundo lugar, os poderes de fato exercidos pelos dois sujeitos (arrendador e arrendatário) sobre o imóvel não se sobrepõem em razão da ocorrência de desmembramentos da posse.

Assim, o arrendador (proprietário ou possuidor absoluto) transfere ao arrendatário a posse direta relativa (não própria imediata), enquanto reserva consigo a posse absoluta indireta (própria mediata). Outra, aliás, não é a ideia que exsurge do disposto no art. 1.197 do Código Civil, *in verbis*: "A posse direta, de pessoa que tem a coisa em seu poder, temporariamente, em virtude de direito pessoal, ou real, não anula a indireta, de quem aquela foi havida, podendo o possuidor direto defender a sua posse contra o indireto".[35]

A posse será *absoluta e plena* quando não tiver sido desmembrada em *relativa*; será, todavia, *absoluta indireta* quando, decorrendo de obrigação ou direito

---

33. Cf. *RJTAMG*, vol. 26/267 e 32/98; *JTASP*, vol. 77/274, 116/379 e 124/437; *RF*, vol. 255/291 (*apud* Theotonio Negrão, *Código de Processo Civil*, 30. ed., p. 1.390); TJSC, 1ª Câm. Cív., ApCiv 96.011075-5, rel. Des. Carlos Prudêncio, j. 24.06.1997; 2º TACivSP, 2ª Câm., ApCiv 175.726, rel. Juiz Moraes Salles, j. 29.10.1984 (cf. *JTA*, RT, vol. 96/254); 2º TACivSP, 4ª Câm., AI 485.329, rel. Juiz Mariano Siqueira, j. 20.05.1997; *JTA* (Lex), vol. 153/365; *JTA* (RT), vol. 115/286; *RT*, vol. 551/168, 2ª Câm., ApCív 408.968, rel. Juiz Diogo de Salles, j. 29.08.1994.

34. 2º TACivSP, 10ª Câm., Ap. Cív. 533.501-00/3, rel. Juiz Soares Levada, j. 15.06.1999; 10ª Câm., ApCív, rel. Juiz Adail Moreira, j. 05.08.1998; 1ª Câm., AI 461.931, rel. Juiz Magno Araújo, j. 20.05.1996; *JTA* (RT), vol. 83/284, 99/233; *JTA* (Saraiva), vol. 79/270, 8ª Câm., ApCív 246.426, rel. Juiz Mello Junqueira, j. 11.10.1989; TAPR, 2ª Câm., AI 139032900, Cerro Azul, Juiz Wilde Pugliese, j. 09.09.1999.

35. Considerando a redação truncada conferida ao art. 1.197 do CC/2002, apresentamos proposta legislativa substitutiva ao então Deputado Ricardo Fiuza, que terminou por ser acolhida e inserida no PL 6.960/2002 (atual PL 276/2007), integrante de seu art. 1º, *in verbis*: "Art. 1.197. A posse dos bens, mesmo que em caráter temporário e decorrente de direito pessoal ou real, não anula a posse indireta de quem foi havida, podendo, qualquer um deles, agir em sua defesa, inclusive por ato praticado pelo outro possuidor".

Para aprofundamento sobre o tema possessório, v. Joel Dias Figueira Júnior, *Código Civil comentado*, arts. 1.196-1.224.

real, um terceiro passa a possuir diretamente (posse relativa direta). Note-se que, em qualquer hipótese, nenhum dos possuidores deixa de ter poderes fáticos sobre a coisa; nestes casos, o que se verifica é um desmembramento do poder, formando-se *poderes de graduação diversa*. Em outras palavras, enquanto um sujeito tem posse de dono ou como se proprietário fosse, o outro tem posse de locatário, arrendatário ou parceiro, isto é, *posse absoluta indireta* e *posse relativa direta*, respectivamente.

Porém, a posse direta será sempre única; a posse indireta pode apresentar-se tantas vezes quantos forem desejados os desmembramentos das relações fático-potestativas (por direito pessoal ou real), mantendo-se cada uma delas em graus e com poderes diferentes.[36]

Não encontramos, pois, razão ou fundamento jurídico plausível para rechaçar a possibilidade jurídica de utilização de ação interdital específica (reintegração de posse) voltada à proteção do arrendador, proprietário ou possuidor indireto quando, por exemplo, ao término do contrato de arrendamento e após o decurso em branco do prazo de notificação para desocupação espontânea, ou, ainda, em face do não pagamento das parcelas mensais por parte do arrendatário, pois, em todos esses casos, configura-se o esbulho através do *vício* da *precariedade*.[37] Ademais, na hipótese de inexistência de cláusula resolutiva expressa, poderá o interessado, ainda, aforar ação de rescisão contratual c/c reintegração de posse e, se presentes as condições do art. 273 do CPC, postular a antecipação de tutela, tendo em vista que a cumulação de pedidos não comporta a incidência do rito especial das ações possessórias ou o sumário, mas tão somente o procedimento ordinário (art. 292, § 2º, do CPC).[38]

"O vício, naturalmente, não está na precariedade da posse. É perfeitamente lícita a concessão da posse de uma coisa, a título precário, isto é, para ser restituída, quando o proprietário a reclamar. O vício está na recusa da restituição, a que se obrigara o possuidor."[39]

A esse respeito, já decidiu o Tribunal de Alçada do Rio Grande do Sul que o esbulho ocorre, por exemplo, quando aquele que possui a título de arrenda-

---

36. Joel Dias Figueira Júnior, *Posse e ações possessórias. Fundamentos da posse*, vol. 1, p. 201-202.
37. Dá-se o vício da *precariedade* nas relações em que o sujeito tem consigo um bem da vida (móvel ou imóvel) e recusa-se a devolvê-lo ao legítimo possuidor quando requerido ou quando chegado o momento oportuno de assim proceder. Resulta normalmente de abuso de confiança por parte daquele que previamente recebera a coisa assumindo o compromisso de restituí-la quando verificada certa condição ou termo.
38. Sobre o tema, v. Joel Dias Figueira Júnior, *Comentários ao Código de Processo Civil*, vol. 4, t. II, art. 292.
39. Clóvis Beviláqua, *Direito das coisas*, vol. 1, p. 46.

mento ou parceria pretende transformar o título da posse. A ação de *posse velha*, ou seja, quando o alegado esbulho data de mais de ano e dia, não perde o caráter de possessória. Na ação possessória, o que se discute é o fato da posse, não importando a prova do domínio, razão pela qual, provado que o autor da herança arrendava a área a terceiro, e transferiu o contrato ao réu, e este, após pagar por algum tempo, deixou de honrar o compromisso, tornou-se o espólio titular para propor ação reintegratória. Ação julgada procedente.[40]

Ora, a ação possessória de reintegração assim como a ação de despejo encontram-se igualmente no plano das *demandas recuperatórias*, tomando-se por critério a tutela dos direitos e as relações no plano material, e, considerando-se a classificação quinária das ações, todas as duas são *executivas "lato sensu"*.

Por conseguinte, configurando-se o esbulho possessório praticado de alguma forma pelo arrendatário ou parceiro rural, ao proprietário, possuidor ou arrendador, com fundamento no *ius possessionis*, torna-se juridicamente possível a tutela jurisdicional de reintegração de posse, e, tratando-se de ação de força nova (vício com menos de ano e dia), a incidência do procedimento especial que oferece a técnica diferenciada de obtenção de liminar interdital *initio litis* ou após justificação prévia.[41]

Significa nada menos do que um erro histórico falar, nos dias de hoje, em *ação de despejo* para a recuperação dos imóveis objeto de contrato de arrendamento ou parceria rural, tratando-se de um ranço decorrente da sistematização e linguagem empregada pelo Código de Processo de 1939 (arts. 350 a 353) e do Decreto 59.566/1966, que exigia a sua aplicação e o rito das ações de despejo quando a pretensão tivesse por base contrato de arrendamento ou parceria rural.

Tanto é que encontramos também forte orientação pretoriana no sentido de admitir a utilização das ações possessórias, inclusive de reintegração, para a tutela das relações e violações decorrentes de arrendamento rural e parceria em quaisquer de suas espécies. O que se exige, notadamente para a obtenção

---

40. TARS, 5ª Câm. Cív., ApCív 189.027.345, rel. Juiz Jorge Alcebiades Perrone de Oliveira, j. 04.12.1990.

Decidiu também o mesmo Tribunal: "Ação de reintegração de posse. Subarrendamento inconsentido. Resolvido mediante acordo das partes o arrendamento de área rural, a permanência do subarrendatário em parte da área cedida para pastoreio configura esbulho possessório, legitimados os proprietários arrendadores para o exercício da ação possessória. Ação procedente. Sentença mantida por seus fundamentos. Apelo negado" (6ª Câm. Cív., ApCív 189.066.681, rel. Juiz Milton Martins Soares, j. 19.09.1991).

41. Para aprofundamento sobre o tema das *Liminares nas ações possessórias*, v. Joel Dias Figueira Júnior, obra assim intitulada.

de tutela liminar interdital, é que o autor possuidor demonstre os requisitos insculpidos no art. 927 do CPC.[42]

Ademais, compelir o arrendador esbulhado, na qualidade de legítimo titular da posse, a propor ação cognitiva de despejo com rito sumário significa retirar-lhe o direito constitucional de acesso à ordem jurídica justa, ou seja, no caso, a devida tutela jurisdicional interdital representada pelo rito especial das possessórias de força nova, que propicia a obtenção de liminar com base no que se denomina secularmente na doutrina de *commoda possessionis*, em que o interessado haverá de provar em cognição sumária tão somente a sua qualidade de possuidor, a moléstia à posse e respectiva data, sem necessitar adentrar no espinhoso campo do *periculum in mora* e do *fumus boni iuris*.

Caso contrário, se assim não for, restar-lhe-á a possibilidade jurídica de buscar a providência jurisdicional de urgência voltada à recuperação do imóvel por intermédio de processo de conhecimento com rito sumário e através de tutela antecipatória.[43] Todavia, a técnica processual da tutela antecipatória genérica, em linha principiológica, não se destina a substituir as proteções específicas delineadas no Código ou em leis extravagantes como procedimentos diferenciados, sem contar que os requisitos das respectivas medidas não se identificam integralmente.

Desta feita, qualquer interpretação restritiva ou impeditiva voltada a obstar o legítimo possuidor de fazer uso dos interditos possessórios de força nova, nas hipóteses em que se configuram vícios decorrentes de descumprimento de contratos de arrendamento ou parceria rural (desde que configurado o inadimple-

---

42. Cf. *RJTAMG*, vol. 38/223 (*apud* Theotonio Negrão, *Código de Processo Civil*, 30. ed., p. 1.390); *JTA* (Saraiva), vol. 79/264; *JTA* (Saraiva), vol. 82/299; TAPR, 7ª Câm. Cív., ApCív 6939, rel. Juiz Miguel Pessoa; ApCív 126489300, São João do Triunfo, 7ª Câm. Cív., Juiz Prestes Mattar, j. 01.03.1999, *DJE* 19.03.1999; 2º TACivSP, 6ª Câm., AR 590/160, AI 429.351, rel. Juiz Paulo Hungria, j. 22.02.1995; TJES, ApCív 010939000054, rel. Des. Geraldo Correa da Silva; TAMG, 6ª Câm. Cív., ApCív 0278066-5, rel. Juiz Paulo Cézar Dias, j. 10.06.1999; TAMG, 3ª Câm. Cív., Ap. Cív. 0281689-3, rel. Juíza Jurema Brasil Marins, j. 18.08.1999; TAMG, 1ª Câm. Cív., ApCív 0115611-8, rel. Juiz Zulman Galdino, j. 09.10.1991.

43. Nesse sentido, o Superior Tribunal de Justiça, em aresto da lavra do então Min. Bueno de Souza, acompanhado em seu voto por unanimidade pelos Ministros Sálvio de Figueiredo Teixeira, Barros Monteiro, Cesar Asfor Rocha e Ruy Rosado de Aguiar: "Tutela antecipada deferida para assegurar a reintegração em áreas objeto de contratos de arrendamento rural para plantio de lavoura de cana-de-açúcar. Plausibilidade do direito evidenciada pela questionada impropriedade da utilização de ação possessória para retomada de imóvel rural quando há relação *ex locato*. Possibilidade de lesão irreversível ante o abrupto despojamento da arrendatária de toda a lavoura de cana, justamente na época da colheita, a qual constitui matéria-prima de seu produto final" (4ª T., AR em MC 1407/SP, 199800576207, j. 27.10.1998, *DJU* 14.06.1999, p. 190).

mento e a mora através de interpelação prévia ou se houver cláusula resolutória expressa), significa obstaculizar o direito de acesso à Justiça, representado pela tutela jurisdicional específica e suficientemente hábil a oferecer ao possuidor a proteção rápida e adequada à satisfação de sua pretensão interdital, sob pena de verificar-se a imposição de um ônus inaceitável matizado pela demanda cognitiva de despejo com o rito sumário.

Frisamos mais uma vez que nada obsta que a demanda interdital apareça cumulada com pretensão desconstitutiva (rescisão contratual) do arrendamento rural ou parceria, somando-se pedido ressarcitório (perdas e danos), ou, ainda, com desfazimento de construção ou plantação e multa (art. 921, III, do CPC), hipóteses em que o procedimento a ser aplicado será o ordinário, sem perder, contudo, a natureza interdital (art. 292, § 2º, do CPC).[44]

Por outro lado, se a pretensão articulada pelo autor for exclusivamente condenatória, declaratória ou constitutiva, o processo de conhecimento tramitará então sob a égide do rito sumário em face da regra contida no art. 275, II, *a*.

No que tange aos meios de impugnação e, em particular, ao recurso de *apelação*, não mais encontra ressonância o disposto no § 1º do art. 107 da Lei 4.504/1964 (Estatuto da Terra),[45] porquanto ab-rogado pelo Código de 1973, através do art. 520 que, em *numerus clausus*, define em seus seis incisos as hipóteses em que o apelo é recebido apenas no efeito devolutivo.[46]

---

44. A respeito do tema *cumulação de pedidos e antecipação de tutela interdital*, v. a nossa obra *Liminares nas ações possessórias*, 2. ed., n. 8, p. 177-189.

Em acórdão da lavra de ADROALDO FURTADO FABRÍCIO, decidiu o Tribunal de Alçada do Rio Grande do Sul, em *ação de rescisão de parceria cumulada com reintegratória*, no tocante ao rito, que "em princípio, a cumulação de pedidos imporia a adoção do procedimento ordinário, mas a adoção apenas nominal do sumariíssimo, com a mais ampla oportunidade de discussão e prova aberta às partes, a nenhuma delas prejudica, descabendo decretação de nulidade (...). Prova da posse e da parceria. Não logrando a autora provar posse anterior em nome próprio, nem a existência do contrato de parceria, a improcedência da ação se impõe, mormente quando o demandado chega a fazer prova mais robusta de que a autora e seu extinto marido, estes sim, haviam ocupado o imóvel como arrendatários. Agravo retido e apelação improvidos" (2ª Câm. Cív., ApCív 26.941, j. 27.04.1982).

45. "Art. 107. Os litígios judiciais entre proprietários e arrendatários rurais obedecerão ao rito processual previsto pelo art. 685 do CPC [1939]. "§ 1º Não terão efeito suspensivo os recursos interpostos contra as decisões proferidas nos processos de que trata o presente artigo. (...)."

46. Neste sentido a Conclusão n. 54 do VI Encontro dos Tribunais de Alçada. Igualmente a orientação dominante dos pretórios: STJ, 4ª T., Rec. MS 4621-4/SP, rel. Min. Sálvio de Figueiredo Teixeira, j. 09.08.1994 (*DJU* 29.08.1994, p. 22.200); TARS, 2ª Câm. Cív., MSE 185.020.831, rel. Juiz Clarindo Favretto, j. 13.08.1985; *RT*, vol. 548/142; *JTA*, vol.

Com referência à *prova do contrato* de arrendamento rural ou parceria, aplica-se a regra do art. 92, § 8º, do Estatuto da Terra, que admite a ouvida de testemunhas, enquanto a ausência de contrato não poderá elidir a aplicação dos princípios estabelecidos nesta Lei e nas normas regulamentares. Assim, a orientação definida no art. 401 do CPC encontra limitação nessa seara, tendo-se em conta que o valor da causa poderá superar o décuplo do salário mínimo e o contrato objeto da prova não ser escrito, ou seja, neste tipo de contrato, admite-se a prova exclusivamente testemunhal.[47]

Merecem destaque, por último, as questões relativas à *competência* e seus consectários, tendo-se como regras gerais aquelas estabelecidas para o *foro* ou *território*, segundo se infere do disposto nos arts. 94 a 100 do CPC, cujo núcleo é o *domicílio do réu*, ressalvando-se as hipóteses de ações reais imobiliárias e as possessórias, quando então a competência se estabelece de acordo com a situação do bem (art. 95, do CPC).

A esse respeito, observa Calmon de Passos que "o arrendante proprietário, efetivando o contrato com vistas a retirar do imóvel proveito econômico, por conseguinte, vinculando à situação do mesmo seus interesses, fazendo-o de modo permanente e não eventual, poderá e deverá sempre ser considerado como tendo domicílio, para fins de litígio sobre arrendamento rural, no lugar da situação do imóvel arrendado. De sorte que, dificilmente, causa dessa natureza será ajuizada em outro foro que não o da situação do imóvel objeto do contrato de arrendamento. Porque nesse foro normalmente terá domicílio o arrendatário, nesse foro serão exigíveis as obrigações derivadas do contrato; nesse foro ocorrerá o fato ou ato determinador dos prejuízos ou danos suscetíveis de ressarcimento; nesse foro, finalmente, deverá ser entendido como tendo domicílio o arrendatário, pelas razões já enunciadas".[48]

Como decorrência dessas orientações, haveríamos de indagar se as partes contratantes de uma parceria ou arrendamento rural podem estipular o *foro de eleição* com fundamento no permissivo estabelecido no art. 111 do CPC, sobretudo porque a hipótese vertente aglutina a competência territorial e o art. 12 do Decreto 59.566/1966, por sua vez, determina que os contratos escritos deverão conter, entre outros requisitos, o "foro do contrato", segundo se infere do inc. X.

Primeiramente, assinala-se que a expressão "foro do contrato" não está empregada no sentido de "foro de eleição", mas sim como indicativo do local (ou

---

68/159, 95/287, 95/398, 111/409; *Bol. AASP* 1.281/138. Contra v. *JTA*, vol. 60/276 (*apud* Theotonio Negrão, *Código de Processo Civil*, 30. ed., p. 1.390).

47. Assim também a orientação do Superior Tribunal de Justiça, 3ª T., REsp 651315/MT, rel. Min. Castro Filho, j. 09.08.2005.

48. *Comentários ao Código de Processo Civil*, 8. ed., vol. 3, n. 49, p. 73-74.

foro) onde o contrato se aperfeiçoa,[49] na medida em que, conforme veremos a seguir, a indicação de foro diverso não é admitida pelo sistema normativo, fazendo-se mister que se proceda a uma interpretação sistemática de outros dispositivos.

Nesse diapasão, observa-se que o parágrafo único do mencionado art. 12 do Decreto 59.566/1966 dispõe que "as partes poderão ajustar outras estipulações que julguem convenientes aos seus interesses, *desde que não infrinjam* o Estatuto da Terra [Lei 4.504/1964], a Lei 4.947, de 06.04.1966, e o presente Regulamento". Por sua vez, a Lei 4.947/1966, que "fixa normas de direito agrário, dispõe sobre o sistema de organização e funcionamento do Instituto Brasileiro de Reforma Agrária, e dá outras providências", prescreve, em seu art. 13, que "os contratos agrários regulam-se pelos princípios gerais que regem os contratos de direito comum, no que concerne ao acordo de vontade e ao objeto, observados os seguintes preceitos de direito agrário: I – arts. 92, 93 e 94 da Lei 4.504, de 30.11.1964, quanto ao uso ou posse temporária da terra; II – arts. 95 e 96 da mesma lei, no tocante ao arrendamento rural e à parceria agrícola, pecuária, agroindustrial e extrativa; III – obrigatoriedade de cláusulas irrevogáveis, estabelecidas pelo IBRA, que visem à conservação de recursos naturais; *IV – proibição de renúncia, por parte do arrendatário ou do parceiro não proprietário, de direitos ou vantagens estabelecidas em leis ou regulamentos*; (...). § 1º O disposto neste artigo aplicar-se-á a todos os contratos pertinentes ao direito agrário e informará a regulamentação do Capítulo IV do Título III da Lei 4.504, de 30.11.1964 (...)".

Sem maiores dificuldades, verifica-se que o arrendatário rural ou parceiro agrícola são colocados ficticiamente pelos sistemas normativos específicos numa posição de fragilidade ou vulnerabilidade (presumida *ex lege*), em confronto com a situação da parte adversária. Movido por razões socioeconômicas e políticas, muito mais do que jurídicas, acertadamente, limitou o legislador a definição da competência para a solução dos conflitos resultantes desses contratos, buscando beneficiar a parte mais fraca (hipossuficiente, ao menos em tese), e, por isso, merecedora de atenção diferenciada, com o escopo de tentar manter o equilíbrio indispensável nesses particularizados contratos sinalagmáticos. Conclui-se então que, no caso, o domicílio do réu exsurge como uma vantagem assegurada e decorrente do próprio sistema normativo, da qual não poderá prescindir por ser matéria de ordem pública e, por conseguinte, indisponível.

3.3 Cobrança ao condômino de quaisquer quantias devidas ao condomínio

A Lei 9.245/1995 modificou o tipo de lide envolvendo as relações condominiais para a incidência do procedimento sumário, definindo como espécie

49. Cf. Calmon de Passos, *idem*, p. 74.

conflituosa a *cobrança de quaisquer quantias devidas ao condomínio* por parte do *condômino inadimplente*, que haverá de figurar no polo passivo das demandas cognitivas ressarcitórias desta natureza.

Verificou-se uma generalização e, por conseguinte, ampliação dos tipos de lide se compararmos a disposição com a alínea *c* do inc. II do derrogado art. 275, que admitia as causas envolvendo "responsabilidade pelo pagamento de impostos, taxas, contribuições, despesas e administração de prédio em condomínio". Com a redação atual, o rito sumário passa a comportar *quaisquer* demandas ressarcitórias de cobrança com legitimidade ativa atribuída ao síndico, quando assim dispuser a lei, ou, nos demais casos, pelos condôminos, dirigidas contra o inadimplente.

Observa-se que "o texto vigente não limita nem qualidade nem quantidade, de modo que o rito sumário pode ser utilizado para a cobrança de todo e qualquer valor devido pelo condômino ao condomínio, a que título for (multas impostas pelo síndico, por exemplo), mesmo que não oriundo da relação jurídica condominial e, ainda, quer se trate do condomínio tradicional (absoluto) do direito civil (CC, arts. 1.314 a 1.320), quer do condomínio edilício (relativo) (CC, art. 1.331 e ss., e Lei 4.591/1964 – LCI)".

Todavia, não é vedado ao condomínio ou ao síndico a utilização de demanda executiva sempre que a hipótese em concreto agasalhe a existência de título hábil (líquido, certo e exigível) a viabilizar a propositura de ação desta natureza, nos moldes do disposto no inc. II do art. 585 do CPC.

Nesses casos, a preexistência de título executivo obstaculiza a propositura de qualquer demanda válida de conhecimento, inclusive com o rito sumário, tornando-se o autor carecedor de ação por absoluta falta de interesse de agir, na medida em que se frustra por completo a busca de uma sentença de mérito (condenatória) favorável que, por sua vez, sob o pálio da coisa julgada, haveria de se transformar em "título executivo judicial" absolutamente inócuo.

Diversa é a hipótese delineada no inc. V do art. 585 do CPC, que atribui a qualidade de título executivo extrajudicial ao "crédito, documentalmente comprovado, decorrente de aluguel de imóvel, bem como de encargos acessórios, tais como taxas e despesas de condomínio", conforme redação conferida pela Lei 11.382/2006.[50]

---

50. A redação primitiva (modificada pela Lei 11.382/2006) alusiva à matéria em exame estava disposta no inc. IV do art. 585 do CPC, nos seguintes termos: "O crédito decorrente de foro, laudêmio, aluguel ou renda de imóvel, bem como *encargo de condomínio desde que comprovado por contrato escrito*" (grifamos). Acerca deste inciso (em parte revogado), escrevemos na 1ª edição dos *Comentários ao Código de Processo Civil*, vol. 4º, t. II que, a se entender a expressão "contrato" como sendo ele a fonte não da obrigação de pagar, mas da liquidez da dívida, ter-se-á excluído a ação de execução em qualquer circunstância. Nem mesmo

No que concerne à "ação executiva" outrora conferida ao síndico contra os condôminos com fulcro no art. 12, § 2º, da Lei 4.591/1964 (dispõe sobre condomínios, edificações e incorporações imobiliárias), entendemos que esteja revogado em face do Código de 1939 que, por sua vez, endossava essa orientação por intermédio do art. 298, X,[51] não mais repetida com o advento do Código de 1973 ou pelo procedimento sumário insculpido na Lei 9.245/1995.[52]

Não se pode esquecer, ainda, da possibilidade jurídica de o interessado e legitimado detentor de documento que represente alguma dívida ou encargo por parte de condômino para com o condomínio que integra, não habilitada como título executivo extrajudicial, fazer uso da demanda cognitiva ressarcitória fundada na *técnica monitória*, erroneamente chamado pelo próprio Código o procedimento especial diferenciado em questão de "*ação*" *monitória*, prevista nos arts. 1.102a a 1.102c.

Nesses casos, verifica-se perfeitamente o que se denomina *facultatividade procedimental*, isto é, a opção de ritos igualmente válidos e colocados pelo sistema positivado à disposição do jurisdicionado, que haverá de fazer uso daquele que melhor se amolde às suas necessidades.

Destarte, a *monitória* nada mais é do que um instrumento diferenciado de prestação de tutela jurisdicional ressarcitória cognitiva, tendente a transformar-se

---

no condomínio em edifício de apartamentos ela será viável, porquanto a convenção fixa os critérios para cobrança, não o quanto devido; nem se pode dizer que o orçamento aprovado pela assembleia seja contrato; nem é a convenção explicável como contrato. Parecia-nos, portanto, que a redação então conferida ao inc. IV do art. 585 pretendia incluir a parcela relativa aos encargos de condomínio pactuada como devida pelo locatário de apartamento, juntamente com os aluguéis, para fins de execução. O contrato, na espécie, era o contrato escrito de locação no qual se previu, também, a responsabilidade pelo ressarcimento, ao locador, do que pagaria como condômino. Esse era também o entendimento da melhor doutrina (v. J. J. Calmon de Passos, *Comentários ao Código de Processo Civil*, vol. 3, n. 60.1, p. 83; Nelson e Rosa Nery, *Código de Processo Civil...*, n. 20).

Em outras palavras, o aludido inciso encontrava ressonância no tocante aos encargos de condomínio na execução por aluguéis se e quando transferidos para o locatário e desde que comprovado expressamente por contrato escrito.

A nova sistematização e redação conferida através da Lei 11.382/2006 ao inciso V do art. 585 do CPC veio esclarecer o assunto e colocar pá de cal em eventuais controvérsias sobre o título executivo extrajudicial em questão.

51. Dispunha o mencionado art. 298: "Além das previstas em lei, serão processadas pela forma executiva as ações: (...) X – do administrador, para cobrar do coproprietário de edifício de apartamentos a quota relativa às despesas gerais fixadas em orçamento".

52. Nesse sentido também J. J. Calmon de Passos, *Comentários ao Código de Processo Civil*, 8. ed., vol. 3, ns. 60.2, 60.3, 60.5, 60.5, 60.6, p. 83-87. Quanto à orientação pretoriana, v. Theotonio Negrão, *Código de Processo Civil*, 30. ed., art. 275, n. 18, p. 340.

em técnica de efetivação satisfativa do julgado, nos moldes do disposto no art. 475-I ou no art. 475-J, ambos do CPC, diante da não oposição de "embargos".[53] Em qualquer hipótese, a ação material será sempre a mesma, ou seja, ressarcitória de natureza obrigacional, instrumentalizada por intermédio de um processo de conhecimento que poderá receber o rito sumário ou o especial monitório, dependendo apenas da opção do autor diante das particularidades do caso em concreto.

No que tange à competência, a demanda em questão tem natureza ressarcitória e é, portanto, de cunho *pessoal*, aplicando-se então a regra geral do art. 94 do CPC, que regula a competência territorial, admitindo-se, portanto, que se estabeleça foro de eleição diverso daquele da situação do imóvel, nada obstante tratar-se de hipótese remotíssima em termos práticos.

Parece-nos também que só uma exceção afigura-se plausível: quando o proprietário condômino, responsável pelas despesas do condomínio, tem domicílio em outro foro, e na convenção ou outro ato interno estabeleceu-se a obrigação de sua quota vir a ser paga no lugar em que tem fixado o seu domicílio e, portanto, em local diverso de onde se encontra estabelecido o imóvel sobre o qual recai a taxa em questão.[54]

3.4 Do ressarcimento por danos em prédio urbano ou rústico

O legislador de 1995 manteve a demanda ressarcitória fundada em *dano praticado em prédio urbano ou rural (rústico)*, nada obstante a sua parca afinidade com a forma sumária em razão da complexidade da matéria naturalmente decorrente deste tipo de conflito.

Nesses casos, a complexidade da matéria, objeto da controvérsia, emerge através da prova pericial a ser produzida, exigindo não raramente um trabalho técnico a ser desenvolvido por especialistas, com frequência engenheiros civis, mecânicos e agrônomos, terminando o processo por tramitar pelo rito ordinário, conforme estatuído no § 4º do art. 277 do CPC.

Trata-se, portanto, de demanda de natureza indenizatória, ancorada nos arts. 186 e 927 do CC, ensejadora de ação condenatória que objetiva a formação de um título executivo judicial, com a consequente satisfação do autor pelo ressarcimento dos prejuízos sofridos de maneira hábil ao estabelecimento fático da situação precedente ao ilícito.

O vocábulo "prédio" está empregado na alínea *c* do inciso II do art. 275 em seu mais amplo sentido, não se limitando apenas a indicar as moradias ou casas urbanas ou rurais. Na verdade, a acepção da palavra transcende o conceito de

---

53. Esses "embargos" que suspenderão a eficácia do mandado inicial de pagamento de soma ou entrega de coisa têm natureza de contestação.

54. Cf. J. J. Calmon de Passos, *Comentários ao Código de Processo Civil*, vol. 3, n. 62, p. 88.

edificação, significando a posse, o domínio ou a propriedade com todas as suas acessões (construção de obras ou plantações) e respectivas benfeitorias.

A competência para essas ações rege-se pela regra do art. 100, V, *a*, ou seja, o lugar do ato ou fato, podendo haver exceção se o ilícito civil originar-se em acidente de veículo, hipótese em que concorrerá o foro do domicílio do autor, além da regra geral do domicílio do réu, tendo-se em conta que se trata de ação de natureza pessoal (parágrafo único).[55]

3.5 Ressarcimento por danos causados em acidente de veículo de via terrestre

Acertadamente, em face da complexidade da matéria, a Lei 9.245/1995 restringiu para aplicação do rito sumário apenas as ações de indenização decorrentes de acidente de veículos que trafegam exclusivamente por via *terrestre*, excluindo assim os eventos danosos que envolvem aviões e aeronaves de todos os gêneros e as embarcações em geral, em que pese os transportes marítimo e aéreo já possuírem leis próprias reguladoras das respectivas matérias e, por conseguinte, pouco se modificando em sede procedimental. Assim, no caso de omissão das leis específicas, não mais se aplicará o rito sumário (antigo "sumaríssimo") em razão da matéria, exceto se o valor da causa adequar-se ao limite estabelecido no inc. I do art. 275, que, aliás, é norma de caráter geral.

Em sede procedimental para as demandas ressarcitórias dessa ordem, em nada as modifica a circunstância de ter o sinistro ocorrido, por exemplo, em via terrestre envolvendo um avião monomotor que, em face de pane sofrida, obriga o piloto a fazer pouso forçado e aterrissar numa autoestrada, terminando por atingir alguns automóveis que trafegavam naquele local. Diga-se o mesmo de uma lancha desgovernada, navegando perto da praia, em que o piloto vem a bater no cais do porto. Nesses casos, os sinistros não envolvem veículos de circulação terrestre.

Diferentemente, poderá ocorrer um acidente de trânsito com um caminhão que transporta um barco ou com um automóvel que reboca uma lancha, e, saltando o engate ou lançando-se o barco para fora em face de uma manobra brusca do motorista, em alta velocidade, por exemplo, a embarcação atinge outro veículo que trafega em sentido oposto da rodovia. Nessa situação, a causa e efeito do evento danoso, isto é, o nexo de causalidade encontra absoluta ressonância nos dois veículos de circulação terrestre envolvidos, em que pese somente um deles ter sido atingido, vítima da infeliz manobra que lançou a embarcação sobre o automóvel.

A alínea objeto desses comentários tomou por critério norteador o procedimento e não o bem objeto da lide (diferentemente do que se verificou na alínea

55. Assim também idem, n. 64, p. 90.

c), mas sim o *meio* através do qual se verifica a ofensa ao bem da vida em questão, qual seja, qualquer tipo de veículo terrestre movido por força física humana, mecânica em geral ou tração animal de qualquer espécie.

Na verdade, para a incidência do rito sumário (ou sumaríssimo da Lei 9.099/1995, dependendo apenas da complexidade probatória e do valor da causa – cf. art. 3º, inc. II c/c § 3º, art. 15 e art. 39), o Código somente exige o nexo de causalidade entre o dano e o veículo de circulação terrestre. "Indiferente, inclusive, a presença de quem o dirija ou conduza: é acidente de veículo o causado pelo carro que, colocado em ladeira mal engrenado, se lança declive abaixo, sem nele estar qualquer pessoa, e nessas condições causa dano à pessoa ou à coisa."[56]

Dessa feita, o atropelamento de um pedestre, por exemplo, se enquadra também na hipótese definida na alínea *d* do inc. II do art. 275, tendo em vista que envolve um ato ilícito com repercussão danosa geradora de pretensão indenizatória (material) ou compensatória (moral), cujo acidente é decorrência direta de um violento impacto ocasionado por um veículo de circulação terrestre. Em outras palavras, para a incidência do rito sumário do Código de Processo Civil ou do sumaríssimo estatuído pela Lei 9.099/1995, basta que o evento danoso, doloso ou culposo, versando sobre responsabilidade civil objetiva ou subjetiva, traga em seu bojo o nexo causal efetivado por qualquer tipo de veículo de circulação terrestre, ou seja, que o dano em pessoas ou coisas seja causado *por acidente de veículo*, podendo ou não se tratar de *acidente de trânsito*.

O *valor da causa* desse tipo de demanda e para os fins de incidência do rito sumário não encontra qualquer limitação quantitativa, diante da abertura conferida pela regra do inc. II a que pertence a alínea *d*, sendo que o *quantum* deverá corresponder, necessariamente, ao pedido (pretensão ressarcitória) com eventuais cumulações, sem perder de vista a causa de pedir (art. 259, II, CPC).[57]

Diferentemente, se o autor optar pelo rito sumaríssimo insculpido na Lei 9.099/1995, a pretensão quantificada também haverá de nortear diretamente o valor da causa, porém, com a limitação, estabelecida pelo § 3º do art. 3º, c/c arts. 15 e 39, a quarenta salários mínimos, sob pena de renúncia do direito na parte que lhe sobejar. Ademais, esse tipo de ação tem natureza processual eminentemente condenatória, sendo que a regra do art. 39 não deixa qualquer dúvida ao dispor que será ineficaz a sentença na parte que exceder a alçada estabelecida

56. Idem, n. 65.1, p. 92.

57. Nesse sentido também a orientação do STJ: "A ação de indenização por danos materiais causados em acidente de veículo de via terrestre processar-se-á pelo procedimento sumário, independentemente do valor da causa (art. 275, II, 'd', do CPC)" (AgRg no Resp 514732/MG, 4.a T, j. 18.05.2010, rel. Min. Aldir Passarinho, v.u.).

no microssistema, enquanto o art. 15 limita a cumulação de pedidos ao mesmo patamar valorativo.[58]

Em sede de competência, a matéria envolvendo reparação de dano por ato ilícito, assim considerado o delito ou acidente de veículo, não traz maiores dificuldades, na medida em que se aplica a regra do foro alternativo em benefício do autor vitimado, conforme estatuído no parágrafo único do art. 100 do CPC, isto é, o seu domicílio, o lugar do ilícito ou o domicílio do réu (art. 94, do CPC).

Por fim alertamos para a alteração do Código de Processo Civil instituída pela Lei 11.232/2005 que, dentre inúmeras mudanças, e, especificamente quanto ao tema em comento, incluiu o art. 475-A, § 3º que proíbe a sentença ilíquida nas hipóteses previstas no art. 275, II, letras *d* e *e*, que tratam, respectivamente da ação de ressarcimento por danos causados em acidente de veículos de via terrestre e ação de cobrança de seguro, relativamente aos danos causados em acidente de veículo. Assim, ainda que o autor não indique o valor do dano ou do seguro a ser pago, o juiz deve proferir sentença líquida, fixando o *quantum* de acordo com seu prudente critério.

3.6 *Cobrança de seguro, relativamente aos danos causados em acidente de veículo, ressalvados os casos de processo de execução*

Trata-se de regra procedimental instituída pela Lei 9.245/1995 para as ações ressarcitórias que envolvem a cobrança de importâncias decorrentes de contratos de seguro (obrigatório ou facultativo), relacionadas com acidentes de veículos (terrestre, aéreo ou marítimo), definindo o rito sumário independentemente do valor pleiteado, ressalvados os casos de processo de execução, nos termos do disposto no art. 275, inciso II, alínea *e*.

Com razão Sérgio Bermudes, ao dizer que "a ação sumária de que aqui se trata é a do segurado ou sub-rogatário dele para pedir a indenização, e não a da seguradora para haver o prêmio, pois a norma alude a danos, indicando sinistro já ocorrido".[59]

Ademais, como até o advento da Lei 10.444/2002 o Código de Processo Civil proibia nos processos de rito sumário a intervenção de terceiros, em seu art. 280 (com redação conferida pela Lei 9.245/1995), a hipótese consagrada para a cobrança de seguros na alínea *e* do inciso II do art. 275 (também com redação conferida pela Lei 9.245/1995) excepcionou a regra então contida no aludido art. 280, contornando, assim, um grave inconveniente. Porque até então inadmissível

58. Sobre o tema da limitação do valor para as matérias enumeradas no inc. II do art. 3º da Lei 9.099/1995, ou seja, as causas enumeradas no art. 275, II, do CPC, v. os nossos *Comentários à Lei dos Juizados Especiais Cíveis e Criminais*, 4. ed., art. 3º.

59. *A reforma do Código de Processo Civil*, 2. ed., p. 36, 1996.

a denunciação da lide, ficaria o responsável pelo sinistro de obter o ressarcimento da seguradora concomitantemente ao desembolso por ele feito em favor da vítima.

Por isso, diante dessas situações de não rara dificuldade ou mesmo impossibilidade financeira do segurado em arcar primeiramente com a verba ressarcitória em favor da vítima do sinistro para então obter a indenização da seguradora em demanda regressiva, é que se fez a construção pretoriana excepcionando esses casos, ou seja, permitindo ao segurado cobrar da seguradora a indenização securitária, em face de condenação sofrida, antes mesmo de ter realizado o efetivo desembolso, nos limites estabelecidos na apólice.[60]

Com a previsão do art. 275, II, *e*, a nosso ver, solucionou-se o impasse existente até o advento da Lei 10.444/2002. Nesses casos, a vítima acionava o causador do acidente e este, por sua vez, a seguradora, já que ela é responsável regressivamente, contornando o óbice posto à denunciação da lide. A conexão entre as duas ações impunha a reunião dos processos. Obtinha-se, por esse modo, o que se pretendeu impedir, proibindo a denunciação da lide. Nos dizeres de Calmon de Passos, "se não couber, ainda, a ação condenatória, propõe-se a declaratória, valendo a futura sentença como título certificador do *an debeatur*, dispensado novo processo condenatório, tornando-se suficiente a simples liquidação da sentença".[61] Diferentemente do que se verificou nos comentários à alínea precedente (item n. 3.5, *supra*), para a aplicação do rito sumário às demandas desta ordem não há qualquer restrição ao tipo de veículo sinistrado, admitindo-se o envolvimento tanto daqueles que circulam em via terrestre quanto dos marítimos ou aéreos.

Essa orientação se aplica para situações diversas no tocante à legitimidade ativa e passiva, desde que a origem da demanda tenha por base cobrança fundada em contrato de seguro e acidente de veículo, de modo que a companhia seguradora poderá figurar no polo ativo, dirigindo a demanda contra o terceiro causador do dano, na qualidade de sub-rogada dos direitos do seu cliente segurado,[62] ou mesmo contra o segurado, em hipótese, por exemplo, de repetição do indébito, quando constatado pagamento de indenização decorrente de acidente de veículo em quantia superior ao previsto na apólice. Inversamente, o mesmo procedimento aplica-se ao segurado para reaver da seguradora os valores definidos na apólice, a título de ressarcimento, em face de acidente de veículo.

Porém, se o segurado verifica posteriormente ao pagamento que procedeu à quitação equivocada do prêmio, isto é, em quantia superior à contratada, e

60. Cf. TJSC, dentre outros julgados, AC 2003029377-9, Chapecó, j. 27.03.2007, e AC 2003005933-4, Seara, j. 18.07.2006, julgados em que fui o Relator.

61. J. J. Calmon de Passos, *Comentários ao Código de Processo Civil*, 8. ed., vol. 3, n. 69.2, p. 98.

62. Em sentido contrário, excluindo esse rito para as hipóteses de sub-rogação, v. Nelson e Rosa Nery, *Código de Processo Civil comentado*, art. 275, n. 24, p. 762.

resolve buscar o ressarcimento através de demanda de repetição do indébito, em que pese o contrato versar sobre a cobertura por sinistro em veículo automotor, o objeto imediato desta ação e a sua causa de pedir não respeitam a qualquer dano decorrente de acidente de veículo, mas tão somente à cobrança superior ao pactuado. De forma inversa, aplica-se o mesmo entendimento às hipóteses em que a seguradora desejar cobrar do segurado o valor do prêmio não quitado. Em circunstâncias como essas, o procedimento sumário só será aplicável pela regra quantitativa do inc. I do art. 275 do CPC, jamais com base no inc. II, alínea *e*.

Por outro lado, a ressalva feita aos processos de execução, em se tratando de título hábil a legitimar demanda executiva, nos moldes do inc. III do art. 585 do CPC, encontra-se derrogada na exata medida em que a Lei 11.382/2006 suprimiu do aludido inciso o contrato de seguro de acidentes pessoais de que resulte morte ou incapacidade.[63] Ademais, antes mesmo da citada modificação legislativa, já entendíamos ser totalmente despicienda a ressalva feita no art. 275, inc. II, alínea *e*, aos processos de execução, tendo-se em conta não existir qualquer interesse de agir por parte daquele que é detentor de cártula líquida, certa e exigível.[64]

Apesar de os contratos de seguro de acidentes pessoais de que resulte morte ou incapacidade não mais figurarem no rol dos títulos executivos extrajudiciais, em face da nova normativa conferida através da Lei 11.382/2006, tem o interessado a faculdade de ajuizar demanda cognitiva ressarcitória de natureza condenatória com opção pelo rito sumário aqui estabelecido, ou fazer uso do procedimento especial monitório, nos termos do art. 1.102a do CPC.

Tem-se também admitido o ajuizamento de ação ressarcitória dirigida pela vítima de acidente de veículo diretamente contra a companhia seguradora do causador do evento danoso, que figura na apólice como segurado. E assim se entende porque "a seguradora tem responsabilidade por força da apólice securitária e não por ter agido com culpa no acidente".[65]

---

63. Assim ficou a redação do art. 585, inciso III, do CPC, com a redação conferida pela Lei 11.382/2006, *in verbis:* "São títulos executivos extrajudiciais: (...) III – os contratos garantidos por hipoteca, penhor, anticrese e caução, bem como os de seguro de vida".

64. Assim, também, v. Nelson e Rosa Nery, *Código de Processo Civil comentado*, 4. ed., art. 275, n. 25, p. 762.

    Igual é a crítica feita por Sérgio Bermudes, quando observa ter sido desnecessária a ressalva feita à ação executiva, como se a norma especial, que regula a execução, pudesse ser implicitamente revogada pela geral, no caso a Lei 9.245/1995, que instituiu o novo procedimento sumário (*A reforma do Código de Processo Civil*, 2. ed., n. 2, p. 36).

65. STJ, 3ª T., REsp 444716/BA, rel. Min. Nancy Andrighi, j. 11.05.2004.

    No mesmo sentido, v. TJSC, AC 1999.007413-7, rel. Des. Cesar Abreu, j. 19.03.2002; AC 2001.015162-6, rel. Des. Jorge Schaefer Martins, j. 08.03.2005; TJRS, AC 70011264579, rel. Des. Ana Maria Nedel Scalzilli, j. 19.10.2005.

Em arremate, alertamos para a disposição contida no art. 475-A, § 3º, do CPC, que proibiu a prolação de sentença ilíquida no caso de cobrança de seguro relativa aos danos causados em acidente de veículos, de modo que, ainda que o autor não indique o valor do seguro a ser pago, o juiz deve proferir sentença líquida, fixando o *quantum* de acordo com seu prudente critério.

3.7 Cobrança de honorários dos profissionais liberais, ressalvado o disposto em legislação especial

Tem-se como profissional liberal toda e qualquer *pessoa natural* que, independentemente do grau de instrução, atividade técnica, artística ou científica que realiza, presta seus serviços sem qualquer vínculo empregatício nos termos definidos na legislação do trabalho.

A alínea *f* do inc. II do art. 275 orienta as ações cognitivas ressarcitórias de cobrança de honorários de profissionais liberais para tramitarem sob a égide do rito sumário, ressalvado o disposto em legislação especial e, por óbvio, as ações de execução quando o contrato revestir-se de liquidez, certeza e exigibilidade, ou, ainda, o procedimento monitório, quando o documento sobre o qual se funda a pretensão não tiver eficácia executiva.

Tratando-se de *honorários advocatícios*, podem estar definidos em contrato (art. 585, VIII, CPC c/c art. 24, § 1º, da Lei 8.906/1994)[66] ou mediante estipulação prévia, por força da sucumbência, hipóteses que viabilizam a demanda executiva.

Observa-se que é desnecessária, mais uma vez, a ressalva feita pelo legislador, no tocante à "legislação especial", na medida em que a expressão deve ser entendida como norma processual com previsão procedimental específica para ações desta natureza. Aliás, como bem assevera Calmon de Passos, a referência foi ociosa, pois, "havendo lei especial dispondo em contrário, ab-rogado estaria, no particular, o dispositivo independente de qualquer referência expressa no texto".[67]

3.8 Revogação de doação

A Lei 12.122, de 15 de dezembro de 2009, acrescentou ao rol de demandas que hão de observar a tramitação do rito sumário as ações que tenham por escopo a revogação de doação (alínea "g").

66. Dispõe o Estatuto da Ordem dos Advogados: "Art. 24. A decisão judicial que fixar ou arbitrar honorários e o contrato escrito que os estipular são títulos executivos e constituem crédito privilegiado na falência, concordata, concurso de credores, insolvência civil e liquidação extrajudicial. § 1º A execução dos honorários pode ser promovida nos mesmos autos da ação em que tenha atuado o advogado, se assim lhe convier. (...)."

67. *Comentários ao Código de Processo Civil*, 8. ed., vol. 3, n. 71.1, p. 101.

A matéria encontra-se substancialmente regulada nos artigos 555 a 564 do Código Civil brasileiro,[68] que chancela a possibilidade jurídica de formulação de pedido desconstitutivo de doação por motivo de ingratidão do donatário (CC, art. 557), ou, diante da inexecução de encargo (doação onerosa – CC, art. 562) estabelecido pelo doador ao donatário.

O Projeto de lei que deu origem a inclusão da alínea "g", inciso II, art. 275 do CPC, de autoria do Deputado Antônio Carlos Mendes Thame, previa inicialmente apenas a hipótese de ação de revogação de doação a tramitar sob a égide do rito sumário quando fundada em motivo de ingratidão do donatário, deixando de prever, por conseguinte, a hipótese de desconstituição do ato por inexecução de encargo, que terminou por ser incluída quando de sua passagem pela Comissão de Constituição e Justiça, da Câmara dos Deputados.

Acertada foi a aludida ampliação, pois o descumprimento pelo donatário, em tempo e modo definidos pelo doador, encontra-se equiparado para fins de revogação do ato, ou seja, são equivalentes normativos no plano substantivo, igualmente hábeis à consecução do fim pretendido, não havendo razão plausível para não açambarcar as duas hipóteses, de maneira a viabilizar o manejo do procedimento sumário.

O cerne do fundamento contido na justificação de motivos do PL mencionado repousa na maior celeridade oferecida pelo procedimento sumário aos litigantes, reduzindo-se o tempo de "incerteza jurídica" e, sobretudo, porque o bem doado permanece indisponível até a conclusão do julgado.

Todavia, equivocada (parcialmente) a assertiva contida na Exposição de Motivos, pois a ação revocatória de doação (com qualquer de seus fundamentos), antes do advento da Lei 12.122/2009, haveria de seguir o rito ordinário – sabidamente mais lento quando confrontado com o sumário – somente se a lide apresentasse complexidade (probatória) elevada e o valor da causa ultrapassasse a 60 salários mínimos; caso contrário, nada impediria ao autor optar pelo rito sumário.

Pelas mesmas razões, em que pese a inovação em comento, nada impede, igualmente, que o autor opte pelos Juizados Especiais, habitat natural do procedimento sumaríssimo, desde que a demanda não apresente complexidade probatória incompatível com a oralidade em grau máximo e o valor da causa não exceda a 40 salários mínimos; aliás, as causas previstas no art. 275, inciso II, do CPC estão referidas no art. 3º, inciso II, da Lei 9.099/1995.[69]

---

68. Sobre o tema, v. o nosso *Código Civil*, neste ponto comentado por Jones Figueiredo Alves, 8. ed., 2012.

69. A esse respeito, já tivemos oportunidade de observar quando comentamos a Lei 9.099/1995: (...) Em face da redação conferida ao inciso II do art. 3º da Lei dos Juizados Especiais, na qual foi feita apenas alusão às causas *enumeradas no art. 275, II, do CPC*,

Ademais, mesmo se a demanda desconstitutiva receber de plano o impulso procedimental sumário, pelos motivos indicados nos §§ 4º e 5º do art. 277 do CPC o procedimento sumário poderá ser convertido em ordinário.

Na verdade, mudanças legislativas desse gênero são insignificantes para a minimização (e, muito menos solução) da crise em que se encontra mergulhado o sistema processual civil brasileiro e a prestação da própria tutela jurisdicional.[70]

3.9 Das outras causas de rito sumário

Para que não mais persistissem dúvidas, o legislador inseriu no rol todas as demais causas que tivessem previsão normativa para tramitação sob a égide

---

atrelou-se – em nosso entender inadvertidamente – o elenco das demandas da competência da justiça especializada ao rol das matérias do procedimento comum sumário.

Dessa situação duas questões hão de surgir: a primeira diz respeito à alteração do elenco de matérias dos Juizados Especiais toda vez que se verificar modificação no rol do inciso II do art. 275; a segunda refere-se à incompatibilidade existente em face da complexidade e da diversificação procedimental entre os dois ritos (o sumaríssimo da Lei 9.099/1995 e o sumário, do CPC) para demandas de idêntica natureza.

Diante do embaraço legislativo, contorna-se o problema com a busca da solução na *opção procedimental* (conclusão decorrente da competência relativa – v. itens ns. 1.2, 1.3 e 1.4 *supra*) concedida ao autor da demanda em ambos os sistemas (o tradicional do CPC ou o especial dos juizados), observando sempre as exceções previamente estabelecidas nos arts. 3º, § 2º, e 8º, ambos da Lei 9.099/1995, nos quais determinadas ações ficam excluídas dos juizados (incompetência) em razão da natureza da lide ou qualidade da parte, além das hipóteses de se verificar a complexidade da matéria probatória (incompatível com o microssistema), a necessidade de citação editalícia (art. 18, § 2º) ou a não aceitação do autor em renunciar ao crédito excedente (§ 3º, art. 3º, arts. 15 e 39).

Assim, desde que a demanda não ultrapasse o limite de quarenta salários mínimos ou se o autor renunciar ao crédito excedente (§ 3º) e não se tratar de qualquer uma das hipóteses que acabamos de mencionar, competem (em termos relativos) aos Juizados Especiais o processo, julgamento e execução das seguintes causas: a) de arrendamento rural e de parceria agrícola; b) de cobrança ao condômino de quaisquer quantias devidas ao condomínio; c) de ressarcimento por danos em prédio urbano ou rústico; d) de ressarcimento por danos causados em acidente de veículo de via terrestre; e) de cobrança de seguro, relativamente aos danos causados em acidente de veículo, ressalvados os casos de processo de execução; f) de cobrança de honorários dos profissionais liberais, ressalvado o disposto em legislação especial; g) revogação de doação; h) nos demais casos previstos em lei (Joel Dias Figueira Jr. *Juizados Especiais Cíveis e Criminais*...; art. 3º, item n. 5).

Aliás, a possibilidade de manejo, por parte do autor, do procedimento sumaríssimo previsto na Lei 9.099/1995 foi também ventilado pela CCJ da Câmara e do Senado, quando por lá tramitou o PL que originou a Lei 12.122/2009.

70. Sobre o tema, v. Joel Dias Figueira Jr., *RePro* vol. 188/265-276, out/2010, "A trama recursal no processo civil brasileiro e a crise da jurisdição estatal".

do procedimento sumário. Todavia, trata-se de explicitação exacerbada, porquanto desnecessária, tendo-se em conta que "leis especiais podiam e podem, ainda, prever o rito sumário para as causas que regulem. O princípio, que estava implícito, hoje, foi explicitado. As disposições legais pretéritas permanecem vigendo".[71]

São as seguintes as outras demandas a que se refere o legislador: a) revisional de aluguel (art. 68, *caput*, da Lei 8.245/1991); b) acidente do trabalho (art. 129, II e parágrafo único, da Lei 8.213/1991);[72] c) discriminatórias (art. 20 da Lei 6.383/1976); d) adjudicação compulsória (art. 16, *caput*, do Dec.-lei 58/37, com redação conferida pelo art. 1º da Lei 6.014/1973); e) indenização decorrente de danos pessoais causados por veículos automotores de via terrestre ou por sua carga

---

71. Idem, p. 103.

72. Há que se distinguir, para fins de competência, bem como para a incidência do procedimento sumário (ou ordinário), duas hipóteses bem distintas: na primeira, encontramos as *ações acidentárias típicas*, isto é, as demandas ressarcitórias decorrentes de acidentes do trabalho em que o contribuinte beneficiário figura como autor e, no polo passivo, o órgão gestor da Previdência Social (INSS), reguladas pela Lei da Infortunística (Lei 8.213/1991 com as alterações da Lei 9.528/1997), com a incidência do *rito sumário*, definido no Código de Processo Civil, nos moldes da Lei 9.245/1995. Sobre a competência, v. a Emenda Constitucional n. 45. Na segunda hipótese, figura a *ação de indenização* fundada em ato ilícito, de natureza meramente ressarcitória, proposta pelo empregado contra o empregador em decorrência de acidente de trabalho, tramitando, de regra, sob a égide do *procedimento ordinário* e, excepcionalmente, dependendo do valor da causa (critério quantitativo de definição procedimental), pelo rito sumário, se adequada aos limites estabelecidos no inc. I do art. 275 do CPC. Em qualquer hipótese, não se aplica a Lei 9.099/1995 em razão de a complexidade da matéria (notadamente a realização de prova pericial) ser incompatível com os princípios orientadores dos Juizados Especiais Cíveis.

Assim entendemos porque a ação acidentária, cuja reparação postulada decorre da teoria do risco e é amparada pela Seguridade Social Previdenciária, objetiva o recebimento de parcelas compensatórias, benefícios ou serviços, fundada exclusivamente na Lei de Infortunística, enquanto a demanda cível comum de indenização baseia-se na teoria da culpa nas relações entre preposto e patrão.

Outra não tem sido também a orientação jurisprudencial: "Acidente do trabalho. Dano estético. Prejuízo laboral reparado na esfera acidentária. Indenização pelos danos pessoais decorrentes das deformidades permanentes. Direito comum. Adequação. Danos estéticos decorrentes de acidente laboral não se enquadram na lei de infortunística, devendo ser pleiteados pela legislação civil" (2º TACivSP, ApCív 438032-00/7, rel. Juiz Clóvis Castelo, j. 25.09.1995, *IOB* 5/96, p. 72).

Igualmente: "Em sede de ação acidentária, impertinente se mostra a pretensão de discutir responsabilidade civil por culpa do empregador ou por negligência do órgão previdenciário no seu dever de fiscalização" (2º TACivSP, ApCív 396933-00/2, rel. Juiz Kioitsi Chicuta, j. 23.02.1994, *DJ* 17.03.1995, p. 103-104).

a pessoas transportadas ou não (art. 10 da Lei 6.194/1974);[73] f) sobre as controvérsias que surgirem entre representante comercial autônomo e representado (art. 39 da Lei 4.886/1965, com a redação conferida pela Lei 8.420/1992); g) usucapião especial (art. 5º da Lei 6.969/1981).[74]

No tocante às ações de retificação de erros de grafia ocasionados no Registro Civil das Pessoas Naturais, nos termos do § 4º do art. 110 da Lei 6.015/1973, entendemos que não tenha aplicação o regime procedimental sumário, assim como não se aplicava também o antigo sumaríssimo, porque estamos diante de um verdadeiro processo de "jurisdição graciosa" (voluntária ou administrativa).[75]

4. Inaplicabilidade do procedimento sumário

Tendo em consideração a natureza de algumas questões que, por si sós, passam a exigir contraditório e cognição de maior amplitude, somando-se ainda a necessidade de produção de provas mais complexas, o legislador excluiu algumas demandas de receberem a tramitação do rito sumário, mais especificamente aquelas relativas ao estado e à capacidade das pessoas, segundo se infere do art. 275, parágrafo único, do CPC. Desta feita, se o pedido é relativo à maioridade, suplemento de idade, interdição, vínculo conjugal ou quaisquer outros que se refiram ao estado da pessoa ou a sua capacidade, não podem ter o rito sumário.

"São exemplos: a ação de separação de corpos, a ação de divórcio, a ação de decretação de nulidade ou de anulação de casamento, a ação de posse em

---

73. Em face da restrição a que se procedeu com o advento da Lei 9.245/1995 a respeito das demandas de ressarcimento por danos decorrentes de acidente de veículo de via terrestre, parece-nos que não mais se aplicaria esse rito às hipóteses previstas na Lei 8.374/1991 ("dispõe sobre o seguro obrigatório de danos pessoais causados por embarcações ou por sua carga"), art. 12, referente aos danos pessoais causados por embarcações ou por sua carga.

    Pelos mesmos motivos não mais se aplicam os casos de responsabilidade civil ancorados em direito aeronáutico (Lei 7.565/1986 – Código Brasileiro de Aeronáutica, art. 255).

74. Todavia, o rito estatuído no art. 5º da Lei do Usucapião Especial (Lei 6.969/1981) não é tipicamente o sumário (antigo sumaríssimo), na medida em que se apresenta com substanciais diferenciações pertinentes à viabilidade de designação de audiência de justificação de posse, prolação de decisão liminar de manutenção e demais variações constantes dos §§ 3º, 4º e 5º.

    A respeito do tema, v. Joel Dias Figueira Júnior, "Usucapião especial. Comentários à Lei 6.969, de 10.12.1981", *Jurisprudência Catarinense*, vol. 35/49-63.

75. No mesmo sentido, v. o entendimento de Sálvio de Figueiredo Teixeira ("O procedimento sumariíssimo e o seu aprimoramento", *RF*, vol. 277/19, n. 5), apoiado na orientação de Walter Veado (*Revista do Curso de Direito da Universidade Federal de Uberlandia*, vol. 8/123).

nome do nascituro, a ação de investigação e a de impugnação da paternidade ou da maternidade, a ação de alimentos, a ação de nulidade ou de revogação da adoção, a ação de nulidade de testamento, a ação de deserdação".[76] Excluem-se também as ações que tenham por objeto a separação de corpos e a dissolução de união estável decorrente de sociedade de fato, nos termos do art. 226, § 3º, da CF e Lei 8.971, de 29.12.1994.

Outra questão que merece destaque é a referente aos efeitos que a matéria poderá surtir em sede de competência. Isso porque várias comarcas, de acordo com as respectivas leis de organização dos Estados, são dotadas de varas especializadas em matérias exclusivas para recebimento do rito sumário. Nesses casos, poderá ocorrer a incompetência, por exclusão, dessas unidades jurisdicionais.

5. Competência, conexão e prevenção

Tendo em vista que o rito sumário é uma das espécies do procedimento comum, de aplicabilidade restrita aos processos de conhecimento e, considerando-se ainda o disposto no parágrafo único do art. 272, aplicam-se às respectivas demandas todas as regras contidas no CPC a respeito da competência (arts. 86-111), com as necessárias adaptações, de acordo com as leis de organização judiciárias locais, naquilo que lhe for pertinente.

Seria interessante lembrar apenas que a competência em razão da matéria é inderrogável, portanto, absoluta; todavia, as partes podem modificar a competência em razão do valor e do território, elegendo o foro desejado, conforme lhes faculta o art. 111 do citado Diploma Legal.

Nas comarcas que tiverem varas especializadas com competência para o conhecimento de demandas que tramitem sob o rito sumário, na hipótese de ajuizamento de ação acessória, esta também deverá ser proposta perante a unidade jurisdicional competente, nos termos da lei local (art. 108); o mesmo ocorrerá com as cautelares (art. 800).

Se existirem duas ou mais varas igualmente especializadas, aplica-se a norma estatuída no art. 106: "Correndo em separado ações conexas perante juízes que tenham a mesma competência territorial, considera-se prevento aquele que despachou em primeiro lugar".

Porém, se a hipótese for de conexão (art. 103) ou continência (art. 104) entre duas ou mais demandas, se uma delas não estiver incluída entre as causas que, em razão do valor ou da matéria, sejam da competência das aludidas varas, para o processo e julgamento de todas elas deverá ser deslocada a competência para outro juízo.

---

76. Pontes de Miranda, *Comentários ao Código de Processo Civil*, t. III, n. 17, p. 711-712.

6. Complexidade probatória, inadequação e conversão procedimental e seus reflexos em sede de competência

Objetivando não desvirtuar a natureza procedimental do rito sumário, o legislador optou, acertadamente, em reduzir o elenco das causas enumeradas no inc. II, do art. 275,[77] com o escopo de, através dessa limitação, evitar que as questões mais complexas fossem processadas dentro dos mesmos moldes daquelas de conteúdo litigioso mais simplificado.

Além desse fator, que é baseado em critério qualitativo das questões submetidas a conhecimento do Estado-juiz, utilizou-se também o legislador do critério quantitativo, nos termos do inc. I, do art. 275.

Contudo, não há que se confundir *pequeno valor*[78] com reduzida complexidade do litígio (fática ou jurídica), sendo perfeitamente possível que uma ação que não ultrapasse a sessenta salários mínimos, em contrapartida, apresente questões probatórias ou jurídicas de alta complexidade,[79] pedidos cumulados (cumulo objetivo ou de demandas) e, não raras vezes, acrescida da necessidade de intrincada produção de prova pericial.

Aliás, a menor complexidade que inspirou o legislador constituinte e infraconstitucional diz respeito à necessária adequação e harmonia que deverá sempre haver entre o instrumento e a relação de direito material conflituosa, objeto da cognição e, por conseguinte, no que tange à produção de provas mais simplificadas.

---

77. Várias foram também as providências inovadoras tomadas na Lei 9.245/1995 objetivando a redefinição do rito sumário, tais como a simplificação da prova pericial; a designação prévia de uma audiência destinada à conciliação; a resposta do réu em forma de contra-ataque; o julgamento antecipado da lide, dentre outras.

78. Ressaltamos que sessenta salários mínimos não significam pequeno valor, muito menos para a esmagadora maioria da população brasileira, que tem uma renda média bem inferior ao referido limite.

79. Quando trata dos Juizados Especiais, Horácio Wanderlei Rodrigues enfrenta a questão da complexidade da causa, assinalando que "(...) a menor complexidade não está ligada ao valor da causa, mas sim ao seu conteúdo (matéria). Ao estabelecer que são de menor complexidade as ações de valor até quarenta salários mínimos o legislador misturou duas realidades absolutamente diversas" ("Juizados Especiais Cíveis: inconstitucionalidades, impropriedades e outras questões pertinentes". *Revista de Direito Processual Civil*, vol. 1/24).

Outro não é o entendimento de Demócrito Ramos Reinaldo Filho: "(...) *causa cível de menor complexidade* refere-se a matéria jurídica em discussão, independentemente do seu valor econômico, daí porque o Juizado Especial Cível é competente para o processamento e julgamento de todas as causas elencadas no CPC, art. 275, II e das ações de despejo para uso próprio, qualquer que seja o valor (...)" ("Lei 9.099/1995 – Juizados Especiais", *Boletim Informativo Juruá*, n. 110, p. 1.203).

Na verdade, são os fatos relevantes controvertidos, ou melhor, a complexidade desses fatos que servirá como vetor para orientar o juiz e as partes à definição do rito adequado em que se desenvolverá o processo de conhecimento. Nos dizeres de Remo Caponi, "... a 'complexidade' da controvérsia depende, sobretudo, dos perfis alusivos à verificação de fatos relevantes. A escolha entre modelos de tratativas procedimentais dependerá frequentemente da necessidade de instrução probatória".[80]

Quando a prova dos fatos que são objeto da lide exigir a realização de perícia, sua consecução dar-se-á, em princípio, no mesmo processo e de acordo com o rito sumário, sem que se faça mister o envio imediato para as vias ordinárias. Mesmo que os litigantes estejam em comum acordo sobre a mudança do rito, tal não é juridicamente possível, em face da natureza pública da questão.[81]

Há que se ressaltar mais uma vez que a complexidade a que a lei se refere para a mudança de procedimento pertine à questão fatual, ou seja, à matéria probatória, e não ao direito que é objeto da lide ou a cumulação de pretensões ou ações (cúmulo objetivo). Não significa que a matéria jurídica *sub examine* em determinados casos concretos não venha a atingir níveis mais elevados de dificuldades. Porém, não justificam a mudança procedimental e muito menos, as inovações trazidas pela Lei 9.245/1995 não autorizam essa conclusão.

As hipóteses que darão ensejo a conversão do rito sumário em ordinário estão definidas nos §§ 4º e 5º do art. 277 do CPC, resumindo-se em três: inadequação do valor da causa ao limite estabelecido em lei (60 salários mínimos); demanda de natureza jurídica diversa daquelas elencadas no inciso II, do artigo 275 do CPC; necessidade de produção probatória mais complexa. Esse tema (conversão de rito) será afrontado pelo magistrado, de plano, na audiência preliminar.

Sobre as três hipóteses que darão causa à conversão de rito, já foram tratadas no Capítulo II desta obra ("Noções fundamentais: ação, processo e procedimento") quando tratamos especificamente no item n. 10, intitulado "Da conversibilidade do procedimento sumário." Assim, para não sermos repetitivos, para aprofundamento sobre essa matéria, enviamos o leitor interessado ao aludido ponto.

---

80. Remo Caponi, *Il foro italiano*, n. 2, v. 5, Feb. 2009, p. 136-140; "Processo civile e nozione di controversia ´complessa`: impieghi normativi.

81. Nesses casos, nos juizados especiais a solução oferecida pelo sistema específico é diferente. A fim de manter-se fiel ao requisito constitucional da "menor complexidade" da causa, a saída encontrada pelo legislador foi a declaração de incompetência (de ofício ou mediante requerimento da parte) e com a determinação de remessa dos autos para uma das varas de competência comum, após a extinção do processo, sem julgamento do mérito (art. 51, II).

7. Modificação da competência por continência ou conexão

Já dissemos alhures que se a hipótese permitir a escolha do procedimento (v. Cap. II, item n. 7) e desde que tenha sido feita a opção, deverá o autor mantê-la durante todo o processado, mesmo que se aperceba mais tarde, que poderia ter se utilizado, por exemplo, de rito especial que oferecia tutela jurisdicional antecipatória (*v.g.*, demanda possessória). Todavia, essa é uma questão de cunho meramente procedimental e sem maior relevância com a modificação da competência, sobretudo porque a matéria relativa a procedimento, em princípio, não tem o condão de obter resultado deste naipe (v. item n. 6, *supra*).

A competência em razão do *valor* e da *matéria*, como sabemos, é regida pelas normas de organização judiciária dos Estados, ressalvados os casos expressos no CPC (art. 91). Vê-se, portanto, em sede de procedimento – em particular, o sumário, cujos critérios orientadores são o *quantitativo* e o *qualitativo* – como as leis de organização judiciária apresentam fundamental importância (dentre outros temas, obviamente) para o seu desempenho satisfatório no dia a dia forense.[82]

Sabemos também que a competência em razão da matéria, por ser absoluta, não se prorroga, enquanto que em razão do valor sim (art. 102). Assim, a *conexão* (identidade entre duas ou mais ações a respeito do objeto ou da causa de pedir – art. 103) e a *continência* (identidade das partes e da causa de pedir, entre duas ou mais ações, sendo que o objeto de uma abrange o das outras, por ser mais amplo – art. 104), como regras de modificação da competência, estão atreladas aos mesmos princípios norteadores.

Desta feita, ocorrendo qualquer uma dessas circunstâncias, se o juiz pelo qual tramita um dos processos com rito sumário, for competente em razão do valor e da matéria, nos termos da lei de organização judiciária de seu Estado, poderá perfeitamente conhecer de todas as causas. De maneira diversa, se assim não for, a reunião dos processos não será admissível (art. 105).

Estamos frente a um critério de deslocamento da competência e não de regra de competência, o qual serve de orientação "(...) valiosa na direção do processo, submetida ao prudente arbítrio e discrição do juiz".[83]

---

82. Não foi por menos que no Cap. I, item 2 citamos René Morel e, como o mesmo ensinamento se adapta como uma luva ao tema vertente, entendemos por bem repeti-lo: é "inútil ter boas leis de processo se se tem uma má organização judiciária ou juízes insuficientes, enquanto juízes de largo conhecimento jurídico podem acomodar-se a um processo medíocre" (cf. *Traité*, cit., p. 3).

83. Cf. *RT*, vol. 677/131; *JTA*, vols. 98/34 e 103/322. (*apud* Theotonio Negrão, *Código de Processo Civil...*, p. 149/150, 26. ed.).

A situação não será diferente se a hipótese versar sobre conexão ou continência entre demandas que tramitem com ritos diferenciados. Para facilitar o entendimento, vejamos um exemplo: tramitam paralelamente três demandas, cada uma em sua respectiva vara: uma ação imobiliária de reintegração de posse, com rito especial; uma ação de indenização por dano em prédio rústico com rito sumário, e, finalmente, uma ação de manutenção de posse, tendo por objeto uma pequena parte do mesmo imóvel em questão, que, por sua vez, tramita sob o rito sumaríssimo da Lei 9.099/1995.

O magistrado do juizado especial, em qualquer caso, não poderá determinar a reunião dos processos, seja por causa da complexidade das provas, ou, em face da matéria objeto da *lide* ou do valor das outras demandas. Resta-lhe apenas proceder na forma estatuída no inc. II, do art. 51, da Lei 9.099/1995.[84] No tocante às outras duas varas, a solução dependerá de verificação da prevenção[85] e da competência em razão da matéria determinada pela lei local, a fim de que se identifique e defina a competência de juízo, porquanto pertencentes à mesma comarca (art. 106).[86]

8. Competência de foro

Em sede de competência territorial nenhuma novidade nos traz a Lei 9.245/1995, ao contrário do que se verificou com a Lei 9.099/1995, que estabeleceu um *foro comum*, seguido de regras instituidoras de *foros especiais*.[87]

No microssistema dos juizados especiais, mantiveram-se propriamente inalteradas as regras da competência territorial, dentro da mesma linha estabelecida

---

84. Cf. Joel Dias Figueira Júnior, *Juizados Especiais Estaduais Cíveis e Criminais*, art. 51.

85. A harmonização entre o art. 106 e art. 219 do CPC, aparentemente inconciliáveis, é assim tratada por Theotônio Negrão: "Será possível harmonizá-los, se se entender que o art. 106 dispõe sobre competência de juízo e o art. 219 sobre competência de foro; essa harmonização vem sendo feita pela jurisprudência" (idem, p. 151).

Cita, então, dentre outras orientações, a seguinte decisão do STJ: "Processo civil. Competência. Conexão. Exegese do art. 106 do CPC. Se as ações conexas tramitam em comarcas diferentes aplica-se o art. 219 do CPC, que constitui a regra. Entretanto, se correm na mesma comarca, competente é o juiz que despachou em primeiro lugar (art. 106). Pela expressão 'despachar em primeiro lugar' se deve entender o pronunciamento judicial positivo que determina a citação" (*RT*, vol. 653/216; idem, p. 206).

86. Anota muito bem Nelson Nery Junior que "Pode existir conexão, ensejadora da reunião de processos, *entre ações de conhecimento*. Embora em tese possa haver conexão entre ação de conhecimento e de execução, não é possível a reunião de processos quando uma das ações é de execução, porque nesta não há julgamento de mérito, inexistindo perigo de decisões conflitantes, que é a finalidade última da modificação da competência pela conexão." (*Código de Processo Civil...*, p. 367, art. 105, n. 7).

87. Cf. Cândido Dinamarco, *Manual das pequenas causas*, p. 24.

no processo civil tradicional. O que o legislador introduziu de novo foi o oferecimento de outras possibilidades que o sistema do CPC não oferece ao autor.[88]

Nosso único objetivo com a inclusão deste brevíssimo item é no sentido apenas de tentar advertir o leitor a respeito da diferença existente entre os dois sistemas, a fim de que, no futuro, não seja levado a alguma confusão sobre o tema da competência, já suficientemente complexo por natureza.

88. Para maior aprofundamento sobre esse tema, v. Joel Dias Figueira Júnior, *Juizados Especiais Estaduais Cíveis e Criminais*, art. 4º.

Capítulo IV

DAS PARTES E SEUS PROCURADORES

SUMÁRIO: 1. Da legitimidade ativa e passiva – 2. Do litisconsórcio e da assistência – 3. Da intervenção de terceiros e da ação declaratória incidental – 4. Advogados: presença obrigatória ou facultativa?

1. Da legitimidade ativa e passiva

O tema ora enfocado insere-se nas denominadas *condições da ação*, na qualidade de instituto integrante do Livro I do Código de Processo Civil, que funciona como verdadeira "parte geral" para o macrossistema instrumental, encontrando aplicação plena nos processos de conhecimento, independentemente do rito.

Destarte, toda a teoria construída na doutrina e as regras insculpidas no Código de Processo Civil acerca da matéria em foco encontrarão ressonância cabal no que concerne às demandas que tramitam sob a égide do rito sumário.

Outrossim, vale lembrar que a Lei 9.245/1995 modificou sensivelmente o rol de demandas contido no art. 275, II, do CPC, e, por conseguinte, as condições da ação – em particular a legitimidade das partes integrantes da contenda – haverão de ser analisadas caso a caso, de acordo com a qualidade subjetiva dos integrantes dos polos ativo e passivo da respectiva demanda.

A única restrição quanto ao tipo de procedimento sumário trazido à baila com a mencionada Lei encontra-se no parágrafo único do art. 275, ao dispor que não será observado este tipo de rito nas ações relativas ao estado e à capacidade das pessoas. Contudo, essa restrição não tem qualquer pertinência direta com a legitimidade, mas tão somente com a natureza jurídica da ação. Assim, por exemplo, se um menor, representado por sua mãe propõe ação de investigação de paternidade nos moldes delineados no art. 276 do CPC, valorando a causa em sessenta vezes o valor do salário mínimo, e, ao final requer ao magistrado que imprima ao feito o rito sumário, não estamos diante de ilegitimidade ativa *ad causam*, mas apenas de inadequação procedimental que haverá de ser corrigida pelo juiz, de ofício, somando-se a possibilidade de emenda da inicial, nos moldes do disposto no art. 284 do CPC.

2. Do litisconsórcio e da assistência

Neste trabalho não temos a mínima pretensão de mergulhar nos institutos jurídicos da assistência ou do litisconsórcio, comumente inçados de dificuldades e controvérsias,[1] mas apenas a de ressaltar a vontade do legislador em ceifar maiores polêmicas a respeito desses temas, que comumente eram objeto para a parte interessada conseguir, por vias transversas, o retardamento da prestação da tutela jurisdicional. E, em face da complexidade destas matérias, a procrastinação não raras vezes atingia seu intento.

Todavia, demonstrou claramente que não eram a assistência e o litisconsórcio, em qualquer de suas modalidades, os institutos que atravancavam a normal tramitação do então denominado rito sumaríssimo. Na verdade, o que se constatou foi que o problema vinha à tona quando o número de litisconsortes era muito elevado, dificultando a consecução de simples atos processuais, como, por exemplo, a citação ou a intimação.

Com o advento da Lei 8.952/1994, essa questão foi contornada com a redação conferida ao parágrafo único do art. 46, *in verbis*: "O juiz poderá limitar o litisconsórcio facultativo quanto ao número de litigantes, *quando este comprometer a rápida solução* do litígio ou *dificultar a defesa*. O pedido de limitação interrompe o prazo para a resposta, que recomeça da intimação da decisão" (grifei). Esse desmembramento será feito por intermédio de interlocutória.

3. Da intervenção de terceiros e da ação declaratória incidental

Até o advento da Lei 9.245/1995 reinavam tanto na doutrina como na jurisprudência grandes celeumas a respeito da possibilidade jurídica de aplicação dos institutos da *oposição*, da *nomeação à autoria*, da *denunciação da lide* e do *chamamento ao processo* (arts. 56 a 80), bem como da *ação declaratória incidental* (arts. 5º e 325 do CPC), aos feitos que tramitassem sob o antigo rito sumaríssimo.[2]

---

1. A respeito desses temas v. as seguintes monografias: Cândido Dinamarco, *Litisconsórcio*; Genacéia da Silva Alberton, *Assistência litisconsorcial*.
2. Para aprofundamento a respeito desses temas v.: João Batista Lopes, *Ação declaratória*; Alfredo Buzaid, *Ação declaratória no direito brasileiro*; Adroaldo Furtado Fabrício, *Ação*

Além da babel instalada a respeito do assunto, quando era admitida a incidência de qualquer um dos institutos, constatava-se em termos práticos que ocorria um retardamento acentuado na prestação da tutela jurisdicional. Destarte, como o espírito da reforma sempre esteve voltado para a simplificação das formas, celeridade processual e efetivação do instrumento, optou-se por colocar pá de cal nessas questões através da proibição radical de qualquer tipo de intervenção de terceiros e ação declaratória incidental, segundo se infere da redação conferida pela Lei 9.245/1995 ao art. 280, I, do CPC.[3]

Em outros termos, antes do advento da Lei 10.444/2002 não se admitia em procedimento sumário o instituto da denunciação da lide, em qualquer de suas modalidades. Todavia, sempre entendemos que o motivo que levou o legislador a proibir a intervenção de terceiros foi evitar o retardamento na prestação da tutela jurisdicional em virtude da ampliação do espectro probatório e, em última análise, da própria lide, em desfavor do autor. Por outro lado, nada obstava que, se o postulante manifestasse concordância a respeito da denunciação da lide, notadamente nas hipóteses em que as seguradoras figuram como denunciadas, não víamos por que impedir a incidência desse instituto nos moldes do disposto no art. 70, III, do CPC, na medida em que a efetivação do processo ocorreria de forma muito mais rápida e objetiva para todos os litigantes.

Se, por um lado, a proibição da intervenção de terceiros no procedimento sumário tinha por escopo a preservação do princípio da oralidade, em grau médio, e, por conseguinte, a celeridade do processo e a concentração dos atos, por outro, em algumas situações flagrantemente mais comuns (*v.g.*,

---

declaratória incidental; Celso Agrícola Barbi, *Ação declaratória principal e incidental*; Ada Grinover, *Ação declaratória incidental*; Athos Gusmão Carneiro, *Intervenção de terceiros*; Jônatas Milhomens, *Da intervenção de terceiros;* Vicente Greco Filho, *Da intervenção de terceiros*; José Raimundo G. da Cruz, *Pluralidade de partes e intervenção de terceiros*; Luiz Fux, *Intervenção de terceiros*; Maria B. Dias, *O terceiro no processo;* Luiz Edson Fachin, *Intervenção de terceiros no processo civil*; Alcides de Mendonça Lima, "Inovações do Código de Processo Civil", *RF*, vol. 294/390-392, n. II; José A. de Lemos Sobrinho, "Questões controvertidas no processo sumaríssimo", *RBDP*, vol. 44/145, n 6; Adelício Teodoro, "Breves considerações sobre alguns aspectos do novo CPC", *RT* 492/16-27; Rosa Maria B. B. de Andrade Nery, "Ação declaratória incidental", *RePro*, vol. 57/140-146; Severino Muniz, "Intervenção de terceiros no procedimento sumaríssimo", *RBDP*, vol. 30/71-74.

3. Assim também era a orientação do Superior Tribunal de Justiça, em aresto da lavra do então Ministro Sálvio de Figueiredo Teixeira: "A denunciação da lide, como modalidade de intervenção de terceiros, busca atender aos princípios da economia e da presteza da entrega da prestação jurisdicional, não devendo ser prestigiada quando susceptível de pôr em risco tais princípios" (STJ, REsp 43367/SP, 4ª T., j. 13.05.1996, v.u., *DJU I*, 24.06.1996, p. 22.761, *Bonijuris*, n. 277/4.015, v. 27.835).

demandas em que se fazia mister a denunciação da lide das companhias seguradoras), o prejuízo para os próprios litigantes com a proibição imposta terminava sendo muito maior, hipóteses em que o réu não tinha como arcar com a condenação ressarcitória, tornando-se indispensável a denunciação da seguradora. Nada obstante a simplificação do procedimento sumário e a admissibilidade de intervenção de terceiros, nos termos do disposto no art. 280 com a redação conferida pela Lei 10.444/2002, continua em vigor a regra da impossibilidade jurídica de aplicação do instituto da *denunciação da lide*, exceção aberta às hipóteses de *intervenção fundada em contrato de seguro*, por significar agilização para o réu diante da utilização do direito de regresso, propiciando ao autor, concomitantemente, a garantia e a satisfação perseguidas. Dependendo do caso em concreto, poderá verificar-se, também, a possibilidade de *chamamento ao processo*, desde que a intervenção esteja ancorada em contrato de seguro.[4]

Como dissemos, não são raras as situações em que o segurado que figura no polo passivo de demanda ressarcitória decorrente de acidente de trânsito não tem condições de arcar com a indenização pleiteada e necessita fazer uso do seu contrato facultativo de seguro previamente pactuado com a companhia justamente para obter a indenização securitária. Não foi por menos que se firmou orientação jurisprudencial no sentido de que, sendo condenado o segurado em demanda ressarcitória ajuizada pela vítima de acidente de veículo em que a seguradora não foi denunciada à lide, ele poderá ajuizar contra esta última ação regressiva mesmo que ainda não tenha efetuado o pagamento da indenização.[5]

Na verdade, seria por demais iníquo impedir o réu de denunciar à lide a seguradora sob o pálio da busca da celeridade processual, quando todos

---

4. Assinala a Exposição de Motivos do Projeto de Lei 3.476/2000 o forte conteúdo pragmático, da reforma, no que concerne às alterações do art. 280 do CPC, especialmente à abertura de "possibilidade de intervenção de terceiro (denunciação da lide ou chamamento ao processo) nos casos de pretensão regressiva fundada em contratos de seguro; com efeito, apresenta-se conveniente, máxime nos frequentíssimos casos de lides decorrentes de acidentes de trânsito, que possam ser resolvidas desde logo a pretensão indenizatória e a pretensão de reembolso, inclusive possibilitando-se à seguradora avençar diretamente com o demandante a composição do litígio".

5. Extraem-se da orientação pretoriana os seguintes julgados em que fui o Relator, entre outros: "Manifesta a responsabilidade contratual da ré em arcar com os prejuízos sofridos por terceiro em acidente causado pelo segurado, nos limites estabelecidos na apólice, independentemente de ter havido o prévio desembolso da verba ressarcitória, por se tratar de direito regressivo" (TJSC, AC 2003029377-9, Chapecó, j. 27.03.2007). No mesmo diapasão, v. AC 2003005933-4, Seara, j. 18.07.2006.

nós sabemos que a morosidade da justiça, e, consequentemente, os problemas da efetividade do instrumento, não reside no desenvolvimento dos atos processuais e seus respectivos prazos, mas sim nos denominados "tempos mortos", que representam a paralisação dos feitos em juízo (gabinetes de juízes, promotores, procuradores, escaninhos de cartórios, contadorias etc.), decorrentes do acúmulo de serviço e do número brutalmente desproporcional de demandas em relação aos magistrados, membros do Ministério Público e serventuários.

Antes do advento da Lei 10.444/2002 já entendíamos que – vale frisar mais uma vez – se o réu denunciava à lide a companhia seguradora e o autor não se opunha à intervenção de terceiros, deveria o juiz acolher a denunciação que, por certo, dependeria para completar-se da aquiescência da empresa denunciada que, eventualmente, poderia tentar desonerar-se negando a qualidade que lhe era atribuída (art. 75, II, *in fine*), com base na proibição então insculpida no art. 280, I, do CPC.

Nesse caso, a eventual negativa da seguradora haveria de ser acolhida, em que pese o réu denunciante (segurado) não perder o seu direito fundado em contrato de seguro e acionar a companhia, através de ação indenizatória autônoma, porquanto o que se frustrava apenas era, no caso, o direito de regresso.[6] Porém, a prática forense demonstrava que, em situações como essas, as seguradoras na quase totalidade dos casos acolhiam o chamamento.

4. Advogados: presença obrigatória ou facultativa?

Diferentemente do que ocorre no sumaríssimo dos juizados especiais, qualquer processo que tramite sob o rito sumário exige a *indispensável* presença de advogado devidamente habilitado, desde o primeiro momento da propositura da demanda. As regras a serem aplicadas estão moldadas pelo Código de Processo Civil.[7]

Somente na audiência preliminar (erroneamente denominada de "audiência de conciliação") e para fins específicos de composição é que as partes poderão estar

---

6. Nesse diapasão, observa J. J. Calmon de Passos que, em face de acidente de trânsito, nas hipóteses em que a vítima aciona o causador do evento danoso, poderá este último acionar a seguradora, tendo-se em conta que ela é responsável regressivamente, contornando-se o óbice da denunciação da lide pela obtenção do mesmo resultado, na medida em que a conexão entre as duas demandas impõe a reunião dos processos (cf. *Comentários ao Código de Processo Civil*, 8. ed., vol. 3, n. 69.2, p. 98).
7. Essa também é a orientação do STJ (3ª T., Resp 336848/DF, rel.Min. Conv. Paulo Furtado, j. 06.04.2010, v.u.).

em juízo desacompanhadas de seus respectivos advogados. Para fins exclusivos de acordo e homologação, a presença dos causídicos é facultativa, bastando para a boa realização do ato processual que os litigantes compareçam para firmarem o termo, podendo, ainda, fazer-se representar por preposto com poderes para transigir (§ 3º do art. 277, do CPC).

Todavia, esse comportamento a ser assumido por quaisquer das partes parece-nos de grande risco, à medida que se a composição amigável não vingar, o processo seguirá o seu curso normal, naquele mesmo ato, o qual não se destina unicamente à tentativa de acordo, havendo inclusive possibilidade de julgamento antecipado da lide (§ 2º do art. 278, do CPC).

Assim, não é de bom alvitre que os litigantes corram esse risco. Por isso, a aludida prática apenas deve ser utilizada nos casos em que a composição já foi objeto de acerto antecipado, em todos os seus pontos. Nessa hipótese, a possibilidade de alguma surpresa desagradável às partes é muito remota, tendo em vista que a autocomposição antecede ao ato processual. Então, comparecerão as partes pessoalmente em juízo, desacompanhadas de seus advogados, ocasião em que formularão os tópicos da tratativa, que serão imediatamente reduzidos a termo e homologados por sentença (§ 1º do art. 277, do CPC).

Por outro lado, não há que se desprezar também a possibilidade de realização de acordo extraprocessual previamente firmado entre os litigantes, a ser apresentado em juízo no dia da audiência conciliatória, ou em fase antecedente, a fim de que seja simplesmente homologado por sentença. Esse acordo pode ser de qualquer natureza (excluídas as causas que versem sobre o estado e a capacidade das pessoas) ou valor, assim como, dentro dos mesmos parâmetros, valerá o acordo celebrado pelas partes, por instrumento escrito e referendado pelo Órgão do Ministério Público.

Verifica-se aqui a plena incidência do art. 57 e seu parágrafo único, da Lei 9.099/95, cuja intenção do legislador foi intensificar a possibilidade de composição amigável, ampliando o espectro de aplicabilidade do instituto da autocomposição como forma alternativa de resolução de controvérsias.

Há que se ressaltar a amplitude desse dispositivo, porquanto transcende processual e teleologicamente as barreiras do microssistema dos juizados especiais, à medida que independe da natureza da matéria ou do valor da causa. Essa amplitude resulta da conscientização do legislador – sempre impulsionado por uma forte corrente de processualistas preocupados com a efetividade do processo e a solução dos conflitos intersubjetivos –, de que o processo judicial não resolve necessariamente o conflito sociológico existente entre as partes, mas tão somente a lide judicial, isto é, a parcela de conflito levada a juízo.

Tem-se hoje, também, a consciência de que a sentença de acolhimento ou de rejeição do pedido como ato típico de império que é, significa sempre uma violência contra o jurisdicionado, tendo em vista que representa *imposição* ao invés de *composição,* deixando de corresponder, via de regra, às expectativas das partes.

Capítulo V

DO JUIZ E DOS CONCILIADORES

SUMÁRIO: 1. Dos poderes e deveres do juiz – 2. Princípio dispositivo e poderes instrutórios do juiz – 3. Dos conciliadores.

1. Dos poderes e deveres do juiz

As normas orientadoras do tema pertinente aos poderes e deveres do juiz estendem-se aos diversos tipos de procedimento, porquanto estamos diante de preceitos de natureza processual e aplicável indistintamente aos feitos em geral (arts. 125 a 133, do CPC). Por sua vez, incidem durante toda a tramitação do processo, desde a propositura da ação até o momento em que prolata e publica a sentença.

O juiz conduz a direção do processo conforme as disposições insculpidas no Código de Processo Civil, inclusive nas hipóteses em que o ato processual estiver sendo presidido por conciliador, que poderá funcionar como seu auxiliar (§ 1º do art. 277). Até a última etapa procedimental, o juiz pratica atos diversos, exerce poderes de polícia, poderes instrutórios, poderes decisórios e correicionais (administrativos ou não), sempre voltado à consecução da tutela jurisdicional justa, nos contornos estabelecidos pelo *due process of law*.

Em linhas gerais, seus principais deveres são: a) assegurar às partes igualdade de tratamento (art. 125, I); b) velar pela rápida solução do litígio (art. 125, II); c) prevenir ou reprimir qualquer ato contrário à dignidade da justiça (art. 125, III); d) tentar a qualquer tempo conciliar as partes (art. 125, IV);[1] e) decidir todas as questões que lhe são postas, mesmo que haja lacuna ou obscuridade da lei (art. 126); f) somente fundamentar sua decisão com base exclusiva na equidade quando assim estiver autorizado por lei (art. 127); g) decidir a lide nos limites

1. Lembramos que esse inciso IV foi acrescido através da Lei 8.952/94, o que por si só reflete a preocupação do legislador com a tendência moderna do processo civil a respeito dessa forma alternativa de composição da lide, em qualquer tipo de processo ou procedimento.

em que foi proposta (art. 128); h) coibir as partes de obterem através do processo alguma vantagem proibida por lei (art. 129); i) proibir a produção de provas inúteis ou protelatórias e, de ofício, determinar aquelas necessárias à formação do seu convencimento (art. 130); j) fundamentar toda e qualquer decisão (art. 131); k) julgar a lide se concluiu a audiência de instrução, ressalvados os casos expressos em lei (art. 132); l) responder por perdas e danos quando agir com dolo ou culpa grave (art. 133).[2]

2. Princípio dispositivo e poderes instrutórios do juiz

Dois princípios aparentemente (e tão só aparentemente) antagônicos convivem lado a lado no sistema processual civil: o *princípio dispositivo*, que diz respeito às partes e o *princípio da busca da verdade real*, pertinente ao juiz.

Os litigantes têm o ônus de provar e convencer o julgador a respeito dos fatos e fundamentos jurídicos de seus articulados,[3] enquanto ao juiz compete pinçar de todo o elenco probatório a verdade real, a fim de promover a efetividade do processo por meio da prolação de uma decisão justa.[4]

Às partes incumbe dispor livremente sobre as provas que pretendem produzir, arcando sempre com os efeitos gerados pela inatividade (= preclusão) se, eventualmente, deixaram de, em tempo hábil (= momento processual oportuno) assim proceder. Por outro lado, os poderes instrutórios concedidos pelo sistema ao magistrado (art. 130) devem ser encarados no âmbito da instrumentalidade do processo,[5] levando-se em conta que o "(...) lema do processo 'social' não é o da 'contraposição' entre juiz e partes, e menos ainda o da 'opressão' dessas por aquele: apenas pode ser o da 'colaboração' entre um e outras."[6]

Sem dúvida alguma, como bem salienta o mestre Arruda Alvim, "A tarefa dos juízes não mais é vista, exclusivamente, como só a de aplicar a lei dedutivamente

---

2. A respeito do tema v. Joel Dias Figueira Júnior (*Responsabilidade civil do Estado-juiz. Estado e juízes constitucionalmente responsáveis*), em que procuramos analisar a questão em profundidade com base na tese da responsabilidade objetiva do Estado por erro judiciário *stricto* e *lato sensu*.
3. Dispõe o art. 333 do CPC, *in verbis:* "O ônus da prova incumbe: I – ao autor, quanto ao fato constitutivo do seu direito; II – ao réu, quanto à existência de fato impeditivo, modificativo ou extintivo do direito do autor. Parágrafo único: É nula a convenção que distribui de maneira diversa o ônus da prova quando: I – recai sobre direito indisponível da parte; II – tornar excessivamente difícil a uma parte o exercício do direito."
4. Com a publicização e socialização cada vez mais intensa do processo civil, hão há mais espaço para a singela busca da chamada *verdade formal*.
5. Sobre o tema, v. a monografia de Cândido Dinamarco, *A instrumentalidade do processo*.
6. Barbosa Moreira, *Temas de processo civil*, p. 50. *Os poderes do juiz na direção do processo e na instrução do processo*, 1989.

(entenda-se isto como pura e simples 'subsunção/dedução'). A recomendação enfatizada aos juízes é a de que procedam à perquirição do valor de Justiça subjacente às normas (ainda que em relação às minuciosas isto se faça em menor escala) e, em aplicando-as, haverão de realizar esse valor (às vezes 'quase que apesar da norma')."[7]

Exerce muitas vezes o magistrado função criadora do direito através de método interpretativo teleológico. Segundo Del Vecchio, a função do juiz consiste em "uma adaptação da lei às relações humanas, nada havendo de mecânico nessa adaptação, haja vista que se trata de uma nova elaboração, 'quase uma segunda elaboração da regra a aplicar'".[8]

Baseado no pensamento de Alípio Silveira, escreve com muita acuidade Sálvio de Figueiredo Teixeira que "'(...) os juízes, como membros da sociedade e do Estado, são órgãos da opinião e das convicções gerais; e como mudam as concepções fundamentais da vida e suas relações, após a lei ter sido estabelecida, tais mudanças terão de refletir-se em suas sentenças, o que torna o juiz fator de evolução jurídica.'"[9]

Nos dizeres de José Roberto dos Santos Bedaque, "As normas processuais devem ser interpretadas em conformidade com a finalidade do processo, qual seja, a efetividade do direito substancial. Não se pode ver na iniciativa instrutória do juiz uma atividade substitutiva de qualquer das partes, em detrimento da outra. A doutrina moderna demonstra isso com clareza. O processualista que veja na efetividade do processo um dos mais eficazes fatores de harmonia social, não pode concordar com tal orientação, de inspiração exageradamente privatista".

E, mais adiante escreve: "Em síntese, o poder instrutório do juiz, previsto no art. 130, não se subordina às regras sobre o ônus da prova; e não as afeta, visto que são problemas a serem resolvidos em momentos diversos."[10]

Escreve com precisão Barbosa Moreira: "Em qualquer caso, cabe ao juiz determinar de ofício a realização de provas que julgue necessárias (art. 130). As regras particulares a respeito, como a do art. 342, devem considerar-se meramente explicativas".[11]

---

7. *Argüição de relevância e recurso extraordinário*, p. 12.
8. Apud Sálvio de Figueiredo Teixeira, "O juiz em face do CPC", *Rev. For.*, vol. 261/84.
9. Idem, p. 83.
Refere-se também à seguinte lição do saudoso Orozimbo Nonato: "(...) se reclama para o juiz moderno quase que a função de legislador em cada caso, exatamente para que o texto legal se desdobre em um sentido moral e social mais amplo do que em sua angústia expressional ele contém'" (p. 48).
10. *Poderes instrutórios do juiz*, p. 80 e 81.
11. *O novo processo civil brasileiro*, 1995, p. 66.

Inegável que o juiz é o destinatário das provas, cumprindo somente a ele aferir a necessidade ou não de sua realização.[12] Seria "quase supérfluo ressaltar, por óbvio, que de ordinário o conhecimento dos fatos será proporcionado ao juiz, principalmente, por meio de provas carreadas para os autos pelos próprios litigantes, que sabem ou devem saber melhor em que consistem elas e onde se encontram. Dessa, que é uma regra de experiência, não se tira contudo preceito capaz de gerar para o órgão judicial, no exercício de seus poderes oficiais, escrúpulos e temores não justificados por qualquer texto ou pela sistemática do ordenamento. O uso das faculdades instrutórias legais não é incompatível com a preservação da imparcialidade do juiz".[13]

Também, não é menos verdadeira a afirmação de que a prova pertence a todos os que participam da relação processual: às partes, porque procuram demonstrar os fatos favoráveis à comprovação de suas alegações com o objetivo de convencer o julgador dos seus respectivos pedidos; ao juiz, pois é através das provas que se alcança o escopo do processo.[14]

Não podemos nos esquecer de que esse poder conferido ao juiz no art. 130 do CPC está intimamente ligado ao preceito estatuído no art. 93, IX e X, da CF, que determina que todas as decisões serão fundamentadas. Assim, por exemplo, não pode o juiz simplesmente indeferir, sem fundamentar o seu *decisum*, a produção de provas ou diligências que entende inúteis ou protelatórias, sob pena de nulidade absoluta. Aliás, encontram-se tão entrelaçados os princípios da livre convicção e da motivação ao ponto de fazer o legislador ordinário tratar de ambos conjuntamente, ao dispor no sistema geral do CPC, art. 131: "O juiz apreciará livremente a prova, atendendo aos fatos e circunstâncias constantes dos autos, ainda que não alegados pelas partes; mas deverá indicar, na sentença, os motivos que lhe formaram o convencimento".

O juiz continua tendo o dever de julgar segundo o alegado pelas partes (*iudex secundum allegata et probata partium iudicare debet*). Todavia, esse princípio tem recebido abrandamento, não só pelo fato de estar norteado por fortes princípios destinados à realização da decisão justa, como também da composição dos conflitos por intermédio da conciliação, na busca da rápida efetivação do processo com escopo de pacificação social, mas também porque, como já demonstramos, em razão da cada vez mais acentuadas publicização do processo e socialização do direito, que recomendam, como imperativo de justiça, a busca na aproximação da verdade real. O juiz, portanto, não é mero assistente inerte da batalha judicial, ocupando posição ativa, que lhe permite, dentre outras prerrogativas, determinar

---

12. Cf. TFR, AI 51.774/MG, 5ª T., rel. Min. Geraldo Sobral, *DJU* 15.05.89, p. 7.935.
13. Barbosa Moreira, *Temas de direito processual*, p. 47-48 (4ª Série); *Os poderes do juiz*.
14. José R. dos Santos Bedaque, *Poderes instrutórios...*, p. 102.

a produção de provas, desde que o faça com imparcialidade, sem ensejar favorecimento a litigante que haja descurado ou negligenciado, injustificadamente, diligenciar as providências probatórias de seu interesse.[15]

Ademais, "O poder de ordenar de ofício a realização de provas subsiste íntegro mesmo que o juiz tenha anteriormente indeferido o requerimento da parte; não ocorre, para ele, preclusão".[16]

É inegável que as partes tenham interesse e direito à produção de provas, cabendo inicialmente a elas o ônus de alegar os fatos que entendem relevantes à causa; e mais, os litigantes têm ainda o ônus de fornecer as provas a respeito dos mesmos fatos. A esse ônus das partes corresponde um limite aos poderes do juiz. Significa dizer que o juiz não pode, em regra, assumir a iniciativa instrutória, nem andar à procura dos meios que lhe pareçam úteis à busca da verdade, em atenção ao *princípio dispositivo*, que aparece como um direcionamento regulador da dinâmica processual civil.[17]

Contudo, essa concepção há muito já deixou de ser admitida de maneira tão radical com a publicização e socialização cada vez mais intensa da ciência processual. Rejeita-se a tese (ultrapassada) do processo como jogo de interesses provados, em que as partes tinham em termos absolutos a iniciativa à consecução de atos judiciais destinados à prova de seus articulados (princípio da demanda).

Essa ideia passou a ser rechaçada "porque se o objeto do processo civil é também os direitos subjetivos das partes, o processo não é um negócio privado: o Estado, se bem que não seja interessado no objeto da controvérsia, não pode, contudo, ser indiferente ao modo em que o processo se desenvolve e se conclui".[18]

Na verdade, essas regras não exprimem sentido absoluto. O juiz tem poderes não só para *limitar ou excluir as provas que considerar excessivas, impertinentes* ou *protelatórias*, assim como *determinar de ofício* que se tragam aos autos determinados elementos probatórios. O que não se pode admitir é que o juiz venha

---

15. Com sentido assemelhado ao que ora esposamos, v. STF, REsp 17.591/SP, j. 07.06.1994, rel. Min. Sálvio de Figueiredo Teixeira, *DJU* 27.06.1994.
16. Barbosa Moreira, *O novo processo civil*, p. 66.
17. Cf. Enrico T. Liebman, *Manuale*..., n. 170, p. 84.
18. Idem, ibidem.

Assinala muito bem o saudoso mestre italiano que o cerne da questão não está propriamente no respeito aos direitos privados das partes, mas em razões técnicas derivadas de *razões práticas* – ninguém melhor do que os litigantes conhecem os fatos da controvérsia e os meios que podem ser oferecidos à comprovação, sendo conveniente, por isso, servir-se desta situação e confiar-se no estímulo dos seus interesses, na dialética do contraditório – bem como de *razões jurídicas* pertinentes à imparcialidade do juiz. (idem, ibidem).

a substituir as atividades das partes, tornando-se uma espécie de "investigador civil" do caso *sub iudice*.

Segundo Michele Taruffo, "o direito à prova implica a liberdade das partes de deduzirem prova sem limitações injustificadas, mas disto parece de tudo impossível deduzir que, *de consequência*, o juiz não deva ou não possa dispor de ofício à aquisição de provas não apresentadas pelas partes. É bem verdade que o direito das partes à prova não significa monopólio exclusivo das partes sobre estas, e, então, não significa a exclusão de autônomos poderes instrutórios do juiz. Se as partes podem deduzir todas as provas que entendem relevantes, não deriva em linha de princípio alguma preclusão a eventuais iniciativas instrutórias do juiz, dirigida a uma mais completa verificação dos fatos; por outro lado, se as defesas probatórias das partes são 'completas', o exercício dos poderes instrutórios do juiz torna-se simplesmente supérfluo".

Consequentemente, prossegue o citado mestre italiano, se o juiz dispõe de poderes específicos ou de um poder geral de iniciativa instrutória – o que depende da escolha certamente discutível, mas que se colocam em planos diversos daqueles que nos interessam aqui – por si só não influi sobre a atuação do direito à prova como direito das partes deduzirem todas as provas relevantes. Em outros termos, o direito à prova não tem alguma conexão necessária com o princípio dispositivo em matéria de prova, e, ao contrário, é compatível com a atuação total ou parcial do princípio inquisitório, que por si não implica algum limite ao direito à prova.[19]

No tocante ao poder de *limitação* das provas pelo juiz, entendemos como sendo o controle instrutório por ele exercitado de acordo com a formação subjetiva do seu convencimento. Em outras palavras, importa dizer que fixa os contornos das provas, restringindo-as àquelas que entender necessárias à elucidação da matéria.

A *exclusão* significa a rejeição das provas que excedem os lineamentos estipulados pelo objeto da demanda porque as considera *excessivas*, diante de todo o elenco já produzido, ou porque são *impertinentes* ou *protelatórias*. *Impertinente* é a prova que não diz respeito ao caso concreto por ser estranha à lide; por sua

19. "Il diritto alla prova nel processo civile", *Rivista di diritto processuale*, vol. XXXIX, p. 90-91.

Em nota de rodapé número 38 escreve que "a incompatibilidade entre direito à prova e a extensão dos poderes instrutórios do juiz poderia existir somente enquanto estes se configurassem poderes em sentido próprio, como monopólio exclusivo do juiz sobre as provas, tal a excluir ou comprimir os direitos probatórios das partes. Nesse caso, se trataria de uma versão extrema do modelo inquisitório que seria certamente incompatível com a garantia de defesa, mas ao que nos consta, não é atuada em qualquer ordenamento processual moderno" (p. 91).

vez *protelatória* é aquela que objetiva tão somente estender a tramitação do processo, retardando a prolação da sentença, sem qualquer possibilidade de trazer novos elementos ao deslinde da questão ou robustecer a tese defendida. Portanto, vê-se com clareza que as duas expressões não são sinônimas, não podendo ser aplicadas indistintamente.

3. Dos conciliadores

Dispõe o art. 277, § 1º, do CPC que o juiz poderá auxiliar-se por conciliador para a fase inicial da audiência preliminar que se inicia com as tratativas voltadas à tentativa de aucomposição.

Portanto, o rol dos auxiliares da Justiça apresentado nos arts. 139-153 do CPC (escrivão, oficial de justiça, perito, depositário, administrador e intérprete), passou a ser incrementado com o advento da Lei 9.245/1995, que incluiu a figura do conciliador.[20] É a tendência universal do processo civil moderno em cada vez mais incrementar a participação popular na prestação da tutela jurisdicional como forma alternativa de busca da composição dos conflitos de interesses, pela transação ou conciliação. É a chamada "justiça participativa", que a cada dia adquire mais corpo, seja nos sistemas da *common law* ou da *civil law*.

Por sua vez, o conciliador não poderá exercer qualquer atividade instrutória, assim como é desprovido de jurisdição, limitando-se a sua atuação a presidência dos trabalhos de tentativa de autocomposição na primeira etapa da audiência preliminar (denominada erroneamente pelo legislador de "audiência de conciliação").

A Lei não faz qualquer alusão à qualificação daquele que haverá de ser o conciliador, assim como silencia sobre a forma de recrutamento (critérios ou requisitos). Diante da lacuna legislativa, aplica-se por analogia a regra contida no art. 7º da Lei 9.099/1995 (Lei dos Juizados Especiais estaduais) que dispõe no sentido de que o recrutamento será feito preferencialmente entre os bacharéis em Direito, independentemente do tempo de prática forense, nada obstando, por conseguinte, que a indicação recaia também em pessoas leigas, sendo em qualquer hipótese todas elas portadoras de conduta ilibada e que gozem da confiança do magistrado.

Não havendo previsão de seleção e recrutamento em leis estaduais, a indicação do conciliador far-se-á diretamente pelo juiz da causa, mediante ato administrativo interno (Portaria) de nomeação do auxiliar da justiça por prazo determinado (sem prejuízo de renovação ou destituição), observando os requisitos mínimos acima referidos.

---

20. Não há previsão normativa para atuação de "juiz leigo", diferentemente do que ocorre nos Juizados Especiais (Lei 9.099/1995).

Nada obstante, é de boa índole que os juízes ou tribunais organizem cursos preparatórios para os conciliadores, oportunidade em que haverão de transmitir as técnicas processuais simplificadas de presidência dos trabalhos preambulares em audiência como também – e o que mais importa – versarão sobre a importância da autocomposição como forma de resolução dos conflitos e algumas técnicas a serem empregadas para a boa consecução desse desiderato.

Assim como ocorre nos Juizados Especiais Cíveis (estaduais, federais ou da Fazenda Pública), não há impedimento para o advogado que atua como conciliador. *Mutatis mutandis*, em que pese o silêncio da lei, o entendimento dominante ao qual nos filiamos, a exemplo do que se verifica nos Juizados Especiais, é no sentido de impedir a atuação do advogado apenas na unidade jurisdicional em que auxilia a Justiça, como conciliador.[21]

No que concerne aos atos atinentes à presidência da audiência pelo conciliador, reservamos um item específico para tratar desse tema (Cap. VIII, item 1.4).

---

21. O Superior Tribunal de Justiça, por sua vez, já firmou orientação para admitir a inscrição de bacharel em Direito no órgão de classe, compatibilizando as funções de conciliador com a de advogado, ressalvado o exercício no próprio Juizado Especial (REsp 380176/RS, rel. Min. Franciulli Netto, v.u., *DJU* 23.06.2003, p. 311).

No mesmo sentido, o entendimento do Tribunal Regional Federal da 1ª Região (TRF-1ª Reg, 8ª T., AC 2002.410002129-5/RO, rel. Des. Maria do Carmo Cardoso, *IOB Jurídico*, 14.05.2009, dentre outras cortes de justiça que assim também chancelaram a sua jurisprudência.

Capítulo VI

DA PROPOSITURA DA AÇÃO

1. O princípio da livre iniciativa

Nemo iudex sine actore. Ne procedat iudex ex officio. Estes dois brocardos que remontam ao direito romano clássico estão sintetizados no denominado *princípio da livre iniciativa* ou da *demanda*, cujo fundamento encontra-se combinado no art. 5º, inc. XXXV, da Constituição Federal, e no art. 2º, do Código de Processo Civil, que assim dispõe a respeito do tema: "Nenhum juiz prestará a tutela jurisdicional senão quando a parte ou o interessado a requerer, nos casos e formas legais". Ao juiz é proibido prestar de ofício a tutela jurisdicional, sobretudo como garantia de um outro princípio – o da *imparcialidade* (art. 128, *in fine*). Trata-se de princípio fundamental na estrutura do direito processual constitucional, de aplicação preponderante no processo civil, em face dos conteúdos de natureza privada que caracterizam essas demandas, razão por que a iniciativa de o jurisdicionado acorrer ao Estado-juiz fica ao seu livre arbítrio, na qualidade de possível titular de uma pretensão.

Sabemos que o objeto precípuo da jurisdição é a pacificação social, o que se realiza através da prolação de sentença justa, sendo que o processo serve de instrumento à manutenção dessa pacificação. Todavia, somente os interessados e legitimados ativamente, seja para as ações coletivas ou individuais, é que possuem o condão de pleitear a tutela jurisdicional do Estado, agindo em juízo.

De outra parte, esse princípio orienta não apenas o início da demanda, como também é regra que incide durante todo o trâmite processual, até que a decisão final faça coisa julgada. Por isso, dele decorrem outros tantos princípios, tais como da *disponibilidade*, do *impulso processual da parte, dispositivo* e da *eventualidade*. Esse princípio apresenta algumas exceções, a saber: a) abertura de inventário (art. 989, do CPC); b) exibição de testamento (art. 1.129, do CPC); c) arrecadação de bens de herança jacente (art. 1.160, do CPC). Entretanto, nesses casos, constata-se que apesar de serem exceções ao princípio geral de que o juiz não procede de ofício, é inegável que a atuação do magistrado não corresponde ao sentido puro de jurisdição, à medida que se está diante de uma "jurisdição voluntária" (ou graciosa).

Vê-se, portanto, a íntima relação que existe entre o princípio da livre iniciativa (ou da demanda) com o do livre e pleno acesso à Justiça, hoje tão em voga e prestigiado pela simplificação das formas e, de uma maneira ampla, de todo o processo, através das últimas reformas por que passou o nosso sistema instrumental civil.

2. Os princípios da originalidade, obrigatoriedade e definitividade

Os princípios da originalidade, obrigatoriedade e definitividade são norteadores do processo e, em particular, dos requisitos da petição inicial, que designam, em termos simplificados, a necessidade de serem observados pelo autor os delineamentos firmados pelo Código, os quais não podem estar ausentes, originariamente, da peça inaugural, sob pena de preclusão, ou, até mesmo, dependendo do caso, de inépcia da mesma (art. 295, parágrafo único).

Significa dizer que o autor encontra como momento único para oferecer os seus articulados, fundamentar sua pretensão e formular o pedido, na própria petição inicial. Caso deseje após a propositura da ação aditar o pedido anteriormente formulado, poderá fazê-lo, desde que seja antes da citação. Há que se frisar, todavia, que estamos frente à possibilidade de *aditamento* do pedido, e não de *alteração*.

Por sua vez, o *princípio da definitividade* é responsável pela estabilização da lide, cujos contornos devem ser mantidos até a prolação da sentença. É a situação descrita na petição inicial no momento da propositura da ação que encontra relevo no processo, não importando, de regra, nenhuma modificação, ressalvadas as hipóteses de superveniência de causa independente (art. 462, do CPC).

Na petição inicial o autor estabelece os contornos da lide; assim, feita a citação, ele somente poderá modificar (aditar) o pedido ou a causa de pedir mediante consentimento prévio do réu, e, em nenhuma hipótese, após o saneamento do processo (art. 264, *caput*, e parágrafo único, c/c art. 295, todos do CPC), valendo lembrar que, no procedimento sumário, o saneamento do processo deverá ocorrer em audiência preliminar (erroneamente denominada de "audiência de conciliação"), após a manifestação do autor acerca da resposta. Excepcionalmente, o saneamento do processo ocorrerá em gabinete, mais precisamente nas hipóteses em que o autor pedir prazo para manifestar-se, por escrito, sobre os termos e documentos que instruem a resposta ou quando o julgador não sentir-se habilitado para decidir em audiência.

3. Princípio da eventualidade ou preclusão

O *princípio da eventualidade* (ou da *preclusão*) regula a iniciativa das partes no processo civil, com todos os reflexos decorrentes desta atividade, mormente no que tange ao ônus da produção de provas, oferecimento de resposta, tempestividade etc.

Este princípio, que está intimamente ligado aos *princípios da livre iniciativa* (v. item n. 1, supra), *dispositivo* (v. Cap. V, item n. 2) e da *originalidade, obrigatoriedade e definitividade* (v. item n. 2), preconiza que, se as partes, *eventualmente*, não alegarem em tempo oportuno toda a matéria que lhes interessa, ou se deixarem fluir *in albis* o momento processual destinado à especificação, requerimento ou produção de provas, incidirão na *preclusão* e, por conseguinte, não mais poderão assim proceder.[1]

Neste caso, entende-se por preclusão, a perda ou extinção do direito da parte em realizar um ato processual em virtude: a) do decurso do prazo; b) da falta de exercício do direito no momento oportuno, quando a ordem legalmente estabelecida na sucessão das atividades processuais importe em uma consequência assim grave; c) da incompatibilidade da atividade já realizada; d) do fato de já ter sido uma vez exercitado o direito.[2]

O fenômeno da preclusão pode apresentar-se em três modalidades, quais sejam, a *temporal*, a *lógica* e a *consumativa*. Estas duas últimas formas verificam-se de modo irremediável, não havendo como evitá-las. Em outras palavras, praticado o ato, dá-se a *preclusão consumativa* enquanto que a prática anterior do ato incompatível com o que se pretende praticar produz a *preclusão da faculdade de praticá-lo*; por sua vez, a *prescrição temporal* pode ser afastada através da interposição do recurso de agravo[3] (v. Cap. X, item n. 3.1).

---

1. A título de mera confrontação, dentre tantos outros dispositivos do CPC, v. os arts. 282, VI, 301 e 331.
2. Cf. ENRICO T. LIEBMAN, *Manuale...*, vol. 1, n. 107, p. 210.

   Neste sentido, por todos, v. GIUSEPPE CHIOVENDA, *Istituzioni...*, vol. 1, p. 339 e ss. e vol. 2, p. 458 e ss.
3. Cf. MANOEL C. FERREIRA FILHO, *A preclusão no direito processual civil*, p. 82.

   A respeito do tema, v. também ANTÔNIO A. A. BARBOSA, com notas de ANTÔNIO CEZAR PELUSO, *Da preclusão processual civil*.

Assim sendo, o instituto jurídico da *preclusão* pode perfeitamente ser considerado "(...) um verdadeiro princípio da teoria dos prazos, porque ela interfere em toda a dinâmica do andamento processual. Ela é a espinha dorsal do processo, no que respeita ao seu andamento, pois é o instituto através do qual se superam os estágios procedimentais e não deixa de ser também um instituto propulsor da dinâmica processual, na medida em que for acatada pela legislação positiva."[4]

4. O ajuizamento da ação

Dispõe o art. 263 do Código de Processo Civil que se considera "proposta a ação, tanto que a petição inicial seja despachada pelo juiz, ou simplesmente distribuída, onde houver mais de uma vara. A propositura da ação, todavia, só produz, quanto ao réu, os efeitos mencionados no art. 219 depois que for validamente citado". Esse momento é de extrema importância para os sujeitos do processo, não apenas pelo fato de representar o início de um *iter* procedimental, sempre direcionado à obtenção de uma sentença de mérito, mas também pelos efeitos dela decorrentes.

Inconfundível, portanto, nesse particular, o sistema do CPC com o dos juizados especiais, em que a propositura da demanda pode se verificar com o simples e informal requerimento escrito ou oral, formulado pelo autor ou por seu advogado, apresentado de maneira direta à secretaria do juizado. Nesse microssistema, dispensa-se a distribuição – ressalvada a hipótese de mais de um juizado, instalado na mesma comarca e com idêntica competência e o despacho inicial do juiz, procedendo-se tão só na própria secretaria da respectiva unidade jurisdicional, ao registro, por escrito, do pedido (cf. art. 14 e 16, ambos da Lei 9.099/95).

5. Requisitos da petição inicial

A Seção I, Capítulo I, Título VIII, do Livro I do CPC define as regras e orientações gerais para a *petição inicial* para todos os tipos de processo e procedimento, ressalvadas as suas respectivas particularidades e requisitos específicos.

Especificamente, havemos de ressaltar que a Lei 9.245/1995 preocupou-se, no tocante à fixação dos requisitos da petição inicial, em não repetir as regras e exigências já estabelecidas no art. 282 do CPC, que se aplicam, conforme já

---

4. Arruda Alvim, *Manual...*, vol. 2, n. 152, p. 296.

Ressaltamos também que o fenômeno da preclusão pode atingir não só as faculdades ou ônus das partes, mas também os poderes processuais do juiz.

dissemos, subsidiariamente a todo tipo de processo e de procedimento. Sem dúvida, era totalmente desnecessária a referência feita, na antiga redação do art. 276, aos fatos e fundamentos jurídicos do pedido, necessidade de requerimento e indicação de provas.

Por isso, acertadamente, o legislador introduziu uma redação mais "enxuta", ao determinar que o autor apresente na peça inicial o rol de testemunhas e, se entender necessário, o pedido de realização de prova pericial, ocasião em que deverá também formular quesitos e indicar o seu assistente técnico. Em outros termos, observar-se-ão todos os requisitos do art. 282 e, em particular, os do art. 276, ambos do CPC. Antes da Lei 9.245/1995, não tinha cabimento, e continua não sendo admissível, o requerimento genérico de provas, comumente sintetizado no jargão "protesta-se por todos os meios de prova em direito admitidas". Na petição inicial, o autor tem o ônus de especificar as provas com que pretende demonstrar ao juiz os seus articulados e, se desejar ouvir testemunhas ou produzir prova pericial, deverá oferecer o rol, indicar assistente técnico e formular quesitos, sob pena de *preclusão* (v. Cap. VI, item n. 3), em que pese o art. 276 do CPC não ter sido expresso. O requerimento a respeito das provas deve ser considerado como requisito implícito de toda peça que inaugura qualquer processo, independentemente do rito a ser aplicado. A omissão do autor significa a desistência de produção de outras provas, com exclusão daquelas que já acompanham o pedido inicial.

Dentre os requisitos da petição inicial, além dos já mencionados, merecem ainda destaque a *causa de pedir* e o *pedido* (art. 282, inc. III e IV, do CPC).

Em poucas palavras, a respeito da causa de pedir (*causa petendi*),[5] poderíamos dizer que este elemento representa os fatos e os fundamentos jurídicos da pretensão, subdividindo-se em *próxima* e *remota*. Ela é a causa eficiente da ação, ou seja, um estado de fato e de direito, que aparece como sendo a razão a que se refere a pretensão da demanda, dividindo-se habitualmente em: uma relação jurídica e um estado de fato contrário ao direito.[6]

Assim sendo, basta a descrição objetiva dos fatos (causa de pedir remota) e os motivos ensejadores do pedido (causa de pedir próxima). Esse elemento não se confunde com a referência a artigo de lei sobre o qual se funda a pretensão, que não é requisito desse tipo de peça inaugural ou de qualquer outra, ou, mui-

---

5. Especificamente sobre esse tema v. a monografia de José R. Cruz e Tucci, *A causa petendi no processo civil*.

6. Cf. Giuseppe Chiovenda, *Istituzioni...*, vol. 1, p. 28.

to menos, a denominação jurídica por ele atribuída à ação; o que efetivamente interessa são os fundamentos que amparam o requerimento.[7] Ademais, o réu se defende baseado nos fatos e fundamentos jurídicos trazidos à colação pelo autor, e não dos artigos de lei mencionados na petição inicial.

O *objeto* da ação decorre lógica e sucessivamente da *causa de pedir*, à medida que o requerimento formulado ao Estado-juiz (*petitum*) deve estar em perfeita consonância com os fatos alegados e os respectivos fundamentos jurídicos.[8] O objeto *imediato* é a providência pleiteada com a propositura da demanda para satisfazer determinada pretensão (material) do autor. Por sua vez, o objeto *mediato* reflete a relação fatual ou jurídica sobre a qual deve recair a tutela jurisdicional.[9]

Não se pode esquecer de que há de se observar em todos os seus termos os *princípios da originalidade, obrigatoriedade e definitividade* (v. item n. 2, supra), tendo em vista que o autor encontra como momento único para oferecer todos os seus articulados, fundamentar a sua pretensão e formular pedidos, a própria petição inicial.[10]

No tocante aos tipos, os *pedidos*,[11] podem ser *específicos* ou *genéricos*. É regra geral que todo pedido formulado judicialmente deva ser certo e determinado, isto é, especificado em relação a sua quantidade, importância ou qualidade, admitindo-se apenas em caráter excepcional o pedido *genérico*, ou seja, todo aquele que não goza da possibilidade de prévia especificação (certeza ou determinação),

---

7. No mesmo diapasão escreve Araken de Assis: "O fundamento legal apontado pelo autor, ou o *nomen iuris* por ele utilizado (v.g., ação de 'rescisão' do negócio, fundada em inadimplemento do parceiro, em lugar de ação de 'resolução'), se ostentam inteiramente irrelevantes na caracterização da *causa petendi*" (*Cumulação de ações*, p. 126).

8. Lembramos que o objeto imediato e mediato da demanda servem de parâmetro à fixação do valor da causa, nas hipóteses em que o legislador não estabeleceu previamente critérios. Com relação à relevância do tema do *valor da causa* no direito brasileiro e os seus princípios norteadores, remetemos o leitor para o Cap. III, item n. 2.

9. Segundo Arruda Alvim, "(...) o objeto pode ser classificado em 'imediato, que é o tipo de providência jurisdicional solicitada, e 'mediato', que é o próprio bem jurídico reclamado. O objeto litigioso, nesse tema, abrange os dois tipos de objetos. Nossa lei não usa essa terminologia, utilizando o mesmo *pedido*, desde que *não usa da expressão objeto litigioso*. Realmente, a lei eliminou o problema da diversa abrangência que tem o objeto litigioso, tendo seus termos igual alcance, desde que no pedido estão contidos tanto o objeto imediato como o mediato (art. 301, § 2º)" (*Manual*..., p. 262).

10. Caso o postulante deseje após a propositura da ação aditar o pedido anteriormente formulado poderá fazê-lo, desde que seja antes da citação. Note-se que estamos diante da possibilidade de aditamento do pedido e não de alteração.

11. Para aprofundamento sobre o tema atinente aos "pedidos", v. Joel Dias Figueira Júnior, *Comentários ao Código de Processo Civil*, vol. 4, t. II, arts. 286 a 294.

diante de alguns fatores que necessitam de apuração ou esclarecimento que se procederá durante a instrução (art. 286, do CPC).

Os pedidos podem ainda ser *cumulativos* ou *alternativos*, donde exsurge a relevância da matéria referente à correlação de demandas diversas, em face da propositura simultânea, num único processo (cúmulo de pedidos ou de demandas), com notável economia de atividades e de despesas, sobretudo quando a respectiva decisão pressupõe o exame de uma ou mais questões comuns às várias ações, com a vantagem ulterior de evitar decisões contraditórias.[12]

Cumulação de pedidos significa nada mais do que acumulação de pretensões,[13] (cumulação objetiva = causa e objeto), ou seja, cumulação de ações e de pretensões, o que não se confunde com concorrência de ações. Assim, os limites da cumulação de ações assinalada para as demandas cognitivas com rito sumário encontram o seu teto quantitativo fixado no inc. I do art. 275 do CPC, enquanto ilimitado para as causas especificadas no inc. II do mesmo dispositivo. Em síntese, podemos dizer que o chamado cúmulo objetivo de ações é uma acumulação de pretensões.[14]

A cumulação de pedidos diferenciados importa diretamente na cumulação de ações, ou melhor, de pretensões, que entre si apresentam absoluta autonomia e, portanto, naturezas diversas, competindo tão somente ao autor, dentro da liberdade que o próprio sistema jurídico lhe confere, com base nos princípios do dispositivo e da livre iniciativa, a opção em realizar (ou não)

---

12. Cf. Enrico T. Liebman, *Manuale*..., vol. 1, n. 88, p. 176).

Assim também Arruda Alvim quando assinala que: "O instituto permissivo da reunião de mais de um pedido num só processo é inspirado na economia processual, pois, com menos trabalho, resolve-se mais de um assunto; além disso, inspira-se no princípio dispositivo, dado que diante da permissão legal o autor tem liberdade de cumular ou não esses pedidos." (*Manual*..., vol. 1, n. 133, p. 249).

13. Arruda Alvim, *Direito processual civil*, vol. 2, n. 14, p. 383. No seu excelente *Manual*, diz o Professor paulista: "'Pretensão' é a afirmação de um direito. Quem pretende um direito, afirma-o como seu". "Aquilo que está em dúvida, no litígio, é precisamente aquilo que foi afirmado pelo autor: 'é o direito de que se diz ser titular'". "Disto se dessume que a perquirição de quais sejam os elementos da ação tem de ser feita, precisamente, pelo exame da pretensão processual (...)" (vol. 1, n. 138, p. 260).

14. Cf. Enrique Falcon, *Elementos de derecho procesal civil*, vol. 1, p. 166-167.

Preleciona também Antonio Marcato que "Cumular demandas significa o autor deduzir, num único processo e contra o mesmo réu, várias pretensões diferentes (CPC, art. 292, *caput*)" (*Procedimentos especiais*, n. 65, p. 79). Em nota de rodapé n. 94, assinala ainda o Professor paulista: "Refere-se o Código à cumulação de 'pedidos', quando na verdade trata da cumulação de 'demandas' (...)" (idem, ibidem).

o cúmulo objetivo. Importa dizer que para obter esse desiderato, deverá o postulante assim expressamente articular o seu pedido (cumulativo) na peça inicial, em atenção aos princípios da originalidade, obrigatoriedade e definitividade, sob pena de preclusão, porquanto não estão implícitos no pedido principal; se o juiz conceder qualquer um deles de ofício, estará julgando *extra petita.*[15]

Não há que se confundir cumulação de ações com concorrência de ações. Nessa última, nos dizeres de Arruda Alvim, "(...) diversas ações se destinam à mesma finalidade, tanto que a utilização de uma delas, em uma única relação jurídica processual, exclui, necessariamente, a utilização da outra. A única possibilidade, é de as ações concorrentes estarem no mesmo processo, condicionando o autor à procedência de tão somente uma delas. Logo, uma ação concorrente exclui a outra, ou seja, gera litispendência para a outra."[16]

Segundo Liebman, "Dois direitos são concorrentes quando estão coligados entre si do ponto de vista funcional, de modo que a satisfação de um deles extingue também o outro: a identidade de um certo resultado prático, que se tem direito de conseguir, corresponde a uma pluralidade de razões em pretendê-lo, as quais todavia – por permanecerem autônomas e tuteláveis – não permitem obter aquele resultado senão uma única vez".[17]

Em razão das ações serem cumuladas no mesmo processo e manterem suas respectivas autonomias, a sentença que se pronuncia sobre toda a demanda é formalmente única, embora caracterizada por manifestações distintas, e, por conseguinte, autonomamente impugnáveis.[18]

Para que melhor entendamos essa questão da cumulação de pedidos parece-nos interessante traçar algumas linhas a respeito da classificação das espécies de cúmulo objetivo. Porém, deixamos dito desde já que a doutrina está longe de adotar um entendimento uniforme a respeito dessa matéria.[19]

---

15. Assim também Nelson Nery Junior, *Rev. de Proc.*, vol. 52/170 e *Cód. de proc. civ. e leg. proc. civ. extr. em vig.*, 1995, art. 921, n. 1, p. 833.
16. *Direito processual civil*, vol. 2, n. 14, p. 382.
17. *Manuale...*, vol. 1, n. 89, p. 179). V. também o seu estudo específico intitulado *Azione concorrenti* (*Studi in memoria di U. Ratti*, p. 663 e ss.).

    No mesmo sentido v. Crisanto Mandrioli, *Corso*, vol. 1, § 30, p. 161.
18. Cf. Corte de Cassação italiana, Seção Civil, vol. 92/9659 e 67/2801.
19. Vejamos, então, algumas classificações sugeridas pela doutrina: 1º) Arruda Alvim: "a) cumulação inicial, que se dá quando as ações são inicialmente e simultaneamente propostas, obedecido, inclusive, o limite temporal do art. 294; b) o fenômeno que é redutível a uma cumulação posterior, quando a segunda ação é ajuizada posteriormente à primeira, já encontrando esta pendente, o que se dá nos casos de conexão ou conti-

Para que se possa falar em cumulação propriamente dita, faz-se mister que o autor formule mais de uma pretensão. O cúmulo objetivo é incompatível com o pedido alternativo (art. 288: "O pedido será alternativo, quando, pela natureza da obrigação, o devedor puder cumprir a prestação de mais de um modo")[20] e com o pedido sucessivo (art. 289: "É lícito formular mais de um pedido em ordem sucessiva, a fim de que o juiz conheça do posterior, em não podendo acolher o anterior").[21]

Assim sendo, entendemos que a cumulação de pretensões possa ser classificada em simples e complexa. A simples (tipo mais comum, porquanto estruturalmente não apresenta ordenação lógica entre as pretensões) diz respeito às hipóteses de formulação de duas ou mais pretensões totalmente independentes,

---

nência; c) cumulação eventual de ações, que é uma cumulação em sentido impróprio, ou diverso, em que uma delas é a principal e a outra subsidiária, devendo esta última ser objeto de apreciação somente no caso da primeira não prosperar" (*Manual...*, vol. 1, n. 133, p. 251); 2º) SÁLVIO DE FIGUEIREDO TEIXEIRA: "a) simples; b) sucessiva (ex.: investigação de paternidade e petição de herança); c) incidental (art. 5º); d) eventual (art. 289)" (*Código de Processo Civil anotado*, art. 292, p. 181); 3º) MOACYR AMARAL SANTOS (*Primeiras linhas...*, vol. 1, n. 149, p. 193-194) e 4º) LOPES DA COSTA (*Direito processual*, vol. 1, n. 178, p. 181): a) simples, b) sucessiva; c) eventual; 5º) BARBOSA MOREIRA: "em 'sentido estrito' quando o autor formula contra o réu mais de um pedido visando o acolhimento 'conjunto' de todos eles. A cumulação em sentido estrito comporta duas modalidades: a) cumulação 'simples' – em que o acolhimento de um pedido não depende do acolhimento ou da rejeição de outro. Exemplo: cobrança de duas dívidas oriundas de fatos ou atos diversos; b) cumulação 'sucessiva' – em que o acolhimento de um pedido depende do acolhimento de outro. Exemplo: investigação de paternidade e petição de herança. Em 'sentido lato', a cumulação abrange também as hipóteses em que o autor formula dois ou mais pedidos, ou um pedido com dois ou mais objetos mediatos, para obter 'um único' dentre eles. Neste contexto podem surgir as figuras da cumulação 'alternativa' e da 'cumulação 'eventual' (...)" (*O novo processo civil*, n. 1, p. 16) (observamos também que outra não é a classificação oferecida por ARAKEN DE ASSIS, *Cumulação de ações*, n. 73, p. 230); 6º) OVÍDIO BAPTISTA DA SILVA: a) cumulação alternativa eventual; b) cumulação simples; c) cumulação sucessiva eventual (*Curso...*, vol. 1, p. 176-179).

20. Escreve o Professor MONIZ DE ARAGÃO que alternativo é o pedido em que "(...) a natureza da causa faculta a opção a uma das partes, onde o pedido alternativo não pressupõe, necessariamente, uma obrigação alternativa" (*Comentários ao Código de Processo Civil*, vol. 2, p. 345-346).

    Sobre o tema, v. também GIUSEPPE TARZIA, "Appunti sulle domande alternative", *Riv. dir. proc.*, 1964, p. 253 e ss.

21. ARRUDA ALVIM espanca qualquer dúvida ao afirmar categoricamente que nestes dois casos (pedido alternativo e sucessivo) não há cumulação porque o autor não formula mais do que uma pretensão. Tratando-se de ações ou pretensões sucessivas (art. 289, do CPC), o que se verifica é a exclusão do pedido posterior se o anterior for concedido (*Manual...*, vol. 1, n. 133, p. 251).

de maneira que a procedência ou improcedência de uma não oferece consequências a outra; por sua vez, a complexa apresenta pedidos que se diferenciam na própria essência, existindo sempre um principal e outro subordinado ou acessório, ficando este último na dependência do primeiro.

Comentando o art. 31 do Código de Processo Civil italiano, escreve Giuseppe Franchi que: "É acessória a ação que não pode ser acolhida se não for admitida a outra proposta da mesma e contra a mesma pessoa. Trata-se de uma subordinação lógica capaz de determinar a rejeição da demanda acessória quando for rejeitada a demanda principal, enquanto o acolhimento desta não determina necessariamente o acolhimento daquela acessória. Importa notar que a subordinação de uma demanda à outra não depende somente da vontade de quem a propõe, mas do objetivo contido. Pode-se dizer então que o fundamento da ação principal é parte do título da demanda acessória".[22]

No mesmo diapasão, o ensinamento de Piero Calamandrei: "acessoriedade é uma figura de conexão objetiva que se verifica entre duas ações, uma das quais (que se chama 'acessória') aparece como subordinada e dependente pelo título da outra (que se denomina 'principal'): por exemplo, a demanda para obtenção de restituição de capital emprestado (principal) e a ação para o percebimento dos juros sobre aquele capital (acessória)".[23]

Diante do exposto, os limites da cumulação de ações assinalada neste dispositivo encontra o seu teto no valor de sessenta salários mínimos, como resultado da soma dos subtotais entre todos eles, para o inciso I do art. 275, do CPC, e, ilimitadamente, para as demandas específicas do inciso II do referido dispositivo.

A propósito deste assunto, o art. 292 do CPC tem plena aplicabilidade ao dispor que: "É permitida a cumulação, num único processo, contra o mesmo réu, de vários pedidos, ainda que entre eles não haja conexão. § 1º São requisitos de admissibilidade da cumulação: I – que os pedidos sejam compatíveis entre si; II – que seja competente para conhecer deles o mesmo juízo; III – que seja adequado para todos os pedidos o tipo de procedimento. § 2º Quando, para cada pedido, corresponder tipo diverso de procedimento, admitir-se-á a cumulação, se o autor empregar o procedimento ordinário".

Destarte, quando para cada pedido corresponderem tipos diversos de procedimento, admitir-se-á a cumulação, se o autor empregar o procedimento

---

22. *Commentario del Cod. di proc. civ.* (*Diretto* da Enrico Allorio), vol. 1, t. I, n. 1, p. 302. Por isso, segundo Franchi, a acessoriedade entra na ampla noção de conexão (idem, ibidem).

23. *Istituzioni di dir. proc. civ.*, vol. 1, § 41, p. 145, 1943.

ordinário (art. 292, § 2º, do CPC). Portanto, é perfeitamente viável a cumulação de pedidos cujo feito tramite sob o rito sumário, ou seja, cumulação de pretensões com dois procedimentos iguais. Já o rito especial com o sumário parece inviável, porque incidiria na proibição implícita na regra insculpida no art. 292, § 1º, III.[24]

24. Cf. Arruda Alvim, "O 'julgamento conforme o estado do processo' e o 'procedimento sumaríssimo'", *RF*, vol. 246/240.

Capítulo VII

FASES PROCEDIMENTAIS, CITAÇÃO E PROVAS

1. Fases procedimentais

As fases procedimentais dos processos de conhecimento orientam-se pela ordinariedade e, considerando-se que o rito sumário é essencialmente um *plenário rápido*, suas fases são basicamente as mesmas, quais sejam *postulatória*, *ordinatória/saneadora*, *instrutória e decisória*, não obstante algumas variações decorrentes da sumarização particularizada desta espécie, como veremos a seguir.

Essas quatro fases que a doutrina considera como básicas, encontram no procedimento ordinário o seu padrão, em face de suas etapas bem delineadas em sua estrutura lógica, todas interligadas intimamente e cada qual apta à realização de atos processuais que lhe são próprios, reguladas ainda por um sistema mais ou menos rígido de preclusões.[1]

"A lei regula a forma pela qual se realizam e se sucedem os atos processuais. Como essa forma, no processo de cognição, varia em função de diversos fatores, mais de um 'procedimento' pode ser aqui observado. Distinguem-se, em primeiro lugar, o procedimento 'comum' e os procedimentos 'especiais'".[2]

Frisamos mais uma vez que os denominados procedimentos especiais (contenciosos) são formas ou ritos distintos do procedimento comum (ordinário ou sumário), que se desenvolvem nos processos de conhecimento em que as lides apresentam particularidades significativas, exigindo do Estado-juiz a prestação

---

1. Cf. ANTÔNIO MARCATO, *Procedimentos especiais*, 1991, n. 16, p. 24-25.
2. BARBOSA MOREIRA, *O novo processo civil*, n. 2, p. 4.

de tutela diferenciada. Os procedimentos especiais de jurisdição contenciosa, na verdade, nada mais são do que processos cognitivos que, em razão das particularidades de algumas relações fáticas ou jurídicas que neles serão objeto de verificação, exigiram do legislador disposições com variantes procedimentais diferenciadas, para, desta forma, melhor atender as circunstâncias de cada caso.

A busca pela sumarização das formas é uma tendência universal, decorrente da intensificação dos aspectos públicos e sociais da ciência processual, com o escopo cada vez mais voltado à efetividade e efetivação do processo. Assim, se formos analisar qualquer procedimento que tenha sido objeto de sumarização, constataremos que cada um deles possui características próprias que exigiram que o legislador operasse as diferenciações necessárias a fim de melhor atenderem a multiplicidade de pretensões, as quais estão sempre fulcradas em direito material subjetivado.

O procedimento sumário classifica-se como subtipo do rito comum, que no sistema processual civil brasileiro coexiste ao lado do sumaríssimo, isto é, um subtipo decorrente da sumarização das formas do processo cognitivo. Segundo José de Oliveira Ascenção, essas subdivisões são possíveis porque "o conteúdo do tipo pode, por sua vez, ser concretizado num ou mais tipos, ou seja, o conceito correspondente ao tipo pode ser ainda especificado, dando lugar à formação de tipos menores. Alguns autores tiveram já em atenção o fenômeno, e apontaram-no como um processo de conseguir um ulterior avanço na senda do concreto".[3]

O procedimento sumário apresenta, em linha de princípio, *três fases*: a primeira é a *postulatória*; a segunda, intermediária, aglutina a *conciliatória, a ordinatória ou saneadora*; por sua vez, a terceira aglutina as fases *instrutória e decisória*. Observa-se, contudo, que essas duas últimas fases não podem ser muito bem definidas no plano classificatório porque dependem de variações próprias das hipóteses concretas.

Ocorre que, por exemplo, a proposta de conciliação pode vingar, o que resultará na extinção imediata do processo, com resolução do mérito (art. 269, III, do CPC), através da homologação do acordo. Diversamente, se a tentativa resultar infrutífera, proceder-se-á naquele mesmo ato processual à coleta da resposta do réu, serão os incidentes decididos de plano, produção de provas etc., e, se ainda o caso concreto permitir, será possível o julgamento conforme o estado do processo (§ 2º do art. 278, do CPC).

A introdução, pela Lei 9.245/1995, dessa segunda fase, com a obrigatoriedade de realização prévia de tentativa de conciliação, representa, no nosso entender, uma faca de dois gumes, na medida em que traz em seu bojo, concomitantemente,

3. *A tipicidade dos direitos reais*, p. 55.

vantagens e desvantagens em termos pragmáticos. Essa novidade evidencia, antes de mais nada, a expectativa do legislador em colher bons frutos com a forma alternativa de composição dos conflitos jurídicos e sociais.

Se, por um lado, apostou-se muito no sucesso dessa fase procedimental intermediária, por outro, a prudência e a cautela deverão orientar os juízes na confecção de suas pautas de audiências, pois se a composição não frutificar, no mesmo ato processual deverá o juiz togado receber a resposta, administrar a impugnação oral e, em seguida, decidir as questões incidentais e, ainda, se for o caso, solucionar a lide antecipadamente. Isso, no dia a dia forense, significará a necessidade de fixação de audiências num espaço de tempo razoável para a consecução de todas essas etapas, se a espécie assim exigir, o que se saberá apenas no decorrer dos trabalhos.

Justificava-se, portanto, a preocupação do Deputado Roberto Magalhães a respeito dessa *cisão procedimental*, a qual foi objeto das Emendas 1/1993 e 2/1993, apresentadas ao Projeto 3.811/1993, ao observar que o desdobramento do procedimento em duas audiências confrontava com o propósito da concentração dos atos processuais, tão indispensável nesse rito. Segundo o citado parlamentar, "cindir a conciliação e a instrução e julgamento, no procedimento sumaríssimo [sumário], significa negar as virtualidades do referido procedimento".

Não escondemos também a nossa preocupação e até mesmo certo temor, a respeito dessa novidade. No regime do antigo "sumaríssimo", a tentativa de conciliação antecedia a instrução e o julgamento; porém, tudo se passava num único ato processual – *audiência de conciliação, instrução e julgamento* (art. 278, § 1º, revogado).

O que nos surpreende, hoje, é que o rito sumaríssimo, concebido para os juizados especiais cíveis, recebeu tratamento diferenciado nesse particular, em que o legislador encampou a ideia de uma audiência una e preferencialmente indivisível,[4] segundo se infere do art. 16 combinado com o art. 27, ambos da Lei 9.099/1995.[5] Ora, se essa sistemática procedimental era válida e boa para um rito sumarizado, por que assim não serviria também para um outro que toma

---

4. Com essa afirmação pretendemos externar a ideia de que não se exclui a possibilidade de ocorrência de adiamento do ato processual ou prosseguimento em outra data (sempre próxima), nas hipóteses em que o seu término na mesma ocasião se tornar impossível.

5. Nos juizados especiais, restando infrutífera a tentativa conciliatória e não desejando os litigantes instituir o juízo arbitral, passa-se imediatamente, isto é, na sequência do mesmo ato processual, para a fase segunda, que é a instrução oral, em que se realizará a ouvida das partes, das testemunhas, de *experts* etc. Sobre o tema, v. Joel Dias Figueira Júnior, *Juizados Especiais Estaduais Cíveis e Criminais,* comentários aos arts. 16 e 27.

também por base o princípio da oralidade? Poder-se-ia argumentar, a título de resposta, que no sumaríssimo a oralidade aparece em grau máximo, enquanto no sumário, não; todavia, esse não é o cerne do enleio. Em qualquer um dos sistemas, o legislador teve sempre em mente a simplificação das formas com o escopo de obter com maior rapidez a proteção jurisdicional do Estado e a efetivação do processo. Para alcançar esse desiderato, não poderia deixar de lançar mão da oralidade, que requer concentração dos atos do processo. Sinceramente, não vemos razão que justifique de maneira satisfatória essa opção legislativa de cisão do aludido ato processual.

Verifica-se contradição entre a escolha realizada pelo legislador e o conteúdo da Exposição de Motivos que acompanhou o Projeto 3.811/1993 ao Congresso Nacional, da lavra do então Ministro da Justiça, Maurício Corrêa. Nessa ocasião, teceu-se dentre outras críticas ao antigo sumaríssimo a de que não realizava na prática o "ideal de concentração e oralidade". Por essas razões, parece-nos que não andou bem o legislador.

Muito diferente não é a situação da terceira fase procedimental, que permite a realização de uma instrução alicerçada exclusivamente em prova pericial, sem a necessidade de designação de audiência ou, ainda, de coleta de prova oral em audiência de instrução, que venha a terminar sem a prolação da sentença, que poderá ser dada em gabinete (art. 281, do CPC). Vê-se sem maiores dificuldades que essa fase é híbrida, podendo variar de acordo com a hipótese em concreto, o que por si só torna difícil o seu enquadramento num esquema classificatório rígido.

Vencida a primeira etapa da audiência preambular sem que tenha frutificado a autocomposição, a audiência prosseguirá de plano, sem qualquer suspensão ou interrupção, porquanto não se trata de ato processual voltado apenas à tentativa de conciliação, nos moldes do disposto no art. 125, IV, do CPC.

A audiência em questão reveste-se de complexidade procedimental, na medida em que consegue amalgamar a fase postulatória (aqui inserida a tentativa de conciliação), ordinatória/saneadora e, eventualmente, até decisória, se a hipótese vertente viabilizar o julgamento conforme o estado do processo (§ 2º do art. 278, do CPC).

Caso o juiz togado esteja sendo auxiliado por conciliador (§ 1º do art. 277, do CPC), diante da não obtenção de acordo, ele deverá suspender temporariamente os trabalhos, havendo o magistrado de dar prosseguimento ao ato, nos termos definidos no Código de Processo Civil, isto é, mediante o recebimento da resposta e seus desdobramentos. Lembramos mais uma vez que as atribuições do auxiliar da justiça, nesse caso, não ultrapassam a presidência inicial dos trabalhos somada à prática da tentativa de conciliação, objetivando a aproximação dos litigantes voltada à autocomposição, em qualquer de suas modalidades.

2. Recebimento da inicial e providências preliminares

Antes de receber a petição inicial, independentemente do tipo de processo ou procedimento, haverá o juiz de analisar os *pressupostos processuais* e as *condições da ação*, que aparecem como verdadeiros *requisitos de admissibilidade do julgamento do mérito*.[6] Da sistemática adotada pelo Código depreende-se a preocupação do legislador em ordenar o exame das matérias chamadas *preliminares*.

Assim, orienta-nos indicando a sequência lógica a ser seguida pelo julgador e articulada pelo réu na peça contestatória, a fim de que, superadas as fases procedimentais, obtenha-se a prolação de uma sentença de mérito hábil à composição da lide (cf. arts. 13, 128, 301, 267, IV e VI, 269, 323, 327, 328, 331 e 459), sendo que as questões relativas aos *pressupostos processuais* e *condições da ação* deverão ser conhecidas pelo juiz de ofício, em qualquer tempo e grau de jurisdição, não obstante a possibilidade de alegação pela parte interessada.

Esse controle de *saneamento do processo* deve ser feito desde o primeiro exame da peça inaugural. Todavia, não havendo nessa fase inicial elementos suficientes para a formação do convencimento do juiz sobre a existência dos mencionados requisitos, a matéria deverá ser apreciada em fase posterior, ou seja, após a tentativa (infrutífera) de conciliação e do oferecimento da resposta, e sempre antes da audiência de instrução e julgamento (art. 278, do CPC).

Tão só em casos excepcionalíssimos e plenamente justificáveis pelas circunstâncias fáticas ou jurídicas é que o julgador deve postergar o exame desses elementos ao final, quando da prolação da sentença. O problema crucial reside na admissibilidade da propositura de uma ação inválida ou na formação e tramitação de um processo que, por ausência de pressuposto de constituição ou desenvolvimento adequado, não permita a solução da lide através da sentença de mérito, frustrando-se, assim, o objetivo maior do processo, que é a pacificação social.[7]

Ainda a título de providências preliminares, verificará o magistrado se a petição inicial preenche os requisitos dos arts. 282 e 283, ou se apresenta defeitos e irregularidades capazes de dificultar o julgamento do mérito, conforme estabelecido no art. 284, todos do CPC.

---

6. Adotando o nosso Código de Processo Civil o conceito de ação nos moldes preconizados pela doutrina clássica, passou a admitir, como resultado, o trinômio processual que representa hoje o arcabouço do direito instrumental, formado pelos pressupostos processuais (art. 267, IV), as condições da ação (art. 267, VI) e o mérito da causa (arts. 128 e 269).

7. Cf. Joel Dias Figueira Júnior, "A metodologia no exame do trinômio processual: pressupostos processuais, condições da ação e mérito da causa", *RePro*, vol. 72/335; *JB*, vol. 172/42; e *JC*, vol. 71/48.

Questão importante nessa seara é a verificação, *ex officio*, do valor atribuído à causa, tendo em vista que essa matéria assume relevância no nosso sistema processual, começando pela petição inicial, em que figura como um de seus elementos indispensáveis, além das várias implicações de ordem pública, tendo-se em consideração que estabelece o tipo de procedimento adequado, fixa a competência originária e recursal, serve de base para o cálculo e depósito das custas processuais, é parâmetro, em algumas hipóteses, para a fixação dos honorários advocatícios, limita a produção de prova exclusivamente testemunhal e, ainda, é parâmetro para definição de indenização e multas por litigância de má-fé e prática de ato atentatório ao exercício da jurisdição, bem como em face de interposição de embargos protelatórios.

Por isso, em face das consequências que advirão da estipulação do valor da demanda, deverá o juiz efetuar rigoroso controle a esse respeito, desde o primeiro momento em que tiver contato com o pedido apresentado pelo autor, e, se necessário for, corrigi-lo inclusive *de ofício* e *ab initio*. Procedendo-se à correção, deverá o magistrado determinar o pagamento da diferença relativo às custas iniciais, sob pena de indeferimento da peça ou recolhimento ao final, ou, se a hipótese for de redução, autorizará a devolução da diferença ao postulante.

Somente depois de constatar que a exordial não é inepta e que todos os seus termos estão preenchidos é que a despachará, ordenando a citação do réu, em conformidade com o disposto no art. 285 combinado com o art. 277. Nesse mesmo ato designará *audiência de tentativa de conciliação e saneamento*, a ser realizada no prazo de trinta dias, e determinará o comparecimento das partes.

Aplica-se também ao procedimento sumário a regra atinente ao *julgamento de mérito conforme o estado inicial do processo*, insculpida no art. 285-A do CPC, que assim dispõe, *in verbis*: "Quando a matéria controvertida for unicamente de direito e no juízo já houver sido proferida sentença de total improcedência em outros casos idênticos, poderá ser dispensada a citação e proferida sentença, reproduzindo-se o teor da anteriormente prolatada. § 1º Se o autor apelar, é facultado ao juiz decidir, no prazo de 5 (cinco) dias, não manter a sentença e determinar o prosseguimento da ação. § 2º Caso seja mantida a sentença, será ordenada a citação do réu para responder ao recurso".

Esse novo dispositivo introduzido no Código através da Lei 11.277, de 07.02.2006, faz coro com as diversas inovações atinentes às diretrizes reformistas do sistema instrumental brasileiro, que, entre outros escopos, objetivam conferir mais celeridade e racionalidade na prestação da tutela jurisdicional, notadamente para atender às hipóteses de *demandas repetitivas*.

Destarte, extrai-se da exposição de motivos da referida lei que a proposição busca "criar mecanismo que permite ao juiz, nos casos de processos repetitivos, em que a matéria controvertida for unicamente de direito, e no juízo já houver sentença de total improcedência, dispensar a citação e proferir decisão reproduzindo a anteriormente prolatada".

Em síntese, para que o julgamento de mérito se verifique de plano, ou seja, *initio litis*, são imprescindíveis que se façam presentes os seguintes requisitos, sob pena de nulidade absoluta da sentença: *a)* lide unicamente de direito; *b)* precedentes do próprio juízo (não necessariamente do juiz sentenciante); *c)* em casos idênticos; *d)* julgamentos anteriores pela improcedência total do pedido.

3. Da citação

3.1 Tipos de citação

Conceituamos a *citação* como sendo o ato processual de chamamento formal do sujeito que figurará no polo passivo da demanda e que, em princípio, suportará os efeitos da sentença, nos moldes do pedido formulado pelo autor, a fim de que, se desejar, compareça em juízo e ofereça resposta.

A citação nos processos de rito sumário far-se-á nos termos do estatuído pelo Código de Processo Civil, nos arts. 213 a 233, podendo ser *real* ou *fictícia*: aquela será realizada por *carta postal*, por *mandado* (a ser cumprido por oficial de justiça) ou por *meio eletrônico* (art. 221, IV), por *hora certa* ou por *edital*.

Após o advento da Lei 8.710, de 24.09.1993, tornou-se regra geral o cumprimento da citação por *via postal*, e, subsidiariamente, por oficial de justiça ou por edital (cf. arts. 221 a 233, do CPC).

3.2 Requisitos da citação

A *citação pelo correio* far-se-á em todas as comarcas do País (excetuando-se nas ações de estado; quando o réu for pessoa incapaz ou pessoa de direito público; nos processos de execução; quando o réu residir em localidade não atendida pela entrega domiciliar de correspondência e, finalmente, quando o autor requerer que se faça de outra maneira – art. 222, do CPC), através de carta registrada, a qual será entregue ao citando, ocasião em que o carteiro exigirá a sua assinatura em recibo (aviso de recebimento em mão própria). Se o réu for pessoa jurídica de direito privado, a entrega da correspondência terá validade desde que seja feita para sujeito com poderes de administração ou de gerência geral (parágrafo único do art. 223, do CPC).

Nesse tipo de comunicação, a carta deverá estar acompanhada de cópia (ou xerocópia) da petição inicial, na íntegra, e do despacho do juiz, no qual foi designada a primeira audiência. A carta deverá conter ainda a determinação do comparecimento pessoal do réu ou do representante, com poderes expressos para firmar acordo, bem como a observação da data, horário, local, cartório, vara (juízo) e endereço onde será realizado o ato processual (art. 223, do CPC).

A *citação por oficial de justiça* far-se-á nos casos enumerados no art. 222 ou quando, por alguma razão, tornar-se frustrada a citação via postal (art. 224). Seus requisitos são, além dos já mencionados anteriormente, aqueles específicos insculpidos no art. 225, cuja forma de cumprimento dá-se nos termos do art. 226.

Por outro lado, far-se-á a *citação por hora certa* "quando, por três vezes, o oficial de justiça houver procurado o réu em seu domicílio ou residência, sem o encontrar, deverá, havendo suspeita de ocultação, intimar a qualquer pessoa da família, ou em sua falta a qualquer vizinho, que, no dia imediato, voltará, a fim de efetuar a citação, na hora que designar" (art. 227, do CPC). Então, "no dia e hora designados, o oficial de justiça, independentemente de novo despacho, comparecerá ao domicílio ou residência do citando, a fim de realizar a diligência". "Se o citando não estiver presente, o oficial de justiça procurará informar-se das razões da ausência, dando por feita a citação, ainda que o citando se tenha ocultado em outra comarca". "Da certidão da ocorrência, o oficial de justiça deixará contrafé com pessoa da família ou com qualquer vizinho, conforme o caso, declarando-lhe o nome" (art. 228, §§ 1º e 2º, do CPC).

Realizada a citação por hora certa na forma aludida, o escrivão enviará ao réu carta, telegrama ou radiograma, dando-lhe de tudo ciência (art. 229, do CPC). Além dessas formas tradicionais de comunicação, não se pode esquecer da citação pelo correio eletrônico ou por fac-símile.

Por último, a *citação por edital* deverá atender aos requisitos gerais fixados nos arts. 231 e 232 do CPC, além daqueles específicos ao rito sumário, acima referidos.

3.3 Prazo da citação

Designada a audiência preliminar, que é destinada à conciliação e saneamento do processo, a citação do réu deve realizar-se com *antecedência mínima de dez dias*, sob pena de nulidade, a não ser que, apesar da inobservância desse prazo, compareça em juízo e, tornando-se infrutífera a tentativa de acordo, ofereça ampla defesa. Se comparecer apenas para alegar a nulidade, e se a mesma for admitida, será considerado citado naquele ato, que servirá de *dies a quo* para a nova contagem.

Esse prazo destina-se à concessão de tempo mínimo necessário para que o réu constitua seu advogado e tome conhecimento dos fatos e dos fundamentos jurídicos sobre os quais se funda a pretensão do autor, a fim de que possa bem elaborar a sua resposta, sem nenhuma possibilidade de cerceamento.

Por isso, fixou-se um prazo *mínimo* a ser observado, não havendo, contudo, a estipulação de um prazo *máximo*. Todavia, ao designar a audiência preliminar, o juiz deve atentar para essa questão e fazê-lo de maneira tal que o espaço de tempo destinado à elaboração da resposta gire em torno de dez dias. Se assim não for, o réu no processo sumário acabará tendo um prazo superior ao do rito ordinário, o que significa uma total incoerência e afronta aos princípios norteadores da sumarização das formas. Ademais, não se podem permitir tratamentos diferenciados aos litigantes, sendo mais do que suficiente ter-se de suportar os privilégios inadmissíveis concedidos à Fazenda Pública.

É bem verdade que, na prática, é totalmente impossível a observância exata do prazo de dez dias para todos os processos em tramitação. Porém, essa realidade incontestável não autoriza o juiz a agir com critérios díspares, sem que isso signifique a impossibilidade de variação temporal nos diversos casos *sub iudice*. Mister se faz coibir os abusos e a falta de bom-senso.

De outra parte, não se há de fazer interpretação sistemática entre o art. 277 do CPC e o art. 16 da Lei 9.099/1995, porque apresentam diferenciações ônticas. No microssistema dos juizados especiais cíveis, procede-se à contagem para a realização da audiência *a partir da citação do réu*, ou seja, nos quinze dias subsequentes, a contar da juntada do comprovante da citação válida. Por sua vez, no sistema do Código de Processo Civil esse prazo destinado aos preparativos da audiência preliminar aparece em dobro, justamente para incluir em seu bojo os dez dias que são concedidos, no mínimo, para anteceder ao aludido ato, cujo escopo é a articulação da defesa.

Se outro for o entendimento, teremos um prazo de, no mínimo, trinta dias para a realização da audiência, a contar da juntada do mandado ou da carta citatória, equivalendo a triplicar o prazo de resposta.

Manifestou-se também o Superior Tribunal de Justiça, em aresto da lavra do Ministro Nilson Naves, no sentido de que se conta "da citação do réu o prazo não inferior a dez (10) dias, *e não da juntada aos autos do respectivo mandado*. Precedentes do STJ. Recurso especial conhecido em parte pelo dissídio, mas não provido".[8]

3.4 Requisito da advertência de revelia

A carta ou mandado citatório deverão ainda ressaltar que a audiência preliminar designada, da qual o réu está sendo comunicado, reveste-se de natureza mista, é ato complexo que açambarca o término da fase postulatória, somando-se a conciliatória e a saneadora, razão por que se torna impreterível a advertência no sentido de que o não comparecimento injustificado significará a sua revelia com

8. Cf. STJ, REsp 38210-6/SP, 3ª T., j. 06.06.1995, v.u., *DJU* I 25.09.1995, p. 31.102 (cf. *Bonijuris*, v. 25.403/251-252, de 30.12.1995, p. 3.615).

a consequente admissão de veracidade dos fatos alegados pelo autor na petição inicial (art. 277, § 2º, do CPC).

Conterá ainda a ressalva de que, se resultar infrutífera a tentativa de acordo, naquele mesmo ato deverá oferecer resposta escrita ou oral, produzir (juntar) provas documentais, apresentar o rol de testemunhas e, se desejar a realização de perícia, naquela mesma oportunidade formulará seus quesitos e indicará assistente técnico, sob pena de preclusão (art. 278, *caput, do CPC*), além da possibilidade de vir a ser a lide julgada antecipadamente, ou seja, naquela audiência (art. 278, § 2º, do CPC).

Esses requisitos são indispensáveis à consecução do ato citatório válido – se não existirem, o processo será nulo, ressalvada a hipótese de não configuração de qualquer prejuízo ao réu.

4. Da Fazenda Pública no polo passivo da demanda

Totalmente desnecessária a ressalva feita quanto à contagem do prazo diferenciado à Fazenda Pública, em face da regra geral insculpida no art. 188 do Código de Processo e da norma de aplicação subsidiária do parágrafo único do art. 272, do mesmo diploma legal.

A verdade é que uma odiosa diferenciação e inúmeros privilégios de ordem material e processual continuam a ser concedidos, em pleno século XXI, à Fazenda Pública, encobertos pelo manto bolorento do falacioso interesse geral e coletivo, quando ela, sabidamente, em suas múltiplas facetas, figura entre os maiores e contumazes litigantes (ladeada pelas instituições bancárias e financeiras), é "freguesa de carteirinha" em todos os foros, é dotada de "prerrogativas" de todas as ordens (prazos, recursos, foro etc.), mais se assemelhando ao mitológico Leviatã.

Seguindo a linha teratológica apontada, reforça o legislador o privilégio da Fazenda Pública na exata medida em que a citação haverá de correr com antecedência mínima de vinte dias (prazo em dobro) da audiência preliminar, segundo se infere da parte final do *caput* do art. 277 do CPC.

Sendo ré a Fazenda Pública estadual ou federal, a União, os Estados, o Distrito Federal, os Territórios, os Municípios, bem como autarquias, fundações e empresas públicas estaduais ou federais a eles vinculadas, não excedendo o valor da causa a sessenta salários mínimos, a competência para o processo e julgamento das matérias de menor complexidade, será dos Juizados Especiais Cíveis Federais ou Estaduais, com a aplicação do rito sumaríssimo, nos moldes delineados pelas Leis 10.259/2001 e 12.153/2009.[9]

---

9. Para aprofundamento sobre os temas alusivos aos Juizados Especiais Federais e da Fazenda Pública v. os comentários às Leis 10.259/2001 e 12.153/2009 de Joel Dias Figueira Junior, Editora Revista dos Tribunais.

5. Das provas

5.1 Provas e meios probantes

Ressalvadas as questões relativas à oportunidade procedimental para oferecimento de rol de testemunhas, postulação de prova técnica e oferecimento de quesitos (arts. 276 e 278, do CPC), nenhuma outra referência específica sobre o tema das provas encontramos nos dispositivos que regem o procedimento sumário. Dessa circunstância, conclui-se sem maiores dificuldades, que as regras a serem aplicadas são as de ordem geral, estatuídas para o processo de conhecimento e, em particular, para o rito ordinário (art. 272, parágrafo único).

Por sua vez, a Lei 9.099/95 foi expressa sobre a matéria no art. 32 (e isso se justifica, porquanto se trata de um microssistema todo próprio, distinto do CPC), ao dispor que "todos os meios de prova moralmente legítimos, ainda que não especificados em lei, são hábeis para provar a verdade dos fatos alegados pelas partes". Contudo, suas linhas mestras são perfeitamente aplicáveis para o rito sumário. Ademais, outra não é a orientação insculpida no próprio Código e na Constituição Federal.

As provas admitidas são todas aquelas que sejam *moralmente legítimas*. A regra deve ser interpretada em harmonia com o estatuído na Constituição Federal e conforme os princípios fundamentais norteadores pertinentes à espécie. Em síntese, poderíamos dizer que *meios de prova* são todas as maneiras, métodos, recursos e instrumentos colocados no mundo empírico à disposição dos litigantes, para serem levados a juízo com o escopo precípuo de convencer o julgador a respeito da veracidade dos fatos alegados e, consequentemente, dar sustentação à tese jurídica levantada.

Na lição de CARNELUTTI, a *prova* deve diferenciar-se do *procedimento empregado* para a verificação da proposição afirmada pelas partes. Assim, a prova da afirmação acerca da existência de um fato se faz mediante o *conhecimento* do próprio fato; o conhecimento não é a prova, porém oferece a prova da afirmação. Nesse sentido, devemos reconhecer que o objeto da prova não são os fatos, mas as afirmações, as quais não se conhecem, porém se comprovam, enquanto aqueles não se comprovam, mas são conhecidos. Prova não é a comprovação da verdade de uma afirmação mediante o conhecimento do fato afirmado, mas sim este mesmo conhecimento quando obtido para a comprovação da afirmação. "Opera-se, assim, um câmbio entre *resultado* e *procedimento* ou *atividade*, que responde em substância a uma função intransitiva ou transitiva do vocábulo. Nesse sentido, é justo dizer que objeto da prova são os fatos e não as afirmações: *os fatos se provam, no quanto são conhecidos, para comprovar as afirmações*".[10]

10. *La prueba civil*, p. 39-40.

Mas, como já dissemos, esses meios de prova devem, necessariamente, ser *moralmente legítimos*, ou seja, devem ser obtidas por *meios lícitos*, portanto, utilizando-se de caminho que não repugne o sistema jurídico. Outra não é a orientação expressa do texto constitucional: "são inadmissíveis, no processo, as provas obtidas por meios ilícitos" (art. 5º, LVI).

Essa questão é tormentosa e transcende os objetivos deste estudo, valendo lembrar que "o conceito de prova, o objeto da prova, o *onus probandi*, os meios de prova, sua classificação e requisitos de admissibilidade, os critérios de valoração da prova são temas que pertencem à teoria geral do processo civil".[11]

A prova moralmente legítima pressupõe a sua licitude e o que o sistema não permite é que ela seja obtida por meios não idôneos. A prova deve ser lícita, assim como os meios moralmente legítimos.

Resumindo a classificação de Pietro Nuvolone, o professor paulista Nelson Nery Junior assinala que "a prova será *ilegal* sempre que houver violação do ordenamento como um todo (leis e princípios), quer sejam de natureza material ou meramente processual. Ao contrário, será *ilícita* a prova quando sua proibição for de natureza material, vale dizer, quando for obtida ilicitamente".[12]

Rogério Lauria Tucci e José Rogério Cruz e Tucci, baseados no art. 332 do CPC, escrevem que *legais* ou *legítimos são os que* "têm fundamento em lei; têm forma e conteúdo conforme a lei. Em sentido translato, legítimo também significa genuíno, autêntico, puro, verdadeiro".[13] Com razão, não deixam de frisar que existem dificuldades para a verificação da admissibilidade e aproveitamento dos meios *atípicos* de prova, "principalmente em razão do grande avanço da tecnologia,

---

11. Barbosa Moreira, *O novo processo civil brasileiro*, § 7º, p. 64. Com referência ao tema *procedimento probatório*, isto é, "dos atos pelos quais as provas são propostas, deferidas ou indeferidas, determinadas *ex officio* pelo órgão judicial e produzidas", v. o estudo do citado mestre: idem, p. 64-88.

    Sobre o tema, por todos, v. Francisco Carnelutti, *La prueba...*; e Nicola Malatesta, *La logica delle prove in criminale*.

12. *Princípios do processo civil na Constituição Federal*, p. 145. Em geral, sobre os *princípios da proibição da prova ilícita*, v. por inteiro a secção V da mencionada obra (p. 143-149).

    Em seus *Comentários ao Código de Processo Civil*, anota que "Não pode ser utilizada validamente no processo a prova obtida ilicitamente (*RTJ* 110/798, 84/609, *RT* 674/109, 635/208, 603/178). A conversa telefônica gravada por um dos protagonistas sem o conhecimento do outro é válida (*RT* 620/151; *RBDP* 43/137) pois não foi obtida ilicitamente. A prova de conversa telefônica obtida licitamente, por autorização judicial na instrução criminal (CF 5º, XI) pode ser utilizada como prova emprestada no processo civil, respeitados os requisitos de validade e eficácia desta última (...)" (art. 5º, LVII, n. 46, p. 75).

13. *Constituição de 1988 e processo*, p. 70.

multiplicando-os, ao mesmo tempo, ensejando inúmeras distorções. E não há outra maneira de superá-las, em nosso entender, que a de apreciação, em cada caso concreto, valendo-se o juiz dos dados da experiência e, sem extremadas peias, atento ao regramento vigorante em nosso sistema processual, da persuasão racional".[14]

5.2 Momentos processuais oportunos para formulação de pedido de produção de provas e sua realização

Há que se distinguir o momento processual concedido às partes pela norma para formularem seus respectivos pedidos de produção de provas, como a sede apropriada para a sua realização. Essa observação se faz importante porque a concepção equivocada desses fenômenos poderá corresponder à perda irrecuperável do prazo para a prática desses atos, o que significa *preclusão*.

No procedimento sumário o regime é diverso daquele previsto para o rito ordinário, cujo rol de testemunhas pode ser oferecido até dez dias antes da audiência (art. 407, *caput*), se outro não for assinado pelo juiz. No procedimento sumário, não.[15] Isso porque, "devendo o réu ser citado já para a audiência em que deverá contestar o feito e indicar suas testemunhas, importa que, com a citação, tenha ele ciência das testemunhas arroladas pelo autor".[16]

No rito sumário, assim como no antigo "sumaríssimo", a formulação do pedido e a apresentação do rol de testemunhas, para o autor, continuam sendo feitos na peça inaugural. No regime anterior, no tocante ao réu, era autorizado o depósito do aludido rol até quarenta e oito horas antes da audiência. Essa faculdade agora foi excluída, e todos esses articulados deverão constar da peça contestatória, que deverá ser oferecida na audiência preliminar, destinada à tentativa de composição entre as partes, e, se resultar infrutífera, ao saneamento do processo ou, se for o caso, ao julgamento conforme o estado do processo.

E assim deve ser porque às partes não basta somente a alegação dos fatos: faz-se mister que cada uma de per si arque com o ônus da prova – o autor, quanto ao fato constitutivo de seu direito, e o réu, quanto à existência de fato impeditivo, modificativo ou extintivo do direito do autor (art. 333, I e II, do CPC). Independem de prova os fatos notórios, os afirmados por uma e confessados pela outra parte, os admitidos no processo como incontroversos e, finalmente, aqueles em cujo favor milita presunção legal de existência ou de veracidade (art. 334, I a IV, do CPC).

---

14. *Idem*, p. 70-71.
15. No antigo rito "sumaríssimo" outra não era também a interpretação dominante.
16. Calmon de Passos, *Comentários ao Código de Processo Civil*, 8. ed., vol. 3, art. 276, n. 83.2, p. 180-181.

Acresce-se aos citados dispositivos, no tocante ao momento da postulação para produção das provas documentais, o art. 336, que, em outras palavras, reforça simplesmente o que já foi dito. Porém, se na contestação o réu reconhecer o fato em que se funda a ação e outro lhe opuser impeditivo, modificativo ou extintivo do direito do autor, ele não só deverá ser ouvido como também lhe será facultada a produção de nova prova documental (art. 326, do CPC). O mesmo se diz a respeito da defesa fulcrada nas matérias enumeradas no art. 301 (art. 327).

Também às partes é admitido, em qualquer tempo, juntar aos autos documentos novos e pertinentes ao deslinde da causa e, portanto, destinados a fazer prova de fatos ocorridos depois dos articulados, ou para contrapô-los aos que foram produzidos pelo adversário (art. 397, do CPC).

O momento processual adequado para a *produção* das demais provas, salvo algumas disposições especiais, é a própria audiência de instrução e julgamento (art. 336). Uma dessas exceções, por exemplo, encontra-se na realização de prova técnica, em que pese o perito poder comparecer à audiência referida para prestar esclarecimentos, ou a oitiva de testemunhas por carta precatória.

5.3 Da prova testemunhal e seus limites

Duas questões, neste ponto, merecem ser destacadas, quais sejam: a respeito do *número máximo de testemunhas a serem arroladas e ouvidas* e da *admissibilidade de prova exclusivamente testemunhal*.

Enquanto a Lei 9.099/1995, art. 34, estabeleceu para o rito sumaríssimo dos juizados especiais um limite máximo de três testemunhas para cada parte (e não para cada fato), a Lei 9.245/1995 silenciou a esse respeito, razão pela qual se aplica, mais uma vez, a regra geral insculpida no art. 272, parágrafo único.

Nada obstante, alguns aspectos relativos ao procedimento em questão estão a merecer outras considerações. No que pertine ao número máximo de testemunhas que podem ser arroladas pelas partes, tem aplicação o art. 407, parágrafo único, que assim dispõe: "É lícito a cada parte oferecer, no máximo, dez testemunhas; quando qualquer das partes oferecer mais de três testemunhas para a prova de cada fato, o juiz poderá dispensar as restantes".

Em nenhuma hipótese, o rol de testemunhas poderá apresentar número superior a dez. Se agir contrariamente, qualquer das partes estará implicitamente autorizando o juiz a proceder, *sponte sua*, à necessária limitação, sem que venha a prosperar qualquer tipo de irresignação. Aliás, é bom frisar que essa providência a ser tomada pelo magistrado não depende de qualquer "autorização" tácita ou muito menos expressa dos litigantes – trata-se de poder-dever que a própria lei lhe confere. Ademais, apenas para argumentar, seria despropositado, porquanto absurdo, fazer funcionar toda a máquina da Justiça para realizar intimação de testemunhas que, fatalmente, não seriam ouvidas, sem contar que essa prática importaria em reprovável aumento de despesas, além do tempo consumido de maneira inútil.

Porém, nesse rol, não se incluem as pessoas que nada sabem sobre os fatos da causa, as chamadas testemunhas *referidas*,[17] ou as que não prestam o compromisso de dizer a verdade (informantes).[18]

Por outro lado, não está o juiz obrigado a ouvir todas as testemunhas arroladas, porquanto é detentor de poderes instrutórios (art. 130, do CPC), sem contar que existe limitação fixada pelo próprio Código, em número de *três para cada fato*. Mas como saber de antemão quais serão os fatos que as testemunhas abordarão em seus depoimentos? Isso só será possível se o juiz previamente indagar a parte que arrolou as testemunhas sobre esse detalhe. Na verdade, pela disposição contida no parágrafo único do art. 407 do CPC, o legislador teve em mente três objetivos: "Visa, primeiro, a autorizar, não exigir, que as partes relacionem as testemunhas já indicando os fatos sobre os quais versa o seu depoimento. Visa, em segundo lugar, a autorizar o juiz, previamente, a indagar, da parte proponente da prova, a matéria sobre a qual deporá a testemunha. Visa, em terceiro lugar, a autorizar o juiz a dispensar as testemunhas que hajam de depor sobre o mesmo fato, quando sobre este já tenham informado três testemunhas".[19]

Da mesma forma, o julgador não está obrigado a ouvir as três testemunhas. Se durante a instrução tiver formado o seu convencimento com apenas uma ou duas testemunhas, acrescidas as provas documentais, por exemplo, poderá dispensar a segunda ou a terceira. A dispensa é providência que pode perfeitamente ser adotada, desde que se faça com muita cautela e somente depois da ouvida de, no mínimo, uma testemunha, e, por óbvio, tem-se como condição fundante que o juiz já se encontre satisfeito com o elenco produzido e formado o seu convencimento, evitando, desta maneira, qualquer prejuízo às partes.[20]

---

17. Referidas são aquelas pessoas que vêm a ser indicadas (a quem são feitas as referências) por outra ou outras testemunhas em seus respectivos depoimentos, demonstrando que são sabedoras de algum fato que possa servir efetivamente ao esclarecimento e deslinde da causa. Essas pessoas podem ser então determinadas a comparecer em juízo a fim de ser inquiridas, podendo o requerimento partir de qualquer das partes ou do próprio juiz, *ex officio*.

18. Observação semelhante à nossa é a feita por Moacyr Amaral Santos, *Comentários ao Código de Processo Civil*, vol. 4, n. 223, p. 304-305.

19. *Idem*, n. 224, p. 305.

20. Cf. orientação semelhante do Tribunal de Justiça de São Paulo, na ApCiv 269.873, em que foi relator o Des. Pinheiro Franco (j. 01.06.1978, *JB*, vol. 121/161 – *Banco de dados Juruá*).

Destarte, "não configura cerceamento de defesa a dispensa de testemunha quando o julgador, sentindo-se convencido com a prova colhida, inclusive testemunhal, entender desnecessária a oitiva das demais testemunhas arroladas, face à inexistência de controvérsia acerca do fato probante".[21]

Assim, se o rol ultrapassar três testemunhas, o juiz não pode, simplesmente, sem nenhum critério, excluir aleatoriamente qualquer uma delas. Sem dúvida, deverá atender à limitação imposta e circunscrita no texto legal, mas será a própria parte que indicará de qual delas pretende desistir.

Pode ocorrer que uma das testemunhas da parte deva ser inquirida em outra comarca. Nesse caso, o juiz suspenderá a audiência e fará a solicitação ao juízo deprecado, utilizando-se de meio idôneo, rápido e apropriado à hipótese vertente. Não lhe é permitido, contudo, ouvir antecipadamente as testemunhas do réu, mesmo que porventura elas estejam presentes naquele ato, sob pena de isso resultar na inversão da ordem procedimental. Então, designará imediatamente a data para o prosseguimento da audiência, intimando as partes e as testemunhas que eventualmente ali se encontrarem.

Verificando-se a necessidade de substituição de alguma testemunha, por motivo de falecimento, enfermidade grave ou por ter mudado de endereço, e não puder ser intimada, aplica-se o art. 408 do CPC.

A outra questão que levantamos no início deste tópico diz respeito às hipóteses em que a prova oral pode ser admitida como único meio de comprovação dos fatos articulados. Com referência a esse tema, vamos encontrar primeiramente a orientação contida no art. 401 do CPC, *in verbis*: "A prova exclusivamente testemunhal só se admite nos contratos cujo valor não exceda o décuplo do maior salário mínimo vigente no País, ao tempo em que foram celebrados".

Encontramos, nesse ponto, o critério quantitativo aplicado pelo legislador em duas órbitas diferentes do processo, ou seja, o que determina a incidência do rito sumário em razão do valor da causa, estipulado no art. 275, I, em 60 (sessenta) vezes o salário mínimo, e esse outro, pertinente ao limite do valor do contrato que será objeto de ação (décuplo do maior salário mínimo), no que tange à produção de prova exclusivamente testemunhal.

Assim também já decidiu o extinto Tribunal de Alçada do Rio Grande do Sul, em caso em que se verificou a dispensa de testemunhas: "Faculdade que deve ser exercida após exame cauteloso e prudente. Caso em que, entre as três, foi ouvida uma que não ofereceu elementos conclusivos. Dispensa de outra que tinha informações importantes a apresentar. Protestos oportunos da parte que as arrolou. Nulidade" (ApCiv 8.460, j. 19.04.1974, rel. Juiz Nelson Luiz Púperi, *JB*, vol. 121/92 – *Banco de dados Juruá*).

21. Cf. STJ, REsp 40.212/BA, j. 28.03.1994, rel. Min. Francisco Cláudio de Almeida Santos, *DJU* 02.05.1994, p. 10.008.

Antes de tudo devemos perquirir qual o escopo do legislador ao insculpir a regra do art. 401 e, em segundo lugar, analisar as zonas limítrofes de sua aplicação no rito sumário. Esse dispositivo, que veio revogar o art. 141, *caput*, do CC/1916, "tem essência de direito substancial, respeita à prova do contrato. O que se conclui é que o instrumento público (CC 129) [art. 10, do CC/2002] ou privado, ou seja, a forma escrita, é essencial para a validade do negócio cuja prova se quer fazer em juízo, se o valor do negócio jurídico exceder a dez vezes o maior salário mínimo vigente no País. A prova testemunhal, nesses casos, é admitida, contudo, como complementar à prova escrita (CPC 402)". Em outras palavras, "o que se veda é a *exclusividade* da prova testemunhal, quanto à *existência do contrato*. As circunstâncias que respeitam ao seu cumprimento, sua inexecução etc. não são atingidas pela restrição".[22]

Mescla-se, portanto, a questão do valor com a matéria que está sendo objeto de lide e sobre a qual incidirá o elenco probatório. A prova escrita, então, é essencial para o negócio jurídico em si mesmo, para a sua validade. Por isso, se o valor exceder àquela importância, a prova exclusivamente testemunhal passa a não ser suficientemente hábil e forte para se atingir o fim desejado por seu intermédio. Portanto, a questão não reside propriamente no valor, que na verdade é apenas reflexo do ponto principal em exame – o *negócio jurídico*. Há que se perquirir, pois, a natureza, o tipo, as características do negócio realizado mediante contrato e o seu espectro de abrangência.

Entre as causas enumeradas na alínea *a* do inciso II, do art. 275, cujo critério utilizado pelo legislador foi o qualitativo (*ratione materiae*), constatamos a presença de duas espécies de demandas (arrendamento rural e parceria agrícola) que, em face de suas características negociais, de efeitos reflexos de natureza sociopolítica e econômica, receberam do legislador atenção diferenciada.

Nesse diapasão dispõe o *caput* do art. 92 do Estatuto da Terra, que "A posse ou uso temporário da terra serão exercidos em virtude de *contrato expresso ou tácito*, estabelecido entre o proprietário e os que nela exercem *atividade agrícola ou pecuária, sob forma de arrendamento rural, de parceria agrícola, pecuária, agroindustrial e extrativa*, nos termos desta Lei" (grifei). Por sua vez, o § 8º do mesmo dispositivo abre para essas demandas exceção de ordem material e processual e a respeito da prova exclusivamente testemunhal, nos seguintes termos: "Para *prova* dos *contratos previstos neste artigo*, será permitida a *produção de testemunhas. A ausência de contrato não poderá elidir a aplicação dos princípios estabelecidos neste Capítulo e nas normas regulamentares*" (grifei).

Vê-se que, através do leque de ações aberto nesse dispositivo, mesmo as demandas que não se enquadram no inc. II do art. 275 receberão o mesmo trata-

22. Nelson e Rosa Nery, *Código de Processo Civil*..., 4. ed., art. 401, ns. 1 e 2, p. 875.

mento a respeito das limitações das provas orais, desde que circunscrito o valor da causa ao *quantum* estabelecido no inc. I do mesmo artigo, a fim de habilitar a incidência do rito sumário.

5.4 Da intimação e do comparecimento das testemunhas

Inversamente ao que se verifica no microssistema introduzido pela Lei 9.099/1995,[23] a respeito do comparecimento em juízo das testemunhas, a presunção é de que, no silêncio das partes, as pessoas arroladas deverão ser intimadas na forma prevista no Código de Processo Civil, nada obstando que os litigantes compareçam à audiência acompanhados por elas, sem que para tanto tenham sido comunicadas.

Essa última postura é facultativa, e dependerá apenas da vontade e interesse dos litigantes em agilizar o processo e, o que talvez seja ainda mais importante, garantir a presença de suas testemunhas, evitando possível e indesejável adiamento. Ao oferecer o respectivo rol (na petição inicial ou contestação), essa questão deverá ser esclarecida pelos advogados, devendo requerer a intimação de todas ou de apenas uma ou algumas delas. Faz-se então a observação de que tais e tais testemunhas comparecerão à audiência de instrução e julgamento, *independentemente de intimação* (art. 412, § 1°, do CPC).[24]

Portanto, em regra, as testemunhas serão intimadas a comparecer à audiência, devendo constar da comunicação o dia, a hora e o local onde será realizado o ato, bem como o nome das partes e a demanda de que se trata (art. 412, *caput*, primeira parte). Mas de que forma se realiza a intimação das testemunhas? A questão era polêmica até o advento da Lei 8.710, de 24.09.1993, que inseriu o § 3° ao referido artigo, dispondo que "a intimação poderá ser feita pelo correio, sob registro ou com entrega em mão própria, quando a testemunha tiver residência certa".

Em que pese a legislação já ter dado um avanço satisfatório nas formas de comunicação (intimação e citação) dos atos processuais, diminuindo-se a participação sempre tormentosa dos meirinhos no cumprimento desses atos, parece-

23. Ao comentarmos o art. 34 da Lei dos Juizados Especiais não deixamos dúvidas ao afirmar que, "no silêncio das partes, a lei estabelece presunção de que elas trarão as suas testemunhas; a não obediência a esta determinação resulta em preclusão" (*Juizados Especiais Estaduais Cíveis e Criminais*, art. 34).

24. Assim também já decidiu o Tribunal de Justiça de São Paulo: "Quem arrola testemunhas e dispensa a intimação das mesmas assume o risco, considerando-se, ante o não comparecimento, que houve desistência de ouvi-las, cabendo a quem as arrolou provar de que as mesmas não compareceram por motivo justo" (cf. *RePro*, vol. 6/327, ementa n. 188).

No mesmo sentido, v. Moacyr Amaral Santos, *Comentários...*, vol. 4, n. 229, p. 313-314.

-nos que muito está ainda para ser feito. Faz-se imprescindível maior adequação da norma aos novos tempos e dos avanços sempre progressivos da tecnologia, capaz de facilitar e agilizar inúmeras tarefas do nosso dia a dia.

Não podemos nos esquecer que temos à disposição, além dos oficiais de justiça e da via postal, muitos outros mecanismos que podem servir perfeitamente ao mesmo desiderato, tais como o telegrama, além de outros menos tradicionais, porém, cada vez mais em voga, como, por exemplo, o *fac-símile* e, sobretudo, o *correio eletrônico* (art. 221, IV, do CPC).[25]

Se a testemunha deixar de comparecer, sem motivo justificado, será conduzida por oficial de justiça, além de responder pelas despesas do adiamento do ato processual (art. 412, *caput*, segunda parte). "A pena de *condução* será aplicada a requerimento da parte interessada na prova ou mesmo de ofício, se o juiz entender necessário o depoimento da testemunha faltosa (art. 130)."[26] Entendemos que essa pena só poderá ser aplicada à testemunha se na comunicação por ela recebida tiver sido feita essa advertência. Não se aplica também a condução da testemunha faltosa se a parte que efetuou o seu arrolamento comprometeu-se de trazê-la a juízo independentemente de intimação.

Como a lei em exame não faz qualquer ressalva, as intimações somente obrigarão ao comparecimento depois de decorridas vinte e quatro horas. Caso contrário, o comparecimento não passa de mera faculdade (art. 192).

5.5 Da prova pericial

Quando, sobre a matéria de fato, a respeito da qual se funda a pretensão do autor, houver necessidade de se obter em juízo esclarecimento a ser prestado por pessoa com experiência técnica ou científica em determinada área do conhecimento humano, imprescindível se torna a nomeação de um perito, a fim de que venha auxiliar o julgador.[27] De maneira geral, aplicam-se aos processos que tramitam sob o rito sumário as disposições contidas nos arts. 420 a 439, do CPC.

Se a produção dessa prova se fizer necessária, na audiência preliminar (na qual a tentativa de conciliação não vingou), após o oferecimento de resposta, da manifestação do autor e do saneamento do processo, o juiz nomeará o perito e concederá prazo razoável para apresentação do laudo (art. 421, do CPC), que,

25. Sobre os "meios de comunicação" dos atos, em complementação ao que acabamos de afirmar, remetemos o leitor interessado ao Cap. VIII, item n. 1.5, desta obra.

26. Moacyr Amaral Santos, *Comentários...*, n. 229, p. 314.

27. Ao perito aplicam-se as normas estatuídas nos arts. 145 a 147, do CPC.

de qualquer sorte, deverá ser apresentado pelo menos 20 dias antes da audiência de instrução e julgamento (art. 433, do CPC).[28]

É justamente nessa audiência e nessa específica fase procedimental que o magistrado está habilitado a decidir a respeito do deferimento ou indeferimento da prova técnica, dos quesitos já formulados e da indicação dos respectivos assistentes.[29] Poderá também formular quesitos naquele mesmo ato ou, se não for possível, deverá fazê-lo em gabinete, e logo em seguida, a fim de que não se verifique qualquer retardamento na produção da prova.

Qualquer manifestação judicial antecedente a essa fase, seja deferindo ou indeferindo a realização dessas provas, não só é prematura e intempestiva, como também poderá vir a causar sérios prejuízos aos litigantes, por cerceamento, ou, diversamente, procrastinar a tramitação do processo, pela realização de uma prova inútil.

A esse respeito escreve Calmon de Passos: "Se houver requerimento do autor para produção de prova pericial ou se ele solicitou inspeção judicial, descabe a respeito pronunciamento do juiz neste ensejo. Essas provas não podem ser realizadas sem conhecimento do réu e seriam impertinentes caso efetivadas antes da audiência. No procedimento sumaríssimo [sumário],[30] o réu é citado para a audiência de instrução e julgamento,[31] na qual produzirá, inclusive, sua defesa (art. 278). Por conseguinte, somente nela e após defesa do réu pode o juiz decidir quanto à pertinência e relevância da prova pericial ou da inspeção judicial, deferindo-as, se requeridas por qualquer das partes, ou determinando-as de ofício, se houver omissão dos interessados.[32] De sorte que, mesmo quando requerida a prova técnica com a inicial, deve o juiz reservar-se para apreciar o seu cabimento após a defesa do réu, porque só nesse momento pode concluir, com segurança, a respeito de sua admissibilidade. E o mesmo se pode afirmar quanto à inspeção judicial".[33]

---

28. Pela redação conferida ao art. 280 através da Lei 9.245/1995, que instituiu o atual procedimento sumário (antigo "sumaríssimo"), dispunha o inciso II que o perito teria o prazo de 15 dias para apresentação do laudo. Com o advento da Lei 10.444/2002, que, entre outras inovações, alterou também o art. 280, a regra atinente à prova pericial foi suprimida, aplicando-se, assim, as disposições gerais do procedimento ordinário (art. 272, parágrafo único, do CPC).

29. Lembramos que a indicação de assistentes técnicos pelos litigantes é mera faculdade que a lei lhes concede. Não exercido esse direito em momento oportuno, isto é, quando da propositura da ação ou do oferecimento da resposta, incidem as partes em preclusão.

30. Leia-se, hoje, procedimento sumário.

31. Leia-se, hoje, audiência preliminar.

32. Ressaltamos que os poderes instrutórios do juiz devem ser aplicados não só com prudência, cautela e sabedoria, mas também em momento oportuno.

33. Calmon de Passos, *Comentários ao Código de Processo Civil*, 3. ed., vol. 3, n. 99.2, p. 182-183.

Na própria petição inicial, ao requerer a produção de prova pericial, se desejar, deverá formular os seus quesitos e indicar assistente técnico, sob pena de preclusão. Nada obstante, poderá contentar-se apenas com o requerimento da prova técnica, não sendo obrigado a formular perguntas ao *expert* ou mesmo indicar assistente.

Porém, dependendo das provas produzidas pelo réu com a contestação e seus articulados fáticos e jurídicos, poderá ocorrer que se verifique no caso em concreto necessidade de o autor complementar os quesitos já formulados quando da propositura da ação. Em situações como essa, em que pese normativa insculpida no art. 276, em homenagem aos princípios constitucionais do contraditório e da ampla defesa, deverá o juiz conceder ao autor algum prazo (mínimo de 5 dias) para complementação das perguntas, notadamente se estiver diante de defesa com pedido contraposto, sob pena de, se assim não proceder, verificar-se manifesto prejuízo pelo cerceamento e consequente nulidade processual.

Por outro lado, dependendo da complexidade da prova pericial a ser produzida, seja no tocante a sua extensão ou profundidade, de maneira que se afigure incompatível com o princípio da oralidade que, em grau médio, orienta o procedimento sumário, poderá o juiz efetuar, *ex officio*, ou mediante requerimento das partes, a conversão do rito para o ordinário, segundo lhe faculta o § 5º do art. 277, do CPC.

Capítulo VIII

DAS AUDIÊNCIAS

1. Da audiência preliminar

1.1 Escopos e desdobramentos

Assinala-se, de início, que as *audiências preliminares*, de forma geral, encontram no contexto atual do processo civil contemporâneo ressonância universal, valendo anotar, sob a perspectiva histórica dos sistemas de *civil law*, como bem escreve JOSÉ ROGÉRIO CRUZ E TUCCI, que esse tipo de ato foi idealizado nos fins do século XIX por FRAZ KLEIN, resultando de "inequívoca influência do direito austríaco, à vista das finalidades que persegue, e que vão desde a apreciação de questões prévias atinentes ao objeto formal do processo, solução das exceções dilatórias e fixação do *thema probandum* para a realização da audiência subsequente".[1]

Dispunha o revogado art. 277 do CPC que "o juiz designará a audiência de instrução e julgamento, deferindo as provas que nela houverem de produzir-se", enquanto o sistema atual faz alusão à "audiência de conciliação". Nada obstante, verifica-se pelo contexto de outros dispositivos implementados pela Lei 9.245/1995 que o aludido ato processual é muito mais complexo do que à primeira vista possa parecer, não se limitando à tentativa de autocomposição. Tivemos oportunidade de analisar precedentemente (cf. Cap. VII, item n. 2), ao receber a inicial, o juiz analisa em cognição sumária e de plano os pressupostos processuais e as condições da ação.

Não se trata, portanto, de uma simples audiência preliminar de "conciliação" com escopo único de tentar a composição amigável entre os litigantes. Essa é tão somente a primeira faceta deste ato processual, que poderá desmembrar-se em outras etapas mais complexas, dependendo apenas do desenrolar de cada caso em concreto, ou, em linhas gerais, desde que as partes não acordem, como veremos a seguir.

Comparecendo os litigantes e frutificando a proposta de acordo, a composição será reduzida a termo e homologada por sentença, *extinguindo-se o feito com resolução do mérito* (art. 269, III, do CPC).

Diverso, porém, será o resultado se a composição amigável não vingar. Primeiramente, existe a possibilidade do não comparecimento do réu, o que

---

1. "Horizontes da nova audiência preliminar", *Revista Genesis de Direito Processual*, vol. 25/530.

E prossegue o festejado professor paulista: "Inspirando-se na denominada regra da aceleração processual (*Beschleunigungsprinzip*), o legislador alemão de época mais recente procurou introduzir medidas tendentes a diminuir o lapso temporal entre o início do processo e a sentença definitiva, visando, decididamente, conferir maior efetividade ao processo.

"Acompanhando, assim, um movimento que se generalizou no continente europeu, a partir da década dos anos sessenta, e, em especial, com base em um ensaio escrito por Fritz Baur, publicado pela primeira vez em 1966, sob o título *Caminhos para a concentração da oralidade no processo civil*, instituiu-se informalmente, desde 1967, um procedimento mais concentrado e célere, batizado com o nome de 'modelo de Stuttgart' (*Stuttgarter Modell*).

"Foi esse, na verdade, inicialmente utilizado pela famosa 20ª Seção do Tribunal (*Landgericht*) de Stuttgart, presidida então por R. Bender, cuja meta se resumia no desejo de desenvolver um 'processo modelo', ou seja, um processo rápido, eficiente e justo...

"Regido assim pelos postulados da oralidade, concentração e eventualidade, esse 'modelo', consoante abalizada opinião de Grunsky, apresenta-se como uma arma deveras eficaz contra os fatos serodiamente deduzidos" (*idem, ibidem*).

acarretará a sua *revelia* (art. 277, § 2º, do CPC) e o *julgamento antecipado da lide* (art. 278, § 2º, c/c art. 330, II, ambos do CPC), se ocorreram os seus efeitos (art. 320), salvo se o contrário resultar da prova dos autos.

Em segundo lugar, poderá o réu comparecer e oferecer ampla resposta, a qual exigirá do magistrado decisão de plano a respeito das questões levantadas, tais como preliminares, prejudiciais, impugnação ao valor da causa, exceções, a necessidade ou não de realização de prova técnica e oral, bem como a análise da questão da complexidade da causa e pertinente à natureza da demanda, se for o caso, convertendo o rito sumário em ordinário (art. 277, §§ 4º e 5º, do CPC).

Em outras palavras, estamos numa etapa da audiência que pode perfeitamente ser chamada de *saneamento do processo*, a exemplo do que ocorre no procedimento ordinário, nos termos do art. 331, § 2º, do CPC, com a redação conferida durante o "movimento reformista", através da Lei 8.952/1994: "(...) o juiz fixará os pontos controvertidos, decidirá as questões processuais pendentes e determinará as provas a serem produzidas, designando audiência de instrução e julgamento, se necessário".[2]

Poderá se verificar ainda uma terceira hipótese, extinguindo-se o processo naquele mesmo ato, por ter ocorrido quaisquer das circunstâncias enumeradas no art. 267 (*extinção sem resolução do mérito*) ou art. 269 (*com resolução do mérito*), por ter o réu reconhecido a procedência do pedido (inc. II), em face do reconhecimento de decadência ou prescrição (inc. IV), diante da renúncia do autor ao direito sobre o qual se funda a ação (inc. V)[3] ou, se a "questão de mérito for unicamente de direito, ou, sendo de direito e de fato, não houver necessidade de produzir prova em audiência", oral ou pericial (art. 330, I, do CPC). Por esses motivos, parece-nos que o legislador deixou de bem nominar esse importantíssimo ato processual, por se tratar de "audiência preliminar", portanto, multifacetada, na exata medida em que se realiza, numa primeira etapa, a tentativa de autocomposição e, caso não frutifique, em seguida, oferecerá o réu resposta e, sobre ela, oralmente, manifestar-se-á o autor (salvo requerimento para manifestação por escrito, em prazo a ser concedido pelo juiz instrutor), passando-se, logo após, para a fase saneadora.

---

2. Mesmo durante a vigência do antigo "sumaríssimo", o mestre baiano Calmon de Passos já salientava a necessidade da realização da fase mencionada, para as hipóteses em que a conciliação não frutificasse. Fundamentava então o seu abalizado entendimento no art. 451 do CPC (cf. *Comentários ao Código de Processo Civil*, 3. ed., vol. 3, n. 110-112, p. 199).

3. Trata-se de mera aplicação do instituto jurídico do julgamento conforme o estado do processo preconizado no art. 329 do CPC, *in verbis*: "Ocorrendo qualquer das hipóteses previstas nos arts. 267 e 269, ns. II a V, o juiz declarará extinto o processo" – admitido literalmente pela nova redação do art. 277.

Em arremate, afigura-se inaceitável a cisão da "audiência preliminar" por violar os princípios da oralidade (em grau intermediário), da concentração e celeridade, orientadores do procedimento sumário, de maneira a realizar-se, separadamente, a tentativa de autocomposição e, caso não obtida, o prosseguimento do feito com oferecimento de resposta, *a posteriori*, por memoriais, e, sucessivamente, a impugnação, nos mesmos moldes, pelo autor, culminando com o saneamento do processo em gabinete pelo magistrado, por significar a ordinarização do rito em voga e a sua manifesta subversão.

Desta feita, exige-se atenção e metodologia de trabalho dos magistrados na elaboração de seus cronogramas de audiências, únicos responsáveis pelo sucesso ou insucesso dessa importante fase procedimental. Ademais, o juiz deverá estar suficientemente preparado para arrostar todos os processos pautados, seja para tentar a autocomposição como também para decidir as questões incidentes e, se a hipótese exigir, julgar naquele mesmo ato o processo no estado em que se encontra.

1.2 Do prazo para designação da audiência preliminar

Determina o art. 277, *caput*, que o juiz observe o prazo de *trinta dias* para realização da *audiência preliminar* (erroneamente denominada "audiência de conciliação"). Em tese, não se pode dizer que o prazo de trinta dias para a realização desse primeiro ato seja exíguo, em vez do que se verificou na Lei 9.099/1995, em que o legislador fixou-o em quinze dias (art. 16).

Em que pese o prazo de 30 dias assinalado para a realização da audiência preliminar, estamos diante de norma meramente programática, encontrando-se divorciada da realidade forense, sendo, portanto, de difícil observância, exceto em comarcas interioranas de pequeno movimento. Vale lembrar que, nesse período, os autos deverão baixar em cartório para elaboração da carta ou mandado citatório, há de ser feita a sua expedição, aguardar o cumprimento da ordem e, finalmente, proceder-se à juntada do aviso de recebimento ou do mandado judicial executado pelo meirinho.

Destarte, o trintídio estabelecido é regra meramente programática, servindo apenas de orientação aos magistrados na condução de suas pautas de audiência, havendo de ser observado na medida do possível. Caso não possa ser atendido na prática forense conforme desejado pelo legislador, serve o dispositivo como primeiro indicador de que o modelo, mais uma vez, aparece dessintonizado do mundo empírico.

Também já não é sem tempo que as leis de organização judiciária necessitam adaptar-se às exigências contemporâneas e às mudanças introduzidas nas últimas reformas do Código de Processo Civil. Sem essa imprescindível harmonização, dificilmente obteremos resultados melhores ou quiçá diferentes daqueles oferecidos de maneira claudicante pelo antigo "sumaríssimo", que, de tanto deixar a desejar, tornou-se "ordinaríssimo" e abominado por todos.

Em face da possibilidade de ocorrência de inúmeros desmembramentos dessa "audiência preliminar", nos casos em que não frutificam as tentativas de acordo, torna-se inviável na prática a feitura dos chamados "pautões", em que são designadas audiências em cada dez ou quinze minutos de intervalo. Parece-nos que nem mesmo trinta minutos sejam ainda suficientes, havendo necessidade de um intervalo mínimo de quarenta e cinco minutos entre cada ato, dependendo da complexidade da matéria objeto da lide e do número de pessoas integrantes da demanda, sob pena de tornar-se impossível a consecução dos trabalhos em sua plenitude, ou seja, a tentativa de conciliação, o oferecimento de resposta (escrita ou oral), a manifestação do autor sobre esses articulados e documentos trazidos à colação pelo réu, o saneamento do feito e, se ainda for o caso, o julgamento conforme o estado do processo. Aliás, como dissemos em nossos *Comentários à Lei dos Juizados Especiais* – e a observação serve como uma luva à hipótese vertente –, imaginar que tudo isso se realize em período de tempo inferior a uma hora ou quarenta e cinco minutos é pura ingenuidade ou doce ilusão, semelhante àquela que sentia *Alice no país das maravilhas*.

1.3 Registro e documentação dos trabalhos

O princípio da oralidade é norteador de todo o procedimento sumário, em que pese de maneira menos acentuada em relação ao sumaríssimo dos juizados especiais. Porém, como já tivemos oportunidade de observar em outra passagem destes comentários, a aplicação da oralidade em todo o seu grau de pureza torna-se impossível em face da existência de outros princípios que também orientam o processo civil, necessitando ser obedecidos, alguns inclusive por disposição constitucional (*v.g.*, ampla defesa, duplo grau de jurisdição, devido processo legal).

Por isso, mesmo que todos os atos venham a ser praticados nas audiências pela forma oral, serão reduzidos a termo e, portanto, documentados, a fim de que se perpetuem e possam ser, dependendo do caso, reapreciados, modificados, mantidos, executados, efetivados. Desta feita, o assentamento dos atos instrutórios há de ser feito, sempre que possível, dentro dos métodos mais modernos de documentação, hábeis para registrar, com precisão, rapidez e segurança, tudo que necessário for. Para tanto, instituiu-se a taquigrafia e a estenotipia (hoje já existe inclusive a computadorizada),[4] além de se ter admitido qualquer outro meio que seja hábil para atingir o objetivo pretendido (art. 221, IV, do CPC).

---

4. Com referência à sentença estenotipada proferida em audiência, Nelson Nery Junior aponta dois entendimentos no tocante à fluência do prazo para interposição de recurso:

Podemos buscar na Lei 9.099/1995, que é vanguardista em tantos aspectos respeitantes à sumarização das formas, outros métodos de documentação que se adéquam perfeitamente às exigências do procedimento sumário, tais como a gravação em fitas magnéticas ou equivalente (art. 13, § 3º). O mais interessante de tudo isso é que o legislador permitiu claramente que esse leque de opções pudesse no futuro vir ainda a ser ampliado, dependendo apenas do desenvolvimento tecnológico nesta área – o que se depreende pelo emprego da expressão "ou outro método hábil de documentação" (art. 279, *caput*, do *CPC*).

Em qualquer das hipóteses, se necessário for, poderá o juiz determinar que se faça a transcrição dos respectivos atos por intermédio dos métodos tradicionais.

Sabedor das deficiências estruturais e funcionais em que se encontra mergulhado o nosso Poder Judiciário, o legislador não descurou de salientar que, quando não fosse possível a utilização desses métodos mais modernos de documentação, se aplicassem os tradicionais métodos de registro, através da redução a termo. Contudo, na tentativa de ao menos minimizar essa dura realidade, traçou a orientação para os juízes no sentido de que, nesses casos, fizessem constar dos assentamentos *apenas o essencial* (art. 279, parágrafo único, do CPC).

Calmon de Passos observa muito bem a diferença existente entre reduzir a termo o *essencial* e fazer um *resumo* do ato. Diz com precisão o professor baiano: "Resumo é o todo reduzido, sintetizado. Inclusive o não essencial se inclui, reduzido e sintetizado no resumo. Coisa diversa é o essencial, que não se prende à ideia de redução de *dimensão*, necessariamente, mas à redução de *conteúdo*. No essencial só tem ingresso o que não é acidental, acessório, ornamental, redundante, dispensável, irrelevante ou impertinente etc. Consequentemente, no essencial pode estar o inteiro teor de um depoimento, se dele nada consta como dispensável, irrelevante, impertinente etc."

E, pouco mais adiante, arremata o citado mestre: "Não será fácil nem pacífico entender-se o que seja essencial num depoimento. Exigirá perspicácia do juiz, muita imparcialidade e perfeito conhecimento dos fatos da causa. Acreditamos mesmo que a praxe findará por transformar essencial em quase tudo. Parece-nos,

---

uma corrente defendendo a tese de que se inicia a partir da intimação de sua transcrição; outra, em sentido contrário, entendendo iniciar-se a partir da data da prolação da sentença em audiência, porque ditada pelo juiz (cf. *Código de Processo Civil*..., 4. ed., art. 184, n. 7, p. 668).

Parece-nos mais acertada a última posição, porquanto vai ao encontro do preconizado pelo princípio da oralidade.

Por sua vez, ao anotar o art. 242, externa o festejado professor paulista a sua opinião no sentido de que, "quando se tratar de ato proferido em audiência estenotipada, o prazo para recurso se conta a partir da intimação da transcrição da audiência e do pronunciamento judicial" (*idem*, n. 3).

entretanto, que o essencial não deve ter outro ponto de referência, senão aquela circunstância sobre que versou a pergunta, ou a declaração da testemunha. E isso sempre referido aos pontos controvertidos da causa, fixados nos termos do art. 451".[5]

1.4 Da presidência dos atos processuais por juiz togado ou conciliador

Há que distinguir inicialmente as duas etapas da *audiência preliminar*, levando-se em conta a eventual participação do *conciliador*, na qualidade de auxiliar da justiça, e a presidência dos trabalhos pelo juiz togado, notadamente na segunda fase do ato processual, em razão de não ter prosperado a tentativa de autocomposição.

Não existindo a participação do conciliador, o juiz togado presidirá todos os atos e, em atenção ao princípio da identidade física, se tiver concluído a instrução, deverá julgar a lide, "salvo se estiver convocado, licenciado, afastado por qualquer motivo, promovido ou aposentado, caso em que passará os autos ao seu sucessor" (art. 132, *caput*, segunda parte).

Diferentemente, havendo conciliador (art. 277, § 1º, *in fine*), será ele a autoridade que presidirá a fase preambular da audiência, dialogando diretamente com as partes, propondo acordo, demonstrando as vantagens ou possíveis desvantagens numa e noutra hipótese. Frutificando o acordo, o conciliador reduzirá a termo a composição, que, em seguida, será apresentada ao juiz togado para homologação por sentença, extinguindo o processo, com resolução do mérito (art. 269, III, do CPC).

Nesses casos em que o conciliador preside o ato processual e reduz a termo o acordo, é imprescindível que o ato homologatório seja praticado exclusivamente pelo magistrado, tendo em vista que o conciliador, na qualidade de

---

5. *Comentários*..., 3. ed., vol. 3, n. 111-1, p. 203-204; 8. ed., vol. 3, n. 96-2, p. 145.

Ressaltamos apenas que, para melhor adequação da lição de Calmon de Passos às reformas atuais do Código de Processo Civil, aplica-se para o sumário, subsidiariamente, o disposto no art. 331, § 2º, c/c arts. 277, § 4º, e 278, *caput*.

Estabelece ainda o saudoso professor alguns critérios que devem ser observados pelo juiz e pelas partes, para determinação do essencial, por exemplo, num depoimento: "a) para o fato controvertido da causa a que ele se refere; b) e para o que nele é pertinente em relação a esse mesmo fato. Aqui deve parar a análise da perquirição da essencialidade, porquanto se ela for adiante, indagando a relevância da declaração pela testemunha, será imenso o risco de erro de avaliação, em circunstâncias pouco favoráveis, quais as da pressão dos acontecimentos na audiência de um procedimento sumaríssimo, nem sempre encontráveis a argúcia e o preparo reclamados para um juízo dessa natureza e com a celeridade que o ato requer" (*idem*, *ibidem*).

mero *auxiliar*, não possui jurisdição. Sobre o tema, vamos encontrar algumas luzes no microssistema dos juizados especiais, que aborda esse assunto com bastante clareza, no parágrafo único do art. 22, *in verbis*: "Obtida a conciliação, esta será reduzida a escrito e *homologada pelo juiz togado*, mediante *sentença* com eficácia de título executivo" (grifei). Note-se que não estamos falando em *ad referendum* por parte do juiz de direito: não se trata de referendar o ato do conciliador, porquanto está impossibilitado de praticá-lo, e, ademais, só se referendam atos que podem assumir estágio de validade no mundo jurídico, o que não ocorre nesta hipótese.

Não frutificando o acordo, suspende-se *temporariamente* (entenda-se, pela expressão grifada, por apenas alguns poucos minutos) a audiência, que deverá agora, na etapa seguinte (saneamento ou julgamento antecipado), ser presidida pelo juiz togado.

Para um estudo mais aprofundado acerca da figura jurídica do *conciliador*, requisitos, indicação e impedimentos legais, remetemos o leitor interessado ao Cap. V, item n. 3.

1.5 Do comparecimento das partes e meios de comunicação

Para a facilitação da viabilidade de autocomposição, é de bom alvitre que ambas as partes compareçam pessoalmente à audiência preliminar, ou se façam representar por procurador ou preposto com poderes expressos para transigir, munido de proposta concreta de transação.

De qualquer forma, o ideal é que as partes compareçam pessoalmente e devidamente acompanhadas de seus procuradores. É bem verdade que poderão, eventualmente, comparecer à audiência preliminar desacompanhadas de seus respectivos advogados. Todavia, essa atitude afigura-se desaconselhável em face dos desdobramentos que advirão nesse mesmo ato processual, caso a composição não venha a ser acolhida. Em outras palavras, verificando-se o acordo, poderá ser homologado, independentemente da presença dos advogados.

Diferentemente, se a conciliação não frutificar e estando o réu sem advogado, por exemplo, ele incidirá em revelia, enquanto a penalidade do autor será a contumácia, perdendo, por conseguinte, a oportunidade para se manifestar sobre a resposta oferecida pelo réu por intermédio de seu advogado presente ao ato.

Assim, para o ato preliminar, o réu é comunicado na própria citação, enquanto o autor deverá ser intimado do despacho de designação da audiência. Havemos então de perquirir as formas de realização das intimações. Pelo regime do Código Processual, admite-se textualmente a comunicação pelo correio (art. 239), por publicação na imprensa oficial (no Distrito Federal, capitais e territórios – art. 236), pela imprensa particular (nas comarcas do interior que possuam jornal de circulação regular) (art. 237, *caput*), pessoalmente (art. 237, segunda parte, I e II), por mandado, através de oficial de justiça, quando frustrada a intimação via postal (art. 239) e, finalmente, por analogia (arts. 227 e 229), boa parte da doutrina e da jurisprudência vem admitindo também a intimação por hora certa.[6]

Até a presente data, o Código tem silenciado a respeito de outros meios também idôneos e mais modernos de comunicação. Esse salto foi dado na Lei 9.099/1995, quando dispôs, no *caput* do art. 19, que "as intimações serão feitas na forma prevista para citação, *ou por qualquer outro meio idôneo de comunicação*" (grifei). Constata-se, então, que foi aberto um leque muito maior para as formas de realização desse importante ato processual,[7] que se repete inúmeras vezes durante toda a tramitação do processo, em que se inclui a intimação por telefone ou correio eletrônico (e-mail) (art. 221, IV, do CPC), cuja prova da emissão e recebimento da mensagem fica gravada na própria máquina, fac-símile[8] ou telegrama, sendo que, nesta última forma de comunicação, deverá o escrivão ou chefe de secretaria certificar nos autos acerca da efetivação do ato.

Não vislumbramos qualquer razão plausível para não se adotarem também nos processos de rito comum as mesmas formas de comunicação, a não ser a resistência de alguns aplicadores e estudiosos do direito arraigados ao passado, somando-se a limitada visão de presente e futuro.

---

6. Sobre a intimação por hora certa, v. as diversas anotações feitas por Theotonio Negrão (*Código de Processo Civil*..., 30. ed., art. 238, ns. 11, 12, 13 e 14, p. 291).

7. A intimação é o ato processual através do qual se dá ciência a alguém a respeito dos termos e outros atos do processo, para que faça, se abstenha ou entregue alguma coisa na forma estabelecida na ordem judicial específica.

8. Observa-se o avanço instituído através da Lei 9.800, de 26.05.1999 (*DOU* 27.05.1999), que permitiu às partes a utilização de sistema de transmissão de dados e imagens para a prática de atos processuais que dependam de petição escrita, tais como fac-símile ou outro similar (art. 1º), sem prejuízo do cumprimento dos prazos, devendo os originais ser entregues em juízo, necessariamente, até cinco dias da data de seu término (art. 2º), enquanto nos atos não sujeitos a prazo, os originais deverão ser entregues, necessariamente, até cinco dias da data da recepção do material (art. 2º, parágrafo único).

Do mesmo modo, permitiu a lei que os juízes praticassem atos de sua competência à vista de transmissões, sem prejuízo do disposto no art. 2º (art. 3º). Nos termos do art. 4º, "quem fizer uso de sistema de transmissão torna-se responsável pela qualidade e fidelidade do material transmitido, e por sua entrega ao órgão judiciário". "Sem prejuízo de outras sanções, o usuário do sistema será considerado litigante de má-fé se não houver perfeita concordância entre o original remetido pelo fac-símile e o original entregue em juízo" (parágrafo único).

Há muito a linha telefônica não serve apenas de canal de som, passando sobremaneira a transmitir também a imagem (via fac-símile ou *modem*) ou, ainda, a intercomunicação por teleprocessamento (computadores interligados por satélites ou por canais de informação, também chamados de *infovias*).[9] Em poucas palavras, há muito o telefone já deixou de ser um instrumento utilizado apenas para conversação.

Nos dizeres de Noé de Azevedo, "a Justiça reflete sempre o espírito do meio em que vivem os seus aplicadores". Não deixemos que a história (infeliz) se repita mais uma vez, e, assim como no início deste século, quando algumas mentes pouco iluminadas ou de acanhada lucidez pretendiam arrancar dos tribunais a nulidade de julgamentos, porque a cópia autêntica de uma ata teria sido redigida pelo escrivão com máquina de escrever,[10] se pretenda levantar a bandeira da nulidade por fazermos bom uso das tecnologias de última geração.

A verdade é que o mundo, nas últimas décadas, mudou muito mais rapidamente do que nos últimos séculos e, lamentavelmente, alguns operadores do direito – e não são poucos – não se aperceberam sequer disso ou mesmo de que já atravessamos as fronteiras do terceiro milênio, em que a mitológica deusa da Justiça, dia a dia, vem deixando de ser cega, surda e muda.

Se assim não entendermos, como explicar que esses meios de comunicação sejam hábeis para as demandas que tramitam sob a égide do rito sumaríssimo (Lei 9.099/1995), cuja semelhança com o procedimento sumário é de meridiana clareza, inclusive pela orientação do princípio da oralidade, mas não servem para este último? Em nosso entender, nenhuma objeção há de ser posta para esses tipos de comunicação, seja no que tange aos processos com rito ordinário ou sumário, seja ao sumaríssimo, para o qual sua admissibilidade é manifesta.

Ademais, não se imagina o princípio do devido processo legal com dois pesos e duas medidas. O que se deve ter em mente é a efetividade da comunicação e que o meio utilizado seja hábil para atingir o fim desejado, nada mais.

---

9. Em outro estudo de nossa lavra, tivemos oportunidade de ressaltar a necessidade de se lançarem os olhos para o "brevíssimo futuro" (hoje presente), em que as novas tecnologias colocariam ao alcance do usuário as infovias ou canais de informação, que são muito mais do que um simples canal de voz, na medida em que permitem o tráfego de informações dos dados de computadores, vídeos e sons.

   Aliás, as infovias ultrapassaram o limite da mera conversação entre pessoas, para adentrarem na poderosa e progressista órbita de acesso a bibliotecas, *softwares*, filmes, vídeos, fotografias, imagens em geral etc. (cf. Joel Dias Figueira Júnior, *Posse e ações possessórias*, vol. 1, n. 3.5.2.3, p. 149, na qual tratamos dos bens "semi-incorpóreos").

10. Homenagem da Ordem dos Advogados do Brasil – Comentários ao acórdão, publicado na *RT* 57/29, de 1926, "A justiça e a máquina de escrever", p. 208-209.

1.6 *Da autocomposição*

1.6.1 *Tipologia, distinções e similitudes*

Há que fazer uma rápida distinção entre *transação*[11] e *conciliação*,[12] porquanto não foram utilizadas as expressões, pelo legislador, como sinônimas. Nem poderia ser diferente, tendo em vista que, apesar de semelhantes, os institutos apresentam variações ônticas que merecem ser destacadas.

A *transação* é o "negócio jurídico bilateral pelo qual as partes interessadas, fazendo-se concessões mútuas, previnem ou extinguem obrigações litigiosas ou duvidosas",[13] enquanto a *conciliação* significa a composição amigável sem que se verifique, necessariamente, alguma concessão por quaisquer das partes a respeito do pretenso direito alegado ou extinção de obrigação civil ou comercial (renúncia ao direito, reconhecimento do pedido, desistência da ação).[14]

Quem transaciona ou concilia realiza, necessariamente, *autocomposição*; de forma diversa, as partes que apenas conciliam não estão, necessariamente, transacionando. Portanto, são atos unilaterais ou bilaterais, que podem levar à extinção do processo, em regra, com resolução do mérito, ou, ainda, reduzir parcialmente as lides instauradas por meio de acordos parciais, nada obstante o prosseguimento da demanda no que concerne à parcela remanescente do conflito.

Dentro da teoria do direito, a *autocomposição* pode ocorrer de três maneiras: "a) mediante inteira submissão do réu à pretensão do autor, declarando-se disposto a satisfazê-la sem (mais) opor-lhe resistência e sem discutir quaisquer pontos de fato ou de direito relativos a ela (*reconhecimento do pedido*); b) mediante *renúncia* do autor ao seu alegado direito, para deixar de ser credor se antes o era e fazer com que assim se extinga qualquer nexo jurídico-substancial que eventualmente o ligasse ao réu em torno do objeto do litígio; c) mediante mútuas concessões entre as partes, declarando-se o réu disposto a satisfazer parcialmente a pretensão

---

11. Tem a palavra sua origem etimológica no latim *transactione* (= ato ou efeito de transigir).
12. Etimologicamente, deriva do latim *conciliatione* (= harmonização de litigantes).
13. Maria Helena Diniz, *Código Civil anotado*, art. 1.025, p. 673.
14. É inegável que a desistência da ação não pacifica o conflito jurídico instaurado (lide), tendo-se em conta a extinção do processo sem resolução do mérito. Contudo, o conflito sociológico é pacificado de plano (total ou parcialmente), assim como o jurídico (o processo é extinto), nada obstante sem os efeitos da coisa julgada material, o que não impede, por sua vez, que se perpetue a pacificação entre as partes. Por razões diversas, muitas vezes o autor não quer expressamente renunciar em juízo à sua pretensão, assim como o réu não deseja reconhecer a procedência do pedido; porém, aceitam, veladamente, pôr fim ao conflito jurídico e sociológico mediante simples desistência da ação.

do autor, contanto que este renuncie a impô-la por inteiro, e declarando-se o autor pronto a essa renúncia parcial (*transação*)".[15]

Em outras palavras, "a transação é o conteúdo mais comum da conciliação, pois que consiste num acordo em que se fazem concessões mútuas. Na oportunidade da conciliação, pode ter lugar, todavia, em vez da transação, o reconhecimento jurídico do pedido, a renúncia ao direito (*rectius*, pretensão), ou a desistência da ação".[16]

Contudo, há que distinguir a transação civil daquela preconizada na lei instrumental. A transação processual é celebrada no bojo do processo e acarreta sua extinção com resolução do mérito, enquanto a civil, por si só, representa apenas a renúncia de direitos por intermédio de concessões mútuas, extinguindo não necessariamente a demanda (a qual nem precisa existir), mas as obrigações entre as partes.

"Envolvendo a renúncia de direitos, a transação processual deverá ser objeto de interpretação restrita. Pode a *transação* ser total ou parcial, do mesmo modo que a *desistência* e a *renúncia*, institutos afins que, por esse ponto, se interligam."[17]

Aplicam-se, no que couber, ao instituto jurídico da transação as disposições contidas no CC/2002 (arts. 840-850), valendo lembrar as duas causas de nulidade absoluta (*ipso iure*), assinaladas no art. 850 da lei substantiva civil, quais sejam, litígio decidido por sentença, mesmo que transitada em julgado, se dela não teve ciência algum dos transatores, ou quando, por título descoberto ulteriormente, se verificar que nenhum deles tinha direito sobre o objeto da transação.

Ademais, a transação constitui também expressão prática do princípio dispositivo no processo civil,[18] ficando a critério dos litigantes a composição harmoniosa do conflito, o que pode de maneira perfeita ser concretizado extrajudicialmente, seja de qualquer natureza ou valor, ressalvada a hipótese de direitos indisponíveis (art. 841, CC/2002), bastando, neste caso, a homologação do juiz competente, independentemente de termo (art. 57, da Lei 9.099/1995).

A conciliação ou a transação permitem não só a extinção amigável da lide jurídica instrumentalizada processualmente, mediante uma sentença de mérito (art. 22, parágrafo único, da Lei 9.099/1995, c/c art. 269, III, do CPC), como não

---

15. Cândido Dinamarco, *Manual das pequenas causas*, p. 77.

16. Arruda Alvim, *Manual*..., vol. 2, p. 346.

V. também o estudo de Aloysio Álvares Cruz, "A transação, a conciliação e o acordo extrajudicial", *RJTJSP*, vol. 109/8.

17. J. Cretella Jr., *Comentários à Constituição de 1988*, vol. 6, art. 98, I, p. 3.047.

18. Arruda Alvim, *Tratado*..., vol. 1, p. 93.

raras vezes a própria solução dos conflitos sociológicos de interesses intersubjetivos (v. art. 21 da Lei 9.099/1995).

Antes de chegar à prolação de uma sentença de mérito para a solução da lide, acolhendo ou rejeitando o pedido das partes, no microssistema dos juizados especiais, o juiz tem perante os litigantes um outro e não menos importante compromisso: tentar a conciliação ou a transação.

A verdade é que todo juiz, antes de ser julgador, é um pacificador social, cuja missão harmonizadora transcende a composição da lide por meio de uma sentença de procedência ou improcedência do pedido, o que, de qualquer maneira, representa sempre um ato impositivo de violência simbólica praticado pelo Estado no exercício da jurisdição (dizer e, se necessário, fazer exercer o direito do vencedor).

1.6.2 Vantagens e importância da autocomposição

Em síntese, acabamos de ver que a autocomposição é a melhor forma de solucionar conflitos jurídicos e sociológicos, na medida em que a sentença de mérito de procedência ou improcedência do pedido põe termo à lide no plano do direito e, nem sempre ou não necessariamente, extingue o litígio dos contendores na órbita social.

Se, por um lado, a sentença, através do comando específico a ela agregado, gerador da coisa julgada material, produz para os litigantes segurança e estabilidade jurídica a respeito da questão, de outro, deixa a parte sucumbente em regra insatisfeita, quando o mesmo não acaba ocorrendo também com o autor, nas hipóteses de improcedência ou de acolhimento parcial da pretensão. Trata-se de um típico ato de império, portanto, de violência admitida pelo sistema, representada pela imposição da ordem judicial aos jurisdicionados litigantes.

Em contrapartida, o acordo firmado pelas partes traz ínsita, em seu bojo, a pressuposição de aceitação mútua a respeito de questões conflituosas existentes entre elas. Por isso, a composição amigável fortalece a pacificação social, compondo a lide e o conflito intersubjetivo de interesses em ambos os planos de verificação.

Assim, a principal vantagem da autocomposição é a resolução da lide processual (jurídica), total ou parcialmente, através de uma sentença de mérito (art. 269, III, do CPC), sem que resultem vencedores ou perdedores. Por conseguinte, não havendo sucumbente, o processo consegue atingir um grau bastante elevado de satisfação entre os contendores, servindo como verdadeiro instrumento de pacificação social.

Outras vantagens (menores) ainda merecem ser destacadas, tais como o fim da angústia decorrente do trâmite processual e a dúvida permanente acerca do resultado do conflito, o rateio das despesas processuais e dos honorários advocatícios.

Percebe-se, pelo que expusemos até o presente momento, que a fase inicial da audiência preliminar destinada à autocomposição assume relevância de ordem não só jurídica, transbordando seus efeitos para os campos social, político e econômico. Portanto, não basta propor a conciliação ou a transação – imprescindível é a sua tentativa efetiva, exigindo do magistrado tempo, dedicação e vocação conciliatória.

E tanto é assim que o legislador preferiu sacrificar a concentração de todos os atos numa única audiência – *conciliação, instrução e julgamento* –, a fim de que fosse dada maior ênfase aos institutos da composição amigável, do saneamento do processo e do julgamento antecipado da lide.

1.6.3 Redução a termo e homologação por sentença

Havendo a autocomposição, será reduzida a termo com todos os requisitos que se fizerem necessários a fim de viabilizar às partes o seu fiel cumprimento ou, se for o caso, verificando-se a recalcitrância posterior à homologação, a sua cabal execução.

Redigido o acordo, será chancelado pelo Estado-juiz que, por sua vez, conferirá ao termo força de sentença, a fim de que surta os seus jurídicos e legais efeitos, extinguindo o processo, com resolução do mérito, com fulcro no art. 269, III, do CPC. O mesmo ocorrerá nas hipóteses de reconhecimento do pedido (art. 269, II) e renúncia ao direito sobre o qual se funda a ação (art. 269, V).

Transitada em julgado a decisão homologatória e pagas as custas processuais, será o processo arquivado, dando-se baixa nos registros e distribuição, para todos os fins. Caso se verifique posteriormente o descumprimento do acordo por qualquer das partes, deverá o interessado peticionar e requerer o desarquivamento dos autos do processo, a fim de que se efetue a execução definitiva do título judicial (art. 575, II, c/c arts. 475-I ou 475-J).

Se, por um lado, os litigantes têm o condão de transigir livremente a respeito do objeto da controvérsia, por outro deverá o julgador atentar para todos os seus pontos, sobretudo no que tange ao teor e clareza do acordo, aparando eventuais arestas, orientando para a definição das despesas processuais e verbas honorárias (em regra, *pro rata*), rechaçando as contradições e obscuridades e afastando as omissões, devendo, inclusive, sugerir a inserção de cláusula penal para a hipótese de inadimplemento.

Redigido o acordo, será chancelado pelo Estado-juiz que, por sua vez, conferirá ao termo força de sentença, a fim de que surta os seus jurídicos e legais efeitos, extinguindo o processo, com resolução do mérito, com fulcro no art. 269,

III, do CPC. O mesmo ocorrerá nas hipóteses de reconhecimento do pedido (art. 269, II) e renúncia ao direito sobre o qual se funda a ação (art. 269, V).

Transitada em julgado a decisão homologatória e pagas as custas processuais, será o processo arquivado, dando-se baixa nos registros e distribuição, para todos os fins. Caso se verifique posteriormente o descumprimento do acordo por qualquer das partes, deverá o interessado peticionar e requerer o desarquivamento dos autos do processo, a fim de que se efetue a execução definitiva do título judicial (art. 575, II, c/c art. 580 e art. 475-O, todos do CPC).

É comum verificar-se na prática forense uma das partes requerer que o juiz, no próprio termo de acordo ou no ato de homologação, suspenda o processo até o efetivo cumprimento da avença, sob pena de prosseguimento da demanda cognitiva caso ocorra o inadimplemento. Contudo, trata-se de prática reprovável maculada por atecnia, tendo em vista que não se enquadra em nenhuma das hipóteses de *suspensão processual* definidas nos arts. 265, 791, 792 ou 793, todos do CPC.

Ocorre que, ao homologar por sentença o acordo formulado pelas partes, o juiz exauriu o seu ofício jurisdicional cognitivo (art. 463, do CPC),[19] não mais podendo praticar qualquer ato no respectivo processo. Tanto é que, somente após o interessado peticionar postulando a execução do título judicial, é que o juiz retomará as suas funções, ordenando o cumprimento da sentença nos moldes delineados no art. 475-I do CPC.

A *suspensão do processo* por acordo das partes em prazo a ser concedido pelo credor, para que o devedor cumpra voluntariamente a obrigação assumida, conforme permissivo legal insculpido no art. 792 do CPC, não tem qualquer aplicação em processo de conhecimento e, muito menos, em sentença homologatória de transação, tratando-se de dispositivo introduzido no Livro II para incidir durante o trâmite de processo execucional de título judicial ou extrajudicial se e quando as partes assim ajustarem.

Observa-se ainda que o parágrafo único do mencionado artigo dispõe que, "findo o prazo sem cumprimento da obrigação, o processo retomará o seu curso", ou seja, a demanda execucional prosseguirá até o credor exequente atingir a plena satisfação perseguida.

1.7 Ausência dos litigantes e seus efeitos: revelia e contumácia

Dispõe o § 2º do art. 277, do CPC, que, se o réu deixar de comparecer injustificadamente à audiência preliminar, "reputar-se-ão verdadeiros os fatos alegados

19. O art. 463 do CPC recebeu nova redação, conferida pela Lei 11.232/2005.

na petição inicial [art. 319], salvo se o contrário resultar da prova dos autos, proferindo o juiz, desde logo, a sentença". Por sua vez, anota o seu § 3º que "as partes comparecerão pessoalmente à audiência, podendo fazer-se representar por preposto com poderes para transigir".

Já tivemos oportunidade de ver anteriormente que a presença de ambas as partes na audiência preliminar é fundamental – seja pessoalmente, por procurador, ou através de preposto com poderes especiais para transigir –, não só para a etapa inicial destinada à tentativa de composição amigável, como também para a plena sequência dos demais atos que se desenvolverão na hipótese de não vingar a proposta de acordo. Sobre a presença (obrigatória ou facultativa) de advogado às audiências em sede de rito sumário, já tratamos da matéria no Cap. IV, item n. 4.

O não comparecimento do sujeito passivo por meio de procurador regularmente habilitado ou a ausência de oferecimento de resposta ocasionará a sua revelia (art. 319), salvo se o contrário resultar da prova dos autos (art. 277, § 2º, do CPC); poderá o juiz proferir decisão antecipada ou determinar que o autor, naquele mesmo ato, especifique as provas que pretende produzir na audiência para demonstração de suas alegações (art. 324). Portanto, a revelia induz presunção *iuris tantum*.

Nesse caso, estamos diante de um efeito cuja presunção é atribuída pela norma, aplicável apenas pelo juiz se ele entender que o contido na inicial é crível. Em outras palavras, o art. 319 só encontra ressonância se e quando os articulados da peça inaugural vierem acompanhados de prova suficientemente hábil a formar a convicção do julgador.

Diversamente do que se verifica no microssistema dos juizados especiais (art. 51, I, da Lei 9.099/1995), se o autor deixar de comparecer, tal fato não acarretará a extinção do processo sem resolução do mérito.[20] O primeiro efeito, como dissemos, será a frustração da fase conciliatória. Em segundo lugar, com o oferecimento da resposta, o que se dá de imediato, perde o autor a possibilidade de manifestar-se a respeito desses articulados, incidindo na preclusão. Em terceiro, perderá também o prazo para interpor recurso de agravo, caso seja proferida

---

20. Discordamos do entendimento de Nelson e Rosa Nery quando escrevem que a ausência do autor na audiência preliminar importará em contumácia e, por conseguinte, em extinção do processo, sem resolução do mérito, por interpretação extensiva do disposto no art. 51 da Lei 9.099/1995 (cf. *Código de Processo Civil...*, 4. ed., art. 277, n. 16, p. 767.

O Código de 1939 enquadrava a circunstância da ausência do procurador do autor à audiência, no instituto da absolvição da instância (art. 266, I, e art. 201, VI, ambos do diploma revogado).

Citando a lição de Machado Guimarães, anota Eliézer Rosa, em seu *Dicionário de processo civil*, que "instância" era a relação processual (p. 238-240).

alguma decisão interlocutória em seu desfavor. E, finalmente, em quarto lugar, se a ausência ocorrer na audiência de instrução e julgamento, *poderá* o juiz dispensar as provas requeridas pela parte (ativa ou passiva) cujo advogado não compareceu (art. 453, § 2º, do CPC).[21]

Essa inatividade ou inércia do autor da ação denomina-se *contumácia*. Pode também o termo *contumácia* vir a ser empregado como gênero que designa a não atividade seja do autor ou do réu, "sendo a revelia uma espécie, a qual se deve usar para designar a inércia do réu em contestar, no prazo legal".[22]

Poderá ocorrer também que o réu e seu advogado compareçam, mas não ofereçam resposta, inércia que resultará também em revelia.[23]

Tratando-se de litisconsórcio passivo, o prazo para responder será sempre comum e idêntico, mais precisamente na audiência preliminar, após a tentativa infrutífera de conciliação, não encontrando ressonância a regra insculpida no art. 191 do CPC para o procedimento sumário,[24] no tocante a contestação. Observar-se-á, inclusive, a regra do art. 277 do CPC que define o prazo de trinta dias para a designação da audiência preliminar, independentemente do número de sujeitos integrantes do polo passivo da demanda.

Circunstância interessante que poderá verificar-se é aquela que respeita ao litisconsórcio passivo em que um dos sujeitos é regularmente citado e não comparece à audiência preliminar, enquanto o segundo réu, por qualquer razão, deixa de ser citado. Diante desse fato, se o autor desistir da ação quanto ao réu não localizado, indaga-se se o juiz poderá julgar imediatamente e aplicar a pena de revelia, se o postulante já tiver produzido com a inicial alguma prova documental, ou, diversamente, se haverá de aplicar a regra contida no art. 298, parágrafo único, do CPC,[25] designando nova audiência e reabrindo o prazo de resposta, a ser contado da data de intimação do despacho que deferiu a desistência?

---

21. Sobre essa quarta situação, decidiu acertadamente o extinto Tribunal de Alçada do Rio Grande do Sul que esta regra, como se constitui numa "exceção ao princípio da verdade real, só deve ser acolhida se, pelo concerto das demais provas, verificar o magistrado pouca relevância, a nível de influência na formação do convencimento, na prova requerida pela parte faltosa" (*JTARGS*, vol. 83/213).

22. Arruda Alvim, *Manual...*, vol. 2, n. 125, p. 194.

    Neste sentido v. também Eliézer Rosa, *Dicionário...*, p. 163; Rita Gianesini, *Da revelia no processo civil brasileiro*, p. 54-55.

23. Cf. STJ, Resp 149.729/PR, 4.ª T., rel. Min. Sálvio de Figueiredo Teixeira, *DJ* 23.03.1999.

24. Dispõe o art. 191 do CPC, *in verbis:* "Quando os litisconsortes tiverem diferentes procuradores, ser-lhes-ão contados em dobro os prazos para contestar, para recorrer e, de modo geral, para falar nos autos".

25. Aplicação subsidiária, por força da norma contida no art. 272, parágrafo único, do CPC.

A resposta há de ser negativa, pois a norma contida no art. 298, parágrafo único do CPC não encontra aplicação em sede de procedimento sumário, pois a subsidiariedade das regras do procedimento ordinário conferida no art. 272, parágrafo único do CPC, requer sempre a indeclinável compatibilidade e harmonização em face de seus princípios orientadores – diga-se mesmo dos procedimentos especiais.

Ocorre que o procedimento sumário (assim como os ritos especiais), diferencia-se do modelo ordinário justamente para atender de forma mais adequada, no plano instrumental, a resolução das lides diversificadas que lhe foram previamente enquadradas pelo legislador, de maneira a sintonizar a ação de direito material ao processo. Assim, para melhor atingir os seus escopos, o processo de rito sumário é forjado no princípio da oralidade em grau médio, onde o instrumento apresenta-se com relativa carga de concentração dos atos à conferir maior celeridade ao feito.

Não foi por menos que o legislador anotou no artigo 272 que "o procedimento especial e o procedimento sumário regem-se pelas disposições que lhes são próprias, aplicando-se-lhes, subsidiariamente, as disposições gerais do procedimento ordinário". Portanto, a aplicação subsidiária das regras do procedimento ordinário só encontrará ressonância em sede de rito sumário ou especial quando verificada a omissão normativa e não se vislumbrar qualquer tipo de violação aos seus princípios orientadores ou incompatibilidades.

Sem maiores dificuldades afigura-se-nos evidente a incompatibilidade da disposição contida no art. 298, parágrafo único do CPC com as regras do procedimento sumário, sobretudo no que concerne a audiência preliminar, em que os atos se desenvolvem sob o crivo da oralidade.[26]

---

26. Em que pese algumas decisões em sentido contrário a esse entendimento, inclusive do STJ, a mesma Corte em decisões mais recentes, têm defendido tese idêntica a nossa, segundo se infere do REsp 1.098.920/SP, 3.ª T., rel. Min. Massami Uyeda, j. 17.12.2009.

Com a devida vênia, aponta-se dois equívocos constantes do v. aresto, vejamos: primeiramente, afirma o Relator na ementa e no corpo do julgado que a sentença recorrida foi proferida em face da revelia da ré que não compareceu, apesar de regularmente citada, independentemente da desistência da ação em relação ao corréu não citado. Contudo, infere-se do relatório que "... Iniciados os trabalhos na audiência de conciliação, o U.S. S/A desistiu da ação em relação ao corréu R.G.F. ...". Destarte, o pedido de desistência da ação em face do corréu não citado era imprescindível para legitimar a prolação da sentença naquele ato, pois, em tese, o autor poderia insistir na citação daquele que não foi localizado.

Em segundo lugar, afirma o ilustre Relator que a incompatibilidade de aplicação do art. 298, parágrafo único do CPC ao procedimento sumário, "... cuja estrutura e dinâmica congregam adensamento das fases processuais, de tal modo que nele, a audiência de

No mais, as regras atinentes a revelia em sede de procedimento sumário são aquelas previstas nos arts. 319 a 322 do CPC.

Enumera o art. 320 os casos em que, não obstante caracterizada, reconhecida e assim declarada formalmente, a revelia pelo Estado-juiz, em face da omissão do réu em oferecer contestação, de maneira e em tempo adequados, os seus efeitos, no tocante à presunção de veracidade dos fatos alegados pelo autor, não incidem no caso específico, em virtude de circunstâncias particulares de natureza objetiva ou subjetiva que justificam a drástica medida. O dispositivo em questão serve, na verdade, entre outros propósitos, para abrandar o rigor da regra insculpida no art. 319.

As normas legais, assim como os seus princípios, haverão de ser interpretados de maneira sistemática, em busca de uma exegese harmônica capaz de agasalhar a melhor hermenêutica, em face do caso concreto. Assim, em face ao contido no art. 320 do CPC, verificamos a necessidade de sincronizar os princípios da eventualidade e preclusão com o do livre convencimento motivado (art. 131) e o ônus da prova que, para o autor, incide sobre os fatos constitutivos de seu direito.

No sistema instrumental brasileiro, diferentemente do que ocorre com outros estrangeiros (por exemplo, o germânico), a revelia induz *presunção relativa* de veracidade dos fatos alegados pelo autor, havendo de ser analisada em confronto com os demais elementos probatórios, oferecidos pelo autor ao Estado-juiz.

Tanto é que o próprio art. 277, § 2.º, ressalva que os efeitos da revelia não incidirão se "o contrário resultar da prova dos autos" e assim se convencer o juiz. Não se pode olvidar que a inércia do réu é elemento preponderante e, praticamente, decisivo no deslinde da causa em favor do autor, justificando, inclusive, o julgamento antecipado da lide (art. 330, II).[27]

---

conciliação, instrução e julgamento é única e concentrada". O equívoco evidencia-se pela simples leitura do CPC que, textualmente, prevê a existência de duas audiências: a primeira, a audiência preliminar (chamada de "audiência de conciliação"), para os fins dos arts. 277 e 278, *caput,* ambos do CPC e, a segunda e última, a audiência de instrução e julgamento, se houver necessidade de produção de prova oral e não ocorrer qualquer das hipóteses previstas nos arts. 329 e 330, I e II (art. 278, § 2o, CPC).

Parece-nos que a conclusão a que chegou o STJ no citado aresto está correta; contudo, os fundamentos não são precisos.

27. Convém anotar a decisão proferida pelo Superior Tribunal de Justiça a respeito desse tema: "(...) I – A presunção de veracidade dos fatos afirmados na inicial, em caso de revelia, é relativa, devendo o juiz atentar para a presença ou não das condições da ação e dos pressupostos processuais e para a prova de existência dos fatos da causa. Desse modo, pode extinguir o feito sem julgamento de mérito ou mesmo concluir pela improcedência do pedido, a despeito de ocorrida a revelia. II – A produção de provas visa à formação da convicção do julgador acerca da existência dos fatos controvertidos, conforme o magis-

Todavia, como dissemos, essa regra haverá de ser aplicada com comedimento e de maneira não absoluta, tendo-se presente que os *efeitos* da revelia deverão harmonizar-se em favor do autor, com as provas por ele já produzidas, de maneira que, somadas, formem, no espírito do julgador, o convencimento a respeito dos fatos, favoravelmente ao postulante.

Nada existe no sistema, em favor do autor, para eximi-lo por completo do ônus de provar ao juiz a veracidade dos fatos por ele articulados e sobre os quais se funda a pretensão, significando dizer que "(...) os fatos por ele alegados hão de passar pelo crivo da *plausibilidade* ou da *verossimilhança*. Caso contrário, a ação deverá ser julgada improcedente".[28]

É o que dispõe o art. 324 do CPC, *in verbis:* "Se o réu não contestar a ação, o juiz, verificando que não ocorreu o efeito da revelia, mandará que o autor especifique as provas que pretenda produzir na audiência". Em outras palavras, se o juiz não estiver convencido a respeito da veracidade dos fatos alegados pelo autor, nada obstante a ausência de defesa, conceder-lhe-á nova e excepcional oportunidade para especificar as provas com que pretende demonstrar, em audiência, a verdade dos fatos – pois o momento adequado é a inicial (art. 282, VI).

Sem dificuldades, percebe-se a distinção entre a *revelia* e os seus *efeitos*. A revelia decorre da simples omissão do réu em oferecer contestação, enquanto os seus efeitos (presunção de veracidade dos fatos alegados) necessitam estar em harmonia com o elenco probatório, hábeis a formar o convencimento do juiz para acolher a pretensão articulada na inicial.

Não se pode esquecer de que a revelia ocasiona a incidência de três efeitos, não excepcionados no *caput* do art. 320, alusivo apenas à veracidade dos fatos alegados. Em consequência, está excluído do art. 320 o efeito pertinente ao transcurso dos prazos, independentemente de intimação do revel que não tiver

---

tério de Moacyr Amaral Santos, segundo o qual 'a questão de fato se decide pelas provas. Por estas se chega à verdade, à certeza dessa verdade, à convicção. Em consequência, a prova visa, como fim último, incutir no espírito do julgador a convicção da existência do fato perturbador do direito a ser restaurado' (*Prova Judiciária no Cível e Comercial*, 2. ed., vol. I, São Paulo, Max Limonad, 1952, n. 5, p. 15). III – Comparecendo antes de iniciada a fase probatória, incumbe ao julgador sopesar a sua intervenção e a pertinência da produção das provas, visando a evidenciar a existência dos fatos da causa, não se limitando a julgar procedente o pedido somente como efeito da revelia. IV – Produção de provas requeridas pelo revel limita-se aos fatos afirmados na inicial. V – Sem o cotejo analítico entre o acórdão impugnado e os arestos trazidos a confronto, não se caracteriza a divergência jurisprudencial hábil a ensejar o acesso à instância especial" (4.ª T., REsp 211851/SP).

28. Arruda Alvim, *Manual*, 7. ed., vol. 2, p. 337, n. 126.

procurador habilitado nos autos (art. 322), ou, *contrario sensu*, continua incidindo este efeito da revelia por não se enquadrar na exceção apontada.

O outro efeito da revelia é a possibilidade de julgamento antecipado da lide (art. 330, II), que está diretamente ligado ao art. 319 e, por conseguinte, enquadrado na exceção do art. 320.

Em outras palavras, o único efeito da revelia que encontrará ressonância, em qualquer hipótese, é aquele que está ligado, diretamente, ao ato omissivo do réu em não articular a sua defesa e, portanto, da sua ausência no processo, donde decorre a não intimação dos atos. Os que estão relacionados com a presunção de veracidade dos fatos, alegados pelo autor, podem ser excepcionados.

Em face dessas exceções obstativas da presunção de veracidade que, por sua vez, passam a exigir a produção de provas para formar o convencimento do juiz, não se aplica, nesses casos, a disposição do art. 334, IV, do CPC, porque se funda e decorre da mesma presunção.

O enfoque principal enquadra-se justamente no inc. II do art. 320 do CPC, que versa a respeito dos *direitos indisponíveis*, compreendendo-se também aqueles pertinentes ao ente público ("Fazenda Pública"). Excepciona o inc. II do art. 320 que não serão presumidos verdadeiros os fatos alegados pelo autor e não contestados pelo réu, quando a lide versar sobre *direitos indisponíveis*, assim considerados todos aqueles em que, pela natureza do objeto ou qualidade das partes, não se admite a disposição, a transação, a renúncia e a confissão (cf. arts. 302, I, 333, parágrafo único, I, e 351, todos do CPC).

Segundo Pontes, o "direito indisponível é direito que não pode ser retirado da pessoa, quer pela alienação, quer pela renúncia, quer pela diminuição ou substituição do seu conteúdo".[29] Contudo, nem todos os direitos atinentes aos entes públicos haverão de ser, necessariamente, indisponíveis, fazendo mister distinguir-se os *interesses públicos primários* dos *interesses públicos secundários*, pois, dependendo dos contornos da lide, ou, mais precisamente, do bem da vida litigioso respeitante aos entes públicos, os efeitos da revelia incidirão de maneira diversa em cada uma dessas situações em concreto.

Assim, estão excluídos, em linha de princípio geral, os mencionados efeitos para as demandas de qualquer natureza que envolvam a Fazenda Pública[30] e as demandas que versem sobre as coisas postas fora do comércio.

Diga-se o mesmo sobre os direitos metaindividuais, que se tornam *indisponíveis*, diante das relações no plano material e dos interesses envolvidos, tais

29. *Comentários ao CPC*, t. IV, p. 202, n. 3, 3. ed.

30. Os direitos referentes à Fazenda Pública são relativamente indisponíveis, à medida que dizem respeito a determinados direitos insusceptíveis de transação e confissão.

como os *coletivos* e os *difusos*. Consideram-se, ainda, nessa categoria, os direitos da personalidade (*v.g.*, nome, honra, imagem).

Em interpretação sistemática dos arts. 302, I e 320, II, ambos do CPC, mais precisamente no tocante aos direitos indisponíveis e os efeitos da revelia, em razão do Fisco, Marinoni e Mitidiero observam com bastante acuidade que o direito da Fazenda Pública, quando arrimado em interesse público primário, é indisponível; todavia, "o direito da Fazenda Pública com esteio em interesse público secundário não é indisponível."[31] Aliás, há quase cinquenta anos, a doutrina italiana, a começar por Renato Alessi, passou a diferenciar *interesse primário* e *secundário*.[32]

Com muita propriedade leciona Roberto Vasconcellos que "os interesses primários seriam aqueles próprios da coletividade (ex: em determinada ação de rito ordinário, pede-se que algum Estado seja condenado a melhorar as condições de determinado hospital, ou escola) e os secundários os que pertencem ao ente estatal por ser este também um sujeito de direitos e deveres como qualquer outra pessoa (ex: ser determinado Município réu numa ação de indenização).

"O interesse público primário parece se adaptar bem à hipótese de direitos indisponíveis prevista no art. 330, II do CPC. De fato, o Estado não pode dispor dos interesses da coletividade. Todavia, nem todos os seus interesses são próprios da coletividade, como é o caso do exemplo da ação em que se pede ao ente público determinada indenização, ou que se impute ao Estado cobrança excessiva de determinado tributo. Acolher a tese de que todo e qualquer interesse que o Estado defenda é interesse público sem atentar para a distinção proposta, e, considerá-los sempre como indisponíveis, implica em um tratamento injustificadamente desigual no processo. É necessário distinguir os conceitos de interesse público primário e secundário para se diferenciar, nos casos concretos, quando o Estado estará defendendo um interesse meramente patrimonial seu (destinado a propaganda do governo, por exemplo) ou da própria coletividade (manutenção de equipamentos de hospitais públicos)."[33]

Há de conferir-se ao termo "Fazenda Pública" interpretação restritiva, açambarcando apenas o Fisco federal, estadual e municipal, excluídos, portanto, os demais "entes públicos".

É inadmissível reconhecer confissão ficta contra pessoa jurídica de direito público, cujos direitos patrimoniais são indisponíveis. Aplicação dos arts. 1.035 do CC [atual art. 841 do CC/2002], e 320, II, do CPC" (TRF 4.ª R., AC 89.04.17356-6/RS, 3.ª T., rel. Juiz Sílvio Dobrowolski, *DJU* 01.08.1990) (*RJ*, vol. 155/101).

31. *Código de Processo Civil comentado artigo por artigo*, p. 325, art. 320, n. 2, 2008.
32. *Sistema Istituzionale Del Diritto Amministrativo Italiano*, p. 197, 1960.
33. Vasconcellos, Roberto Prado. "Revelia e julgamento justo", *RT* 840/70-71, item n. 7.

1.8 A segunda etapa da audiência preliminar

Vencida a primeira etapa da audiência preambular sem que tenha frutificado a autocomposição, a audiência prosseguirá de plano, sem qualquer suspensão ou interrupção, porquanto não se trata de ato processual voltado apenas à tentativa de conciliação, nos moldes do disposto no art. 125, IV, do CPC.

A audiência em questão reveste-se de complexidade procedimental, na medida em que consegue amalgamar a fase postulatória (aqui inserida a tentativa de conciliação), ordinatória/saneadora e, eventualmente, até decisória, se a hipótese vertente viabilizar o julgamento conforme o estado do processo (art. 278, § 2º, do CPC).

Caso o juiz togado esteja sendo auxiliado por conciliador (art. 277, § 1º, do CPC), diante da não obtenção de acordo, ele deverá suspender temporariamente os trabalhos, havendo o magistrado de dar prosseguimento ao ato, nos termos definidos no Código de Processo Civil, isto é, mediante o recebimento da resposta e seus desdobramentos. Lembramos mais uma vez que as atribuições do auxiliar da justiça, nesse caso, não ultrapassam a presidência inicial dos trabalhos somada à prática da tentativa de conciliação, objetivando a aproximação dos litigantes voltada à autocomposição, em qualquer de suas modalidades.

1.9 Questões incidentais, preliminares e prejudiciais

Não frutificando a tentativa de autocomposição, adentra-se na segunda etapa da audiência preambular, ocasião em que o réu oferecerá *resposta escrita* ou *oral*, acompanhada de documentos e rol de testemunhas, e, se desejar, deverá requerer perícia, formular quesitos desde logo e indicar assistente técnico (art. 278, *caput*, do CPC).

Percebe-se o equívoco legislativo na sistematização desordenada dos §§ 4º e 5º do art. 277 em relação ao art. 278, porquanto o *saneamento do processo* com a prolação de uma decisão nos moldes definidos nos mencionados parágrafos somente poderá ocorrer após o oferecimento da resposta do réu. Assim, vencida a *fase postulatória* (que se encerra com o oferecimento da resposta), o juiz, na própria audiência preliminar, decidirá de plano a impugnação ao valor da causa ou a controvérsia sobre a natureza da demanda e outras questões, determinando, se for o caso, a conversão do procedimento sumário em ordinário. Passa-se então à fase saneadora,[34] em que serão analisadas e decididas as *questões incidentes*.

---

34. Para aprofundamento a respeito desse tema, v. Galeno Lacerda, *Despacho saneador*, especificamente quando versa sobre o objeto desse despacho (p. 57-98) e a atividade saneadora do juiz (p. 99-152).

Entende-se por *questões incidentes* todas aquelas matérias que serão objeto do conhecimento do juiz em momento processual antecedente ao julgamento do mérito da causa. Em outros termos, são elas nada mais do que *questões prévias*. Thereza Alvim prefere assim denominá-las (*questões prévias*), por serem "todas aquelas que logicamente devem ser decididas antes de outras, por manterem entre si uma vinculação de subordinação lógica. Dentre essas questões prévias distinguimos as que são *preliminares* e as *prejudiciais*", sob o ponto de vista lógico e jurídico.[35]

Assinala-se que as *questões preliminares* envolvem as condições da ação e os pressupostos processuais. Diferentemente, as *questões prejudiciais* são todas aquelas que devem "lógica e necessariamente ser decididas antes de outra, sendo que sua decisão influenciará o próprio teor da questão vinculada".[36] Com razão Barbosa Moreira quando defende a tese da qualificação da questão prejudicial pelo tipo de relação existente entre ela e a outra questão, afirmando poder esta existir indiferentemente no plano do mérito da causa ou fora dele.[37]

Essas questões não se confundem com as preliminares, apesar de antecederem ao conhecimento do mérito da causa. O nosso Código de Processo Civil não destinou para essa matéria um capítulo específico, limitando-se a enumerar as questões prejudiciais como causas da suspensão do processo. Assim, o tema tornou-se um tanto quanto obscuro, vindo, por conseguinte, a dificultar a sua compreensão e aplicação prática. Somente nos arts. 469, III, e 470, que tratam do *instituto da coisa julgada*, é que aparece empregado o termo *questão prejudicial*.

Nada obstante, depreende-se do contexto normativo que prejudiciais são as questões cuja sentença de mérito esteja na pendência do julgamento de outra causa, ou da declaração da existência ou inexistência da relação jurídica que constitui o objeto principal de outro processo pendente; quando não puder ser proferida senão depois da verificação de determinado fato, ou após a produção de certa prova requisitada a outro juízo; ou tiver por pressuposto o julgamento de questão de estado, requerido como declaração incidente (art. 265, IV, do CPC).

As questões prejudiciais, em regra, não geram efeitos de coisa julgada e servem tão só como objeto de conhecimento e de formação do convencimento do juiz para a composição da lide. O princípio encontra-se estampado no art. 469, III, do CPC, *in verbis*: "Não fazem coisa julgada: (...) a apreciação da questão prejudicial, decidida incidentemente no processo". A exceção está no art. 470, que dispõe sobre a questão prejudicial incidental. Se o réu contestar o direito que

35. *Questões prévias e os limites objetivos da coisa julgada*, p. 23.

36. *Idem*, p. 24.

37. *Questões prejudiciais e coisa julgada*, p. 33.

constitui o fundamento do pedido e cuja declaração de existência ou inexistência depender, no todo ou em parte, do julgamento da lide, poderá o autor requerer ao juiz que assim o declare (art. 325).[38]

Todavia, essas regras sobre as questões prejudiciais que são válidas para o processo de conhecimento não encontram total aplicabilidade quando a matéria diz respeito ao procedimento sumário, o qual apresenta algumas restrições sobre o tema, cujo objetivo das limitações impostas é justamente evitar que a complexidade da própria demanda não seja ampliada, em prejuízo da simplicidade e celeridade típicas desses feitos. Por isso, não foi por menos que o legislador proibiu expressamente a ação declaratória incidental neste rito (art. 280, do CPC).

1.10 Natureza judicial da demanda e complexidade da causa

Dentre as matérias que podem figurar como objeto da contestação, ou, ainda, ser conhecidas pelo juiz de ofício, estão as que dizem respeito à *natureza jurídica da demanda* e à *complexidade da causa*. Essas questões assumem particular relevância em sede do rito sumário porque tendem a refletir na órbita da *alteração da competência e do procedimento*.

No que tange à *natureza jurídica* das demandas, além das observações já efetuadas ao art. 270, havemos de salientar que, na verdade, é ao direito material que "cumpre responder se a ação é de natureza real ou pessoal, pois a qualificação aludida depende da natureza do direito subjetivo de que deriva a pretensão ligada ao direito de agir", nos dizeres de Frederico Marques.[39]

Para tanto, é importante que se faça, na identificação absoluta da natureza jurídica das demandas, um estudo sistemático de determinado instituto no plano do direito material a fim de que, sucessivamente, seja possível adentrar na sua essência em nível processual. É bem verdade que este estudo pode ser feito separadamente, seja num plano ou noutro. Contudo, a identificação desse fator com todos os seus delineamentos só se torna satisfatoriamente viável através de intersecção analítica.

Caso contrário, sem esses critérios previamente estabelecidos, corre-se o sério risco de formar entendimento divorciado a respeito de determinado instituto, com a geração de diversos efeitos no mundo jurídico. Com esse método, não se pretende apenas delinear um perfil lógico-dogmático da matéria – deseja-se ainda demonstrar aos operadores do direito as questões decorrentes de ordem prático-instrumental.

---

38. Cf. Joel Dias Figueira Júnior, *Lições de teoria geral do processo*, p. 132-134.

39. *Instituições...*, vol. 2, p. 43.

Desde que enquadrado o valor das demandas até o limite estabelecido no inc. I do art. 275, do CPC, com exceção das ações de natureza personalíssima (art. 275, parágrafo único), tanto as reais (mobiliárias ou imobiliárias) quanto as obrigacionais podem tramitar sob a égide do rito sumário; as demandas de natureza fático-potestativa (possessórias típicas)[40] são da competência dos juizados especiais (art. 3º, IV, da Lei 9.099/1995) ou do juízo comum, podendo tramitar, dependendo do caso, sob o rito especial (ações de força nova) ou comum – ordinário ou sumário (ações de força velha e dependendo do valor da causa); também as ações que têm por objeto pretensão insatisfeita (executivas *stricto sensu*) não tramitarão pelo rito sumário, bem como as de natureza acautelatória, tendo em vista que o próprio sistema já lhes confere forma procedimental diferenciada.

A conversão do procedimento sumário em ordinário há de ser feita também se, após o oferecimento de resposta, o juiz verificar que a lide atingiu proporções de outra envergadura, tornando-se mais complexa.

1.11 Complexidade probatória e conversão procedimental

A matéria atinente a *complexidade probatória e a conversão procedimental*, na verdade, já foi por nós tratada quando versamos sobre as diversas facetas do procedimento sumário, no Capítulo III desta obra, no item 6, para o qual remetemos o leitor interessado.

Esclarecemos apenas que, por questões puramente metodológicas e de sistematização da obra, repisamos o assunto neste Capítulo para melhor posicionar o estudioso da matéria, porquanto igualmente inserido e de estreita ligação com o tema proposto que dispõe acerca "das audiências".

1.12 Da resposta do réu

1.12.1 Tipos, formas e conteúdos das respostas

Por duas vezes o legislador menciona, no art. 278, dois tipos diversos de manifestação do réu (*defesa*, em sentido amplo), atribuindo a cada uma delas denotação diferente – no *caput*, refere-se à *resposta*, enquanto no § 1º faz alusão à *contestação*. De outra parte, sabe-se, através da sistematização do Código de 1973 (Capítulo II, Título VIII, Livro I), que o gênero atribuído à manifestação processual do sujeito passivo da demanda é a *resposta*, cujas espécies são *contestação*,

---

40. Sobre a natureza jurídica da posse e das ações interditais típicas, v. Joel Dias Figueira Júnior, *Posse e ações possessórias*, vol. 1, n. 3.4, p. 115-137, e *Liminares nas ações possessórias*, itens n. 2.3 e 2.4.

exceção e reconvenção. Nos itens seguintes, abordaremos com mais profundidade essas questões.

É assente, também, que é justamente a audiência preliminar – chamada "audiência de conciliação" – o momento procedimental oportuno para o oferecimento de resposta, sob pena de incidir o réu na preclusão, desde que, obviamente, fracassada a tentativa de composição. Se tiver sido apresentada oralmente, será reduzida a termo; se for por escrito, primeiramente deverá ser integralmente lida pelo procurador do réu ou, se muito extensa, submetida a uma síntese oral e, em seguida, juntada aos autos com os documentos que a instruem.

Caso o réu apresente resposta escrita antes da audiência, dela não deverá tomar conhecimento o juiz, tendo em vista que o oferecimento é prematuro, portanto, intempestivo. Porém, não será motivo para deixar de ser protocolada e recebida em cartório. Basta, simplesmente, que o juiz não se manifeste a respeito do seu conteúdo, ressalvada a possibilidade de *julgamento conforme o estado do processo*.

O conteúdo da resposta, nos termos do rito, é significativamente amplo, tendo em vista o largo espectro da diversificação de matérias que poderão ser objeto de fundamentação, em termos muito semelhantes aos que se verificam no procedimento comum, inclusive com a inclusão (finalmente!) da admissibilidade de o réu, na própria peça contestatória, *formular pedido em seu favor* (= *contrapedido*), isto é, apresentar pedido contrário pertinente a fato constitutivo do direito por ele alegado.

1.12.2 Das exceções

A Lei 9.245/1995 silenciou a respeito das exceções, limitando-se a dizer que a "resposta" seria oferecida na forma *escrita* ou *oral*. Como inexiste qualquer ressalva sobre as exceções, aplica-se então a regra geral do processo de conhecimento, mais precisamente os arts. 304 e 314, com as *adaptações necessárias ao procedimento sumário*.

Os articulados serão oferecidos na mesma audiência,[41] em peça autônoma se for por escrito ou oralmente,[42] preterindo-se o processamento em apenso aos

41. A esse respeito escreve SEVERINO MUNIZ: "Ora, se o Código diz que o momento do réu oferecer sua defesa é na audiência (art. 278 do CPC), a conclusão lógica é a de que se refere a lei a toda espécie de defesa, inclusive as exceções. Assim, o momento de serem opostas exceções é o da própria audiência".

"Não há, pois, falar em prazo de 15 dias, previsto pelo art. 305 (...). Ora, a perdurar o raciocínio de que o prazo para a oposição das exceções instrumentais seja o do art. 305, também haveria de prevalecer o mesmo raciocínio para contestação. A regra do art. 278 é cogente, estabelecendo prazo especial para toda natureza de defesa do réu" (*Procedimento sumaríssimo*, p. 151-152).

autos principais, suspendendo-se o processo, todavia, se o caso em concreto assim exigir.

Não se aplica, portanto, ao procedimento sumário a regra que faculta ao réu domiciliado em foro[43] diverso daquele em que a demanda foi proposta, em se tratando de exceção de incompetência, protocolizar a sua petição nesta sede, e, ato contínuo, requerer a sua imediata remessa ao juízo que determinou a citação, nos termos conferidos pela Lei 11.280/2006 ao parágrafo único do art. 305, do CPC. Conforme já afirmamos alhures, em sede de rito sumário, a audiência preliminar é um ato complexo (similar ao previsto no art. 331 do CPC) que, entre outros escopos, destina-se ao oferecimento de resposta em suas três modalidades. Por esse motivo lógico, cai por terra a faculdade conferida ao réu no art. 305, parágrafo único, do CPC.

Poderá ser a exceção rejeitada *in limine* se manifestamente improcedente, ou, se assim não for, deverá o autor manifestar-se de imediato sobre ela e, em seguida, isto é, no mesmo ato, o juiz decidirá a questão, ressalvada a hipótese em que se fizer mister a produção de provas.

Argui-se, por meio de exceção, a *incompetência relativa* (art. 304, c/c o art. 112, ambos do CPC), enquanto a *absoluta*, através da própria peça contestatória. Mas se a resposta for oferecida oralmente, todos os articulados deverão constar de um único termo, a começar pelas exceções.

Em princípio, o seu oferecimento deverá ocorrer em audiência, no mesmo momento processual destinado à contestação. Dizemos "em princípio" até esta

---

No mesmo diapasão Uderico Pires dos Santos, ao afirmar que é no prazo da contestação do sumaríssimo que o réu oferecerá suas exceções (*Procedimento sumaríssimo*, p. 52, n. 27).

42. Nesse sentido também, v. Milton Sanseverino, *Procedimento sumaríssimo*, p. 93 e nota de rodapé n. 194, no qual cita doutrina e jurisprudência em favor dessa tese, além da XVII conclusão a que se chegou no Simpósio de Curitiba, em outubro de 1975 (cf. *RT* 482/270).

43. Equivocou-se o legislador ao dizer textualmente que a petição será protocolizada no *juízo de domicílio* do réu, por se tratar, tecnicamente, de foro. Precisa a crítica de Daniel Amorim Assumpção Neves acerca dessa questão: "Por foro deve-se entender uma unidade territorial de exercício da jurisdição, sendo na Justiça Estadual identificada por uma comarca e na Justiça Federal por seção judiciária. Por juízo se entende a vara competente para conhecer da demanda, sendo geralmente determinado por regras de organização judiciária que criam as varas especializadas em razão da pessoa ou da matéria. Como se pode verificar, é correto afirmar que o foro é do domicílio do réu, mas o juízo é determinado dentro do foro, não sendo adequado apontar o juízo do domicílio do réu, como fez a lei. Melhor teria sido afirmar que a petição pode ser protocolizada no foro do domicílio do réu, sendo determinada a remessa ao juízo que determinou a citação, aí sim tendo sido utilizado o termo 'juízo' de forma adequada" (*Reforma do Código de Processo Civil*, item n. 4, p. 469, 2006).

fase por já terem vindo à tona os motivos que ensejam a exceção. Todavia, o direito de excepcionar pode ser exercido *em qualquer tempo, ou grau de jurisdição*, efetuando-se a contagem do prazo de quinze dias a partir do fato que ocasionou o impedimento ou a suspeição. Assim, em sede de rito sumário, a regra é de que as três modalidades de exceção sejam articuladas em audiência preliminar, salvo em se tratando de impedimento ou suspeição, se os motivos que dão azo à formação do incidente ocorrerem após esta fase procedimental, hipótese em que se aplica a disposição insculpida no *caput* do art. 305 do CPC.

Recebida a exceção, o processo ficará suspenso, até que seja a matéria definitivamente decidida (art. 306, do CPC), se não tiver o juiz condições de decidir naquele mesmo ato, o que seria o ideal.

Em petição fundamentada, ou através de requerimento oral, que deverá imediatamente ser reduzido a termo, o excipiente especificará os motivos da recusa, com base no que dispõem os arts. 134 e 135 do CPC, bem como instruirá a exceção com documentos comprobatórios da alegação e/ou arrolará testemunhas.

Neste ponto, devemos fazer uma pausa para refletir um pouco mais sobre o processamento das exceções, tendo em vista que a Lei 9.245/1995 nada dispôs a esse respeito, o que significa a aplicação subsidiária do procedimento ordinário (parágrafo único do art. 272, do CPC); porém, à medida que as hipóteses forem se alterando, exigirão cada uma delas tratamento diferenciado e compatível com o princípio da oralidade.

Tudo dependerá da posição que virá a ser assumida pelo juiz, ou seja, se acolherá *ab initio* a exceção oposta ou se rejeitará os articulados. No primeiro caso, não vemos qualquer dificuldade para tudo se resolver na própria audiência, em que o juiz proferirá sua decisão oralmente, que será reduzida a termo. No segundo caso, duas subespécies ainda podemos vislumbrar: o juiz simplesmente rejeita liminarmente a exceção e fundamenta sua decisão, inexistindo provas a serem produzidas, e dá prosseguimento aos trabalhos de instrução e julgamento; ou, se for necessária a produção de prova documental ou testemunhal para respaldar o seu entendimento, aí sim o processo será suspenso para, em dez dias, o magistrado proferir sua decisão.

1.12.3 Das provas e requerimentos formulados na resposta

O réu deverá, na audiência preliminar, não só oferecer a sua resposta, como também produzir as provas documentais pertinentes aos seus articulados, sob pena de preclusão consumativa, tendo em vista que não terá, em regra, nova oportunidade para assim proceder (art. 396, do CPC), salvo se se tratar de documentos novos destinados a fazer prova de fatos ocorridos depois do oferecimento da peça, ou para contrapô-los aos que foram produzidos nos autos (art. 397, do CPC).

Em razão da sumarização procedimental, não se contentou o legislador com a regra da "especificação de provas" (seja para o autor ou para o réu) – exigiu a efetiva produção das provas documentais quando do oferecimento da resposta, assim como dispôs sobre a necessidade de apresentação do rol de testemunhas.

Na mesma peça, se entender que se faz mister, haverá o réu de requerer a produção de prova pericial, além de formular quesitos e indicar assistente técnico, se assim desejar. Fluindo *in albis* essa etapa, torna-se a matéria preclusa.

1.12.4 Da contestação

É justamente a audiência preliminar o momento processual apropriado para o réu oferecer *toda a matéria de defesa*, ou seja, a articulação de múltiplas questões jurídicas com o escopo de obter do Estado-juiz o reconhecimento da existência de fato impeditivo, modificativo ou extintivo do direito do autor (art. 333, II, do CPC), além das matérias enumeradas como preliminares, no art. 301 do CPC: a) inexistência ou nulidade da citação; b) incompetência absoluta; c) inépcia da petição inicial; d) perempção; e) litispendência; f) coisa julgada; g) conexão; h) incapacidade da parte, defeito de representação ou falta de autorização; i) convenção arbitral; j) carência de ação; k) falta de caução ou de outra prestação que a lei exige como preliminar.

Em atenção ao *princípio da eventualidade* (ou preclusão), o réu não poderá em nenhum momento procedimental seguinte completar ou ampliar a sua defesa. Aliás, nesse tipo de rito, que tem como característica a oralidade, não existe mesmo nenhuma outra oportunidade para que o réu volte a se manifestar. Deverá também, na mesma peça, requerer as provas que serão produzidas em audiência, juntar documentos, apresentar o rol de testemunhas e, se postular pela realização de prova pericial, formulará neste mesmo ato os seus quesitos e, se desejar, indicará também assistente técnico (art. 278, *caput, do CPC*).

Porém, não se há de admitir a sempre inexpressiva contestação por *negação geral*, cuja ineficácia, de resto, é salientada pela doutrina processual civil. O mais que se poderá admitir, consoante o magistério de Artur A. de Castro, será a impugnação do fato ou dos fatos desacompanhada de justificação, até porque *negação específica* não significa *negação circunstanciada*. "É evidente, todavia, que a *negativa motivada* sempre ganhará maior consistência e credibilidade, em virtude de opor, então, o réu, 'aos fatos respectivos outros fatos distintos que se lhe contraponham ou infirmem, isto é, dando uma visão diversa' da relação jurídica tornada litigiosa."[44]

---

44. Cf. Rogério Lauria Tucci, *Manual*..., n. 3, p. 205-206.

1.12.5 Reconvenção e pedido contraposto

Faz-se importante que se distinga o instituto da *reconvenção* de *pedido contraposto* ou *contrapedido*, na medida em que seus efeitos de ordem prática processual são diferentes, nada obstante mantida alguma similitude entre ambos. Essa proximidade levou o próprio legislador a cometer alguns deslizes terminológicos que, para o operador do direito mais afoito, podem trazer consequências indesejáveis, conforme demonstraremos a seguir.

Com o objetivo de ampliar o espectro do objeto da demanda e atendendo aos reclamos da doutrina e da jurisprudência, dispôs o legislador no art. 2º da Lei 9.245/1995 a respeito da revogação do § 2º do art. 315 do CPC, passando o atual § 1º a parágrafo único: o dispositivo que terminou por ser suprimido era aquele que proibia a reconvenção nas causas regidas pelo antigo procedimento "sumaríssimo".[45]

À primeira vista, pode parecer que o legislador teria sido tecnicamente impreciso e paradoxal, porquanto, ao mesmo tempo em que passou a permitir a reconvenção, através da redação conferida ao citado artigo, não faz menção expressa no art. 1º (palco principal das alterações do antigo "sumaríssimo") ao instituto da reconvenção nos moldes insculpidos no Código de Processo Civil. Diversamente, ao conferir a redação ao art. 278, § 1º, assinalou que "é lícito ao réu, na contestação, formular pedido em seu favor, *desde que fundado nos mesmos fatos referidos na inicial*" grifei), ou seja, fundado nos mesmos fatos que já constituem objeto da lide, vedada, portanto, a possibilidade de inovar.

Criou-se a viabilização para o réu de, contemporaneamente, dirigir contra-ataque ao autor, na mesma demanda e na mesma peça contestatória, formando uma espécie de *simultaneus processus*.

A questão não é tão simples quanto possa parecer, merecendo atenção especial no que concerne à distinção entre *reconvenção*, *pedido contraposto* e *ação dúplice*,[46] o que por certo em muito facilitará a aplicação prática do dispositivo. Senão, vejamos.

---

45. Esta era a redação anterior do art. 315 do CPC, *in verbis*: "O réu pode reconvir ao autor no mesmo processo, toda vez que a reconvenção seja conexa com a ação principal ou com o fundamento da defesa. § 1º Não pode o réu, em seu próprio nome, reconvir ao autor, quando este demandar em nome de outrem. § 2º Não se admitirá reconvenção nas causas de procedimento sumaríssimo".

46. A própria Exposição de Motivos que realizou o encaminhamento do Projeto de Lei ao Congresso Nacional, da lavra do então Ministro da Justiça Maurício Corrêa, não menciona expressamente a admissibilidade da reconvenção no novo rito sumário, limitando-se a dizer que o Projeto resolveu o problema colocado pelo § 2º do art. 315 do CPC, permitindo a ação dúplice, ou seja, que o réu na contestação formule pedido em seu favor, desde que fundado nos mesmos fatos contidos na peça inaugural.

Se formos analisar o direito romano, mesmo que o façamos perfunctoriamente – porquanto o objetivo deste estudo não transcende às linhas que traçamos previamente ao dar início aos trabalhos –, constataremos, sem maiores dificuldades, que esses institutos encontram suas origens primeiras nas *actiones duplicia* ou *iudicia duplicia*, em que as partes apareciam, em certas demandas, simultaneamente, como autores e réus.[47] E mais: segundo nos informa NORBERTO PALÁCIO, o termo *reconvenção* origina-se do mesmo direito, no qual a *conventio* significava a *demanda* e *reconventio*, a *contra-demanda*.[48]

Quando o réu simplesmente se defende, ele não contra-ataca – objetiva tão somente insurgir-se contra as pretensões do autor, para ver-se vitorioso e desonerado do processo, isto é, por intermédio da defesa ou contestação pura (ou típica), o réu não formula nenhum requerimento em seu benefício, a não ser a improcedência *do pedido*.

"A exceção substancial, como vimos, é apenas um meio com que o réu pretende neutralizar a ação do autor, justificando o pedido de rejeição da demanda que este propõe contra si. Conservam, porém, as partes a sua posição originária: o autor age, enquanto o réu simplesmente reage, defendendo-se da ação do autor."[49]

Diversa é a finalidade da *ação dúplice* (*actio duplex*),[50] concebida como sendo aquela em que ambos os litigantes figuram concomitantemente no polo ativo e

---

47. Sobre o tema, ressalta o romanista da Università degli Studi di Padova, ALBERTO BURDESE, que, "no chamado processo por fórmulas ou formular do direito romano, a denominação *actiones simplices* ou *iudicia simplicia* aparecia para indicar os processos em que havia duas partes, isto é, a que inicia e formula pretensão como *is qui agit* (ou *petiti*), ou seja, o *actor* (ou *petitor*), em que sua atividade era qualificada como *agere* (ou *actio*), e o seu adversário, designado como *is cum quo agitur* (ou *reus*), em contraposição às *actiones duplices* ou *iudicia duplicia*, próprias para os processos divisórios, seja para divisão de uma herança ou de coisa comum, ou demarcatórios, em que entre as partes poderia não haver conflito, resultando a providência judicial final idêntica a ambas as partes, figurando contemporaneamente, cada uma delas, como autores e réus" (*Manuale di diritto privato romano*, n. 7, p. 103).

48. *La reconvención*, n. 4, p. 14 (*apud* CARLOS FENOCHIETTO, *Curso de derecho procesal – Parte especial*, p. 94).

49. OVÍDIO A. BAPTISTA DA SILVA, *Curso de processo civil*, vol. 1, p. 260.

Diz mais, e muito bem, o mestre gaúcho: "Sem dúvida que a pretensão – enquanto pretensão de tutela jurídica – do réu é idêntica à do autor. Ambos têm pretensão a que o Estado lhes preste jurisdição; o autor, todavia, por definição, é aquele que age pedindo contra o réu o reconhecimento de algo a que Chiovenda chamou um 'bem da vida', enquanto o réu apenas se defende contra essa pretensão ('de direito material'!) do autor, contestando a ação" (p. 261).

50. Sobre o tema *ação dúplice e pretensão inversa de tutela liminar*, v. JOEL DIAS FIGUEIRA JÚNIOR, *Liminares nas ações possessórias*, item n. 23.

passivo da demanda, em face da articulação de pretensões antagônicas. Em sentido amplo, seguindo este raciocínio, podemos afirmar que tanto a reconvenção como a contraposição de pedidos encontram similitude nesta circunstância: ambas significam a pretensão (do autor) e a simultânea contrapretensão (do réu) de direito material, fazendo com que o sujeito passivo se transforme em autor (pretensão inversa) e o sujeito ativo, em réu (pretensão direta).

Resta-nos, portanto, ver como o réu pode superar os limites da simples defesa e quais os seus delineamentos capazes de permitir ao operador do direito a identificação da zona limítrofe entre as verdadeiras exceções de mérito: a *defesa* e a *reconvenção*.

Falamos em *exceção*[51] porque ela representa o meio através do qual o réu justifica a sua demanda de rejeição contra o autor, e, porquanto o réu se utilize de diversas exceções, o seu pedido tende sempre à rejeição da demanda do autor, em que a exceção tem por definição *os mesmos limites da ação*. Na sempre lembrada lição de Chiovenda, a *reconvenção* é nada mais do que o próprio sentido da palavra já exprime: é a demanda desdobrada por quem é réu em juízo e no mesmo juízo e contra quem lhe propôs a ação.[52] Ou, conforme escólio de Mandrioli, a *demanda reconvencional* é aquela em que o réu exercita sua própria ação autônoma: mais precisamente, é a ação que o réu exercita contra o autor no mesmo processo no qual este se faz réu.[53] No direito alemão, a expressão para o termo reconvenção é *Wiederklage*, que traduzida literalmente significa *demanda contrária*, segundo ensinamento de Arruda Alvim.[54]

Em outras palavras, precisamos detectar a amplitude e as limitações das matérias que serão objeto de exceção, em que o réu ultrapassa o simples pedir ao Estado-juiz a rejeição da pretensão do autor, para entrar na órbita da contrapretensão ou pretensão inversa.

Acolhendo a concepção de Mario Dini, escreve Ovídio Baptista da Silva: "A diferença fundamental entre a posição do réu que suscita uma *exceção substancial* e a daquela que propõe uma demanda reconvencional está em que o primeiro simplesmente se defende, ao passo que o *reconvinte age* contra o autor. O 'objeto do processo', que se mantém inalterado na primeira hipótese, alarga-se e se duplica com a propositura da demanda reconvencional".[55]

Especificamente sobre "ação dúplice", v. Kazuo Watanabe, *RePro*, vol. 31/140.

51. A respeito desse tema v. Eduardo J. Couture, *Introducción al estudio del proceso civil*, quando trata da defesa em juízo (exceção e defesa, exceção e direito, exceção e método, exceção e processo e suas consequências, p. 29-41).
52. *Istituzioni*..., vol. 1, n. 103, p. 316.
53. *Corso di diritto processuale civile*, vol. 1, n. 26, p. 129.
54. *Direito processual civil – Teoria geral*, vol. 2, p. 223.
55. *Curso de processo civil*, vol. 1, p. 261.

A *reconvenção* contém uma pretensão autônoma e independente daquela do autor, não obstante a necessidade de ser conexa com a demanda principal ou com o próprio fundamento da defesa (art. 315, *caput*, do CPC). Por sua vez, o *contra-pedido* que a lei permite ao réu formular na peça contestatória não tem a mesma autonomia daquela e é duplamente limitado: primeiro, deve estar adequado ao valor e à matéria, nos termos do art. 275, I e II; segundo, limita-se aos contornos delineados pelos fatos que constituem o objeto da controvérsia.

Significa dizer que a contra ação demandada pelo réu é uma espécie de reconvenção, limitada pelo valor da causa e pela matéria objeto da controvérsia e nos mesmos parâmetros fornecidos pelo autor. A diferença entre uma e outra forma de exceção reside no grau em que as matérias podem ou não ser objeto de ampliação do espectro da lide. Em outras palavras, a reconvenção pode perfeitamente superar os contornos delineados pelo autor na *causa petendi* e na formulação do próprio *petitum*; porém, a contraposição de pedidos ou *contrapretensão* nos moldes estipulados nesse rito limita-se aos mesmos fatos referidos na inicial.

Assim, toda reconvenção importa num contra-ataque; porém, nem todo contra-ataque significa, necessariamente, uma reconvenção. Através dessa última, introduz-se no mesmo processo uma nova lide, que pode ter amplitude superior à ação principal. Diferentemente, na contrapretensão simples do réu, forma-se também uma segunda lide, mas nos estreitos limites da primeira. Se o sujeito passivo da relação processual desejar apenas contra-atacar o autor, sem deduzir matérias tipicamente de defesa, nenhum óbice há de ser posto, valendo apenas ressaltar que, passado esse momento procedimental, incidirá na preclusão no tocante às outras questões não levantadas a tempo.

Há que se ressaltar, ainda, que as duas figuras são vantajosas para o sistema e, em particular, aos sujeitos do processo, inspirando-se no princípio da *economia processual* (no qual se inclui também a atividade jurisdicional), na medida em que se procede ao exame de ambas as demandas contrapostas num único processo, e numa só sentença.

De acordo com tudo o que dissemos e as diferenças que procuramos sucintamente esboçar, somos forçados a dizer, com base em interpretação sistemática da norma procedimental, que o legislador não admitiu a reconvenção em todos os seus termos, ou melhor, em sua plenitude, para o rito sumário, em que pese ter sido incisivo na exclusão do antigo § 2º do art. 315 do CPC. Por um lado, como procuramos demonstrar, implicitamente, admite a reconvenção, enquanto, por outro, tão só a articulação de *pedidos contrapostos*.

O tecnicismo excessivo, tal como apontado, aliado à sistematização não muito clara do rito, na prática, causa dúvidas e polêmicas aos aplicadores do direito. Mais simples e coerente teria sido se tivesse o legislador realizado a mencionada alteração do art. 315 e, no § 1º do art. 278, admitido a reconvenção, desde que estivesse em consonância com o art. 275, I e II. A verdade é que, algumas vezes, detalhar certos assuntos minudentemente, em vez de esclarecer, turva muito mais as concepções já firmadas.[56]

Finalmente, frisamos, também, que não há que se confundir *bilateralidade* com *duplicidade* das demandas. Aquela decorre naturalmente da dialética processual, representada pelos interesses dos contendores, em regra antagônicos, formadores do objeto da lide;[57] essa última é eventualmente dúplice, por natureza ou por força de lei, e designa a ampliação do objeto litigioso por intermédio de pretensão inversa em forma de contra-ataque do réu, articulado na própria contestação.

A esse respeito, escreve Kazuo Watanabe: "A ampliação do objeto litigioso somente pode dar-se, em linha de princípio, com a utilização dos instrumentos processuais destinados a tal fim, como a ação declaratória incidental e a reconvenção, que constituem na verdade outra ação. Porém, por opção legislativa que se filia à linha histórica acima delineada, em casos excepcionais se permite o alargamento do objeto litigioso através da contestação.

"Quando isto se permite, diz-se que a ação tem caráter dúplice. A contestação, nessa modalidade de ação, não somente formula defesa do réu, como também poderá conter autênticos pedidos em seu favor, sem necessidade de reconvenção."[58]

---

56. Como dizia Barbey D'Aurevilly, há quase um século, *c'est surtout ce qu'on ne comprend pas qu'on explique* ("explica-se sobretudo o que não se entende").

Por outro lado, assinalamos que a doutrina nacional dominante assim como a estrangeira não se preocupam com essa distinção feita pelo legislador de 1995, tratando da matéria dentro das exceções e, mais especificamente, sobre o instituto jurídico da reconvenção. Dentre outros, v. Barbosa Moreira, *O novo processo civil brasileiro*, p. 52-56; Arruda Alvim, *Manual...*, vol. 2, p. 184-188, e *Direito processual civil – Teoria geral*, vol. 2, p. 219-226; Ovídio A. Baptista da Silva, *Curso de processo civil*, vol. 1, p. 260-265; Fenochietto, *Curso de derecho procesal – Parte especial*, p. 93-98; Crisanto Mandrioli, *Corso di diritto processuale civile*, p. 128-132; Chiovenda, *Istituzioni...*, p. 316-317.

57. Prelecionam Ada Grinover, Araújo Cintra e Cândido Dinamarco que a ação é dirigida ao Estado-juiz e a sentença que defere o pedido do autor reflete desfavoravelmente na esfera jurídica da pessoa do réu. "Dá-se a esse fenômeno o nome de 'bilateralidade da ação', que tem por consequência a 'bilateralidade do processo'. Em virtude da direção contrária dos interesses dos litigantes, a bilateralidade da ação e do processo desenvolve-se como contradição recíproca. O réu também tem uma pretensão em face dos órgãos jurisdicionais (a pretensão a que o pedido do autor seja rejeitado), a qual assume uma forma antitética à pretensão do autor. É nisso que reside o fundamento lógico do contraditório, entendido como ciência bilateral dos atos e termos do processo, com a possibilidade de contrariá-los; e seu fundamento constitucional é a ampla garantia do direito ao processo e do acesso à justiça" (*Teoria geral do processo*, § 165, p. 241).

58. "Ação dúplice", *RePro*, vol. 31/140-141, n. 3.

1.12.6 Impugnação ao valor da causa

Em face da relevância do tema, parece-nos de boa índole deixar claro que o *valor da causa* assume destaque particularizado no sistema normativo brasileiro diante dos múltiplos efeitos de ordem prática dele decorrentes, revestindo-se de *natureza pública.*

A matéria já se faz relevante a começar pela própria petição inicial, em que figura como um de seus requisitos indispensáveis (arts. 258 a 260, c/c art. 282, V, todos do CPC), motivo pelo qual o juiz haverá de proceder à verificação de ofício e, se for o caso, mandará proceder à correção, com o consequente recolhimento da diferença das custas, sob pena de indeferimento da peça ou recolhimento ao final da demanda, não podendo a questão ficar ao talante e controle das partes.

Da quantificação do valor da causa, vários desdobramentos de ordem pública são constatados, tais como: a) define o tipo de procedimento adequado (inclusive o próprio sumário); b) estabelece a competência originária e recursal; c) serve de parâmetro para o arbitramento dos honorários advocatícios em algumas hipóteses; d) limita a produção de prova exclusivamente testemunhal; e) é padrão para a definição da multa e indenização por litigância de má-fé e f) pela prática de ato atentatório ao exercício da jurisdição; g) serve também de parâmetro para a incidência de multa em face da interposição de embargos de declaração manifestamente protelatórios, e h) para as multas decorrentes da interposição de agravos internos quando manifestamente inadmissíveis ou infundados.

Em que pese já ter o magistrado procedido de início e *ex officio* ao controle do valor da causa, poderá, eventualmente, não dispor de elementos para estabelecer ou verificar adequadamente o *quantum* a ser definido[59] ou, ainda, poderá este ter passado despercebido pelo seu controle da peça inaugural, ocasião em que ao réu caberá fazer a impugnação no prazo do oferecimento da resposta, ou seja, na segunda etapa da audiência preliminar, após a tentativa infrutífera de autocomposição, por escrito ou oralmente, na própria contestação, em preliminar, diferentemente do que se verifica no procedimento ordinário (art. 261, do CPC).

Salienta-se que, mesmo nos casos em que o juiz tenha determinado a correção do valor da causa *ex officio* e tenha sido atendido pelo autor, nada obsta que o réu, no momento processual oportuno, impugne em preliminar de contestação o valor atribuído à demanda, sempre devidamente fundamentado.

---

59. A título exemplificativo, vejamos o seguinte julgado do Superior Tribunal de Justiça: "*Valor da causa. Contrato. Validade de cláusulas.* Não podendo desde logo ser estabelecido o valor sobre o qual contendem as partes na ação de revisão de cláusulas contratuais, adequado permaneça o valor atribuído à causa, que poderá ser retificado a final. Recurso não conhecido" (REsp 132.221/RS, 4.ª T., j. 19.08.1997, rel. Min. Rui Rosado de Aguiar).

Aliás, em qualquer hipótese, deverá a arguição vir sempre aparelhada, isto é, fundada em fatos e articulados jurídicos, além de trazer subsídios comprobatórios (documentais) hábeis ao embasamento da tese esposada e capazes de convencer o julgador, em que pese a possibilidade de se servirem de perito para esse fim específico. Contudo, mesmo que a estipulação do valor da causa venha a ser orientada por técnico, é de bom alvitre que o réu apresente de plano alguma prova (preferencialmente documentos) capaz de justificar a sua irresignabilidade e de dar azo à perícia.

Em observância ao princípio da oralidade (em grau médio) que norteia o procedimento sumário, o autor se manifestará sobre o incidente na própria audiência, logo após o oferecimento da resposta, decidindo o magistrado em seguida (art. 277, § 4º, do CPC), ressalvada a hipótese (excepcional) de se fazer necessária a perícia técnica para esse fim específico.

De qualquer maneira, por aplicação subsidiária do disposto no art. 261 do CPC, podemos afirmar com segurança que o incidente em questão não suspenderá o trâmite processual. Caso se faça necessária a produção de prova pericial, tal circunstância não importará em suspensão do processo, mas tão somente em suspensão da audiência preliminar, a fim de que a prova técnica se viabilize, marcando o juiz, desde logo, prazo para o prosseguimento daquele ato.

Não havendo impugnação ao valor da causa e oferecida a contestação, incide o réu em *preclusão consumativa*, presumindo-se aceito o *quantum* estabelecido na peça inaugural (art. 261, parágrafo único, c/c art. 278, ambos do CPC). Destarte, sendo o regime norteador o da *preclusão consumativa*, oferecida a contestação escrita ou oral e verificando-se em seguida a manifestação do autor sobre a peça, o óbice para articulação de impugnação ao valor da causa já ocorreu. Significa dizer que, ao verificar-se essa situação, não poderá mais o réu, no decorrer da audiência, pretender a palavra para requerer a juntada em separado da impugnação ao valor da causa, ou, ainda, formular oralmente o incidente, mediante consignação em ata.

Nesses casos, o indeferimento é providência que se impõe, não ocorrendo qualquer cerceamento do direito de defesa, na medida em que o réu deixou fluir em branco a oportunidade específica definida pelo sistema instrumental, não se justificando a inversão da ordem processual apenas porque a audiência ainda não foi encerrada. Já afirmamos em outros pontos desses comentários que a audiência preliminar se apresenta complexamente, com vários desdobramentos e escopos variados, que podem ir desde a tentativa de autocomposição até o julgamento conforme o estado do processo, cujas etapas aparecem bem definidas nos arts. 277, 278 e 281, todos do CPC.

Ainda, no tocante à matéria relativa à impugnação ao valor da causa, merece destacar que não ocorrerá a formação de um incidente processual em apenso, nos moldes do art. 261 do Código de Processo Civil, tendo em vista que será formulada em preliminar da peça contestatória.

Todavia, se, por erro de forma, o procurador do réu apresentar a impugnação ao valor da causa em peça separada, no mesmo ato processual, não deverá o juiz rejeitá-la, por se tratar de equívoco sanável de plano, sem qualquer prejuízo às partes ou para a celeridade do feito, hipótese em que ordenará a sua juntada aos próprios autos, com a contestação, consignando apenas em termo de assentada a ocorrência da impropriedade.

1.13 Manifestação do autor sobre a resposta

Outro aspecto relevante é o que diz respeito à *manifestação do autor* sobre a resposta do réu, tenha sido ela oferecida a título de contestação (com impugnação ao valor da causa e outras preliminares), contrapedido ou exceção.

A regra é a de que o autor se manifestará na própria audiência sobre todos os articulados do réu, inclusive sobre a impugnação ao valor da causa, ou, se preferir, por escrito, no prazo que o juiz determinar,[60] o qual entendemos que não deva ultrapassar cinco dias,[61] em homenagem ao princípio da oralidade.

Manifestando-se o autor na própria audiência, o incidente deverá ser decidido pelo juiz no mesmo ato, observando-se que o legislador usa a expressão *de plano* (art. 277, § 4º, do CPC). A regra, portanto, está no sentido de que tudo se processe e solucione na primeira audiência no que tange às preliminares e a eventuais incidentes, em razão da natureza menos complexa das matérias objeto do processo cognitivo de rito sumário.

Sem dúvida, em princípio, torna-se sem razão qualquer posição em contrário, sob pena de afrontar-se a concentração desejada para o ato, além de representar a cisão da audiência uma providência protelatória inaceitável, sobretudo se considerarmos que as pautas se encontram carregadíssimas, dificultando em muito a designação de data próxima. Em contraposição, poder-se-ia argumentar que o magistrado, nesses casos, decidiria, posteriormente, em gabinete. É certo que essa possibilidade não há de ser excluída por completo e, em que pese não encontrar previsão expressa, em caráter excepcionalíssimo, nada obsta que tal se verifique. Todavia, essa prática não deve proliferar, porquanto reprovável, na medida em que não apenas foge da orientação legislativa, como viola sobremaneira o princípio da oralidade, notadamente a concentração do ato e a celeridade do processo.

60. "Art. 177. Os atos processuais realizar-se-ão nos prazos prescritos em lei. Quando esta for omissa, o juiz determinará os prazos, tendo em conta a complexidade da causa."

61. Dispõe o art. 185 do CPC: "Não havendo preceito legal nem assinação pelo juiz, será de 5 (cinco) dias o prazo para a prática de ato processual a cargo da parte".

Por isso dissemos que, somente se a hipótese em concreto recomendar, em caráter excepcional e mediante requerimento expresso do autor, objetivando que lhe seja concedido prazo para impugnar por escrito os termos da resposta – diga-se de passagem que, de regra, o requerente é o maior interessado na rápida solução do litígio –, poderá o juiz, dentro de seu prudente critério, acolher a postulação (no caso, preferencialmente, não superior a cinco dias), suspendendo a audiência com a consequente designação de data para o seu prosseguimento, com a intimação de todos os presentes.

Especificamente, a respeito da *reconvenção*, o Deputado Roberto Magalhães ofereceu, entre outras emendas ao Projeto, duas que eram radicalmente contrárias à admissibilidade desse instituto no rito sumário (Emenda 1/1993, itens 3 e 4; Emenda 4, itens 1 e 2). Em síntese, justificou o parlamentar o seu entendimento baseado no fundamento de que não estaria garantido o princípio do contraditório, por contrariar a sumariedade exigida para o procedimento em questão, o que desnaturaria a sua função e acarretaria a dilação processual, típica do rito ordinário.

Os últimos argumentos, nada obstante encontrarem sustentação na teoria do processo civil, em termos de prática forense, diante do resultado obtido, sucumbem por completo, servindo para demonstrar de forma cabal que a realidade estava a exigir justamente o inverso e que somente agora se introduz no sistema (*v.g.*, as ações conexas de acidentes de trânsito, com danos recíprocos).

Por outro lado, o primeiro fundamento encontrará procedência se a interpretação a ser dada à lei pelos aplicadores do direito for apenas literal. De fato, a Lei 9.245/1995 não ventilou a possibilidade de manifestação do autor a respeito das articulações trazidas à colação pelo réu, em que se inclui o pedido contraposto.

Contudo, essa omissão parece-nos de somenos importância, bastando fazer interpretação sistemática com outros dispositivos do próprio Código, com a Lei dos Juizados Especiais e, sobretudo, com a Constituição Federal, que, dentre outros princípios integrantes do *due process of law*, preconiza a *ampla defesa*, o *contraditório* e a *igualdade de tratamento entre as partes*.

Inadmissível o entendimento contrário, no sentido de que seja negado ao autor o direito (constitucional) de se defender do contra-ataque que está sofrendo e ainda contrariar os argumentos defensivos, sobretudo quando calcados nas preliminares elencadas no art. 301 do CPC, ou, ainda, a respeito das provas documentais trazidas à baila.

O importante é que o juiz conceda a palavra ao procurador do autor para que se manifeste, caso o deseje fazer. Por razões diversas, inclusive por simples estratégia (não obstante questionável) a ser empregada pelo patrono do autor, poderá ele deixar para se manifestar no momento do oferecimento das razões finais, oralmente. Todavia, não deve esquecer-se o causídico de que o juiz, nos termos preconizados no art. 277, § 4º, e no art. 278, § 2º, desde que se sinta em condições, deverá decidir todas as questões postas *de plano*, inclusive podendo julgar a lide antecipadamente. Por isso, não nos parece interessante a opção mencionada, porquanto temerosa.

O que se deve levar em conta é que a manifestação sobre a resposta do réu é um *direito do autor*, dele não podendo ser subtraído, sob pena de nulidade absoluta do processo, ressalvada a hipótese em que não se verifique qualquer prejuízo, no caso de obtenção de ganho de causa. Se o procurador do autor não quiser se manifestar, tal circunstância *deverá* constar em ata de audiência.

Não se diga, de outra parte, que essa oportunidade concedida ao autor é procrastinatória ou que atenta contra os princípios da celeridade – tal assertiva não passa de ledo engano. Ademais, os princípios orientadores do processo revestem-se de graus diferentes de validade, sobrepondo-se muitas vezes uns em relação aos outros, em que a ampla defesa e o contraditório estarão sempre acima da rapidez.

Ademais, não podemos nos esquecer que no microssistema dos juizados especiais instituído pela Lei 9.099/1995, cujo rito preceituado em nível constitucional é o *sumaríssimo* (art. 98, I, da CF), em que pese ser muito mais compactado e célere, no qual o princípio da oralidade aparece em seu ponto culminante, o legislador não deixou de conceder essa oportunidade de manifestação ao autor. Ao contrário, o texto legal é expresso no sentido de que, se o postulante desejar, poderá inclusive manifestar-se na mesma audiência ou requerer a designação de nova data para o prosseguimento do ato, que será desde logo fixada, cientes todos os presentes, segundo se infere do art. 31, parágrafo único, da mencionada Lei.

No caso de preferir a manifestação por escrito, o juiz assinar-lhe-á um prazo para tanto (art. 177), o qual, entendemos – e repetimos –, não deve ultrapassar dez dias, ficando apenas na dependência da complexidade das matérias em questão e da discricionariedade do juiz, conforme interpretação sistemática dos arts. 177 e 185 do CPC.[62]

Se o autor entender estar habilitado para responder ao pedido contrário articulado pelo réu em contestação (oral ou escrita) ou mesmo manifestar-se sobre as preliminares e prova documental, deverá, na própria audiência, oferecer novos articulados. Diversamente, poderá requerer ao juiz a designação de data (a mais próxima possível, diante dos princípios da concentração e celeridade que também orientam o rito sumário) para o prosseguimento daquele ato, a fim de que possa melhor analisar a matéria levantada. *O juiz não poderá indeferir esse pedido*, sob pena de *cerceamento do direito de defesa do autor*, pois estamos diante de hipótese na qual ele objetiva, com esse prazo, responder ao contra-ataque do

62. Aqui estamos diante de um ato judicial tipicamente discricionário.

réu ou manifestar-se sobre a oposição feita na contestação a respeito de outro fato impeditivo, modificativo ou extintivo do direito do autor (art. 326).

Porém, se a contestação versar apenas sobre matéria defensiva (contestação *stricto sensu*), incabível a concessão de prazo nos termos acima referidos. A manifestação do autor deverá ser feita oralmente, no mesmo ato processual e logo após o oferecimento da contestação. Qualquer entendimento em sentido contrário, em outras poucas e precisas palavras, significa inconstitucionalidade manifesta por omissão e absoluta falta de senso do aplicador do direito.

1.14 Do julgamento conforme o estado do processo

1.14.1 Considerações gerais

Com o objetivo de espancar quaisquer dúvidas a respeito da aplicabilidade do instituto do *julgamento conforme o estado do processo*[63] nos feitos que tramitam sob a égide do rito sumário, o legislador foi explícito ao redigir o § 2º do art. 278, ao dispor, em outros termos, que o procedimento em questão prescinde de audiência de instrução e julgamento, exceto se houver necessidade de produção de prova oral e não for o caso de extinção antecipada com ou sem análise do mérito.

Depreende-se das Seções I e II do Capítulo V do Título VIII do Livro I do CPC, sem maiores dificuldades, que o julgamento conforme o estado do processo é o gênero de várias espécies de extinção do feito antecedentes à realização da audiência de instrução e julgamento ou, dependendo da hipótese vertente, antes da sua conclusão.[64]

A Seção I versa sobre a *extinção do processo*, cuja redação do art. 329 (único dispositivo) assim está redigida: "Ocorrendo qualquer das hipóteses previstas nos arts. 267 e 269, ns. II a V, o juiz declarará extinto o processo". Por sua vez, a Seção II, também composta por um único dispositivo, trata do *julgamento*

---

63. Sobre esse tema, v. ARRUDA ALVIM, "O 'julgamento conforme o estado do processo' e o 'procedimento sumaríssimo'", *RF*, vol. 246/231 e ss.

V. também JOSÉ CARLOS BARBOSA MOREIRA, "Aspectos da 'extinção do processo' conforme o art. 329 do CPC", *RePro*, vol. 57/198-205.

64. Essa última situação poderá ocorrer, por exemplo, se se tiver iniciado o ato processual mas, diante da prova produzida, entendeu o juiz que deveria ouvir uma testemunha referida. Suspensos os trabalhos para realização da diligência, percebe o julgador, neste ínterim, que existem nos autos elementos suficientes para declarar o autor carecedor de ação, por ilegitimidade ativa *ad causam*. Nessa hipótese, tratando-se de matéria de ordem pública que deve ser conhecida de ofício em qualquer fase do processo ou grau de jurisdição, prolata o magistrado em seu gabinete decisão extintiva, sem julgamento do mérito.

antecipado da lide (art. 330), senão vejamos: "O juiz conhecerá diretamente do pedido, proferindo sentença: I – quando a questão de mérito for unicamente de direito, ou, sendo de direito e de fato, não houver necessidade de produzir prova em audiência; II – quando ocorrer a revelia (art. 319)".

Assim sendo, a Lei 9.245/1995 estende de maneira absoluta para o rito sumário esse instituto que tão festejado foi ao ser introduzido no Código de 1973, considerado por muitos uma das maiores conquistas da nossa lei instrumental, em razão da condensação dos atos e celeridade na prolação da sentença. Fez questão o Professor Alfredo Buzaid de assinalar: "Suprime-se a audiência, porque nela nada há de particular a discutir. Assim, não se pratica ato inútil. De outra parte, não sofre o processo paralisação, dormindo meses nas estantes dos cartórios, enquanto aguarda uma audiência, cuja realização nenhum proveito trará ao esclarecimento da causa, porque essa já se acha amplamente discutida na inicial e na resposta".[65]

Contudo, parece-nos interessante traçar ainda algumas linhas a respeito dos chamados "atos do juiz" e da técnica utilizada pelo legislador para chegar à classificação do art. 162 do CPC. O que se verifica é que, antes do advento da Lei 11.232/2005, o aludido dispositivo não considerava ontologicamente os atos do juiz, mas os seus efeitos. Senão, vejamos: "§ 1º Sentença é o ato pelo qual o juiz põe termo ao processo, decidindo ou não o mérito da causa. § 2º Decisão interlocutória é o ato pelo qual o juiz, no curso do processo, resolve questão incidente. § 3º São despachos todos os demais atos do juiz praticados no processo, de ofício ou a requerimento da parte, a cujo respeito a lei não estabelece outra forma". No tocante à *sentença*, a Lei 11.232/2005 pôs fim à tautologia que até então reinava no § 1º do art. 162, ao dispor, com precisão, acerca do conteúdo e da essência do principal ato jurisdicional, *in verbis*: "Sentença é o ato do juiz que implica alguma das situações previstas nos arts. 267 e 269 desta Lei".

Ocorre que a palavra *ato* não está bem empregada no *caput* do referido dispositivo, porquanto faz parecer, erroneamente, que as atividades dos juízes restringem-se apenas à prolação de sentenças, decisões interlocutórias e despachos de expediente. Essa classificação não satisfaz por completo, estando eivada de sérios equívocos, lógicos e jurídicos.

1.14.2 Da extinção do processo sem resolução do mérito

Nada obstante a pretensão das partes de obterem do órgão julgador manifestação a respeito de a quem efetivamente pertence o "direito", dando razão a

65. Cf. Exposição de Motivos do Código de Processo Civil, n. 19.

um dos litigantes (total ou parcialmente) ou a nenhum deles, situações poderão ocorrer de caráter intrínseco ou extrínseco à relação jurídica processual, provocadas pelos sujeitos do processo ou não, levando o juiz à impossibilidade de se manifestar sobre o mérito da causa, exigindo a extinção do feito sem esse conhecimento.

Nesses casos, prolata o juiz uma sentença de natureza meramente formal (processual), tendo em vista que são analisadas apenas matérias pertinentes às condições da ação ou pressupostos processuais. Significa dizer que, se o conteúdo jurídico da decisão for apenas processual, não se atinge a pretensão material de tutela dos direitos subjetivos, frustrando-se a função maior do Estado-juiz, que é a de compor a lide, por intermédio de homologação de acordos, ou de dizer e exercer o direito com o escopo de pacificação.

O art. 267 do CPC enumera os casos de extinção do processo, sem resolução do mérito, quais sejam: o indeferimento da petição inicial; quando, por negligência da parte, o processo não tramitar por mais de um ano ou quando ela não promover os atos e diligências que lhe competir, por mais de trinta dias; verificando-se a ausência de pressupostos de constituição e de desenvolvimento válido e regular do processo; quando o juiz acolher a alegação de perempção, litispendência ou de coisa julgada; quando não concorrer qualquer das condições da ação;[66] pela

---

66. A *carência de ação* é a impossibilidade de consecução do normal e eficaz exercício do direito de ação por falta de algum requisito indispensável para a configuração de sua validade (cf. Joel Dias Figueira Júnior, *Lições de teoria geral do processo*, n. 35, p. 117-118).

Autor carecedor de ação é aquele sujeito do processo que, por não preencher algum dos requisitos de admissibilidade da ação válida, está impossibilitado de exercer o respectivo direito. Em outras palavras, o remédio processual (= ação) pode existir no mundo jurídico; todavia, o direito de ação não terá condições de ser exercido validamente. Por outro lado, o reconhecimento da carência de ação não trará nenhuma influência ou consequência ao direito substancial alegado (= pretensão = mérito da causa) ou sobre os pressupostos processuais. A finalidade perseguida (= tutela jurisdicional do Estado) é que não poderá ser alcançada. Segundo Ada Grinover, "é a situação que diz respeito ao exercício do direito de ação e que pressupõe a autonomia desse direito" (*As condições da ação penal*, p. 29).

Para que o autor seja considerado carecedor de ação basta que não preencha apenas um dos três requisitos da ação válida – legitimidade, interesse e possibilidade jurídica do pedido. Eles deverão estar presentes no instante da propositura da demanda. Não obstante, absolutamente imprescindível é a configuração desse trinômio no momento da prolação da sentença. Assim, existindo os requisitos no ajuizamento, mas desaparecendo qualquer um deles no decorrer do processo, antes da sentença, a extinção do feito sem julgamento do mérito será inevitável; o inverso também é verdadeiro (cf. Joel Dias Figueira Júnior, *Lições de teoria geral do processo*).

convenção de arbitragem;[67] quando o autor desistir da ação;[68] quando ocorrer confusão entre autor e réu; nas demais hipóteses previstas em lei, tais como ter deixado o autor de promover a citação dos litisconsortes necessários dentro do prazo estabelecido pelo juiz (art. 47, parágrafo único, do CPC), a falta de preparo inicial no prazo de trinta dias (art. 257, do CPC), deixando o autor de sanar o defeito de incapacidade processual ou irregularidade de representação das partes, ordenado pelo juiz (art. 13, I, do CPC).

Ressalvadas as hipóteses de extinção do processo por acolhimento da litispendência, perempção ou coisa julgada, nada obsta que o autor intente nova demanda, desde que superados os motivos que deram azo ao término do processo anterior. Porém, a nova inicial só será despachada depois da prova do pagamento ou do depósito das custas e dos honorários de advogado (art. 268, do CPC). Por exemplo, se o autor foi declarado carecedor de ação por falta de interesse de agir e, após o trânsito em julgado desta sentença, sobrevier o requisito que lhe era faltante, poderá ajuizar nova demanda, diante da satisfação de suas condições de validade.

1.14.3 Da extinção do processo com resolução do mérito

Para se atingir a fase de apreciação do *mérito da causa* (= *lide* = parte do conflito sociológico levado a juízo) através da sentença, faz-se mister que o processo tenha se instaurado e desenvolvido de maneira regular, com a presença de todos os pressupostos processuais (de existência e de validade), e que a ação tenha existido validamente.

"Sendo a jurisdição a atividade do Poder Judiciário destinada a atuar a vontade concreta da lei nos casos e formas legais, conforme as disposições que o Código estabelece (art. 2º), só quando o magistrado decide a lide é que se configura, em toda a plenitude, ato declaradamente jurisdicional no sentido mais próprio e restrito. Todas as outras decisões têm caráter preparatório e auxiliar, não só as que conhecem dos pressupostos processuais, como também as que conhecem das condições da ação e que, portanto, verificam se a lide, pela concorrência dos requisitos prévios, pode ser julgada. Recusar-lhe o julgamento ou reconhecê-lo possível não é ainda propriamente julgar – é atividade que por si nada tem de

67. Para aprofundamento sobre o tema, v. o nosso entendimento em *Arbitragem, jurisdição e execução*, itens n. 20 a 23.

68. Baseado em orientações dos extintos Tribunais de Alçada e de Justiça de São Paulo, escreve acertadamente Arruda Alvim que, "tratando-se de procedimento sumaríssimo, o autor pode manifestar desistência independentemente do consentimento do réu, enquanto este não oferecer defesa em audiência" (*Manual*..., vol. 2, n. 156, p. 222).

jurisdicional e adquire esse caráter só por ser uma premissa necessária para o exercício da verdadeira jurisdição."[69]

Dessa forma, estará o juiz habilitado, após a exposição pelas partes de suas teses e respectivas comprovações sobre as matérias alegadas, a decidir sobre a pretensão, apontando qual dos litigantes tem razão. Esse complexo, que denominamos mérito da causa ou a lide propriamente dita, envolve uma análise sobre os fatos e os fundamentos jurídicos, a fim de que o pedido seja, por sentença, acolhido ou rejeitado.

O magistrado julga, portanto, o pedido formulado, e não a ação. Em outras palavras, o julgamento de mérito recai sobre a *pretensão* (de direito material) sobre a qual se funda a *ação*. Por isso, é equivocada a utilização da expressão "procedência" ou "improcedência da ação". *A ação jamais poderá ser julgada* – considerando-se a verdadeira acepção do vocábulo dentro do direito instrumental, porquanto efetivo exercício de um direito subjetivo público de caráter autônomo, através do qual o seu titular procura obter a consecução de suas pretensões por intermédio da prestação da tutela jurisdicional do Estado –, porquanto a demanda não é nem será objeto do pedido. O que pode ser acolhido (procedência) ou rejeitado (improcedência) é o *petitum*, tendo em vista que é este que espelha a *causa petendi*.

Na lição de Carnelutti, lembrada por Buzaid: "O julgamento desse conflito de pretensões, mediante o qual o juiz, acolhendo ou rejeitando o pedido, dá razão a uma das partes e nega-a à outra, constitui uma sentença definitiva de mérito. A lide é, portanto, o objeto principal do processo e nela se exprimem as aspirações em conflito de ambos os litigantes".[70]

Como dissemos, o julgamento sobre o mérito importa em decisão a respeito do *pedido*, tendo em consideração a *causa de pedir*. Assim, dispõe o Código de Processo Civil, no art. 269, I, que haverá resolução do mérito quando o juiz acolhe ou rejeita o pedido do autor.

Resolve-se também o mérito quando o réu reconhecer a procedência do pedido, quando as partes transigirem, na hipótese em que o juiz pronunciar a decadência ou a prescrição e, finalmente, quando o autor renunciar ao direito sobre o qual se funda a ação (incs. II, III, IV e V do art. 269, do CPC).

1.14.4 Do julgamento antecipado da lide

Quando a questão de mérito for unicamente de direito, ou, sendo de direito e de fato, não houver necessidade de produzir prova em audiência, ou se ocorrer

---

69. Alfredo Buzaid, *Os grandes processualistas*, p. 27.

70. Exposição de Motivos do Código de Processo Civil, item n. 6.

a revelia, o juiz está autorizado, nos termos do art. 330 c/c art. 278, § 2º, a *decidir a lide antecipadamente.*[71]

Tecnicamente falando, não se verifica um *julgamento antecipado*, mas a prolação de uma sentença de mérito no momento processual oportuno, em que o juiz se sente habilitado a conhecer diretamente do pedido. A "antecipação" do julgamento indica, em outros termos, que a sentença de mérito está sendo proferida antes de ter sido iniciada a audiência de instrução e julgamento, porquanto totalmente despicienda a sua realização, em face do elenco probatório até então carreado nos autos, ou porque ocorreu a revelia com seus efeitos.

Ambas as situações estão a pressupor que a antecipação do julgamento da lide somente se torna viável no plano fático e jurídico após o oferecimento da resposta ou pelo decurso do prazo respectivo, *in albis*. No rito sumário isso ocorrerá apenas na audiência preliminar de conciliação, saneamento e julgamento, se for o caso, simplesmente denominada no sistema do Código de "conciliatória".

Nota-se sem maiores dificuldades que tudo gira em torno da maturidade do convencimento do juiz. Não basta que tenha ocorrido a revelia ou que a matéria *sub examine* seja unicamente de direito ou de direito e de fato. Esses são apenas *requisitos objetivos* à antecipação do julgamento; o *subjetivo* é a formação cabal do convencimento (motivado) do magistrado.

O cerne da problemática reside em se estabelecerem as linhas mestras de contorno do elemento subjetivo, o que, sem dúvida, não é nada fácil. Parece-nos que o resultado somente poderá ser obtido com alguma segurança em cada caso concreto. Em qualquer hipótese, não se pode prescindir da prudência e do bom-senso do juiz, para evitar um possível cerceamento do direito do autor em produzir outras provas, ou do direito de defesa do réu, assim como a designação de audiência de instrução e julgamento ou realização de prova pericial absolutamente desnecessárias, o que terminaria por significar nada menos do que um ato procrastinador.

2. Da audiência de instrução e julgamento

2.1 Da designação da audiência de instrução e julgamento

Não viabilizando a hipótese em concreto do julgamento conforme o estado do processo, faz-se mister que o juiz, na própria audiência preliminar, defira as provas que as partes pretendem ainda produzir, determine de ofício as que lhe pareçam necessárias, fixe os pontos controvertidos da lide e, se for o caso, decida

---

71. Sobre o tema, v. Ada Grinover, "O julgamento antecipado da lide: enfoque constitucional", *RePro*, vol. 5/101-113.

a respeito da prova técnica, nomeie perito, estabeleça prazo para a elaboração do laudo, formule quesitos e desde logo designe data para a realização da audiência de instrução e julgamento, intimando-se de plano todos os presentes.

Já dissemos alhures não nos parecer que o legislador tenha seguido a melhor orientação ao ter optado por fracionar a *audiência de conciliação, instrução e julgamento* em dois atos distintos e independentes, nada obstante sequenciais, além de ter possibilitado a prolação de sentença em gabinete, como veremos mais adiante. A verdade é que se pretendeu enfatizar a etapa destinada à composição amigável, terminando por resultar, em contrapartida, num certo descompasso com os princípios da simplicidade, concentração e celeridade que norteiam também o rito. Não escondemos e fazemos questão de frisar a nossa preocupação com a referida escolha.

Por outro lado, a instrução pode fundar-se apenas em prova pericial, sem que se faça necessária a designação de audiência, na qual nenhuma prova oral haveria de ser colhida. Nessa hipótese, tão logo concluído o laudo, é de bom alvitre que o juiz abra vista às partes para que, num só ato, ofereçam suas alegações finais por escrito, ocasião em que já estarão também falando sobre a perícia. Ainda no mesmo caso, não há qualquer óbice (exceto o provável retardamento à prolação da sentença) para se designar audiência de "instrução" e julgamento com o fim exclusivo de colher oralmente as alegações finais e proferir sentença.

Os puristas, mais teóricos ou menos pragmáticos, certamente optarão por essa última alternativa. Contudo, está longe de ser a melhor opção no que concerne a rapidez e efetividade do instrumento, sobretudo nas comarcas que possuem grande número de processos tramitando e cujas pautas de audiência estão sempre lotadas. E os motivos são óbvios, razão por que nos furtamos de maiores argumentações, bastando dizer que, nesses atos processuais, o princípio da oralidade aparece com finalidade precípua na coleta de provas e no contato pessoal, imediato, do juiz com as partes e testemunhas. Sem esse objetivo, pouca valia se pode tirar daí.

Em 1973, o próprio legislador chegara à mesma conclusão para aqueles casos em que não tenha sentido prático uma audiência: o processo deveria ser resolvido sem audiência, ou seja, "não haverá designação de audiência, porque não haverá nada que deva ser feito nela. Em outras palavras, o sistema que informa esta lei é aquele de que a audiência só será designada quando haja algo, alguma prova oral, que efetivamente se deva realizar nesta audiência, ou prova parcial que aí deva ser apreciada (art. 331, II)".[72]

72. Arruda Alvim, "O 'julgamento conforme o estado do processo' e o 'procedimento sumaríssimo'", *RF*, vol. 246/232.

Nessas hipóteses, se ainda assim se observasse na prática o princípio da oralidade, com o oferecimento de alegações sempre orais, bem como a prolação, ato contínuo, de sentença, digamos que, dos males, seria o menor. Mas o que se verificou não raras vezes no dia a dia forense durante o longo período de vida do antigo "sumaríssimo" em certas varas cíveis foi justamente o inverso.

Alguns juízes, pouco operosos e descompromissados com a sua nobre missão de pacificadores de conflitos, designavam audiências para aquele único fim e com data sempre distante do último ato praticado; por sua vez, advogados mais relapsos e acomodados aceitavam essa circunstância (alguns até de bom grado, especialmente quando patrocinavam a causa dos réus); e, todos juntos, faziam tacitamente um pacto de mediocridade, em que o responsável pela lentidão da prestação da tutela jurisdicional passava a ser o conhecido "acúmulo de serviço".

E o pior ainda estava para acontecer. Então, no dia e hora marcados, reuniam-se em "audiência de instrução e julgamento" os três mosqueteiros do rei, ocasião em que os advogados sacavam de suas pastas as respectivas alegações por escrito (ou memoriais), enquanto o juiz, em seguida, ordenava que os autos lhe fossem conclusos para sentenciar em gabinete. Dali em diante, todos ficavam tranquilos para sempre (exceto, logicamente, as próprias partes), ou talvez, quem sabe, até o dia em que a sentença os separasse.

O que se espera é que cenas lamentáveis como essa não venham a se repetir, em que pese as regras procedimentais em exame não terem conseguido evitar essa *praxis*, o que, aliás, diga-se *en passant*, não é nada fácil. A verdade é que precisamos muito mais de bons juízes e advogados do que de boas leis.

2.2 *Do prazo para designação da audiência de instrução e julgamento*

Sugere o legislador que a audiência de instrução e julgamento seja designada para "data próxima, não excedente de 30 (trinta dias)" (art. 278, § 2º, *in fine*).

E, mais adiante, prossegue o renomado jurista: "Portanto, com isso se reduz teoricamente a dimensão do princípio da oralidade àquilo que lhe é essencial, que é habilitar o juiz a sentir a testemunha. Nada mais. Ora, com essa nova noção, ou com esta redução da oralidade às suas verdadeiras dimensões funcionais, possibilitou-se ao legislador criar uma estrutura do procedimento ordinário aí inserindo um instituto como o do julgamento antecipado da lide" (p. 236).

No tocante à referência ao inc. II do art. 331 feita pelo festejado professor paulista no corpo deste estudo, lembramos que o trabalho foi escrito antes da reforma de 1994, que, por sua vez, através da Lei 8.952/1994, modificou também a redação do mencionado dispositivo. A redação primitiva e revogada do inc. II do art. 331 era a seguinte: "II – designará a audiência de instrução e julgamento, deferindo as provas que nela hão de produzir-se".

Há de se perguntar: próxima do que ou de onde? Tudo leva a crer que, apesar da redação pouco recomendável, o trintídio deve ser contado a partir do dia em que se encerra a audiência preliminar.

Todavia, não passa de uma *regra programática* ou de mera orientação, para a qual não existe uma sanção. Na prática, salvo algumas exceções, ocorrerá o mesmo que já se verificava com o prazo de noventa dias para a conclusão do antigo sumaríssimo. Assim, se não for designada para os trinta dias seguintes a contar do ato preliminar, será em trinta + x ou trinta + x + y dias, sem que contra isso se possa fazer alguma coisa em termos de sanção,[73] se, de fato, as pautas dos juízes estiverem lotadas neste ou nos próximos períodos, a não ser que a hipótese permita seja responsabilizado o juiz, nos termos do art. 133 do CPC, sem contar com a responsabilidade administrativa e, quiçá, penal.[74]

Esse prazo pode ser estendido em tantos dias quantos se fizerem necessários para os casos em que se verificar a necessidade de produção de prova pericial. Devemos ressaltar que esse acréscimo, na verdade, destina-se à realização da perícia e à apresentação do laudo em juízo, não estando computados, desta feita, os dias em que o *expert* estará sendo intimado para realização de seu mister.

Não se pode também deixar de considerar a possibilidade de retardamento em virtude de escusa ou recusa do perito (art. 423, do CPC), ou, ainda, se por motivo justificado não tiver condições de apresentar o laudo dentro do prazo fixado, ocasião em que o juiz, segundo seu prudente arbítrio, conceder-lhe-á por uma vez a prorrogação (art. 432, do CPC).

2.3 Renovação da tentativa de autocomposição

Sobre o tema da *renovação da proposta conciliatória* na audiência de instrução e julgamento, a Lei 9.245/1995 silenciou. Contudo, parece-nos, se não indispensável, no mínimo de bom alvitre que os juízes, logo após a abertura dos trabalhos e, portanto, antes de ter início a instrução propriamente dita, renovem a proposta de conciliação e reafirmem perante as partes as suas vantagens[75] (arts. 447, 448 c/c art. 450, todos do CPC).

---

73. No mesmo sentido, v. Arruda Alvim, "O 'julgamento conforme o estado do processo' e o 'procedimento sumaríssimo'", *RF*, vol. 246/240.

74. Sobre o tema *Responsabilidade civil do Estado-juiz*, v. Joel Dias Figueira Júnior, em monografia assim intitulada.

75. Deverá o juiz tomar muito cuidado para não esboçar qualquer traço de prejulgamento da causa, o que poderá representar dificuldades para a obtenção da composição pretendida como ainda poderá correr o risco de ficar em posição no mínimo desconfortável, na medida em que, após a coleta das demais provas, poderá vir a mudar o seu

A essa conclusão podemos chegar facilmente através de interpretação sistemática de todo o espírito e contexto da lei com os arts. 125, IV, 331, 447[76] e 448,[77] todos do CPC. A melhor postura do juiz, sem dúvida, será essa, devendo ele ter em mente a sua principal missão como conciliador e pacificador de conflitos. Aliás, é bom lembrar que os Anteprojetos "Athos" e "Sálvio" traziam cada um em seu bojo a previsão desse momento específico, em que se lia no parágrafo único do art. 278: "Antes de iniciada a instrução, o juiz tentará conciliar as partes (art. 448)".

As últimas reformas do sistema processual indicam claramente essa intenção do legislador, porquanto muito se apostou nesta forma alternativa[78] de solução dos conflitos intersubjetivos. Ademais, tanto é assim que, a qualquer momento, o juiz pode tentar entre os litigantes a conciliação, nos termos do art. 125, IV, introduzido pela Lei 8.952/1994.

Porém, se esse não for (lamentavelmente) o entendimento do magistrado, ou ainda se, por qualquer outra razão, não tiver sido renovada na audiência de instrução e julgamento a proposta de acordo, essa omissão (voluntária ou involuntária) nesse ato não acarreta a nulidade do processo.[79]

Por outro lado, desde que apresentada novamente a proposta de acordo aos litigantes, mesmo que não frutifique, deverá o juiz fazer o respectivo registro em ata, que servirá para demonstrar o seu esforço direcionado a esse tipo de composição, a relutância ou intransigência das partes, e para evitar que, mesmo sem amparo legal, alguma das partes recorra alegando, em preliminar, a omissão desse ato. Nesse caso, o que abunda não prejudica.

---

convencimento. Ademais, se estivesse certo a respeito do desfecho da causa, deveria julgar a lide antecipadamente e não realizar a instrução, o que, por evidência, parecerá procrastinatório.

76. Dispõe o citado artigo: "Quando o litígio versar sobre direitos patrimoniais de caráter privado, o juiz, de ofício, determinará o comparecimento das partes ao início da audiência de instrução e julgamento. Parágrafo único. Em causas relativas à família, terá lugar igualmente a conciliação, nos casos e para os fins em que a lei consente a transação".

    Esse dispositivo continua em vigor, mesmo diante da redação conferida ao art. 331 pela Lei 10.444/2002, sendo que ambos se complementam, mas não se excluem.

77. Por sua vez, assim está redigido o art. 448: "Antes de iniciar a instrução, o juiz tentará conciliar as partes. Chegando a acordo, o juiz mandará tomá-lo por termo".

78. E não se confunda esse importante instituto da solução amigável da lide (transação e conciliação) com o malsinado "direito alternativo".

79. Aliás, essa é a orientação jurisprudencial dominante, inclusive do Superior Tribunal de Justiça. Sobre as várias posições, v. Theotonio Negrão, *Código de Processo Civil...*, 30. ed., art. 447, n. 6, p. 433.

2.4 Da sequência e desenvolvimento dos atos

Após a renovação da proposta e tentativa infrutífera de autocomposição, dará o juiz prosseguimento aos trabalhos, que, no caso, corresponderão à coleta da prova oral, na medida em que os documentos assim como a perícia já se encontram impreterivelmente juntados aos autos.

Aplicam-se em tudo, no que couber, as regras gerais para a audiência de instrução e julgamento definidas nos arts. 444 a 457 do CPC (parágrafo único do art. 272, do CPC), em harmonia com as disposições específicas do procedimento sumário.

Assim, após a fixação dos pontos controvertidos (art. 451, do CPC), se foi produzida a prova técnica e as partes requereram esclarecimentos do perito, ou se entender o juiz que o seu depoimento se faz mister, dará início à prova oral mediante depoimento do perito e assistentes técnicos, se for o caso e a matéria assim exigir, os quais responderão aos quesitos de esclarecimentos previamente definidos e na forma do art. 435.

Em seguida, passará para o depoimento pessoal das partes, sendo primeiro ouvido o autor e depois o réu. Finalmente, serão inquiridas as testemunhas arroladas pelo autor e pelo réu, respectivamente (art. 452, I a III, do CPC).

2.5 Encerramento da instrução

O término da instrução verifica-se, de regra, após a ouvida da última testemunha arrolada pelo réu, cujo ato processual é denominado "audiência de instrução e julgamento", seguindo-se com o oferecimento de alegações finais, conforme veremos no tópico seguinte (n. 2.6, *infra*).

Poderão ocorrer situações em que não se faça mister a oitiva de testemunhas e se dispense o depoimento pessoal dos litigantes. Todavia, em que pese a prova documental eventualmente produzida, o caso em concreto poderá exigir que se realize prova técnica, a ser definida na audiência preliminar. Nesse momento procedimental, percebendo o magistrado ser inviável o julgamento conforme o estado do processo e a imprescindibilidade de perícia, bem como a desnecessidade de prova oral, após a elaboração do laudo e manifestação das partes, poderá declarar *encerrada a fase instrutória* propriamente dita, sem que designe, para tanto, a "audiência de instrução e julgamento".

Partindo dessa mesma hipótese, duas variações poderão ainda ocorrer. Senão, vejamos.

No primeiro caso, após a elaboração do laudo técnico, as partes ou o juiz entendem ser necessário o esclarecimento do perito ou dos assistentes técnicos. Para tanto, designa-se audiência nos moldes convencionais com o escopo de se coletar a prova complementar oral, dando-se sequência, após o encerramento da instrução, ao oferecimento de alegações finais e prolação da sentença, tudo no mesmo ato processual.

No segundo caso, mesmo que se prescinda da ouvida dos técnicos e não se faça necessária a oitiva de testemunhas e das partes, poderá o juiz consignar no próprio termo de saneamento, proferido ao término da audiência preliminar, a data para realização da audiência de instrução e julgamento, com o objetivo de tentar mais uma vez a autocomposição, e, se for o caso, colher as alegações finais e proferir oralmente a sentença, em homenagem ao princípio da oralidade que, em grau médio, também orienta o procedimento sumário.

Assinala-se *en passant*, em sede de produção de prova oral por intermédio de carta precatória, que a expedição somente deverá ocorrer durante a audiência de instrução e julgamento, no momento oportuno em que a respectiva prova haverá de ser produzida, sob pena de ocorrer a inversão da ordem procedimental, causando prejuízo às partes e, por conseguinte, resultando em nulidade (relativa) processual.

Em outros termos, não poderá o juiz ordenar a expedição de carta precatória inquiritória quando do saneamento do processo proferido na audiência preliminar (*v.g.*, para ouvida do réu ou de testemunhas por ele arroladas) se, posteriormente, tiver de ouvir o autor ou suas testemunhas. Nesses casos, somente após o depoimento pessoal do autor prestado em audiência de instrução e julgamento é que deverá o juiz suspender o ato e ordenar a expedição da carta para ouvir o réu, e assim sucessivamente, se a hipótese versar sobre a inquirição de testemunhas por carta.

Na verdade, não se pode confundir o momento procedimental destinado ao saneamento, em que se verifica também a acolhida ou o indeferimento das provas orais, isto é, quando do processamento da audiência preambular, com a ordem e expedição de carta precatória inquiritória.

2.6 *Debates orais ou alegações finais*

Finda a coleta das provas orais, o juiz declara encerrada a instrução e concede a palavra aos procuradores das partes, a fim de que requeiram o que se fizer necessário ou ofereçam desde logo oralmente as suas alegações (ou razões) finais.

Lembramos que "é praxe entre os juízes instar as partes, antes de encerrada a instrução, sobre se ainda pretendem formular algum requerimento. É este o último momento para a parte postular por produção de provas, como a de juntar documento novo (CPC 397) a respeito de alegações feitas pelas testemunhas, ou feitas em depoimento ou interrogatório; ou postular a ouvida de testemunhas referidas (CPC 418, I); ou a acareação de testemunhas (CPC 418, II). O silêncio da parte faz com que se opere a preclusão do direito de produzir a prova posteriormente".[80]

Essa postura praxista dos juízes baseia-se em regras estatuídas pelo CPC e pela Lei Maior, diante dos princípios do contraditório e da ampla defesa, sob pena de cerceamento e consequente nulidade processual. Em sede de rito sumário, essa prática há de ser muito bem dosada e controlada pelos juízes, que devem estar atentos para evitar possíveis manobras das partes destinadas a retardar a decisão final. A cautela e o bom-senso justificam-se para não prejudicar a rapidez da prestação da tutela jurisdicional, assim como não cercear o direito dos litigantes de produzirem provas, nas hipóteses em que a lei nada objeta.

Por outro lado, a norma jurídica insculpida no art. 281 não dá qualquer margem de possibilidade para os litigantes postularem a concessão de prazo para oferecimento de suas derradeiras razões por escrito, em forma de memoriais. Essa possibilidade inexiste, mesmo que os advogados dos litigantes acordem nesse sentido. Qualquer posição assumida em contrário estará afrontando brutalmente o princípio da oralidade e, em consequência, desatendendo a intenção da lei e a vontade manifesta do legislador, contida, inclusive, na Exposição de Motivos do regime procedimental, sem contar com a forte corrente de doutrinadores que difundiram e abonaram essa tese.

Até mesmo no procedimento ordinário essa é a orientação seguida pelo Código, segundo se depreende do contido no art. 454, porquanto neste ou naquele rito a audiência de instrução e julgamento é sempre norteada pela oralidade. Somente em casos excepcionais, em que as demandas apresentem questões complexas de fato ou de direito, é que os debates orais *poderão* ser substituídos por memoriais, hipótese em que o juiz designará dia e hora para o seu oferecimento (art. 454, § 3º, do CPC).

De qualquer forma, no rito sumário, a concessão de oportunidade às partes para oferecimento oral de suas alegações finais é etapa processual imprescindível, sob pena de nulidade absoluta. Se os litigantes articulam ou não as derradeiras alegações é circunstância totalmente diversa, tendo em vista tratar-se de direito processual concedido às partes e, como tal, poderá ou não ser utilizado, nada obstante arcarem com o ônus da preclusão resultante do decurso de prazo *in albis*.

A Lei 9.245/1995 silenciou a respeito do prazo (minutos) a ser concedido às partes a fim de que articulem suas alegações finais oralmente, assim como nada disse a respeito da ordem sequencial a ser obedecida nos debates, ao contrário do que se dava no regime anterior (art. 280 do revogado

80. Nelson e Rosa Nery, *Código de Processo Civil...*, 4. ed., art. 454, n. 1, p. 900.

sumaríssimo).[81] Nenhuma das questões apresenta maiores dificuldades, pois os atos deverão seguir a sequência lógica com que se desenrolam durante todo o processado. Significa dizer que o primeiro a oferecer as alegações finais será o patrono do autor e, logo após, as razões do réu e, finalmente, o Ministério Público, se houver participado da relação jurídico-processual, na qualidade de fiscal da lei.

Quanto ao prazo, diante da omissão legislativa, entendemos que deva ficar ao prudente critério do juiz, que deverá levar em consideração o grau de complexidade da causa, não devendo permitir, em qualquer hipótese, que seja ultrapassado o período de vinte minutos,[82] e, nesse caso, sem qualquer prorrogação, para cada uma das partes, sucessivamente.

2.7 Do prazo para o encerramento do processo

Diferentemente do que ocorria com o antigo "sumaríssimo", que fixava no art. 281 o prazo de noventa dias para a conclusão de todo o processado – desde a propositura da ação até a prolação[83] da sentença –, optou o legislador atual por não consignar o termo final do procedimento sumário.

Na realidade, a fixação desse tipo de prazo tem natureza meramente orientadora (regra programática), sem qualquer efeito ou reflexo punitivo (ressalvadas as hipóteses de dolo ou culpa do juiz),[84] tornando-se qualquer possível excesso totalmente irrelevante.[85]

Como era quase impossível em termos práticos a conclusão de todos os trabalhos nesse período de tempo, a consignação do dito prazo em

---

81. Assim dispunha o artigo revogado, com vigência até 25.02.1996: "Art. 280. Finda a instrução, o juiz dará a palavra ao advogado do autor e ao do réu, bem como ao representante do Ministério Público – quando este tiver de funcionar – sucessivamente, pelo prazo de 10 (dez) minutos, para alegações finais. Em seguida proferirá a sentença ou designará data para sua leitura no prazo máximo de 5 (cinco) dias".

82. Esse prazo deve ser considerado como limite temporal máximo diante do que dispõe o art. 454, *caput*, parte final, que determina para o rito ordinário vinte minutos, prorrogáveis por mais dez, a critério do juiz. Tendo em vista a diferença na complexidade das causas que tramitam num e noutro rito, não poderão receber tratamentos iguais.

83. Quando se fala em data da prolação da sentença há de se considerar não aquela constante no ato decisório propriamente dito, mas o dia em que é publicada em cartório.

84. Sobre o tema, v. Joel Dias Figueira Júnior, *Responsabilidade civil do Estado-juiz. Estado e juízes constitucionalmente responsáveis.*

85. Cf. *RT* 502/93 e 603/161; *RJTJESP*, vol. 45/158; *Bol. AASP* 890/2, Ementa 1.010/72.

Ademais, "o fato de uma ação sumaríssima haver ultrapassado o prazo de 90 dias não a converte em ação ordinária" (*Bol. AASP* 890/2) (*apud* Theotonio Negrão, *Código de Processo Civil...*, 26. ed., art. 281, n. 1, p. 266).

artigo de lei servia apenas para demonstrar o insucesso, a falência do rito "sumaríssimo".[86]

A Lei 9.245/1995 evitou essa inconveniente orientação, limitando-se a fixar prazos a serem observados (sempre que possível) à designação e realização de atos processuais. Não obstante, o somatório desses prazos equivale aos mesmos noventa dias do antigo "sumaríssimo": 1º) trinta dias para a realização da audiência preliminar; 2º) trinta dias para a designação da audiência de instrução e julgamento; 3º) aproximadamente quinze dias para a consecução da prova pericial; 4º) cinco dias para a intimação do perito; 5º) dez dias para a prolação da sentença em gabinete. Total: 90 (noventa) dias.

Como é do conhecimento de todos os operadores do direito, esse prazo pode ainda se estender por diversas razões, dentre outras: 1.ª) trâmites burocráticos em cartório; 2.ª) elevado número de processos em tramitação com consequente acúmulo nas pautas de audiência; 3.ª) necessidade de suspensão da audiência para conversão em diligência, a fim de ser ouvida alguma testemunha referida ou o perito, em face de dúvidas técnicas surgidas durante a instrução; 4.ª) adiamento por convenção das partes (uma só vez); 5.ª) adiamento por ausência justificada do perito, das partes, das testemunhas ou dos advogados; 6.ª) suspensão do processo por convenção das partes; 7.ª) ausência de juiz ou órgão do Ministério Público (este último quando sua presença se fizer necessária).

Em contrapartida, não se pode perder de vista a possibilidade de julgamento conforme o estado do processo em toda a sua plenitude em feitos que tramitam sob a égide do rito sumário, o que, sem dúvida, em muito colabora para a celeridade da prolação da sentença.

Lembramos que a norma contida no art. 174 do CPC, que previa as férias forenses e, no caso, a tramitação dos processos de rito sumário nesses períodos (inc. II), encontra-se "revogada e sem eficácia, em virtude da superveniência da Reforma do Judiciário de 2004, que instituiu a regra da *prestação jurisdicional ininterrupta* e proibiu as férias coletivas nos juízos de primeiro grau e nos tribunais (CF 93 XII, com redação dada pela EC 45/2004)".[87]

Durante as férias forenses os processos que tramitam sob a égide desse procedimento terão seu curso normal, assim como já sucedia no antigo rito (art.

86. Conforme já dissemos alhures, nada obstante o antigo sumaríssimo conter várias imperfeições que foram sempre objeto de crítica da doutrina e dos tribunais, o ponto crucial do seu desajuste consistia na falta de sintonia do modelo com a realidade, o que se somava às péssimas leis de organização judiciária, à insuficiência de juízes e de varas especializadas, e essa problemática miscelânea terminou por torná-lo "ordinaríssimo".

87. Nelson e Rosa Maria Nery, *Código de Processo Civil...*, 9. ed., art. 174, nota n. 1, p. 384.

174, II, *in fine*), independentemente da fase em que se encontrem, inclusive de liquidação e execução.[88]

2.8 Registro e documentação da audiência

Quanto ao assunto objeto deste item, fazemos apenas referência, para evitar repetições desnecessárias, tendo em conta que no item 1.3 deste Capítulo, o tema foi comentado em sede de audiência preliminar, cujos ensinamentos se adaptam integralmente para a audiência de instrução e julgamento. Destarte, remetemos o leitor interessado.

---

88. Assim também Theotonio Negrão, *Código de Processo Civil...*, art. 174, n. 8b, p. 183. Lembramos que a Emenda Constitucional n. 45/2004 suprimiu as férias forenses coletivas apenas para o primeiro grau de jurisdição e para a segunda instância.

Capítulo IX

DA SENTENÇA, DA LIQUIDAÇÃO E DO CUMPRIMENTO DO JULGADO

SUMÁRIO: 1. Da sentença – 2. Do procedimento na fase de liquidação – 3. Do cumprimento da sentença.

1. Da sentença

Originariamente a expressão denota algo que foi *sentido*, donde o termo *sententia*, indicador representativo daquilo que o juiz *sentiu como direito*.[1]

Essa manifestação do órgão jurisdicional encontra orientação na teoria geral do processo, para apontar o momento mais adequado, apropriado e ideal em que o juiz se sentirá habilitado a conhecer de toda a matéria de fato e de direito objeto da lide.

Nos processos cognitivos de rito sumário, três são os momentos em que a sentença de mérito poderá ser proferida: a) julgamento de plano, pela improcedência do pedido (art. 285-A, do CPC); b) em audiência preliminar, após o decurso do prazo para oferecimento de resposta, através do julgamento antecipado (art. 278, § 2º, do CPC); c) quando concluída a instrução e oferecidas as alegações finais, preferencialmente em audiência, ou, em gabinete, no prazo de 10 dias (art. 281, do CPC).

Na hipótese de designação de audiência de instrução e julgamento (art. 278, § 2º, *in fine*), antes de dar início ao ato instrutório propriamente dito, deverá o juiz, mais uma vez, tentar a conciliação entre as partes, conforme estabelece o art. 448 do CPC. O fato de ter o magistrado, em outras oportunidades, tentado acordo sem a obtenção de êxito, em nada desmerece ou inviabiliza a retomada das conversações, até porque a regra insculpida no art. 448 é norma cogente, encontrando-se em perfeita harmonia com o pensamento doutrinário e jurisprudencial contemporâneos, somando-se ao fato da importância do instituto da autocomposição na resolução das lides sociológicas e jurídicas, chancelada

1. EDUARDO COUTURE, *Introducción al estudio del proceso civil*, p. 71.

pelas inúmeras inovações legislativas a esse respeito, a começar pela disposição contida no art. 125, IV, do CPC.

Ademais, não é incomum verificar-se que, nos primeiros atos processuais, os litigantes sintam-se um tanto quanto receosos em tomar alguma atitude voltada à autocomposição, com receio de eventual precipitação desfavorável, e, assim, prosseguindo nos debates com o escopo de fazer com que a parte contrária perceba a profundidade de suas intenções e o vigor de suas alegações, pendendo, ao final, para a conciliação.

Salienta-se, ainda, que a proposta de um acordo nessa fase em nada prejudica o andamento dos trabalhos. Se acolhida, o juiz procede à homologação por sentença; se rejeitada, prossegue imediatamente com a sentença. O que se deve ter em mente é que as várias técnicas de autocomposição são formas muito particulares de realização do direito, pois são feitas e obtidas sem imposição, fundando-se apenas na vontade dos próprios litigantes e, por isso, haverão de ser estimuladas pelos magistrados. Segundo Couture, através da autocomposição, o direito se realiza sem imposição, porque na consciência dos homens existe uma experiência secular que lhes ensina que é melhor cumpri-lo espontaneamente, antes que se lhes obrigue pela força.[2]

Sobre o aspecto formal ou extrínseco da sentença, a Lei 9.245/1995, que instituiu o procedimento sumário, não trouxe qualquer modificação, aplicando-se, portanto, as regras comuns insculpidas no art. 458, I, II e III, do CPC.

Nada obstante, algumas ponderações necessitam ser feitas, sobretudo no que tange à extensão das sentenças, comumente transformadas em verdadeiros "tratados" jurídicos, a começar pelo relatório, que, em vez de atender escrupulosamente aos requisitos do inc. II do citado artigo, apresenta-se em forma de *transcrição na íntegra* (prática indesejável) da petição inicial e da resposta, além de conter o registro de *todas* as ocorrências havidas durante a tramitação do processo (não apenas as *principais*).[3] Essa realidade agrava-se ainda quando os juízes proferem suas decisões em gabinete!!!

Não é por menos que os italianos denominam essa etapa da sentença como sendo o *collo di bottiglia*, na medida em que representa a dificuldade em dar vazão aos conteúdos precípuos da decisão – a *fundamentação* e a *conclusão* –, assim como, comparativamente, se verifica com o *gargalo de uma garrafa* em relação ao líquido contido ao ser despejado.

Deparamo-nos frequentemente com sentenças cujo volume quantitativo (e às vezes até qualitativo, lamentavelmente) do relatório supera, em muito, a mo-

2. *Idem*, p. 72.

3. Não é incomum encontrarmos relatórios transcrevendo o teor de todas as peças dos autos (petições, laudos etc.).

tivação somada à parte dispositiva. Mesmo que a assertiva não agrade a alguns, trata-se de mera constatação da nossa realidade forense – e aqui não se excluem os tribunais de recursos e superiores instâncias. Em suma, na prática forense, os juízes em geral relatam muito e fundamentam pouco, ou, inversamente, com indesejável erudição e prolixidade.

O que o legislador deseja ver, e sobretudo o jurisdicionado, é que a lide seja decidida definitivamente e efetivada pragmaticamente, satisfazendo o vencedor nos planos material e jurídico à pretensão deduzida inicialmente em juízo. Não lhes interessam relatórios de páginas e páginas ou fundamentações eruditas – algumas até com citações de doutrina em língua estrangeira. Em outras palavras, "o cidadão que pede justiça não quer uma sentença que, de um ponto de vista de estética jurídica, aparente ser bela, mas deseja uma sentença justa e solícita".[4]

Lembramos, também, que o requisito da *motivação* não se confunde com *erudição*. O que a Constituição Federal exige (art. 93, IX), e a norma de caráter infraconstitucional determina (art. 458, II, do CPC), é que as sentenças e todas as demais decisões proferidas pelo Poder Judiciário sejam *fundamentadas*. Segundo orientação do Supremo Tribunal Federal, o julgador, ao examinar a lide, "deve idealizar a solução mais justa, considerando a respectiva formação humanística. Somente após, cabe recorrer à dogmática para, encontrado o indispensável apoio, formalizá-la".[5]

Conforme salienta com muita propriedade Carmine Punzi, se outra é a função da motivação, por que se redigem sentenças que representam dissertações até apreciáveis, mas dispensáveis para justificar a razão da decisão? E responde o próprio professor palermitano: segundo entendo, a previsão legal de fundamentação das decisões (no caso, art. 132, n. 4, do CPC italiano), em sua função motivadora, impõe que, na questão afrontada, "o juiz limite-se a indicar sucintamente qual é o critério de julgamento posto como base da decisão. Não é necessário para que uma sentença seja adequadamente motivada que contenha a crítica de todas as teses jurídicas que poderiam conduzir a um resultado diverso. Tudo isso se aproxima do ridículo, quando a longa dissertação é concluída com a integral aceitação da interpretação já acolhida pacificamente na jurisprudência".[6]

Em outros termos, sentença não existe no mundo do direito instrumental para dar oportunidade aos magistrados de demonstrarem seus profundos conhecimentos jurídicos. Se desejarem contribuir cientificamente para a evolução do direito – missão árdua de formadores de opinião, porém gratificante –, os meca-

---

4. Cf. Carmine Punzi, "La giustizia civile: giustizia delle norme e giustizia del processo", *Rivista di Diritto Processuale*, vol. 29/70-71.
5. RE 111.787, rel. Min. Aldir Passarinho, *RTJ*, vol. 136/1.291.
6. "La giustizia civile...", *Rivista di Diritto Processuale*, vol. XXIX/71.

nismos apropriados estão à disposição de todos os interessados e vocacionados, não faltando revistas especializadas para a publicação de seus estudos e editoras para a publicação de suas obras.

Deixemos, de uma vez por todas, as sentenças para os fins a que elas se destinam. Elas existem (como, aliás, sempre existiram) para atingir um fim único, específico e muito nobre, qual seja: o de solucionar conflitos intersubjetivos, fazendo justiça no caso concreto, seja pela homologação de acordos ou resolução da lide através do dispositivo de acolhimento ou de rejeição dos pedidos.

Para tanto, é suficiente que o julgador diga com clareza quais foram os motivos de fato e de direito, em sintonia com as provas carreadas aos autos, que o levaram a decidir nos termos da norma aplicável à espécie, desta ou daquela maneira, isto é, se o pedido é procedente ou não. Deve dizer o direito e o porquê do direito em concreto, e basta – todo o resto é desnecessário. A motivação, como se sabe, tem função e origem constitucional, ligada historicamente à garantia contra a decisão arbitrária do juiz. Realmente, através do exame da motivação é que se torna possível exercer o controle e a crítica da decisão do magistrado. Por isso, é suficiente que o magistrado demonstre os elementos sobre os quais formou a sua convicção.

Nessa exposição, o juiz deve demonstrar haver respeitado, na formação do seu convencimento, as normas positivas, dando conta da congruência do direito afirmado por ele com as fontes do respectivo direito, além de apontar que os elementos selecionados na decisão com base nos quais reconstruiu os fatos estão corretamente expostos.[7]

Outro aspecto do art. 281 do CPC merecedor de nossa atenção é aquele que respeita à faculdade concedida pela lei ao juiz de proferir a sentença no prazo de dez dias, em gabinete. Nesse particular, não se pode aplaudir a escolha do legislador, porquanto se manteve atrelado à orientação contida no art. 280, *in fine*, do antigo "sumaríssimo", a respeito da qual a prática forense vinha demonstrando diuturnamente a total ausência de sintonia entre o prazo concedido em lei para o juiz prolatar sua decisão e o que realmente se verificava no mundo empírico.

Não podemos aceitar a opção feita no art. 281 diante das inúmeras alterações que foram introduzidas no rito sumário. Não se pode esquecer que as mudanças realizadas durante toda a reforma do Código estiveram sempre dirigidas, de uma maneira ou de outra, à simplificação, agilização e efetivação do processo. Pela opção feita, ao contrário, a concentração do ato processual e a rapidez na prestação da tutela jurisdicional ficaram sensivelmente prejudicadas, motivo pelo qual estavam a exigir justamente postura inversa, banindo-se de uma vez por todas essa "faculdade" que, na prática, tornou-se quase um

7. *Idem, ibidem.*

"dever" para o juiz e um "direito" das partes (especialmente do réu). Sabe-se que vários fatores, além dos já mencionados, autorizam a sustentação de nosso entendimento, valendo ainda destacar a facilidade com que o juiz pode conhecer dos fatos versados pelas partes, testemunhas e advogados, o que é resultado simples da incidência dos princípios da imediação e concentração. Remeter os autos em conclusão para decidir em gabinete significa, em outros termos, o rompimento do liame criado entre os sujeitos do processo na audiência de instrução e julgamento, tão desejado pelo princípio da oralidade, norteador, em grau médio, do procedimento sumário. Além do mais, todos nós sabemos e a prática forense comprova, *quantum satis*, que esse prazo legal normalmente não é atendido pelo julgador, por diversas razões, notadamente em face do acúmulo de processos que se encontram em gabinete.

Por outro lado, não se diga em favor da opção legislativa insculpida no art. 281 do CPC que remeter os autos para decidir em gabinete propicia ao juiz mais tempo e tranquilidade. Como dissemos, seja qual for o argumento sustentado, no procedimento sumário a *regra* a ser obedecida é a que preconiza a prolação da sentença na própria audiência, em atenção ao *princípio da oralidade*, norteador que é de todo esse rito.

Na verdade, a *mens legis* contida no citado artigo repousa na *excepcionalidade* da prolação de sentença em gabinete, por todas as razões que acabamos de expor. Por lhe parecer óbvio, o legislador não disse, em complementação ao dispositivo em questão, que essa providência só seria admitida nas hipóteses em que a lide estivesse apresentando maior complexidade fática ou jurídica, a ponto de dificultar a tomada de decisão final ao término do ato instrutório e debates, oralmente. Não se fez qualquer observação, mas, no nosso entender, seria ela de grande utilidade prática, porquanto algumas vezes o óbvio precisa ser dito, justamente em face de sua evidência, que pode terminar por passar despercebido, especialmente aos olhos daqueles que, propositadamente, não querem assim enxergar.[8] Esperamos que, com essas observações, os aplicadores do direito reflitam seriamente a respeito de suas posições, e, oxalá, mudem de postura. Por outro lado, esperamos também que o legislador esteja atento às realizações do mundo empírico a fim de que, se necessário for, venha com brevidade proceder à complementação ao art. 281, nos moldes por nós sugeridos muito modestamente no decorrer deste estudo.

Por último, ressaltamos que foi eliminada a *audiência de leitura de sentença*, introduzida na parte final do art. 280 do antigo sumaríssimo, através da Lei 7.219,

8. Diante do exposto, melhor teria sido a seguinte redação ao dispositivo em questão: "Art. 281. Findos a instrução e os debates orais, o juiz proferirá sentença na própria audiência, e, excepcionalmente, no prazo de 10 (dez) dias".

de 19.09.1984,[9] que sempre recebeu duras críticas da doutrina.[10] Na prática, a lei não veio a ser aplicada, porquanto mais uma vez divorciada da realidade e das necessidades do dia a dia forense. Era comum alguns juízes designarem a dita audiência por mera formalidade, sem qualquer instalação do ato processual, que se passava na esfera restrita dos balcões de cartórios. Outros menos formalistas nem se davam ao trabalho de designar a referida audiência – limitavam-se, simplesmente, a ordenar a publicação, registro e intimação, na forma convencional.

2. Do procedimento na fase de liquidação

As reformas paulatinas que foram introduzidas no Código de Processo Civil trouxeram também mudanças a respeito da *liquidação de sentença*, segundo se verifica através da Lei 8.898, de 29.06.1994, que alterou os arts. 603, 604, 605 e 609 do CPC, da Lei 10.444/2002 que, por sua vez, acrescentou os §§ 2º e 3º ao art. 604 do CPC, e, por último, da Lei 11.232, de 23.12.2005, que, entre tantas outras inovações, alterou e ressistematizou a aludida fase processual, versando sobre o tema no Livro I, Título VIII, Capítulo IX, arts. 475-A *usque* 475-H. Dentre as inovações, interessa-nos especificamente neste estudo aquela que respeita ao art. 475-A, § 3º, que proíbe a sentença ilíquida nas hipóteses previstas no art. 275, II, alíneas *d* e *e*, que tratam, respectivamente, da ação de ressarcimento por danos causados em acidentes de veículos de via terrestre e da ação de cobrança de seguro, relativamente aos danos causados em acidentes de veículos. Assim, ainda que o autor não indique o valor do dano ou do seguro a ser pago, o juiz deve proferir sentença líquida, fixando o *quantum* de acordo com seu prudente critério.

---

9. Antes da entrada em vigor da Lei 7.219/1984, o texto do art. 280 era o seguinte: "O juiz proferirá a sentença, tanto que concluída a instrução ou no prazo máximo de 5 (cinco) dias". Com o seu advento, passou a ter o seguinte teor: "Finda a instrução, o juiz dará a palavra ao advogado do autor e ao do réu, bem como ao representante do Ministério Público – quando este tiver de funcionar – sucessivamente, pelo prazo de 10 (dez) minutos, para alegações finais. Em seguida proferirá sentença ou designará data para sua leitura no prazo máximo de 5 (cinco) dias".

10. A esse respeito, o então Ministro Sálvio de Figueiredo Teixeira foi categórico ao afirmar que a aludida lei era de "rara infelicidade", por diversas razões: "A uma, porque o sumaríssimo está a reclamar reformulação estrutural e não meras alterações periféricas. A duas, porque a possibilidade dos debates já estava assente em doutrina e jurisprudência. A três, porque, com a adoção do recurso adesivo (art. 500, parágrafo único), a designação de audiência para a leitura de sentença já não se justificava (v. nota no art. 456). A quatro, porque poderá ensejar dúvidas quanto à tempestividade do recurso quando não se fizer em audiência a leitura da sentença (tudo indica que a jurisprudência não irá prestigiar mais esse formalismo). A cinco, porque até a técnica de redação legislativa se viu agredida. Enfim, não se modificou o essencial; piorou-se o acessório" (*Código de Processo Civil anotado*, art. 280, p. 174).

Outra novidade também instituída pela Lei 11.232/2005 é a constante do art. 475-F ao dispor que "na liquidação por artigos, observar-se-á, no que couber, o procedimento comum (art. 272)". O novo texto aperfeiçoou e simplificou a redação anterior constante do art. 609 do CPC,[11] em que pese já melhorada através da Lei 8.898/1994, quando confrontada com a sua primitiva redação, nos termos da Lei 5.869/1973).[12]

Na verdade, era a primeira redação conferida ao art. 609 do CPC, dada pela Lei 5.869/1973, que causava polêmicas na doutrina e na jurisprudência e prejuízos aos litigantes que, dependendo da corrente assumida pelo juiz sentenciante, na exata medida em que poderiam obter resultados mais rápidos, conforme o rito aplicado na *liquidação por artigos.*[13] Era então predominante o entendimento de que não se podia aplicar nesse tipo de liquidação ao procedimento sumário (antigo "sumaríssimo") porque o dispositivo era taxativo ao mencionar que seria observado o *procedimento ordinário.*[14] Os defensores dessa tese fundamentavam-na não só no próprio conteúdo do dispositivo, como também no entendimento de que se desenvolveria um "autêntico processo de conhecimento".[15]

Nada obstante, havia também forte corrente doutrinária em sentido contrário, liderada por mestres do quilate de Arruda Alvim,[16] Barbosa Moreira[17] e Alcides de Mendonça Lima,[18] dentre outros não menos ilustres juristas, a qual terminou por ser adotada integralmente pelo movimento reformista do nosso Código, passando então o art. 609 a consignar que, na liquidação por artigos, observar-se-á o *procedimento comum, nos termos da Lei 8.898/1994.*

Nada mais lógico e óbvio, porquanto a fase de liquidação representa a mera sequência processual que se verifica após a prolação da sentença condenatória,

---

11. Era a seguinte a redação do revogado art. 609, conferida pela Lei 8.898/1994, *in verbis:* "Observar-se-á, na liquidação, por artigos, o procedimento comum regulado no Livro I deste Código".
12. Assim dispunha primitivamente o art. 609 do CPC, *in verbis:* "Observar-se-á, na liquidação por artigos, o procedimento ordinário regulado no Livro I deste Código".
13. Sobre o tema, v. Alfredo Buzaid, "Da liquidação por artigos em ação de ressarcimento de perdas e danos", *RePro*, vol. 43/9-13.
14. Cf. observação feita por Sálvio de Figueiredo Teixeira, *Código de Processo Civil anotado*, art. 609, p. 368.
15. Nesse sentido, v. Milton Sanseverino, *Procedimento sumaríssimo*, n. 4.11.1, p. 106-107. Nessa monografia, o citado autor aplaude a redação da época e é categórico ao dizer que não se poderia cogitar de aplicar o rito sumaríssimo [sumário] a esse tipo de liquidação.
16. "O 'julgamento conforme o estado do processo' e o 'procedimento sumaríssimo'", *RF*, vol. 246/239.
17. *O novo processo civil brasileiro*, p. 224-227.
18. *Comentários ao Código de Processo Civil*, vol. 6, t. II, n. 1.379, p. 693.

para apuração do *quantum debeatur.* Em que pese o equívoco do legislador em referir-se primitivamente ao procedimento "ordinário", a interpretação adequada, na época, ao malsinado dispositivo, era aquela preconizada pelos referidos mestres. Aliás, essa questão foi muito bem solucionada por Arruda Alvim, nos seguintes termos: "Penso, entretanto, que, nesse passo, o art. 609 deve ser interpretado como albergando uma *sinédoque*, ou seja, teria o legislador se emaranhado na sua própria técnica, e teria trocado o gênero pela espécie, dado que deveria ter aí falado em procedimento comum". E prossegue o eminente professor paulista: "Isto é, se tivesse havido anteriormente procedimento ordinário, a liquidação far-se-ia, neste caso do art. 609, pelo rito do procedimento ordinário; mas, se tivesse havido um procedimento sumaríssimo, a liquidação dever-se-ia fazer pelo rito sumaríssimo também. Seriam os dois segmentos disciplinados por procedimento sumaríssimo, tanto o conhecimento do *an debeatur* quanto a liquidação, ou seja, o *quantum debeatur*".[19]

1. Esse também já era o nosso entendimento antes da reforma do Código, terminando por ser consagrado pelo próprio legislador ao editar a Lei 8.898/1994. Por outro lado, é interessante ressaltar que, de qualquer maneira, a fase de liquidação, sobretudo a por artigos (art. 475-E, do CPC), é extremamente desgastante para os litigantes e, para o vencedor do processo de conhecimento, um verdadeiro tormento, pois significa simplesmente, em termos leigos, *ganhar e não poder levar*. Desconhece a parte vencedora, aliás, o quanto ganhou, devendo contentar-se, ao menos por ora, com esse fato. Todavia, sabemos muito bem que esse período de tempo pode se tornar muito longo, tendo em vista que é reaberta uma nova fase cognitiva do processo, mesmo que tramite sob a égide do procedimento sumário.

2. Parece-nos que os juízes devem conscientizar-se dessa verdade a fim de buscar, de todas as maneiras possíveis, durante o trâmite do processo de conhecimento, não só reconhecer a existência do direito alegado (*an debeatur*), mas também encontrar nessa mesma fase processual, o *quantum debeatur*. Em síntese, a fase de liquidação há de ser considerada, sempre, uma etapa excepcional do processo, nela adentrando-se somente se e quando tornar-se efetivamente impossível a apuração da quantia objeto do conflito em exame durante a fase instrutória do processo de conhecimento.

3. Do cumprimento da sentença

Com o advento da Lei 11.232, de 23 de dezembro de 2005, o malsinado processo de execução fundado em título judicial foi, finalmente, banido do nosso

---

19. "O 'julgamento conforme o estado do processo' e o 'procedimento sumaríssimo'", *RF*, vol. 246/239.

Código instrumental, na exata medida em que a demanda de conhecimento tem início com o seu ajuizamento e término previsto somente quando se verificar a satisfação do vencedor. Fez-se então o processo ainda mais sincrético, tendo em vista que tudo se passa numa única relação jurídico-processual, em que o juiz conhece, executa e, dependendo do caso, até mesmo acautela (art. 273, § 7º, do CPC).

A execução provisória processar-se-á na forma estabelecida no art. 475-O,[20] enquanto o cumprimento definitivo da sentença, tratando-se de obrigação de fazer, não fazer e entregar far-se-á na forma estatuída nos arts. 461 e 461-A, segundo se infere do disposto no art. 475-I, *caput*, do CPC e, se a hipótese versar sobre o pagamento de quantia certa, por meio de "execução forçada" por sub-rogação, nos moldes delineados no art. 475-J e seguintes do CPC.

Destarte, o cumprimento da sentença tem forma própria, além de ser regido por princípios específicos, destinados a proporcionar a consecução da pretensão insatisfeita do exequente, nos termos do que dispõe o Capítulo X do Título VIII do Livro I do CPC.

Vê-se, portanto, que o rito sumário objeto deste nosso estudo não encontra qualquer aplicação ou sequer incidência mínima na fase satisfativa (executória) da sentença. O art. 598 do Código, que está inserido nas *disposições gerais* pertinentes ao *processo de execução*, faz referência à aplicação subsidiária das disposições que regem o processo de *conhecimento*. Todavia, aqui não se está falando do gênero procedimental ou de procedimento *comum* (ordinário ou sumário), mas tão somente de *processo*, portanto, de regras pertinentes ao *instrumento*, na qualidade de *instituto jurídico*, reconhecido como hábil pelo sistema para viabilizar a *cognição* ao Estado-juiz. Portanto, trata-se de norma de caráter geral orientadora do *processo executivo* e não do seu *procedimento*.

As sentenças proferidas nos processos que tramitam sob a égide do rito sumário serão executadas (= processadas e satisfeitas) nos mesmos autos e perante o mesmo juízo que decidiu a causa no primeiro grau de jurisdição (art. 575, II, do CPC), extinguindo-se o processo com a obtenção da pretensão insatisfeita pelo exequente.[21]

Antes do advento da Emenda Constitucional n. 45/2004, durante as férias não se paralisavam os processos de execução de sentença prolatada em feitos

20. Assinalamos que a Lei 12.322/2010, alterou o inciso II, do § 2º e do § 3º do art. 475-O, os arts. 544 e 545 bem como o parágrafo único do art. 736.

21. Poderá também vir a terminar a demanda com a frustração de todo o processado, pela configuração da inexistência de bens em posse ou propriedade do devedor, suficientes para garantirem a satisfação do crédito. Aplica-se, então, o art. 659, §§ 2º e 3º, e, posteriormente, o art. 791, inc. III (suspensão do processo).

que houvessem tramitado sob a égide do rito sumário,[22] o que se mantém, em termos absolutos, sem qualquer alteração, em face da supressão das férias forenses coletivas para o primeiro grau de jurisdição e instância superior.

22. Assim inclusive já se manifestou o Superior Tribunal de Justiça, em aresto da lavra do Min. Nílson Naves: "*Causa de procedimento sumaríssimo. Embargos à execução da sentença. Intempestividade. Férias.* A execução também se processa durante as férias, tal conforme o disposto no art. 174, inciso II, do Código de Processo Civil. Na técnica processual, 'causa' tanto diz respeito à ação ou à demanda, como à execução. 2. Questões referentes à preclusão e aos honorários advocatícios. Improcedência. 3. Recurso especial não conhecido" (REsp 37319/SP, v.u., *DJU* 21.03.1994, p. 5.481).

Capítulo X

RECURSOS E MEIOS DE IMPUGNAÇÃO

1. Algumas considerações sobre os meios de impugnação

O sistema recursal brasileiro,[1] dentre outros princípios, norteia-se pelo denominado *princípio da congruência*, que preconiza quão pertinente deve ser a relação entre o tipo de decisão e o recurso específico previamente estabelecido em lei. Daí o surgimento da necessidade de uma adequada classificação dos atos e providências judiciais, razão pela qual dedicamos o tópico seguinte para analisar mais detalhadamente essa questão (v. item n. 2).

A *impugnação* de qualquer providência judicial pressupõe a configuração de alguma *lesividade* capaz de ensejar ao litigante prejudicado o interesse de manifestar a sua insatisfação com o escopo de obter a reforma da decisão. LIEBMAN nos fornece os contornos bem definidos do que venha a ser impugnação judicial: "Do ponto vista subjetivo, impugnação é o poder que a lei atribui a um sujeito de pedir um novo exame da causa e a pronúncia de uma nova decisão; do ponto de vista objetivo, é o ato através do qual tal poder é exercido e também o inteiro procedimento que vem iniciado com este ato".[2]

Ressalta ainda o saudoso mestre italiano que todas as decisões, como cada ato humano, podem ser defeituosas ou equivocadas. As impugnações aparecem como remédios que a lei coloca à disposição das partes para provocar o mesmo

---

1. Sobre o tema, v. ARRUDA ALVIM, "Notas a respeito dos aspectos gerais e fundamentais da existência dos recursos", *Repro,* vol. 48/7.
2. *Manuale...*, vol. 2, n. 288, p. 253.

juiz, ou o de instância superior, a proferir um novo juízo que se espera imune do defeito ou do erro da decisão precedente recorrida.

A probabilidade de obter com o exercício desses remédios uma decisão mais justa é inerente ao fato de que a nova decisão será pronunciada em via de controle e de reexame crítico daquilo que foi colocado no juízo recorrido, acrescido da circunstância de que o novo juízo será composto por um órgão diverso e superior, formado por magistrados selecionados, mais experientes e autorizados; quando confiada ao mesmo órgão, a probabilidade reside no fato de que se elimina preventivamente o inconveniente que pode ter induzido em erro o juiz, ou se verificam elementos de cognição antes desconhecidos ou impossíveis de serem considerados, ou colocados por um ponto de vista não considerado anteriormente.[3]

O princípio do duplo grau de jurisdição apesar de não estar expressamente previsto na Constituição Federal, encontra-se indubitavelmente implícito em diversos dispositivos da Carta, através dos quais se pode concluir, sem maiores dificuldades, a respeito de sua admissibilidade dentro do sistema jurídico, em perfeita consonância com o Código de Processo Civil.[4]

No momento em que o constituinte tratou dos Órgãos do Poder Judiciário estabeleceu também a competência recursal de alguns destes (art. 102, II; art. 105, II; art. 108, II, todos da CF), bem como instituiu para os Estados o dever de criar as Turmas de Recurso, para o julgamento das questões pertinentes aos juizados especiais de pequenas causas cíveis e criminais. Excepcionalmente, encontramos hipóteses regulamentadas na própria Constituição em que não se vislumbra a possibilidade de aplicação do princípio do duplo grau de jurisdição,

---

3. Idem, p. 251-252.

Em geral, sobre os *princípios fundamentais e a teoria geral dos recursos* e os *princípios do processo civil na Constituição Federal*, v. as excelentes monografias de Nelson Nery Junior, assim intituladas.

4. A esse respeito escreve Nelson Nery Junior: "O art. 158, da Constituição do Império de 1824, dispunha expressamente sobre a garantia absoluta do duplo grau de jurisdição, permitindo que a causa fosse apreciada, sempre que a parte o quisesse, pelo então Tribunal da Relação (depois de Apelação e hoje de Justiça). Ali estava inscrita a regra da garantia absoluta do duplo grau de jurisdição.

"As constituições que se lhe seguiram, limitaram-se a apenas mencionar a existência de tribunais, conferindo-lhes competência recursal. Implicitamente, portanto, havia 'previsão' para a existência de recurso. Mas, frise-se, não 'garantia' absoluta ao duplo grau de jurisdição" (*Princípios do processo civil na Constituição Federal*, p. 149).

Dispõe o art. 5º, LV, da CF, *in verbis:* "os litigantes, em processo judicial ou administrativo, e aos acusados em geral são assegurados o contraditório e ampla defesa, com os meios e recursos a ela inerentes".

como por exemplo, naquelas de competência originária do Supremo Tribunal Federal (art. 102, I, da CF).

Esse princípio permite aos interessados recorrerem à instância imediatamente superior ao Órgão prolator da decisão impugnada, para obterem a revisão da matéria apreciada em interlocutória ou sentença, ou, em casos excepcionais, ao próprio prolator do *decisum* impugnado, através do chamado juízo de retratabilidade ou retratação.

No que tange aos aspectos gerais da ordem dos processos nos tribunais, merece destaque o art. 550 do Código de Processo Civil ao dispor que: "Os recursos interpostos nas causas de procedimento sumário deverão ser julgados no tribunal, dentro de 40 (quarenta) dias".

Tratando-se de prazo fixado sem qualquer espécie de sanção, a disposição passa a ter caráter meramente orientador (programático). Assim, "a ultrapassagem do prazo legal para o término das ações que tramitam em procedimento sumaríssimo (CPC 275), tanto no primeiro grau de jurisdição (CPC 281), quanto no segundo grau (CPC 550), não tem o condão de alterar a natureza do procedimento, nem impor a quem quer que seja sanção pelo retardamento do feito".[5]

Para agilizar o trâmite recursal, dispôs o legislador no art. 551, § 3º, que para os recursos interpostos nas causas de procedimento sumário, não haverá revisor.[6] Essa dispensa é justamente prevista para facilitar a viabilização do prazo de quarenta dias para o julgamento na instância *ad quem* dos processos com rito sumário.[7]

2. Classificação dos atos e pronunciamentos do juiz

Dentro do critério utilizado pelo legislador no CPC, os chamados *atos do juiz* estão previstos no *caput* do art. 162 do CPC, que os classifica como *sentenças*, *decisões interlocutórias* e *despachos*. Por sua vez, os três parágrafos seguintes assinalam os seus respectivos contornos tomando por base uma conceituação pouco precisa, vejamos: "§ 1º Sentença é o ato do juiz que implica algumas das

---

5. Nelson Nery Junior, *Código de Processo Civil...*, art. 550, n. 1, p. 670.

Lembra ainda o eminente Professor paulista a observação feita pelo então Ministro Sálvio de Figueiredo Teixeira, em seu *CPC anotado* (art. 281, p. 175): "As deficiências de nossa realidade forense tornam essa norma quase impraticável."

6. A Lei 8.950/94 ampliou o § 3º do art. 551, que fazia referência apenas ao rito sumário. A redação passou a ser então a seguinte, *in verbis*: "Nos recursos interpostos nas causas de procedimentos sumários, de despejo e nos casos de indeferimento liminar da petição inicial, não haverá revisor".

7. No mesmo sentido, v. Nelson Nery Junior, *Código de Processo Civil...*, art. 551, n. 2.

situações previstas nos arts. 267 e 269 desta Lei. § 2º Decisão interlocutória é o ato pelo qual o juiz, no curso do processo, resolve questão incidente. § 3º São despachos todos os demais atos do juiz praticados no processo, de ofício ou a requerimento da parte, a cujo respeito a lei não estabelece outra forma".

Ressalta-se que a palavra *ato*, empregada no *caput* do art. 162, não está adequada, porque faz parecer, erroneamente, que as atividades dos juízes restringem-se apenas à prolação de sentenças, decisões interlocutórias e despachos de expediente.[8]

Essa classificação não satisfaz por completo, porquanto o juiz pratica diariamente muitos outros atos na direção e instrução do processo que não se enquadram no modelo legislativo insculpido no *caput* do art. 125 do CPC, tais como a realização de: inspeção judicial (art. 440, do CPC), presidência de audiências (exerce o poder de polícia – art. 445 do CPC), supervisionando a audiência dirigida por conciliador (art. 277, § 1º, do CPC), propondo a conciliação (arts. 125, IV, art. 277, art. 448, todos do CPC), apresentação às partes dos pontos controvertidos da demanda, sobre os quais incidirá a prova (art. 277, c/c arts. 278 e 451, todos do CPC), procede direta e pessoalmente à colheita das provas (art. 278, § 2º, c/c art. 446, II, ambos do CPC), exorta as partes, seus advogados e o Ministério Público para discutirem a causa com elevação e urbanidade (art. 446, III, do CPC) etc.

Os juízes praticam também *atos de correição* – processual e administrativa (ordinária ou extraordinária – judicial e extrajudicial).

Podem ainda *reconsiderar* (= decisão) certos atos realizados, de ofício ou a requerimento da parte, quando se tratar de erro material ou quando a própria natureza do ato a ser retificado assim o permitir (matéria de ordem pública substantiva ou instrumental). Não obstante alguns doutrinadores denominarem esses atos de *correição parcial* ou *reconsideração*, são ambos, em sua essência, verdadeiras *decisões interlocutórias*, porquanto se resumem, *em regra*, em manifestação judicial de natureza eminentemente decisória incidental, seja *corrigindo* ato proferido de maneira equivocada em momento processual antecedente, seja *modificando* (*reconsiderando*) ato anterior.[9]

---

8. Segundo NELSON NERY JUNIOR, "o elenco mencionado na norma é exemplificativo, pois nomeados apenas os pronunciamentos do juiz: sentença, decisão interlocutória e despacho" (*Código de Processo Civil*..., art. 162, n. 1, p. 411).

9. A respeito do tema, v. o estudo de EDSON MALACHINI, intitulado "A correição parcial e a recorribilidade das decisões interlocutórias" (*RePro*, vol. 18/88). Salienta o mestre paranaense que não há que confundir a reclamação (correição parcial) com a "(...) 'reclamação' prevista nos arts. 161 *et seq.* do Regimento Interno do Supremo Tribunal Federal, e que pode ser feita pelo Procurador-Geral da República ou pelo 'interessado na causa, para preservar a competência do Tribunal ou garantir a autoridade das suas decisões', cujos pressupostos e

Usamos a expressão "em regra" porque existem exceções, isto é, nem todos esses atos, necessariamente, consistirão em decisão interlocutória, pois dependerá, como já dissemos, da natureza de seu conteúdo e da relação que se formará entre a nova manifestação e a anterior. Assim, por exemplo, se o juiz prolata equivocadamente um despacho de mero expediente, baixando os autos ao contador judicial para a elaboração de cálculos que já haviam sido realizados e já constavam no processo, nada obsta que a parte interessada na rápida solução do litígio intervenha processualmente pedindo ao juiz que *reconsidere* aquele despacho de expediente e profira um outro, mas, desta vez, abrindo vistas à parte contrária para se manifestar sobre a conta já elaborada. O acolhimento desse pedido, sem dúvida, não importa em decisão interlocutória, mas apenas em *despacho correicional de simples expediente.*[10]

"Em que pese a letra do art. 162, parece que de má técnica se serviu o legislador, ao redigir tal dispositivo, em seu *caput*, prevê que os atos do juiz são as sentenças, decisões interlocutórias e despachos. 'Atos', termo utilizado pelo dispositivo em questão, é expressão significativa de um gênero, de que 'pronunciamentos' são 'espécie'. Ato judicial é categoria mais ampla que abrange, por exemplo, a oitiva de testemunhas e a realização de inspeção judicial.

"Portanto, não é tecnicamente correto dizer-se que os 'atos' do juiz se subdividem em sentenças, decisões interlocutórias e despachos, pois há outros atos

---

finalidade são fundamentalmente diversos (*RTJ*, 75/663). Também não há que confundi-la com as simples reclamações ou representações dirigidas aos órgãos disciplinares dos tribunais (corregedorias ou conselhos superiores), às vezes previstas nas Leis de Organização Judiciária ou nos regimentos internos respectivos (e.g., CODJ do Paraná, Lei 7.297, de 08.01.1980, art. 29, VII e VIII), contra serventuários ou funcionários da justiça ou mesmo contra Juízes; estas, sim, de caráter puramente administrativo, sem qualquer possibilidade de interferência nos processos sujeitos à direção destes" (p. 88, nota de rodapé n. 1).

No Regimento Interno do Superior Tribunal de Justiça, a matéria pertinente à reclamação está regulada nos arts. 187 a 192.

V. também Teresa Arruda Alvim Wambier, *Agravo de instrumento*, p. 163 e ss., em que tem sustentado que "ainda que não se lance mão do argumento da inconstitucionalidade (que não se pode usar para a correição no âmbito da Justiça Federal), parece que a correição parcial é remédio que hoje encontra-se praticamente sem objeto, e em vias de extinção". Arremata dizendo que "são agraváveis as decisões interlocutórias e os despachos, estes últimos desde que, porque proferidos erradamente, tenham sido capazes de gerar prejuízo. Logo, de fato, o espaço para a correição parcial ou desapareceu ou, pelo menos, ficou bastante reduzido" (Idem, p. 166).

V. também Arruda Alvim, "Correição parcial", *RT* 452/11-20.

10. Na lição de Arruda Alvim, "os despachos de mero expediente continuam a ser objeto de correição parcial ou reclamação, o que se torna fora de sistemática do Código, desde que provoquem tumulto e inversão da ordem processual" (*Manual*..., vol. 2, n. 283, p. 357).

judiciais, que não se encartam, como se viu, em nenhuma das três categorias".[11] Em outras palavras, mais feliz teria sido o legislador se tivesse utilizado a expressão pronunciamentos, em vez de *atos*.

Ademais, definir os atos judiciais pelos seus efeitos importa, sem dúvida, em erro jurídico e, sobretudo, em erro lógico. Antes do advento da Lei 11.232/2005 que, entre outras modificações conferidas ao Código de Processo Civil, alterou também o conceito de sentença, alguns doutrinadores e tribunais definiam as decisões interlocutórias e as sentenças como sendo atos através dos quais o juiz decidia questão incidente e extinguia o processo, cabendo recurso de agravo e apelação, respectivamente. De maneira perfunctória, as definições podiam satisfazer; todavia apresentavam-se inquinadas, no mínimo, com vício de tautologia.

Assim, o que substancialmente importa é o *conteúdo* do pronunciamento do juiz, ou seja, o seu fundamento intrínseco e ôntico, o que motivou o legislador, por certo, a alterar a redação do art. 162, § 1º, do CPC.

Dessa feita, podemos afirmar que sentença é o pronunciamento judicial cujo conteúdo seja matéria prevista nos arts. 267 ou 269 do CPC e que, por isso, tem como efeito principal extinguir o processo de conhecimento, no sentido técnico da expressão, como relação processual entre autor, réu e juiz, restando apenas a etapa de cumprimento (espontâneo ou forçado) da sentença.

Assim, faz-se mister que se classifiquem os atos do juiz tendo por critérios o seu conteúdo (decisório ou não) e a *atividade judicial* desenvolvida no curso do processo, razão pela qual, dentro da sistemática do Código de Processo Civil (e da Lei dos Juizados Especiais), podemos afirmar que os atos do juiz são: a) os *despachos* (de impulso processual, de expediente, correicional processual ou correicional administrativo); b) as *atividades instrutórias*; c) *as atividades de polícia*; d) as *decisões*: d.1) *interlocutórias* (correicionais administrativas ou processuais); d.2) *sentenças* (de mérito ou formais).

Dentro desse contexto poder-se-ia indagar, então, quais as principais diferenças e semelhanças existentes nas diversas formas de pronunciamento judicial. A principal diferença reside no *conteúdo* desses atos, ou seja: o *despacho* de expediente é mera atividade judicial de impulso ao processo, *sem o mínimo teor decisório*, tanto que atualmente, deve ser praticado por servidor, admitindo-se a revisão posterior do juiz (§ 4º do art. 162, do CPC, e art. 93, XIV, da CF); a *decisão interlocutória* restringe a *manifestação judicial à questão de relativa ou absoluta complexidade e de conteúdo incidental*, podendo versar, também, sobre o mérito (liminares); a *sentença*, por sua vez, é o principal ato de manifestação do Estado-Juiz por apresentar conteúdo substancial que permite a composição

11. Teresa Arruda Alvim Wambier, *Agravo de instrumento*, p. 55-56.

definitiva da lide (sentença de mérito) ou, excepcionalmente, conteúdo estritamente processual (sentenças de natureza formal).

3. Dos recursos e meios de impugnação

3.1 Agravo

De acordo com a redação conferida ao art. 522, *caput*, do CPC, através da Lei 11.187/2005, "das decisões interlocutórias caberá agravo, no prazo de 10 (dez) dias, na forma retida, salvo quando se tratar de decisão suscetível de causar à parte lesão grave e de difícil reparação, bem como nos casos de inadmissão da apelação e nos relativos aos efeitos em que a apelação é recebida, quando será admitida a sua interposição por instrumento".

Portanto, percebe-se sem maiores dificuldades que, dos atos judiciais suscetíveis de causar algum gravame a qualquer dos litigantes, caberá a interposição de agravo, na forma instrumental (art. 524 e ss., do CPC) ou retida (arts. 522 e 523, do CPC),[12] dependendo apenas da urgência sobre a qual se funda o mérito recursal.

Acerca do tema correlato pertinente ao "princípio da oralidade e o procedimento sumário", para não sermos repetitivos, reportamo-nos ao item n. 12, do Capítulo II desta obra, em que tratamos da matéria em questão.

3.2 Pedido de reconsideração

A respeito dos chamados pedidos de reconsideração, devemos dizer que eles aparecem na prática forense com certa frequência, como instrumentos de postulação ao juiz, em forma simples de petição, objetivando a reapreciação da providência por ele tomada e sua consequente alteração.

Primeiramente, é bom ressaltar que esses "pedidos de reconsideração" não estão eliminados do nosso sistema jurídico processual, em que pese a inexistência de previsão normativa admitindo-os expressamente, ressalvada a hipótese prevista em caráter excepcional, no art. 527, parágrafo único, do CPC.[13] Contudo, por não afrontarem qualquer princípio ou dispositivo do Código e desde que atendidos determinados requisitos, podem ser aceitos como expediente de manifestação de algum inconformismo dos litigantes.

---

12. Tratando-se de agravo retido, o pedido será articulado oral e imediatamente, com exposição sucinta acerca das razões de fato e de direito, conforme a regra contida no art. 523, § 3º, do CPC, que se transporta para a audiência preliminar.
13. Esse parágrafo único foi inserido ao art. 527 do CPC através da Lei 11.187/2005, que modificou o recurso de agravo.

O cerne da questão reside em se identificar o critério a ser utilizado para determinação desse requisito. Como os meios de impugnação em geral baseiam-se na configuração de algum prejuízo causado a uma das partes em decorrência de provimento judicial tomado em seu desfavor, parece-nos que o critério mais adequado seja aquele que considere o conteúdo do ato objeto da impugnação.

Salvo a hipótese mencionada (art. 527 e 523, § 2º, ambos do CPC), o pedido de reconsideração só pode ser utilizado como mecanismo adequado para afrontar os atos judiciais que, em razão da matéria analisada, não geram preclusão *pro iudicato*, ou seja, que podem ser revistos pelo juiz a qualquer tempo, sem provocação formal da parte interessada.

A verdade é que esses pedidos não apresentam relevância técnica alguma, motivo pelo qual são totalmente dispensáveis, "pois não são eles que 'liberam' o juiz da preclusão (que não terá ocorrido) e não suspendem, e muito menos interrompem, o prazo para o agravo".[14]

Pretendemos ressaltar também o problema da preclusão em que a parte poderá incidir, como decorrência do uso inadequado do pedido de reconsideração, formulado para obter modificação, por exemplo, de uma decisão interlocutória prolatada em cognição sumária (concessão de tutela antecipatória, fulcrada no art. 273 do CPC),[15] o qual resultará infrutífero diante da inadequação da via eleita, quando o mecanismo hábil é o agravo, na modalidade instrumental.

Nesse caso, entende-se por preclusão a perda ou extinção do direito da parte em realizar um ato processual em virtude: a) do decurso do prazo; b) da falta de exercício do direito no momento oportuno, quando a ordem legalmente estabelecida na sucessão das atividades processuais importe em uma consequência assim grave; c) da incompatibilidade da atividade já realizada;

14. Teresa Arruda Alvim Wambier, *Agravo de instrumento*, p. 239. V. também os ensinamentos contidos nas p. 234-238.

No mesmo sentido, v. *Medida cautelar...*, p. 42 e ss.

Escreve ainda a professora paulista que "estes pomposamente chamados 'pedidos de reconsideração' equivalem a um pedido oral da parte para que o juiz 'pense melhor', em relação a uma decisão que ele poderia modificar sem que houvesse 'pedido de reconsideração' algum.

"Não se trata, como à primeira vista pode parecer, de uma prática ilícita, salvo quando empregado indevidamente, mas de algo que não tem relevância técnica alguma" (*idem, ibidem*).

15. A respeito do tema pertinente à *antecipação de tutela*, remetemos o leitor interessado aos nossos *Comentários ao Código de Processo Civil*, vol. 4, tomo I, art. 273.

d) do fato de já ter sido uma vez exercitado o direito.[16] Referimo-nos, é óbvio, à preclusão temporal das decisões proferidas no curso do processo, que somente podem ser afastadas através da interposição do recurso de agravo (art. 473, do CPC).[17]

Por isso, nesse exemplo, o pedido de reconsideração não encontrará ressonância prática e legal, pois a decisão concessiva ou denegatória referente à antecipação da tutela é do tipo que não se permite seja revista pelo juiz, exceto quando utilizados os mecanismos adequados e no momento procedimental hábil. Assim, esses pedidos de reconsideração devem ser interpretados restritivamente, no sentido de que servem apenas para manifestar o inconformismo da parte em relação aos pronunciamentos judiciais inquinados de erro material ou que envolvam matéria de ordem pública, que permitam a revisão da decisão *ex officio* e a qualquer tempo.

Porém, se o impugnante formular pedido de reconsideração e sucessivamente requerer ao juiz que, se assim não entender, receba a peça como agravo retido, deverão seus articulados preencher de antemão os requisitos dos arts. 523 e 524 do CPC. Ultrapassado o prazo de interposição do agravo, em hipótese alguma o pedido de reconsideração poderá vir a prosperar. Vê-se, pois, que, na ausência de interposição do agravo, impossível se torna para o juiz rever a sua decisão (preclusão *pro judicato*).

Nesses casos, deverá o interessado atentar para o prazo decendial definido no art. 522 do CPC, que não se suspende ou interrompe jamais em razão de articulação de pedido de reconsideração ao juiz *a quo* prolator do ato impugnado.

É bem verdade que, interposto o agravo retido, o juiz poderá reformar a sua decisão, após ouvir a parte contrária, em dez dias (art. 523, § 2º, do CPC). Todavia, o pedido de reconsideração com requerimento sucessivo de recebimento da peça como agravo retido pouco ou nada servirá ao impugnante, tendo em vista que apenas evitará a preclusão, porquanto a matéria só será reapreciada se assim postular à instância *ad quem*, em preliminar, por ocasião do julgamento da apelação, o que não lhe trará, por conseguinte, os efeitos imediatos que poderiam ser obtidos através do agravo pelo regime da instrumentalização.

---

16. Enrico Tullio Liebman, *Manuale*..., vol. 1, n. 107, p. 210.

Nesse sentido, por todos, v. Giuseppe Chiovenda, *Istituzioni*..., vol. 1, p. 339 e ss., vol. 2, p. 58 e ss.

17. Cf. Manoel Caetano Ferreira Filho, *A preclusão no direito processual civil*, p. 82. Assinala também o professor paranaense que "as outras duas modalidades – lógica e consumativa – verificam-se irremediavelmente, não havendo como evitá-las: praticado o ato, dá-se a preclusão consumativa; a prática anterior do ato incompatível com o que se pretende praticar produz a preclusão da faculdade de praticá-lo" (*idem*).

Não se percam de vista, igualmente, as novas orientações instituídas pela Lei 11.187/2005, que mudaram substancialmente o regime do recurso de agravo, fixando como regra a admissibilidade de agravo retido contra decisões interlocutórias, "salvo quando se tratar de decisão suscetível de causar à parte lesão grave e de difícil reparação, bem como nos casos de inadmissão da apelação e nos relativos aos efeitos em que a apelação é recebida, quando será admitida a sua interposição por instrumento" (art. 522, *caput, do CPC*).

3.3 Reclamação ou correição parcial

É comum encontrarmos em legislações estaduais a previsão normativa de um meio de impugnação denominado *reclamação*[18] ou *correição parcial*, destinado a corrigir atos judiciais sem previsão de recurso ou outra forma típica de manifestação da não resignação. Sob uma ou outra denominação, "preveem as leis, ou códigos, de organização judiciária dos Estados, de modo geral, uma medida paraprocessual, dita de caráter administrativo ou disciplinar, destinada, segundo a fórmula que serviu de modelo para as demais, a 'emenda de erros, ou, abusos, importem inversão tumultuária dos atos e fórmulas da ordem legal do processo, quando para o caso não haja recurso'", conforme assinalado por Edson Ribas Malachini, ao lembrar do Dec.-lei 2.726, de 31.10.1940, que criou o Conselho de Justiça do Distrito Federal.[19]

---

18. Não confundir este meio de impugnação que ora estamos analisando com a "reclamação" prevista nos Regimentos Internos do STF e do STJ, porquanto distintas na essência e escopos.

Dispõe o art. 156 do RISTF: "Caberá reclamação do Procurador-Geral da República, ou do interessado na causa, para preservar a competência do Tribunal ou garantir a autoridade das suas decisões. Parágrafo único. A reclamação será instruída com prova documental".

Por sua vez, dispõe o art. 187 do RISTJ: "Para preservar a competência do Tribunal ou garantir a autoridade das suas decisões, caberá reclamação da parte interessada ou do ministério público. Parágrafo único. A reclamação, dirigida ao Presidente do Tribunal e instruída com prova documental, será autuada e distribuída ao relator da causa principal, sempre que possível".

Não há confundir também a essa espécie de reclamação com as "(...) simples reclamações ou representações dirigidas aos órgãos disciplinares dos tribunais (corregedorias ou conselhos superiores), às vezes previstas nas leis de organização judiciária ou nos regimentos internos respectivos (...)" (Edson Ribas Malachini, "A correição parcial e a recorribilidade das decisões interlocutórias", *RePro*, vol. 18/88, item n. 1).

19. Tinha o aludido Conselho, entre outras atribuições, "'proceder disciplinarmente e sem prejuízo para o andamento do feito, a requerimento dos interessados ou do Procurador-Geral, a correições parciais em autos, para emenda de erros, ou abusos que (...)'" ("A

Em síntese, a reclamação ou correição parcial é utilizada para impugnar alguma espécie de *error in procedendo*. Todavia, se a espécie não comportar o remédio excepcional constitucional do mandado de segurança, desde que demonstrado o prejuízo (qualquer gravame), contra todo e qualquer ato judicial cabe recurso de agravo, salvo se estivermos diante de ato de natureza manifestamente discricionária (v.g., determinação de produção de prova *ex officio*; designação de audiência preliminar; determinação de ouvida do perito).

As reclamações ou correições parciais são instrumentos de impugnação manifestamente inconstitucionais, sobretudo porque os Estados não podem legislar em matéria processual, na exata medida em que elas são, em sua essência, uma espécie de recurso, travestido de "meio de impugnação" atípico. Não se olvida, contudo, que o Supremo Tribunal Federal firmou entendimento, por maioria de votos, em aresto da lavra da então Ministra Ellen Gracie (modificando o entendimento esposado anteriormente, em julgamento dos Embargos Infringentes em Representação 1092, *DJU* de 23.05.1986), no sentido de que, sob a égide da Carta de 1988, a chamada "reclamação" pode ser manejada, desde que prevista na Constituição do Estado e no Regimento Interno do respectivo Tribunal de Justiça (ADIn 2.212-1/CE).[20]

---

correição parcial e a recorribilidade das decisões interlocutórias", *RePro*, vol. 18/88-89, item n. 1).

20. A ementa da referida Ação Direta de Constitucionalidade está assim redigida: "Ação direta de inconstitucionalidade – Artigo 108, inciso VII, alínea I, da Constituição do Estado do Ceará e artigo 21, inciso VI, letra *j*, do Regimento do Tribunal de Justiça local. Previsão, no âmbito estadual, do instituto da reclamação. Instituto de natureza processual constitucional, situado no âmbito do direito de petição previsto no artigo 5º, inciso XXXIV, alínea *a*, da Constituição Federal. Inexistência de ofensa ao art. 22, inciso I, da Carta.

"1. A natureza jurídica da reclamação não é a de um recurso, de uma ação e nem de um incidente processual. Situa-se ela no âmbito do direito constitucional de petição previsto no artigo 5º, inciso XXXIV da Constituição Federal. E, consequência, a sua adoção pelo Estado-membro, pela via legislativa local, não implica invasão da competência privativa da União para legislar sobre direito processual (art. 22, I, da CF).

"2. A reclamação constitui instrumento que, aplicado no âmbito dos Estados-membros, tem como objetivo evitar, no caso de ofensa à autoridade de um julgado, o caminho tortuoso e demorado dos recursos previstos na legislação processual, inegavelmente inconvenientes quando já tem a parte uma decisão definitiva. Visa, também, à preservação da competência dos Tribunais de Justiça estaduais, diante de eventual usurpação por parte de Juízo ou outro Tribunal local.

"3. A adoção desse instrumento pelos Estados-membros, além de estar em sintonia com o princípio da simetria, está em consonância com o princípio da efetividade das decisões judiciais.

Como se não bastasse, carece o reclamante de interesse, em face do sistema recursal de agravo colocado à sua disposição, sempre admissível para combater os atos judiciais causadores de qualquer espécie de gravame.

Nelson Nery Junior bem explica histórica e juridicamente esse infeliz ranço legislativo, ainda previsto nos dias de hoje, de forma equivocada e desnecessária, em diversas "normas" estaduais: "Como no sistema do CPC/1939 o agravo de instrumento só cabia em hipóteses taxativas, criou-se nas legislações estaduais o expediente da correição parcial ou reclamação, com a finalidade de impugnar a decisão interlocutória irrecorrível. Seu cabimento era previsto quando a decisão fosse teratológica, ou causasse tumulto ou subversão da ordem processual, ou seja, quando o juiz agisse com *error in procedendo*.

"Instituto inconstitucional, quer tivesse natureza administrativa (decisão administrativa não pode modificar decisão jurisdicional), quer tivesse natureza processual (estado não pode legislar sobre matéria processual: CF 22 I), não tem mais nenhum significado relevante no sistema do CPC de 1973, no qual se admite agravo contra toda e qualquer decisão interlocutória, quer tenha o juiz incorrido em *error in procedendo*, quer em *error in judicando*.

"Apenas no âmbito da justiça federal é que não há inconstitucionalidade da correição parcial, porque previsto em lei federal (LOJF 6º I), mas restou inoperante, porque 'cabível contra ato de que não caiba recurso', quando no regime do CPC toda decisão é recorrível".[21]

3.4 *Reforma* ex officio

Não menos problemática é a questão pertinente à possibilidade de o juiz rever *ex officio* a sua decisão interlocutória; aliás, doutrina e jurisprudência estão longe de encontrar uma concepção harmoniosa.

Ocorre que essa matéria encontra-se interligada com a *preclusão* e, no caso específico, a denominada *pro judicato*, que impede o julgador em várias situações de rever e modificar de ofício a decisão já proferida de natureza interlocutória ou terminativa.

Em outras palavras, é a preclusão que inviabiliza, no caso, a reapreciação da interlocutória pelo próprio juiz prolator do *decisum*, ressalvada a hipótese de interposição de agravo, em momento oportuno ao exercício do juízo de retratação ou se envolver questão de ordem pública ou erro material, que não precluem jamais.

"4. Ação direta de inconstitucionalidade improcedente" (*DJU* 14.11.2003).

21. *Código de Processo Civil*..., 2002, art. 522, item n. 12, p. 874.

Assim, proferida a decisão e publicada em mãos do escrivão, operam-se sobre ela os efeitos da preclusão *pro judicato*, de forma tal que impedem o julgador, terminantemente, de rever o seu ato decisório, mesmo que se convença posteriormente de algum "erro jurídico" ou de alguma possível "injustiça" cometida; e esses casos não se equiparam ao erro material. A única exceção talvez seja aquela que diga respeito às provas, em que, por interpretação (certamente forçada) do art. 131 do CPC, possa o juiz rever sua posição, com base nos poderes instrutórios que o sistema lhe confere.

De regra, resta-lhe apenas aguardar a impugnação da parte interessada, através do meio hábil, que é o agravo (retido ou na modalidade instrumental), e, *opporttuno tempore*, reapreciar a sua decisão, isto é, no momento processual específico e previsto pelo legislador, denominado de "juízo de retratação" (art. 523, § 2º, e art. 526, c/c art. 529, todos do CPC).

3.5 Apelação

A Lei 9.245/1995 não faz nenhuma referência ao *recurso de apelação* ou aos efeitos a serem concedidos pelo juiz no momento do recebimento do recurso. Portanto, aplica-se a regra geral dos processos de conhecimento (arts. 513 a 521, do CPC).

Resta-nos apenas fazer algumas observações sobre certas situações que surgirão no decorrer da fase final dos processos de rito sumário.

A primeira particularidade que podemos salientar diz respeito à contagem do prazo para interposição do apelo, quando a sentença for proferida em audiência, seja a *preliminar* (denominada erroneamente pelo legislador de "audiência de conciliação" – art. 277, do CPC), em que poderá ocorrer o julgamento conforme o estado do processo, ou a de *instrução e julgamento* (art. 278, § 2º, c/c art. 279, ambos do CPC).

Para os fins específicos da interposição e da contagem do prazo do apelo, ambos os atos revestem-se das mesmas características.

Nesses casos, incide a regra do art. 506, I, ou seja, conta-se o prazo a partir da data em que a sentença foi prolatada em audiência, ressaltando-se a impossibilidade jurídica de interposição de recurso de apelação oralmente, porquanto é regido pelo disposto no art. 514 ("A apelação, interposta por petição dirigida ao juiz, conterá..."). Diferentemente, se a sentença for proferida em gabinete, a disposição a ser aplicada é a do inc. II do art. 506, ou seja, da data em que se realizou a intimação das partes.

Interposta a apelação, deverá o juiz declarar os efeitos do recebimento (art. 518, do CPC), que, nestes casos, são duplos (devolutivo e suspensivo – art. 520, *caput*), salvo se estivermos diante de confirmação ou concessão de antecipação dos efeitos da tutela conferida no bojo da própria sentença, nos moldes do disposto no inciso VII do art. 520 do CPC.

Contudo, se a matéria apresentada para conhecimento do Estado-juiz estiver regulada em alguma lei especial que aborde de maneira direta e diversa essa questão do efeito recursal, e se houver contemporaneamente adequação ao limite do valor da causa estipulado no art. 275, I, do CPC, bem como ao tipo de procedimento em questão, pode parecer que esteja a merecer tratamento diferenciado, isto é, o insculpido em norma especial. Nada obstante, essas hipóteses são raríssimas e a sua aplicação nos parece duvidosa, diante da sistematização adotada pelo Código de Processo Civil. Se o rito a ser aplicado é o sumário, a sua regência encontra-se definida no Capítulo III, Título VII, Livro I, com norteamento subsidiário das regras do processo comum ordinário (art. 272, parágrafo único, do CPC).[22]

Portanto, o juiz *a quo* realizará o controle de admissibilidade do recurso tão logo seja interposto, através de verificação da pertinência do apelo, da tempestividade e do pagamento prévio do preparo (ressalvadas as hipóteses de assistência judiciária, defensoria pública, ou, ainda se o recurso for interposto pelo Ministério Público ou Fazenda Pública), em que pese passar ainda por um segundo crivo, desta feita do tribunal recorrido, que exercitará também o mesmo controle e, se constatar a inobservância de algum requisito indispensável ao conhecimento do apelo, nesse sentido deverá se manifestar. Em síntese, o apelo devolve ao juízo *ad quem* o reexame de toda a matéria objeto da lide, bem como o poder de rever e efetuar novo controle de admissibilidade do recurso, razão por que poderá ser conhecido ou rejeitado liminarmente.

A exemplo do que se verifica com a Lei dos Juizados Especiais, que, acompanhando a tendência mais moderna do processo civil, dentre outros pontos,

---

22. Theotonio Negrão faz algumas referências, tais como a do Dec.-lei 227, de 28.02.1967, art. 27, IX (em "processo para pagamento de renda e indenização, pelo titular de autorização de pesquisa, ao proprietário do solo, a apelação não tem efeito suspensivo"). Cita também o Dec.-lei 1.864, de 26.02.1981, sobre pesquisa e lavra de petróleo, art. 7º, § 1º, e art. 8º, sobre minerais atômicos.

Anota também que "não têm efeito suspensivo os recursos interpostos nas ações de cobrança de cédula industrial (Dec.-lei 413, de 09.01.1969, art. 41, item 7º) (*Código de Processo Civil...*, art. 520, n. 9, p. 412-413).

Por outro lado, decidiu o STJ, em aresto da lavra do então Min. Sálvio de Figueiredo Teixeira, em ação de despejo de imóvel rural, nos seguintes termos: "*Processo civil. Despejo de imóvel rural. Apelação. Efeitos. Art. 107, § 1º, do Estatuto da Terra (Lei 4.504/1964). Art. 520, CPC. Conclusão n. 54, do VI ENTA. Recurso provido.* Como assentou o VI Encontro Nacional dos Tribunais de Alçada (Conclusão n. 54, Belo Horizonte, 1983), nas causas sob procedimento sumaríssimo do art. 107, § 1º, do Estatuto da Terra, o recurso deve ser recebido em ambos os efeitos, por força da sistematização do atual Código de Processo Civil" (ROMS 3.268, j. 29.03.1994, v.u., *DJU* 16.05.1994, p. 11.770).

passou a viabilizar, como regra, o recebimento do recurso no efeito devolutivo (art. 43),[23] poderia a Lei 9.245/1995 também ter assim regulado, através da inclusão de inciso específico ao art. 520. Assim pensamos porque essa é a maneira mais rápida de vir o jurisdicionado a obter a efetivação da sentença que lhe foi favorável, e, como dissemos alhures, outra não está sendo a tendência moderna a ser adotada nos processos de conhecimento, inclusive naqueles situados no modelo tradicional, o que, aliás, já ocorreu no direito italiano, com a reforma de 1990, que instituiu a execução provisória como máxima (art. 282 do CPC italiano),[24] enquanto no Brasil verificamos que, durante os vários esboços e anteprojetos elaborados pela Comissão Reformadora do Código que antecederam o Projeto de Lei 3.474/2000, o desejo de seus membros era justamente conferir redação assemelhada à do diploma italiano, terminando, contudo e lamentavelmente, por não vingar de maneira integral a ideia.

A novidade e o ponto culminante desse fenômeno se inserem no desencadeamento de revalorização do juízo de primeiro grau, realizado essencialmente através da introdução do sistema de preclusões e tendente a conferir maior incidência à sentença. A solução acolhida pelo legislador, tanto aqui (estamos nos referindo comparativamente e, é bom frisar, à Lei 9.099/1995) como na Itália, é motivada pela presença (visível nos últimos anos) de certo tipo de política legislativa que privilegia a rapidez da tutela em detrimento da estabilidade e, consequentemente, também das garantias das partes.[25]

Infelizmente, para os processos de rito comum, a regra que continua a vigorar é aquela do art. 520 do CPC, que, mais dia, menos dia, esperamos ansiosamente seja também objeto de modificação conforme sugerido pela Comissão em seus anteprojetos, nos moldes do Código italiano.

Lembramos também que no julgamento dos recursos de apelação não haverá revisor para os feitos que tramitaram sob a égide do rito sumário, nos termos do § 3º do art. 551, do CPC. Essa exceção legal tem por escopo facilitar a consecução do prazo de quarenta dias fixado no art. 550 do CPC.

---

23. Assim está redigido o citado art. 43 da Lei 9.099/1995: "O recurso terá somente efeito devolutivo, podendo o juiz dar-lhe efeito suspensivo, para evitar dano irreparável para a parte".

24. Lembramos que esse dispositivo do Código de Processo Civil italiano, não obstante *novellato* pela Lei 353/1990, entrou em vigor somente no dia 1º de janeiro de 1993.

25. Outra questão interessante no referido regime alienígena é que, se a execução imediata do julgado puder causar algum dano irreparável ou de difícil reparação à parte sucumbente, poderá o interessado, através de requerimento, postular ao juiz sentenciante o efeito suspensivo (total ou parcial) ou, se for o caso, ao próprio relator do recurso. Nada obsta também que seja concedida a suspensividade *ex officio*, em qualquer um dos dois graus de jurisdição.

No tocante aos *embargos de declaração*, remetemos o leitor interessado ao item n. 3.6, *infra*.

Por último, considerando-se que a sentença proferida em procedimento sumário pode perfeitamente ser impugnada através de recurso de apelação ou combatida pelo remédio específico da *ação rescisória*, infere-se com nitidez ser plenamente possível a interposição de *embargos infringentes* contra as decisões proferidas em processos que tenham tramitado na instância *a quo* sob a égide do mencionado rito, desde que em consonância com o requisito básico deste meio de impugnação, matizado pela existência de voto vencido em julgamento proferido na instância *ad quem*.[26]

3.6 *Embargos de declaração*

Quem fizer apenas uma interpretação literal do Código de Processo Civil poderá chegar à conclusão equivocada de que os *embargos de declaração* somente podem ser interpostos contra sentença ou acórdão (arts. 535 a 538) que contiverem alguma obscuridade ou contradição, ou ainda se verificada omissão em ponto sobre o qual deveria se pronunciar o julgador.[27]

Todavia, se realizarmos uma interpretação sistemática do referido diploma, chegaremos fatalmente à conclusão de que não se podem excluir desse elenco as decisões interlocutórias e os despachos, desde que preenchidos os requisitos de admissibilidade desse meio de impugnação.

Essa orientação assume ainda maior relevância quando estamos diante de uma decisão interlocutória mais complexa e que traga em seu bojo efeitos de ordem probatória, jurídica, ou de modificação da situação de fato. "Qualquer decisão judicial comporta embargos de declaração. A interpretação meramente literal dos arts. 464 e 465 do CPC atrita com a sistemática que deriva do próprio ordenamento processual".[28]

---

26. No mesmo sentido, v. Jorge Magalhães, "Os recursos no novo Código de Processo Civil e o procedimento sumaríssimo", *RF*, vol. 252/78, n. IV.

    Assinala-se ainda que, apesar da omissão legislativa, os embargos infringentes são recebidos em *ambos os efeitos* – devolutivo e suspensivo (cf. Alcides de Mendonça Lima, *Dicionário*..., p. 269) –, mas a suspensividade "fica limitada ao âmbito de abrangência do voto vencido, que ensejou a interposição desse recurso" (Nelson Nery Junior, *Princípios fundamentais*..., n. 2.5.2.1, p. 210).

27. A redação do inc. I do art. 535 do CPC, conferida pela Lei 8.950/1994, suprimiu a "dúvida" como uma das hipóteses capazes de ensejar a interposição dos embargos de declaração.

28. Cf. STJ, REsp 37.252/SP, rel. Min. Sálvio de Figueiredo Teixeira, *DJU* 18.02.1994. No tocante à alusão aos arts. 464 e 465 constantes do corpo do aresto, assinala-se que a decisão foi proferida antes da reforma de 1994, que, por intermédio da Lei 8.950,

Por outro lado, "os embargos de declaração não devem revestir-se de caráter infringente. A maior elasticidade que se lhes reconhece, excepcionalmente, em casos de erro material evidente ou de manifesta nulidade do acórdão, não justifica – sob pena de grave disfunção jurídico-processual dessa modalidade de recurso – a sua inadequada utilização com o propósito de questionar a correção do julgado e obter, em consequência, a desconstituição do ato decisório".[29]

Em caso de interposição de outro recurso por qualquer das partes, os embargos de declaração *interrompem* a contagem do respectivo prazo (art. 538, *caput*, do CPC).[30] Salientamos que não estamos diante de *suspensão*, mas sim de *interrupção* de prazo, significando o reinício de toda a contagem, a partir da intimação da data da decisão objeto dos embargos.

3.7 Embargos infringentes

Os *embargos infringentes* têm cabimento quando o acórdão não unânime houver reformado, em grau de apelação, a sentença de mérito, ou houver julgado procedente ação rescisória e, se o desacordo for parcial, os embargos serão restritos à matéria objeto da divergência (art. 496, III c/c art. 530, ambos do CPC).

Esses embargos são de origem luso-brasileira, criados há séculos em Portugal, que, atualmente, não mais os recepciona em seu sistema normativo instrumental.[31]

Considerando-se que a sentença proferida em procedimento sumário pode perfeitamente ser impugnada através de recurso de *apelação* ou combatida pelo remédio específico da *ação rescisória*, infere-se com nitidez ser plenamente possíveis os embargos infringentes em processos de rito sumário, desde que estejam sempre em consonância com os seus requisitos específicos de admissibilidade.[32]

Cabem também *embargos infringentes* à decisão não unânime do Plenário ou da Turma do Supremo Tribunal Federal que julgar *ação rescisória* (art. 333, III,

---

revogou, entre outras modificações, os mencionados dispositivos. Contudo, a lição contida no julgado continua válida, em face das disposições específicas aos *embargos de declaração*, insculpidas nos arts. 535 a 538 do CPC, com a redação conferida pela norma já referida. No mesmo sentido, v. Teresa Arruda Alvim Wambier, *Agravo de instrumento*, p. 259.

29. Cf. STF, ED no AgReg 152.797/SP, rel. Min. Celso Mello, *DJU* 04.02.1994.
30. Essa redação do *caput* do art. 538 foi introduzida pela Lei 8.950, de 13.12.1994.
31. Cf. Alcides de Mendonça Lima, *Dicionário*..., p. 269.
32. No mesmo sentido v. também Jorge Magalhães, "Os recursos no novo Código de Processo Civil e o procedimento sumaríssimo", *RF*, vol. 252/78, n. IV.

do RISTF), bem como no Superior Tribunal de Justiça, acrescidos das decisões proferidas em recurso de *apelação* (art. 260, do RISTJ).

Apesar da omissão legislativa, os embargos infringentes são recebidos em *ambos os efeitos* (devolutivo e suspensivo)[33] mas "a suspensividade fica limitada ao âmbito de abrangência do voto vencido, que ensejou a interposição desse recurso".[34]

Por sua vez, os *embargos de divergência* (art. 496, VIII, do CPC)[35] são meios de impugnação interpostos contra as decisões proferidas pelas Turmas dos Tribunais Superiores que divirjam uma das outras em recurso especial e recurso extraordinário.

"A propósito dos embargos de divergência, é preciso fazer um esclarecimento. O fato de a LOM haver previsto, dentro dos tribunais estaduais, qual seria o órgão competente para julgar os *embargos de divergência*, não significa que os tenha criado no âmbito estadual".[36] Em outras palavras, são meios de impugnação típicos dos Tribunais Superiores (*recurso especial* e *recurso extraordinário*[37], cf. art. 546, I e II, do CPC), observando para tramitação o que dispuserem os respectivos regimentos internos das duas Cortes Superiores[38] (art. 546, parágrafo único, do CPC).[39]

Ao comentar a reforma ocorrida em 1994 no processo civil brasileiro, escreveu Nelson Nery Junior que "Foi criado o recurso de embargos de divergência no âmbito do recurso extraordinário (...) A LR os criou no âmbito do Recurso Especial, mas silenciou a respeito desse recurso no Recurso Extraordinário. Como não há recurso implícito no processo civil, ele não existia quando a divergência ocorresse no Recurso Extraordinário. O fato de haver previsão para os embargos

---

33. Cf. Alcides de Mendonça Lima, *Dicionário...*, p. 269.
34. Nelson Nery Junior, *Princípios fundamentais...*, n. 2.5.2.1, p. 210.
35. O inciso VIII foi inserido no art. 496 através da Lei 8.950, de 13.12.1994.
36. Nelson Nery Junior, *Princípios fundamentais...*, n. 3.3.4.6., p. 292.
37. Esses dois recursos são recebidos *somente no efeito devolutivo* (cf. art. 27, § 2º, da Lei 8.038, de 28.051990, conhecida como "Lei dos Recursos"; v. também art. 542, § 2º, do CPC). Em situações excepcionalíssimas, o Supremo Tribunal Federal tem admitido a concessão de liminar em ação cautelar para conceder o efeito suspensivo ao recurso extraordinário, nas hipóteses de "proteção de direito suscetível de grave dano e de incerta reparação", ou para "garantir a eficácia da ulterior decisão da causa", desde que ela já se encontre sob a sua jurisdição (cf. MC em Pet 764, rel. Min. Paulo Brossard, v.u., *DJU* 22.10.1993, p. 22.252).
38. A respeito desse tema, v. LOMAN, arts. 101, *caput*, §§ 1º e 3º, *a*, e 110, parágrafo único; Regimento Interno do STF, arts. 330 a 336; Regimento Interno do STJ, arts. 266 e 267. V. também os Regimentos Internos dos Tribunais de Justiça dos respectivos Estados.
39. A redação integral do art. 546 foi conferida também pela Lei 8.950/94.

de divergência no regimento interno do STF (RISTF 330) não significa que eles existiam no sistema brasileiro, porque regimento interno de tribunal não pode criar recurso, porquanto se trata de matéria de direito processual estrito, de competência exclusiva do Poder Legislativo da União (CF 22 I). A Lei 8950/94 corrigiu o cochilo do legislador da LR e criou, no STF, os embargos de divergência".[40]

3.8 Mandado de segurança

O mandado de segurança é remédio de origem constitucional (art. 5º, LXIX, da CF) regulado por lei ordinária (Lei 12.016, de 7 de agosto de 2009) destinado a proteger direito líquido e certo, não amparado por *habeas corpus* ou *habeas data*, quando o responsável pela ilegalidade ou abuso de poder for autoridade pública, independentemente de categoria ou função exercida (art. 1º).

Lembra-nos Alfredo Buzaid que "A primeira tentativa de construir a doutrina do cabimento do mandado de segurança contra ato judicial foi feita pelo Supremo Tribunal Federal pelo eminente Min. Xavier de Albuquerque em voto memorável, do qual transcrevemos a sua essência: 'Em suma, condições para a admissibilidade do mandado de segurança contra ato judicial são, para mim, a não suspensividade do recurso, acaso cabível, ou a falta de antecipação de eficácia da medida de correição a que também alude a lei, uma ou outra somada ao dano ameaçado por ilegalidade patente e manifesta do ato impugnado e, com menos exigência, relativamente a tal ilegalidade, àquela efetiva e objetivamente irreparável". A verdade é que, de algum tempo, "(...) tem sido admitido, pacificamente, o mandado de segurança contra decisão judicial, seja de jurisdição contenciosa, seja de jurisdição voluntária".[41]

Interpretando o inc. II do art. 5º da revogada Lei 1.533/51 que não admitia a concessão de mandado de segurança quando se tratasse de despacho ou decisão judicial, quando houvesse recurso previsto ou pudesse ser modificado por via de correição, já assinalava Hely Lopes Meirelles que o dispositivo deveria ser compreendido para aplicação somente nos casos em que o recurso ou correição tenham efeito suspensivo, sendo, caso contrário, cabível a impetração, para resguardo do direito lesado ou ameaçado de lesão pelo próprio Judiciário. "Só assim se há de entender a ressalva do inc. II do art. 5º da lei reguladora do *mandamus*, pois

---

40. Nelson Nery Junior, *Atualidades sobre o processo civil*, n. 52, p. 104.

41. *Mandado de segurança*, vol. 1, n. 72, p. 139.

A respeito das várias correntes doutrinárias e jurisprudenciais, v. José da Silva Pacheco, *Mandado de segurança*, p. 150 e ss., bem como a indicação feita em nota de rodapé n. 5, p. 150-151. V. também Arruda Alvim e Teresa Arruda Alvim Wambier, *Mandado de segurança contra ato judicial (doutrina e jurisprudência)*.

o legislador não teve a intenção de deixar ao desamparo do remédio heroico as ofensas a direito líquido e certo perpetradas paradoxalmente pela Justiça".[42] Esse entendimento foi absorvido pela doutrina e jurisprudência dominantes e terminou sendo acolhido, finalmente, no art. 5º, II, da Lei 12.016, de 7 de agosto de 2009.[43]

Na verdade, "o cabimento do Mandado de Segurança contra ato judicial justifica-se principalmente se se encara o Direito Positivo 'como um todo', que tem seu funcionamento regrado às vezes mais de perto, às vezes a distância, mas sempre em última análise, pela supremacia do Direito Constitucional".[44]

Já tivemos oportunidade de ver em tópico precedente que o recurso cabível para impugnar as decisões interlocutórias proferidas em processos que tramitam sob a égide do rito sumário é o *agravo*. Nada obstante, o mandado de segurança pode também, em casos excepcionais, ser admitido, para corrigir providência judicial praticada com manifesta ilegalidade, abuso de poder, ou demonstrar ao interessado que poderá vir a sofrer dano irreparável ou de difícil reparação.[45]

Aliás, quando em vigor o Código de Processo Civil de 1939, tornou-se aceitável o uso do mandado de segurança na falta de recurso específico contra a decisão liminar, proferida em ação possessória. Com o diploma de 1973, imaginou-se, em princípio, que o remédio heroico não mais teria cabimento, diante da possibilidade de utilização do agravo de instrumento (art. 5º, II, da Lei 1.533/51), e não faltaram defensores dessa tese.[46] Todavia, provou-nos o tempo que o agravo de instrumento, sem efeito suspensivo, conforme originariamente idealizado, não teve o condão de eliminar em definitivo o uso do *mandamus*. Prova cabal dessa afirmação se encontra na reforma do recurso de agravo, implantada através da Lei 9.139/95, em que o art. 527, II, do CPC passou, a conferir ao relator poderes para conceder o aludido efeito ao recurso, comunicando em seguida o juiz *a quo* da sua decisão, posteriormente modificado pela Lei 11.187/2005).

Poderíamos fazer então as seguintes indagações: é juridicamente possível a interposição isolada deste remédio para atacar e obter a correção de decisão judicial praticada com manifesta ilegalidade ou abuso de poder, quando existe

42. *Mandado de segurança e ação popular*, p. 17-18.

43. Dispõe o art. 5o da referida Lei: "Não se concederá mandado de segurança quando se tratar: (...) II – de decisão judicial da qual caiba recurso com efeito suspensivo;"

44. Teresa Arruda Alvim Wambier, *Medida cautelar, mandado de segurança e ato judicial*, p. 62. Não deixa de assinalar que essa matéria é enfocada por Arruda Alvim, no artigo "Notas a respeito dos princípios gerais dos recursos", *RePro*, vol. 48/7-27.

45. Cf. TJSP, *RT* 545/66; TJMS, *JTJMS*, vol. 12/147.

46. Neste sentido v. Aristóteles Atheniense, *Rev. bras. de dir. proc.*, vol. 4/39-42 e *RT* 477/297-298.

outro instrumento processual de impugnação colocado à disposição do interessado? Caso entendamos que a resposta seja positiva, deveria ser interposto no prazo do recurso específico ou no período de 120 dias?

Com referência à primeira indagação, constatamos divergências doutrinárias e jurisprudenciais enormes e, pelos indicadores, tudo leva a crer que estamos longe de uma harmonização.[47]

Todavia, poderíamos sintetizar e colocar o nosso entendimento da seguinte maneira: as decisões interlocutórias proferidas no curso das audiências (preliminar ou de instrução e julgamento) ou em qualquer outro momento processual, podem ser impugnadas, em princípio, somente por recurso de agravo e, havendo urgência (perigo de dano irreparável ou de difícil reparação), haverá de ser formulado na modalidade instrumental; somente em casos excepcionais muito restritos e específicos é que se admitirá a impetração do *mandamus*.

Há que se diferençar duas situações: aquela que tínhamos antes da entrada em vigor da lei do agravo, na qual o *writ* servia apenas para suspender os efeitos do ato impugnado, até que reexaminada a matéria nele versada, em instância superior, por via de recurso ou correição apropriada (essa hipótese hoje perdeu a sua validade); e, a outra situação, cuja finalidade do remédio consiste na revisão do ato impugnado, independentemente a par da interposição de recurso de efeito meramente devolutivo ou de pedido de correção.[48]

3.9 *Da ação rescisória, ação anulatória* e querella nullitatis

Inexiste qualquer limitação imposta por lei aos processos que tramitam sob o rito sumário para que o interessado obtenha a *rescisão* ou *anulação* das sentenças neles proferidas, desde que atendidos os requisitos específicos.

47. Teresa A. Alvim Wambier destaca as diversas posições a respeito, senão vejamos: "a) a primeira, segundo a qual o Mandado de Segurança pode ser interpretado independentemente de ter, ou não, sido interposto o recurso; b) a segunda, é a dos que advogam a tese de que o recurso precisa ser interposto, e que o Mandado de Segurança terá, exclusivamente, o objetivo de dar-lhe efeito suspensivo; c) a terceira, é aquela segundo a qual o recurso deve ser interposto para evitar-se a preclusão, mas deve ser considerado, cedendo à segurança, no que respeita à matéria por esse remédio coberta; d) a daqueles que pensam ser a existência de preclusão pressuposto para a impetração do *writ* (preclusão temporal e não consumativa, é claro). O Mandado de Segurança, 'não cabe', se o recurso foi interposto e está pendente de julgamento; e) e, finalmente, aquela segundo a qual o *mandamus* deve ser impetrado no prazo do recurso cabível sem efeito suspensivo, ainda que o recurso não seja interposto" (*Medida cautelar, mandado de segurança e ato judicial*, p. 80-81).Filia-se a citada professora à primeira corrente.

48. Lauria Tucci e Cruz e Tucci, *Constituição de 1988 e processo*, p. 144.

Não se pode esquecer de que "no direito brasileiro não existe restrição ao cabimento do recurso, estabelecida pelo tipo de vício que se pretende impugnar. Inclusive existem vícios assemelháveis à *querella nullitatis insanabilis*, que podem ser arguidos fora do âmbito dos recursos, e ainda mais, *sem que seja necessária a propositura da ação rescisória*. É o caso, *verbi gratia*, do defeito de falta ou nulidade da citação no processo, se este correu à revelia, que pode ser alegado nos embargos à execução contra a Fazenda Pública (art. 741, I, do CPC).[49]

Destarte, não se confunde a chamada *ação anulatória* ou *ação de nulidade de ato jurisdicional* com a secular *querella nullitatis*, que se funda na inexistência de ato em si (*non nullus*) e que é ainda utilizada com o nome de *ação declaratória de inexistência de sentença* por ausência de requisito indispensável para a prestação da tutela jurisdicional, sendo clássico o exemplo acima referido atinente a falta de citação.[50]

Para a ação rescisória aplica-se as orientações dos arts. 485 a 495 do CPC. Todavia, há de se ressaltar que nos processos cognitivos destas ações rescisórias, "não terá lugar o procedimento sumaríssimo [atual sumário], eis que as normas insertas nos arts. 488, I e II, 490, II, 491, primeira parte, 492, 493 e 494 instituem verdadeiro *procedimento especial*, aplicando-se-lhe *subsidiariamente* as regras do procedimento ordinário (...)".[51] Em outros termos, para as demandas rescisórias, irrelevante se torna o rito aplicado ao processo em que foi proferida a sentença objeto da rescisão; regem-se, procedimentalmente por normas que lhe são próprias.

Porém, com referência à *ação declaratória de nulidade de ato jurisdicional* (sentença ou acórdão) ou *declaratória de inexistência de ato jurisdicional* ou de *inexistência de relação jurídica*, que também são meios hábeis para obtenção desse desiderato, sem a observância do prazo de dois anos previstos para a rescisória, o rito a ser aplicado dependerá da matéria objeto desta ação específica ou do valor

---

49. Nelson Nery Junior, *Princípios fundamentais...*, n. 2.2.2, p. 70. Lembra ainda o eminente professor da PUC-SP, baseado em Liebman e Chiovenda, que "No direito italiano, por exemplo, os vícios da sentença só podem ser reparados por meio dos recursos" (idem, ibidem). Daí a importância da distinção entre *error in judicando* e *error in procedendo*, assim como dos *pressupostos processuais de existência e de validade*.

50. Sobre o tema, v. Ovídio A. Baptista da Silva, "Sobrevivência da *querella nullitatis*", *RF*, vol. 33/115-122. Vide também Adroaldo Furtado Fabrício, "Réu revel não citado, *querella nullitatis* e ação rescisória", *RePro*, vol. 48/27-44. Ainda, Rita de Cássia C. de Vasconcelos, "Os fundamentos da ação anulatória do art. 486 do CPC, à luz do novo Código Civil", *RePro*, vol. 120/95-111.

51. Milton Sanseverino, *Procedimento sumaríssimo*, n. 4.10.11, p. 103.

da causa. Assim, dependendo do caso concreto, poderá perfeitamente tramitar sob a égide do procedimento sumário.

Não se pode ainda desconsiderar, nesses casos, a delicada questão da *responsabilidade civil do Estado-juiz* circunscrita ao *erro* ou *equívoco técnico-jurídico* na prestação da tutela jurisdicional, a qual, ao nosso entender, fica na dependência do trânsito em julgado de ação rescisória ou de declaratória de nulidade, favorável ao demandante, à medida que, só nessas ocasiões é que se constata o típico *erro judicial*.[52]

De outra parte, no que pertine à exceção legal contida no art. 551, § 3º, do Código de Processo Civil, sobre a dispensa de revisor, só tem incidência em matéria de recursos, sem aplicação, portanto, em sede de ação rescisória dirigida contra sentença formada em processo que tramitou pelo procedimento sumário,[53] tendo em vista que essa última, apesar de vir a ser também um meio de impugnação, é, sobretudo, remédio judicial autônomo e específico, ou seja é uma verdadeira *ação*. Para as ações rescisórias aplica-se, neste particular, apenas o *caput* do dispositivo.

3.10 Dos recursos especial e extraordinário

Tanto o recurso especial quanto o extraordinário, de competência do Superior Tribunal de Justiça e do Supremo Tribunal Federal, são meios de impugnação de natureza constitucional, segundo se infere dos arts. 102, III, e 105, III, ambos da Lei Maior.

Ambos os recursos serão interpostos perante o presidente ou vice-presidente do tribunal recorrido, em petições distintas, cujo conteúdo e procedimento estão regulados nos arts. 541 a 546, do Código de Processo Civil. Há de se observar ainda, no que couber, o preconizado nos Regimentos Internos (arts. 255 a 257 e arts. 321 a 329, respectivamente).[54]

---

52. Para aprofundamento sobre o tema *responsabilidade civil do Estado-juiz*, v. Joel Dias Figueira Júnior, em monografia assim intitulada, particularmente no item VIII, no qual tratamos do *erro judiciário* stricto sensu *ou inexatidão técnico-jurídica* (p. 59 a 69).

53. Assim também, v. Nelson Nery Junior, *Código de Processo Civil...*, art. 551, n. 2, *in fine*, p. 670.

54. Com relação ao art. 322 do Regimento Interno do STF devemos observar que não tem mais aplicação, porquanto não há mais recurso extraordinário por dissídio jurisprudencial, de sorte que o citado dispositivo era o que tratava da matéria. Da mesma forma, os arts. 325 a 329 referiam-se à arguição de relevância, que foi suprimida pela Constituição de 1988 (cf. Theotonio Negrão, *Código de Processo Civil...*, p. 1.328, arts. 322 e 330, do RISTF).

Para ambos os recursos não se vislumbra qualquer restrição quanto aos processos que tramitaram pelo rito sumário. Os requisitos para sua admissibilidade estão bem delineados e não indicam restrições ao procedimento em exame.[55]

55. Vejamos algumas decisões que abordam a questão do valor da causa para fins de alçada: "*Reclamação. Despacho do juiz singular que negou seguimento a agravo de instrumento deduzido contra decisão que não admitiu recurso extraordinário manifestado contra sentença em causa da alçada.* A CF/88, no art. 102, III, admite recurso extraordinário nas causas decididas em única instância, conceito que abrange, obviamente, as decisões proferidas por juiz de primeiro grau em causa de alçada. De outra parte, o indeferimento, pelo juiz, de agravo interposto contra decisão denegatória do apelo extremo, caracteriza usurpação de competência do STF, passível de reparo por meio da medida prevista no art. 102, I, l, da CF/88. Procedência da reclamação. (STF, Rec. 510-1/SP, j. 23.02.1995, v.u., rel. Min. Ilmar Galvão, *DJU*, 05.05.1995, p. 11.904, verbete *Bonijuris* n. 24584). E mais: "I – Não estando sujeita à alçada recursal, a decisão que envolve matéria constitucional, não se justifica a alteração do valor da causa para atender ao duplo grau de jurisdição II – Se a impugnante não trouxe qualquer dado concreto que justifique a pretendida modificação do valor atribuído à causa, ficando em meras alegações, não merece reparo a decisão que rejeita a impugnação, se a hipótese não se sujeita à alçada recursal. III – Agravo improvido" (TRF 1ª Reg., AgIn 92.01.21367-0/DF, 2ª T., j. 11.12.92, v.u., rel. Juiz Hermenito Dourado, *DJU* 01.02.1993, p. 1.719, verbete *Bonijuris* n. 15420).

BIBLIOGRAFIA

ALBERTON, Genacéia da Silva. *Assistência litisconsorcial*, São Paulo: Ed. RT, 1994.

ALESSI, Renato. *Sistema Istituzionale del Diritto Amministrativo Italiano*. Milano: Giuffrè, 1960.

ALMEIDA, Cândido Mendes de. *Código Philippino ou ordenações e Leis do Reino de Portugal anotadas*. Rio de Janeiro: Typographia do Instituto Philomathico, 1870.

ALMEIDA, Fernando H. Mendes de. *Ordenações Filipinas – Breves notas e remissões*, vol. III. São Paulo: Ed. Saraiva, 1966.

ALLORIO, Enrico; ATTARDI, Aldo; SEGRÈ, Tullio; FRANCHI, Giuseppe; MASSARI, Alberto. *Commentario del Códice di Procedura Civile*, vol. I, t. I (arts. 1/68). Torino: UTET, 1973.

ALVES, Jones Figueiredo. *Código Civil Comentado* (em coautoria). São Paulo: Saraiva, 8. ed., 2012.

ALVES, José Carlos Moreira. *Direito romano*, vols. I e II. Rio de Janeiro: Ed. Forense, 1995.

ALVIM, José Manoel de Arruda. *A tutela antecipatória. Algumas noções e coincidências em relação às cautelares satisfativas (coletânea de estudos coordenada pelo Min. Sálvio de Figueiredo Teixeira)*. São Paulo: Ed. Saraiva, no prelo.

———. *Direito processual civil. Teoria geral do processo de conhecimento*, vols. I e II. São Paulo: Ed. RT, 1972.

———. *Manual de direito processual civil*, vol. I, Parte geral. São Paulo: Ed. RT, 1992.

———. *Tratado de direito processual civil*, vol. I e vol. II (no prelo). São Paulo: Ed. RT, 1990.

———. "O 'julgamento conforme o estado do processo' e o 'procedimento sumaríssimo'". *Revista Forense*, vol. 246/231.

———. *Argüição de relevância no recurso extraordinário*. São Paulo: Ed. RT, 1988.

———. "Correição parcial". *Revista dos Tribunais*, vol. 452/11.

———. "Notas a respeito dos aspectos gerais e fundamentais da existência dos recursos – Direito brasileiro". *Revista de Processo*, vol. 48/7.

ALVIM, J. E. Carreira. *Código de Processo Civil reformado*. Belo Horizonte: Del Rey Editora, 1995.

———. *Ação monitória*. Curitiba: Juruá Editora, 1995.

———. *Novo agravo*. Belo Horizonte: Del Rey Editora, 1996.

ALVIM, Thereza. *Questões prévias e os limites objetivos da coisa julgada*. São Paulo: Ed. RT, 1977.

———. "A organização judiciária e o Código de Processo Civil". *Revista de Processo*, vol. 3/32.

ARAGÃO, Egas Dirceu Moniz de. *Comentários ao Código de Processo Civil*, vol. II. Rio de Janeiro: Ed. Forense, 1979.

———. "O Estado de direito". *Revista Brasileira de Direito Processual*, vol. 16/71.

ARIETA, Giovanni e MONTESANO, Luigi. *Il nuovo processo civile*. Napoli: Jovene, 1991.

ARMELIN, Donaldo. "A tutela jurisdicional cautelar". *Revista da Procuradoria Geral do Estado de São Paulo*, vol. 23/111-137.

———. *O processo civil contemporâneo* (coletânea). *Tutela jurisdicional diferenciada.*

ASCENSÃO, José de Oliveira. *O direito – Introdução e teoria geral (uma perspectiva luso-brasileira).* Rio de Janeiro: Ed. Renovar, 1994.

———. *A tipicidade dos direitos reais.* Lisboa: Ed. Minerva, 1968.

ASSIS, Araken de. *Cumulação de ações.* São Paulo: Ed. RT, 1995.

———. *Manual do processo de execução.* São Paulo: Ed. RT, 1995.

ATHENIENSE, Aristóteles. "O recurso da liminar em ação possessória". *Revista Brasileira de Direito Processual*, vol. 4/39; *RT* 477/297.

AZEVEDO, Noé. *Homenagem da Ordem dos Advogados do Brasil.* Comentários ao acórdão publicado na RT vol. 57/29, de 1926. *A Justiça e a máquina de escrever* (pp. 208-209). São Paulo,1971.

BALENA, Giampiero. "La delega per la riduzione e semplificazione dei riti". *Il Foro italiano,* n. 9, vol. V, pp. 351/354, sett. 2009.

BARBI, Celso Agrícola. *Ação declaratória principal e incidental.* Rio de Janeiro: Ed. Forense, 1976.

BARBOSA, Antônio Alberto Alves e PELUSO, Antônio Cezar. *Da preclusão processual civil.* 2. ed., 2. tir. São Paulo: Ed. RT, 1994.

BATISTA. Sônia Hase de Almeida. *Embargos de declaração.* São Paulo: Ed. RT, 1991.

BAUR, Fritz. *Tutela jurídica mediante medidas cautelares,* Trad. bras. de Arlindo E. Laux. Porto Alegre: Sérgio A. Fabris Editor, 1985.

BEDAQUE, José Roberto dos Santos. *Poderes instrutórios do juiz.* São Paulo: Ed. RT, 1991.

BERMUDES, Sérgio. *A reforma do Código de Processo civil.* Rio de Janeiro: Ed. Freitas Bastos, 1995.

BIDART, Adolfo Gelsi. *Participação e processo* (coletânea de estudos coordenada por Ada Grinover, Cândido Dinamarco e Kazuo Watanabe). *Conciliación y proceso.* São Paulo: Ed. RT, 1988.

BURDESE, Alberto. *Manuale di diritto privato romano.* Torino: UTET, 1987.

BUSSADA, Wilson. *Código Civil brasileiro interpretado pelos tribunais*, vol. I, t. I. Rio de Janeiro: Ed. Liber Juris, 1980.

BUZAID, Alfredo. *Ação declaratória no direito brasileiro.* São Paulo: Ed. RT, 1986.

———. *Estudos de direito. Do despacho saneador.* São Paulo: Ed. Saraiva, 1972.

———. *Os grandes processualistas.* São Paulo: Ed. Saraiva, 1982.

———. *Do mandado de segurança,* vol. I. *Mandado de segurança individual.* São Paulo: Ed. Saraiva, 1989.

———. "Da liquidação por artigos em ação de ressarcimento de perdas e danos". *Revista de Processo,* vol. 43/9.

CALAMANDREI, Piero. *Studi in onore di Giuseppe Valeri,* vol. I/463. *Verità e verossimiglianza nel processo civile.* Milano: Giuffrè, 1955.

———. *Istituzioni di diritto processuale civile,* vol. I. Padova: Cedam, 1943.

CAPPELLETTI, Mauro. *Processo e ideologie.* Padova: Cedam, 1969.

———. *O processo civil contemporâneo* (coletânea de estudos coordenada por Luiz G. Marinoni). *Problemas de reforma do processo civil nas sociedades contemporâneas.* Curitiba: Juruá Editora, 1994.

———. "Os métodos alternativos de solução de conflitos no quadro do movimento universal do acesso à Justiça". *Revista de Processo*, vol. 74/82.

CAPONI, Remo.*Il foro italiano*, n. 2, v. 5, Feb. 2009, p. 136-140. Processo civile e nozione di controversia ´complessa`: impieghi normativi.

CARLETTI. Fabrizio e MAGI, Francesca. *Il nuovo processo cautelare, a cura di Giuseppe Tarzia. I provvedimenti di istruzione preventiva.* Padova: Cedam, 1993.

CARMONA, Carlos Alberto. "A crise do processo e os meios alternativos para a solução de controvérsias". *Revista de Processo*, vol. 56/91.

———. *Participação e processo* (coletânea de estudos coordenada por Ada Grinover, Cândido Dinamarco e Kazuo Watanabe). *Arbitragem e jurisdição.*

———. "A crise do processo e os meios alternativos de controvérsias". *Revista de Processo*, vol. 56/91.

CARNEIRO, Athos Gusmão. *Intervenção de terceiros.* São Paulo: Ed. Saraiva, 1995.

———. *Participação e processo* (coletânea de estudos coordenada por Ada Grinover, Cândido Dinamarco e Kazuo Watanabe). *Juizado de pequenas causas.*

———. "Proposição para simplificação dos ritos sumários". *Ajuris*, vol. 25/75; *Revista dos tribunais*, vol. 488/278.

CARNELUTTI, Francesco. *La prueba civil.* Trad. esp. de Niceto Alcalà-Zamora y Castillo, da 2. ed. italiana. Buenos Aires: Depalma, 1982.

———. *Studi di diritto processuale*, vol. III. Padova: Cedam, 1939.

———. *Trattato del processo civile. Diritto e processo*, vol. I. Napoli: Jovene, 1958.

CARPI, Federico. *La provvisoria esecutorietà della sentenza.* Milano: Giuffrè, 1979.

———. "'Flashes' sulla tutela giurisdizionale differenziata". *Rivista Trimestrale di Diritto e Procedura Civile*, vol./1980.

CIAN, Giorgio; TRABUCCHI, Alberto; CARPI, Federico e TARUFFO, Michele. *Commentario breve al Codice di Procedura Civile.* Padova: Cedam, 1994.

CHIOVENDA, Giuseppe. *Istituzioni di diritto processuale civile*, vol. I e II, Napoli: Jovene, 1933 e 1934, respectivamente.

CORRÊA, Orlando de Assis. *Ação Monitória – Comentários e prática forense.* Rio de Janeiro: Aide Editora, 1995.

COSTA, Alfredo de Araújo Lopes da. *Direito processual civil brasileiro*, vol. I. Rio de Janeiro: Ed. José Konfino, 1947.

COSTA, José Rubens. *Ação monitória.* São Paulo: Ed. Saraiva, 1995.

COUTURE, Eduardo J. *Fundamentos del derecho procesal civil.* 3. ed. (póstuma). Buenos Aires: Depalma, 1993.

———. *Introducción al estúdio del proceso civil.* 2. ed. reimpresso em 1988. Buenos Aires: Depalma, 1949.

CRESCI SOBRINHO, Elicio de. "O juiz e as máximas de experiência". *Revista Forense*, vol. 296/430.

CRETELLA JR., José. *Comentários à Constituição de 1988*, vol. VI. Rio de Janeiro: Ed. Forense, 1992.

CRUZ, Aloysio Álvares. "A transação, a conciliação e o acordo extrajudicial". *Revista de Jurisprudência do Tribunal de Justiça do Estado de São Paulo*, vol. 109/8.

———. *Pluralidade de partes e intervenção de terceiros.* São Paulo: Ed. RT, 1991.

DENTI, Vittorio. *Processo civile e giustizia sociale*. Milano: Edizione di comunità, 1971.

———. "L'oralità nelle riforme del processo civile". *Rivista di Diritto Processuale*, vol. XXV/434, 1970.

———. *Participação e processo* (coletânea) de estudos coordenada por Ada Grinover, Cândido Dinamarco e Kazuo Watanabe). *Giustizia e partecipazione nella tutela dei nuovi diritti*. São Paulo: Ed. RT, 1988.

DIAS, Maria Berenice. *O terceiro no processo*. Rio de Janeiro: Aide Editora, 1993.

DINAMARCO, Cândido Rangel. *Execução civil*. São Paulo: Ed. Malheiros, 1994.

———. *Manual das pequenas causas*, São Paulo: Ed. RT, 1986.

———. *A instrumentalidade do processo*. São Paulo: Ed. RT, 1990.

———. *A reforma do Código de Processo Civil*. São Paulo: Ed. Malheiros, 1995.

———. *Litisconsórcio*. São Paulo: Ed. Malheiros, 1994.

———; CINTRA, Antônio Carlos de Araújo e GRINOVER, Ada Pellegrini. *Teoria geral do processo*. São Paulo: Ed. RT, 1991.

———. "Os institutos fundamentais do direito processual". *Revista Forense*, vol. 288/70.

DINIZ, Maria Helena. *Código Civil anotado*. São Paulo: Ed. Saraiva, 1995.

———. *Lei de Introdução ao Código Civil anotada*. São Paulo: Ed. Saraiva, 1994.

ESPINOLA, Eduardo e ESPINOLA FILHO, Eduardo. *A Lei de Introdução ao Código Civil brasileiro comentada*. Rio de Janeiro-São Paulo: Ed. Freitas Bastos, 1943; e c/ atualização de SILVA PACHECO, Rio de Janeiro: Ed. Renovar, 1995.

FABRÍCIO, Adroaldo Furtado. *Comentários ao Código de Processo Civil*, vol. VIII, t. III. Rio de Janeiro: Ed. Forense, 1980.

———. *Doutrina e prática do procedimento sumaríssimo*. Porto Alegre: Ajuris, 1977; Rio de janeiro: Aide Editora, 1980.

———. *Ação declaratória incidental*. Rio de Janeiro: Ed. Forense, 1976.

———. "Réu revel não citado, 'querella nullitatis' e ação rescisória" *Revista de Processo*, vol. 48/27-44.

FACHIN, Luiz Edson. *Intervenção de terceiros no processo civil*. São Paulo: Ed. RT, 1989.

FALCON, Enrique M. *Elementos de derecho procesal civil*, vols. I e II. Buenos Aires: Abeledo-Perrot, 1986 e 1987, respectivamente.

FENOCHIETTO, Carlos Eduardo. *Curso de derecho procesal (parte especial)*. Buenos Aires: Abeledo-Perrot, 1978.

FERRAZ Jr. Tercio Sampaio. *Introdução ao estudo do direito. Técnica, decisão, dominação*. São Paulo: Ed. Atlas, 1994.

FERREIRA FILHO, Manoel Caetano. *A preclusão no direito processual civil*. Curitiba: Juruá Editora, 1991.

FIGUEIRA JR. Joel Dias. *Comentários ao Código de Processo Civil*. 2. ed. São Paulo: Ed. RT, 2007, vol. 4, t. I (arts. 270/281).

———. *Comentários ao Código de Processo Civil*. 2. ed. São Paulo: Ed. RT, 2007, vol. 4, t. II (arts. 282/331).

———. Juizados especiais da Fazenda Pública – Comentários à Lei 12.153, de 22.12.2009. 2. ed. São Paulo: RT, 2011.

———. *Código Civil Comentado* (em coautoria). São Paulo: Saraiva, 8. ed., 2012.

———. "A trama recursal no processo civil brasileiro e a crise da jurisdição estatal". *RePro* vol. 188/265-276, out/2010.

———. *Juizados Especiais da Fazenda Pública – Comentários à Lei 12.153, de 22/12/2009*. São Paulo: Ed. RT, ed. 2, 2011.

———. *Responsabilidade civil do Estado-juiz. Estado e Juízes constitucionalmente responsáveis*. Curitiba: Juruá Editora, 1995.

———. *Liminares nas ações possessórias*. São Paulo: Ed. RT, 1995.

———. *Lições de teoria geral do processo*. Florianópolis, 1992.

———. Manual dos juizados especiais cíveis estaduais e federais.

———. *Posse e ações possessórias. Fundamentos da posse*, vol. I. Curitiba: Juruá Editora, 1994

———. "A trama recursal no processo civil brasileiro e a crise da jurisdição". Revista de Processo. vol. 188/265-276. São Paulo: Ed. RT, 2010.

———. "Acesso à Justiça e tutelas de urgência. O pleno acesso à ordem jurídica justa e a efetividade do processo". *Jurisprudência Brasileira*, vol. 177/61 e *Jurisprudência Catarinense*, vol. 73/27.

———. "O acesso ao Poder Judiciário". *Revista dos Tribunais*, vol. 686; *Jurisprudência Brasileira*, vol. 166 e *Jurisprudência Catarinense*, vol. 68.

———. "Reflexões em torno da tutela antecipatória genérica diferenciada satisfativa. A questão de sua aplicabilidade aos procedimentos especiais". *Jurisprudência Brasileira*, vol. 176; *Revista dos Tribunais* (no prelo); *Jurisprudência Catarinense*, vol. 74; *Revista Ajuris*, vol. 76 (no prelo).

———. "Usucapião especial – Comentários à Lei 6.969, de 10/12/81". *Jurisprudência Catarinense*, vol. 35/49.

———. "O valor da causa nas ações possessórias". *Revista dos Tribunais*, vol. 651/35; *Jurisprudência Brasileira*, vol. 159/55 e *Jurisprudência Catarinense*, vol. 64/53.

———. "Tipologia das tutelas de urgência". *Revista da Escola Superior da Magistratura do Estado de Santa Catarina*, vol. 1/194.

———. "Alfredo Buzaid – O grande processualista, Mestre e chefe de escola. Homenagem póstuma". *Revista de Processo*, vol. 71/372; *Jurisprudência Catarinense*, vol. 70/51.

———. "A metodologia no exame do trinômio processual: pressupostos processuais, condições da ação e mérito da causa". *Revista de Processo*, vol. 72/335; *Jurisprudência brasileira*, vol. 172/33; *Jurisprudência catarinense*, vol. 71/31.

———; TOURINHO NETO, Fernando da Costa. *Juizados especiais cíveis e criminais: comentários à Lei 9.099/1995*. 7. ed. São Paulo: Ed. RT, 2011.

———& TOURINHO NETO, Fernando da Costa. *Juizados Especiais Federais Cíveis e Criminais – Comentários à Lei 10.259 de 12/7/2001*. 3. ed. São Paulo: Ed. RT, 2010.

FUX, Luiz. *Intervenção de terceiros*. São Paulo: Ed. Saraiva, 1990.

GIANESINI, Rita. *Da revelia no processo civil brasileiro*. São Paulo: Ed. RT, 1977.

GIL, Antonio Hernández. *La posesión – Como institución jurídica y social*, t. II. Epasa-Calpe S/A, Madrid, 1987.

GODDARD, Jorge Adame. "El procedimento 'ex interdicto' en el derecho romano clássico". *Revista de Direito Civil*, vol. 11/119.

GRECO FILHO, Vicente. *Intervenção de terceiros*. São Paulo: Ed. Saraiva, 1986.

GRINOVER, Ada Pellegrini. *Os princípios constitucionais e o Código de Processo Civil*. São Paulo: José Bushatsky Editor, 1975.

———. *Ação declaratória incidental*. São Paulo: Ed. RT, 1972.

———. *Participação e processo* (coletânea de estudos coordenada por Ada Grinover, Cândido Dinamarco e Kazuo Watanabe). *A conciliação extrajudicial no quadro participativo*. São Paulo: Ed. RT, 1988.

———. *As condições da ação penal (uma tentativa de revisão)*. São Paulo: José Bushatsky Editor, 1977.

———. "O julgamento antecipado da lide: enfoque constitucional". *Revista de Processo*, vol. 5/101.

"Deformalização do processo e deformalização das controvérsias". *Revista de Processo*, vol. 46/60.

———. FERNANDES, Antônio Scarance; GOMES FILHO, Antônio Magalhães e GOMES, Luiz Flávio. *Juizados especiais criminais*. São Paulo: Ed. RT, 1995.

GRUNSKY, WOLFGANG. "Il cosiddetto 'modello di Stoccarda' e l'accelerazione del processo civile tedesco". *Rivista di Diritto Processuale*, vol. XXVI/354-369. 1971.

LACERDA, Galeno. *Despacho saneador*. 3. ed. Porto Alegre: Sérgio A. Fabris Editor, 1990.

LARA, Betina Rizzato. *Liminares no processo civil*. São Paulo: Ed. RT, 1993.

LEMOS SOBRINHO, José Antônio de. "Questões controvertidas no processo sumaríssimo". *Revista Brasileira de Direito Processual*, vol. 44/139.

LENZI, Carlos Alberto Silveira. *Comentários às alterações do Código de Processo Civil*. Brasília: Ed. Consulex, 1995.

LIEBMAN, Enrico Tullio. *Manuale di diritto processuale civile*, vols. I e II, Milano: Giuffrè, 1984 e 1968.

LIMA, Alcides de Mendonça. *Comentários ao Código de Processo Civil*, vol. VI, t. II. Rio de Janeiro: Ed. Forense, 1979.

———. *Dicionário do Código de Processo*. 2. ed. São Paulo: Ed. RT, 1994.

———. "Inovações do Código de Processo Civil". *Revista Forense*, vol. 294/389.

LIMA, Cláudio Vianna de. "O procedimento sumaríssimo no novo Código de Processo Civil". *Revista Forense*, vol. 246/116.

LOPES, João Batista. *Ação declaratória*. São Paulo: Ed. RT, 1995.

———. "Iniciativas probatórias do juiz e os arts. 130 e 333 do CPC". *Revista dos Tribunais*, vol. 716/41.

———. "Breves considerações sobre o instituto da preclusão". *Revista de Processo*, vol. 23/45.

LUGO, Andrea. *Manuale di diritto processuale civile*. Milano: Giuffrè, 1992, e, suplemento (*addenda II*), 1994.

MACHADO, Antônio Cláudio da Costa. *A reforma do processo civil interpretada*. São Paulo: Ed. Saraiva, 1995.

MADALENA, Pedro. *Administração da Justiça*. Porto Alegre: Sagra – DC Luzzatto Editores, 1994.

MAGALHÃES, Jorge de Miranda. "Os recursos no novo Código de Processo Civil e o procedimento sumaríssimo". *Revista Forense*, vol. 252/72.

MALACHINI, Edson Ribas. "A correição parcial e a recorribilidade das decisões interlocutórias". *Revista de Processo*, vol. 18/88.

MALATESTA, Nicola Framarino dei. *La logica delle prove in criminale*, vol. I. Torino: UTET, 1895.

MANDRIOLI, Crisanto. *Corso di diritto processuale civile*, vols. I e II. Torino: G. Giappichelli Editore, 1993.

MARCATO, Antônio Carlos. *Procedimentos especiais*. São Paulo: Ed. Malheiros, 1995.

MARINONI, Luiz Guilherme. *Tutela cautelar e tutela antecipatória*. São Paulo: Ed. RT, 1992.

———. "Novidades sobre a tutela antecipatória". *Revista de Processo*, vol. 69/105.

———. *O processo civil contemporâneo* (coletânea). Curitiba: Juruá Editora, 1994; *RT, vol. 706/56. A efetividade do processo e tutela antecipatória.*

———. *Efetividade do processo e tutela de urgência*. Porto Alegre: Sérgio A. Fabris Editor, 1994.

——— *& mitidiero, Daniel. Código de processo civil comentado artigo por artigo. São Paulo: RT, 2008.*

MARQUES, José Frederico. *Instituições de direito processual civil*, vol. II. Rio de Janeiro: Ed. Forense, 1958.

MAZZOLETTI, Valeria. *Il nuovo processo cautelare, a cura di Giuseppe Tarzia. I procedimenti possessori*. Padova: Cedam, 1993.

MAXIMILIANO, Carlos. *Hermenêutica e aplicação do direito*. Rio de Janeiro: Ed. Forense, 1992.

MEIRELLES, Hely Lopes. *Mandado de segurança e ação popular*. São Paulo: Ed. RT, 1982.

MILHOMENS, Jônatas. *Da intervenção de terceiros*. Ed. Forense, 1985.

MONTEIRO, Washington de Barros. *Curso de direito civil – Parte geral*. São Paulo: Ed. Saraiva, 1983.

MOREIRA, José Carlos Barbosa. *O novo processo civil brasileiro*. Rio de Janeiro: Ed. Forense, 1995.

———. *Participação e processo* (coletânea de estudos coordenada por Ada Grinover, Cândido Dinamarco e Kazuo Watanabe). *Sobre a 'participação' o juiz no processo civil*. São Paulo: Ed. RT, 1988.

———. "Aspectos da 'extinção do processo' conforme o art. 329 do CPC". *Revista de Processo*, vol. 57/198.

———. "A efetividade do processo de conhecimento". *Revista de Processo*, vol. 74/126.

———. *Estudos sobre o novo Código de Processo Civil – Procedimento sumaríssimo*. Rio de Janeiro: Ed. Liber Juris, 1974.

———. "Tendências contemporâneas do direito processual civil". *Revista de Processo*, vol. 31/199.

MOREL, René. *Traité élémentaire de procédure civil*, Paris, 1948.

MUNIZ, Severino. *Procedimento sumaríssimo*. São Paulo: Ed. Leud, 1983.

———. "Intervenção de terceiros no procedimento sumaríssimo". *Revista Brasileira de Direito Processual*, vol. 30/71.

NEGRÃO, Theotonio. *Código de Processo Civil e leg. proc. em vigor*. 26. ed. São Paulo: Ed. Saraiva, 1995; 24. ed., 1993.

———. *Código Civil e leg. civil em vigor*. 14. ed. São Paulo: Ed. Saraiva, 1995.

NERY JR., Nelson. *Atualidades sobre o processo civil*. São Paulo: Ed. RT, 1995.

———. *Princípios do processo civil na Constituição Federal*. São Paulo: Ed. RT, 1995.

———. *Princípios fundamentais – Teoria geral dos recursos*. São Paulo: Ed. RT, 1993.

———. "Interditos possessórios". *Revista de Processo,* vol. 52/170.

———. "Separação judicial – Direito superveniente – Não cabimento de alteração da causa de pedir". *Revista de Processo*, vol. 25/214.

———; e Nery, Rosa Maria Andrade. *Código de Processo Civil e leg. proc. extr. em vigor, com suplemento de atualização.* São Paulo: Ed. RT, 1994 e 1995, respectivamente.

NERY, Rosa Maria Barreto Borriello de Andrade. "Ação declaratória incidental". *Revista de Processo,* vol. 57/140.

NEVES, Marcelo. *Teoria da inconstitucionalidade das leis.* São Paulo: Ed. Saraiva, 1988.

NOGUEIRA, Carlos Alberto. *La Justicia entre dos épocas. Las transformaciones del proceso civil y la politica procesal.* La Plata: Ed. Platense, 1983.

NORONHA, Carlos Silveira. *Processo civil – Evolução 20 anos de vigência* (coletânea de estudos coordenada por José Rogério Cruz e Tucci). *Apontamentos históricos da tutela diferenciada.* São Paulo: Ed. Saraiva, 1995.

OLIVEIRA JR. Waldemar Mariz de. *Participação e processo* (coletânea de estudos coordenada por Ada Grinover, Cândido Dinamarco e Kazuo Watanabe). *Do juízo arbitral.*

PASSOS, José Joaquim Calmon de. *Inovações no Código de processo civil.* 2. ed. Rio de Janeiro: Ed. Forense, 1995.

———. *Comentários ao Código de Processo Civil,* vol. 3. 3. ed. Rio de Janeiro: Ed. Forense, 1979; 8. ed., 1998.

PICARDI, Nicola (e colaboradores). *Códice di Procedura Civile.* Milano: Giuffrè, 1994.

PISANI, Andrea Proto. *La nuova disciplina del processo civile,* Napoli: Jovene, 1991.

———. *Le tutele giurisdizionali dei diritti – Studi.* Napoli: Jovene, 2003.

———. *I processi speciali. Sutudi offerti a Virgilio Andrioli dai suoi allievi. Appunti sulla tutela sommaria.* Napoli: Jovene, 1979.

———. *Rivista di Diritto Processuale,* vol. 34/536. "Sulla tutela giurisdizionale differenziata. "Tutela giurisdizionale differenziata e nuovo processo del lavoro".

———."Tutela giurisdizionale differenziata e nuovo processo del lavoro". *Foro italiano,* vol. V/205, 1973.

PIZZORUSSO, Alessandro. *Participação e processo* (coletânea de estudos coordenada por Ada Grinover, Cândido Dinamarco e Kazuo Watanabe). *Partecipazione popolare e funzione giurisdizionale,* São Paulo: Ed. RT, 1988.

PONTES DE MIRANDA, Francisco Cavalcante. *Comentários ao Código de Processo Civil,* tomo III, IV e tomo XIII. Rio de Janeiro: Ed. Forense, 1979, *bis* e 1977, respectivamente.

———. *Tratado de direito privado,* t. V. São Paulo: Ed. RT, 1983.

POVEDA VELASCO, Ignácio M. "Ordenações do Reino de Portugal". *Revista de Direito Civil, Imobiliário, Agrário e Empresarial,* vol. 69/57.

PUNZI, Carmine. "La giustizia civile: giustizia delle norme e giustizia del processo". *Rivista di Diritto Processuale,* vol. XXIX/70.

REZENDE, Astolpho. *Manual do Códigò Civil brasileiro. Do direito das cousas (Da posse) – art. 485-523,* vol. VII. Rio de Janeiro: Jacintho Ribeiro dos Santos Editor. 1929.

ROCCO, Ugo. *Trattato di Diritto Processuale Civile,* vol. II. Torino: UTET, 1957; *Riprodotti in Novíssimo Digesto Italiano,* vol. III/752. Torino: UTET, 1959.

ROCHA, José de Moura. "Notas sobre procedimento sumaríssimo". *Ajuris,* vol. 11/134.

ROSA, Eliézer. *Dicionário de processo civil*. Rio de Janeiro: Editora de Direito Ângelo de Oliveira, 1957.

SANSEVERINO, Milton. *Procedimento sumaríssimo*. São Paulo: Ed. RT, 1983.

SANTOS, Cézar. *O procedimento sumaríssimo*. Rio de Janeiro: Ed. Forense, 1985.

———. *Comentários às novas alterações ao CPC*. Salvador: Nova Alvorada Edições, 1995.

SANTOS, Ernani Fidelis dos. "Liminar de manutenção de posse". *Revista Brasileira de Direito Processual*, vol. 33/148.

SANTOS, Moacyr Amaral. *Primeiras linhas de direito processual civil*, vol. I. São Paulo: Ed. Saraiva, 1980.

———. *Comentários ao Código de Processo Civil*, vol. IV. 2. ed. Rio de Janeiro: Ed. Forense, 1977.

SANTOS, Uderico Pires dos. *Procedimento sumaríssimo*. São Paulo: Ed. Paumape, 1991.

SARAIVA, Gastão Grossé. "Histórico do processo, até o atual Código de Processo Civil". *RT*, vol. 172/14.

SHIMURA, Sérgio. "Breves considerações sobre a 'emendatio libelli' e a 'mutatio libelli'". *Ajuris*, vol. 49/103 e *Revista de Processo*, vol. 59/236.

SCHMIDT JR., Roberto Eurico. *O novo processo civil*, Curitiba: Juruá Editora, 1995.

SIDOU, Othon J. M. "A recepção da oralidade no sistema processual brasileiro". *Revista de Direito Civil*, vol. 20/140.

SILVA, José Afonso da. *Aplicabilidade das normas constitucionais*. São Paulo: Ed. RT, 1982.

SILVA, Ovídio A. Baptista da. *Curso de processo civil*, vols. I, II e III. Porto Alegre: Sérgio A. Fabris Editor, 1991 e 1993, respectivamente.

———. "Sobrevivência da 'querella nullitatis'". *RF*, vol. 33/115-122.

SILVA, Tomas Bawden de Castro. *Inovações recursais no Código de Processo Civil*. São Paulo: Ed. Sugestões Literárias, 1995.

TARUFFO, Michele. "La ricerca della verità nell'*adversary system* anglo-americano" *Rivista di Diritto Processuale*, vol. XXXII/596, 1977.

———. "Il diritto alla prova nel processo civile", *Rivista di Diritto Processuale*, vol. XXXIX/74, 1984.

TARZIA, Giuseppe. "Appunti sulle domande alternative". *Rivista di Diritto Processuale*, 1964.

———. *Lineamenti del nuovo processo di cognizione*. Milano: Giuffrè, 1991.

———. *Participação e processo* (coletânea de estudos coordenada por Ada Grinover, Cândido Dinamarco e Kazuo Watanabe). *Legittimazione e partecipazione delle associazioni di categoria ai processi civili con rilevanza collettiva*. São Paulo: Ed. RT, 1988.

TEIXEIRA FILHO. Manoel Antônio. *As alterações no CPC e suas repercussões no processo do trabalho*. São Paulo: Ed. LTr, 1995.

TEIXEIRA, Sálvio de Figueiredo. *Estatuto da Magistratura e Reforma do Processo Civil*. Belo Horizonte: Del Rey Editora, 1993.

———. *Processo civil – Evolução – 20 anos de vigência* (coletânea de estudos coordenada por José Rogério Cruz e Tucci), p. 229. São Paulo: Ed. Saraiva, 1995; "A efetividade do processo e a reforma processual". *Revista de Processo*, vol. 78/85.

———. "O juiz em face do Código de Processo Civil". *Revista Forense*, vol. 261/84.

———. *Código de Processo Civil anotado*. São Paulo: Ed. Saraiva, 1992.

———. "O procedimento sumaríssimo e o seu aprimoramento". *Revista Forense*, vol. 277/17.

———. ALVIM, J. E. CARREIRA; BARBI, Celso Agrícola; PAULA, Adriano Perácio de; THEODORO JR., Humberto. *Modificações no CPC*. Belo Horizonte: Del Rey Editora, 1995.

TEODORO, Adelício. "Breves considerações sobre alguns aspectos do novo Código de Processo Civil". *Revista dos Tribunais*, vol. 492/16.

THEODORO JR., Humberto. *As inovações no Código de processo civil*. Rio de Janeiro: Ed. Forense, 1995.

———. "Nulidade, inexistência e rescindibilidade da sentença". *Revista de Processo*, vol. 19/38.

———. "As nulidades no CPC". *Revista de Processo*, vol. 30/38.

———. *A execução de sentença e a garantia do devido processo legal*. Rio de Janeiro: Aide Editora, 1987.

TROCKER, Nicolò. "Acesso alla giustizia e assicurazione di difesa legale". *Rivista Trimestrale di Diritto e Procedura Civile*, vol./anno 1986/1065.

TUCCI, Cibele Pinheiro Marçal. *Processo Civil – Evolução – 20 anos de vigência* (coletânea de estudos coordenada por José Rogério Cruz e Tucci). *Bases estruturais do processo civil moderno – Comparação jurídica*. São Paulo: Ed. Saraiva, 1995.

TUCCI, Rogério Lauria. *Manual do Juizado Especial de Pequenas Causas*. São Paulo: Ed. Saraiva, 1985.

———. *Ação monitória*. São Paulo: Ed. RT, 1995.

———. *Procedimentos e outros temas de direito processual civil*.São Paulo: José Bushatsky Editor, 1976.

———; e TUCCI, José Rogério Cruz e. *Constituição de 1988 e processo*. São Paulo: Ed. Saraiva, 1989.

TUCCI, José Rogério Cruz e. *A "causa petendi" no processo civil*. São Paulo: Ed. RT, 1993.

VASCONCELOS, Rita de Cássia. "Os fundamentos da ação anulatória do art. 486 do CPC, à luz do novo Código Civil". *RePro*, vol. 120/95-111.

VASCONCELLOS, Roberto Prado. "Revelia e julgamento justo", *RT* 840/70.

VILANOVA, Lourival. *As estruturas lógicas e o sistema do direito positivo*. Ed. RT, São Paulo, 1977.

WAMBIER, Teresa Arruda Alvim. *Agravo de instrumento*. São Paulo: Ed. RT, 1991.

———. *Nulidades da sentença*. São Paulo: Ed. RT, 1993.

———. *Medida cautelar, mandado de segurança e ato judicial*. São Paulo: Ed. RT, 1994.

———. *O novo regime do agravo*. São Paulo: Ed. RT, 1996.

———; e ALVIM NETTO, José Manoel de Arruda. *Mandado de segurança contra ato judicial – E medida cautelar para dar efeito suspensivo a recurso. Repertório de doutrina e jurisprudência*. São Paulo: Ed. RT, 1992.

WATANABE, Kazuo. *Participação e processo* (coletânea de estudos coordenada por Ada Grinover, Cândido Dinamarco e Kazuo Watanabe). *Acesso à Justiça e sociedade moderna*. São Paulo: Ed. RT, 1988.

———. *Da cognição no processo civil*. São Paulo: Ed. RT, 1987.

———. "Ação dúplice". *Revista de Processo*, vol. 31/138.

ANEXO
Fluxograma
Procedimento sumário
(arts. 275-281)

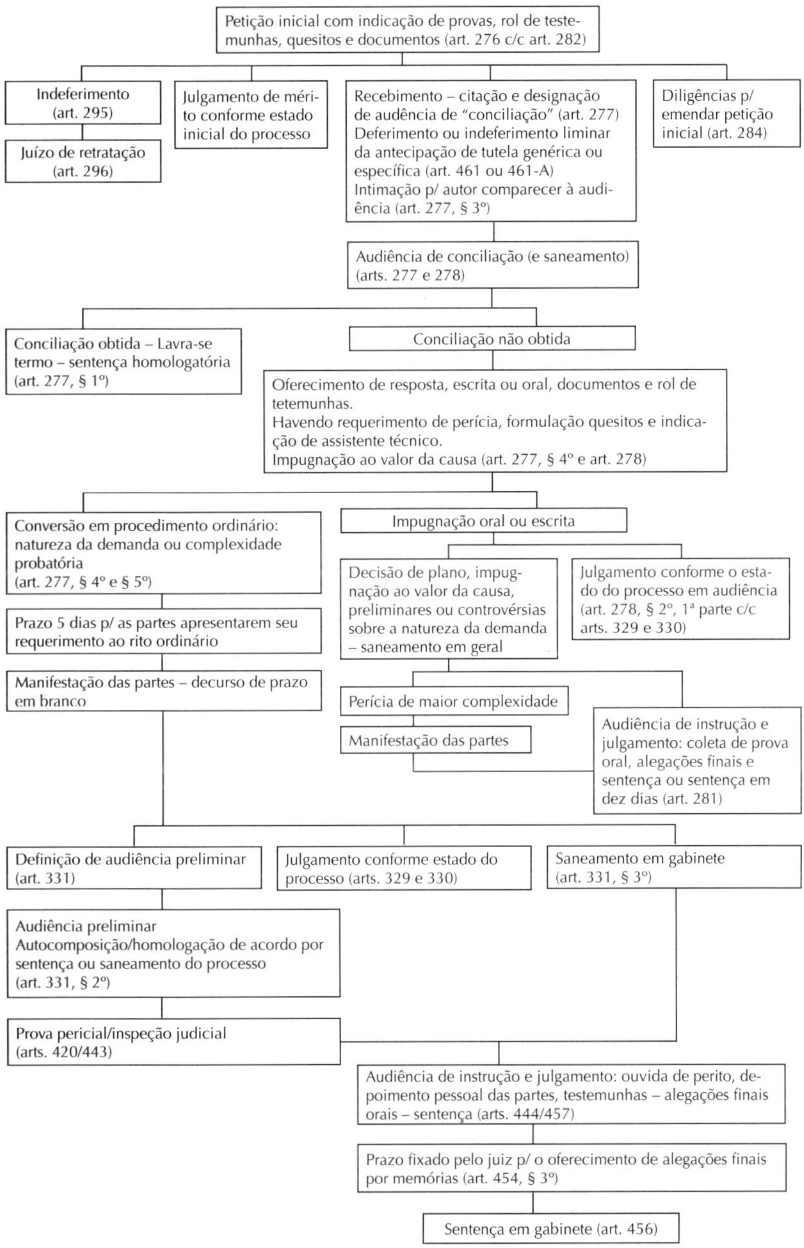

ÍNDICE ALFABÉTICO REMISSIVO

D

ÍNDICE ONOMÁSTICO

Aristóteles Atheniense, Cap. X, 3.8

D

E

F

G

H

I

J

ÍNDICE LEGISLATIVO

Código de Processo Civil de 1939

Lei de Introdução às Normas do Direito Brasileiro

Leis Federais

Lei Estadual

Decretos-Leis

Decretos

OUTRAS OBRAS DO AUTOR

Ação de busca e apreensão em propriedade fiduciária. São Paulo: Ed. RT, 2005.

Arbitragem: legislação nacional e estrangeira e o monopólio jurisdicional. São Paulo: Ed. LTr, 1999.

Arbitragem, jurisdição e execução. 3. ed. São Paulo: Ed. RT, 2009 (no prelo).

Código Civil comentado. 8. ed. São Paulo: Saraiva, 2012 (em coautoria).

Comentários à novíssima reforma do Código de Processo Civil – Lei 10.444, de 07 de maio de 2002. Rio de Janeiro: Forense, 2002.

Comentários ao Código de Processo Civil. 2. ed. São Paulo: Ed. RT, 2007. vol. 4, t. I.

Comentários ao Código de Processo Civil. 2. ed. São Paulo: Ed. RT, 2007. vol. 4, t. II.

Da competência nos juizados especiais cíveis. São Paulo: Ed. RT, 1996 (*Estudos de Direito de Processo Enrico Tullio Liebman – vol. 36*).

Da posse e dos direitos reais. 3. ed. Florianópolis: Gráfica 1982.

Filosofia do direito contemporâneo (Coordenador e coautor). Florianópolis: Conceito Editorial, 2011.

Grandes temas de direito de família e sucessões. São Paulo: Saraiva (em coautoria).

Juizados especiais da Fazenda Pública – Comentários à Lei 12.153, de 22.12.2009. 2. ed. São Paulo: RT, 2011.

Juizados especiais federais cíveis e criminais – Comentários à Lei 10.259, de 10.07.2001. 3. ed. São Paulo: Ed. RT, 2011 (com Fernando da Costa Tourinho Neto).

Juizados especiais cíveis e criminais: comentários à Lei 9.099/1995. 7. ed. São Paulo: Ed. RT, 2011 (com Fernando da Costa Tourinho Neto).

Juizados Especiais – Homenagem ao Desembargador José Fernandes Filho. Belo Horizonte: Del Rey, 2011 (em coautoria).

Lições de teoria geral do processo. Florianópolis: Gráfica, 1992.

Liminares nas ações possessórias. 3. ed. São Paulo: Ed. RT (no prelo).

Manual da arbitragem. São Paulo: Ed. RT, 1997.

Manual dos juizados especiais cíveis estaduais e federais. São Paulo: Ed. RT, 2006.

Meios de impugnação ao julgado civil – estudos em homenagem a José Carlos Barbosa Moreira. Rio de Janeiro: Forense, 2007 (em coautoria).

O terceiro no processo civil brasileiro e assuntos correlatos – Estudos em homenagem ao Professor Athos Gusmão Carneiro. São Paulo: Ed. RT, 2010 (em coautoria).

Posse e ações possessórias: fundamentos da posse. Curitiba: Juruá, 1995.

Responsabilidade civil do Estado-juiz. Curitiba: Juruá, 1995.

Processo civil – Novas tendências – Em homenagem ao Ministro Sálvio de Figueiredo Teixeira. Belo Horizonte: Del Rey, 2011 (em coautoria).

Responsabilidade civil do fabricante e intermediários por defeitos de equipamentos e programas de informática. São Paulo: Ed. RT, 2000 (em coautoria).

Tutelas de urgência e cautelares. São Paulo: Saraiva, 2010 (vários autores).

Diagramação eletrônica:
Editora Revista dos Tribunais Ltda., CNPJ 60.501.293/0001-12.
Impressão e encadernação:
Orgrafic Gráfica e Editora Ltda., CNPJ 08.738.805/0001-49.